Werner Düttmann – Nachdenken über Architektur
Reden und Schriften

Herausgegeben von Sibylle Hoiman
im Auftrag der Akademie der Künste, Berlin

Werner Düttmann

Hg. von Sibylle Hoiman im Auftrag der Akademie der Künste, Berlin

Nachdenken über Architektur

Reden und Schriften

Wasmuth & Zohlen

5 Der Akademie-Präsident

Was ist eine Akademie der Künste?

Treppenreden und Ansprachen

Vorworte und Würdigungen

Nachrufe

1 Werner Düttmann, Passfotos, undatiert [um 1950]

Grußwort

Werner Düttmann war einer der prägenden Köpfe der West-Berliner Akademie der Künste – als empathischer Präsident einer Gemeinschaft kreativer Individualisten, als Erbauer des Akademiegebäudes am Hanseatenweg und als Mitgestalter des Nachkriegberlins. Mit dem 1960 eröffneten Ensemble im Tiergarten schuf der Architekt ein neues Zentrum für die Künstlergemeinschaft, das allem Wandel zum Trotz bis heute modern und attraktiv geblieben ist und der Akademie ein gleichermaßen repräsentatives wie funktionales Zuhause bietet. Schon das Entree ist ein Bekenntnis oder zumindest ein sympathischer Gestus: Wenige Stufen geleiten den Gast ins Haus herab, wo ihn ein weiträumiges Foyer und eine Cafeteria empfangen. Es ist kein entrückter Kunsttempel, der auf einem Sockel steht und den man erklimmen muss, die Anlage präsentiert sich als offenes Ausstellungs- und Veranstaltungshaus, aber auch als Rückzugsort, in dem die Mitglieder in Clubräumen, Ateliers, Wandelgängen und Gartenanlagen arbeiten und sich versammeln können, oder als nüchternes Verwaltungsgebäude. Die »klare, unpathetische Kiste« (Thomas Lackmann: »Die schlafende Schöne«, in: *Der Tagesspiegel* vom 08.05.2010), wie Düttmann in seiner lakonischen Art den Bau bezeichnete, war sein Einstieg in die Akademie. Für ihn waren die »Begegnungen und Gespräche« (*Nachdenken über Architektur*, S. 140) mit den Mitgliedern, die der Planung vorausgingen, »das schönste Architektenhonorar, das je gezahlt wurde«. 1967 folgten Aufgaben als Direktor der Abteilung Baukunst und von 1971 bis zu seinem überraschenden Tode 1983 als Präsident der Künstlergemeinschaft.

Das neue Gehäuse bot auch den Rahmen für neue Inhalte und einen langsamen Generationswandel in der Mitgliedschaft. Kein einfacher Prozess, da die Belastungen des Nationalsozialismus nachwirkten. Die klassische Moderne wurde nach Berlin zurückgeholt und neue Kunstrichtungen erhielten die Möglichkeit, sich zu präsentieren. Ausstellungen, die häufig in Zusammenarbeit mit europäischen Partnern entstanden, erfuhren großen Zuspruch und sorgten dafür, dass sich die Akademie zu einem offenen Begegnungsort und zu einem Zentrum künstlerischen Lebens in West-Berlin entwickelte. Die Mitgliedschaft wurde internationaler und der Weg für die neue Abteilung »Film und Medienkunst« gebahnt. Die Akademie mischte sich ein, in Diskussionen über Kunst und Kulturpolitik und durch Statements an die politisch Verantwortlichen. Die Gespräche zwischen den Mitgliedern und ihren Gästen in der Akademie waren dabei häufig der Nährboden für neue Ideen und Projekte. Im Rückblick sprach Düttmann von Initialzündungen, die von diesen Begegnungen ausgingen. Seine Gabe, Menschen zusammenzuführen und Gegensätze zu überbrücken, machten ihn zu einem wichtigen Ratgeber, Förderer und Weichensteller dieser Prozesse. Er verstand die Akademie als einen Ort, der »für Künste und Künstler gleichermaßen Werkstatt, Forum und Refugium und Kampfstatt ist, für manchen Heimstatt und für das vielschichtige Publikum der öffentliche Raum, den Künstlern und der Kunst zu begegnen und damit teilzunehmen an der immerwährenden Auseinandersetzung divergierender Tendenzen und Prozesse« (*Nachdenken über Architektur*, S. 189). Die von ihm eingeführten Treppenreden im Clubraum des Hanseatenweges trugen dazu bei.

»Düttmanns Ansprachen sind immer ein Ereignis«, erinnerte sich Luise Rinser 1981, »sie scheinen improvisiert, haben aber immer einen Aufbau und immer großen Lacherfolg« (siehe Faksimile des Briefes, in: Haila Ochs, *Werner Düttmann. Verliebt ins Bauen. Architekt für Berlin 1921–1983*. Basel, Berlin, Boston 1990, S. 178 f.). Einige davon finden sich in diesem Buch. Sie zeigen Düttmann als geistreichen und belesenen Autor, der es versteht, Themen zu setzen und Menschen zu gewinnen.

Werner Düttmann hätte in diesem Jahr seinen 100. Geburtstag gefeiert. Das vorliegende Buch erinnert an den Autor und Redner und fasst erstmals seine wichtigen Schriften zusammen. Grundlage ist der Nachlass, der sich im Akademie-Archiv befindet. Düttmann verstand sich nicht als Theoretiker, auch strebte er nicht danach, seine eigenen Bauten zu erklären. Seine Texte sind aus der Praxis erwachsen; er griff Themen auf, die ihn als Architekten und Stadtplaner oder als Akademiemitglied bewegten und die ihn drängten, sich schriftlich über Beweggründe und Ziele klarer zu werden. Unkonventionell in Stil und Gedankengang sind sie bis heute lesenswert und haben nicht an Aktualität verloren, seien es Beiträge über den Wiederaufbau Berlins, »Über Entwerfen« oder das Selbstverständnis der Akademie.

Einen ungewöhnlichen Blick auf Düttmanns Bauten vermitteln »Sofortbilder«, die ein Masterstudiengang der UdK Berlin im Jubiläumsjahr mit der Polaroid-Kamera anfertigte und die dem Buch beigefügt sind. Entstanden sind entrückte und rätselhafte Architekturbilder mit einer ganz eigenen Ästhetik.

Mein Dank gilt allen, die dieses Buch ermöglicht haben: Der Leiterin des Baukunstarchives Sibylle Hoiman, von der die Idee stammt und die sich der lohnenden Aufgabe widmete, sämtliche Schriften zu kommentieren und zu edieren, den Erben von Werner Düttmann für die Einräumung der Rechte, dem Verlag Wasmuth & Zohlen für die Aufnahme in sein Programm, dem Gestalter Ferdinand Ulrich, der in Layout und Typografie nicht nur durch das »Düttmann-Blau« eine angemessene Form für die Gedanken des Baumeisters fand, und Matthias Noell und seinen Studierenden für die Sofortbilder. Nicht zuletzt bin ich der Gesellschaft der Freunde der Akademie der Künste dankbar, die erneut eine Publikation des Archivs großzügig unterstützt hat.

Werner Heegewaldt
Direktor des Archivs
der Akademie der Künste

Einführung
Sibylle Hoiman

»Ich liebe Berlin.« Nichts weniger als diese berühmten drei Worte – schwungvoll auf einem karierten Schreibblock notiert – veranschaulichen eindrucksvoll Werner Düttmanns Verhältnis zu seiner Heimatstadt und seinem Hauptwirkungsort und dokumentieren zugleich seine Angewohnheit, Gedanken und Empfindungen schriftlich zu fixieren.[1] So hinterließ er – oftmals in Vorbereitung eines Vortrags oder einer Veröffentlichung, zuweilen aber auch spontan und ohne konkreten Anlass, Notizen und Reflexionen, mal kritisch-analytisch, mal ironisch-humorvoll, immer wortgewandt: »Vom Schreiben verstehe ich nichts. Dennoch drängt es mich immer wieder, wenn ich nachhause komme und die Vögel im Garten schon zu brüllen beginnen, danach. Manchmal ist ein Zettel genug und ein mir unter Druck funktionierender Kugelschreiber – um ein letztes, soeben empfundenes sozusagen manifest zu machen, was sich normalerweise am anderen Morgen als Makulatur erweist. Aber manchmal suche ich den dicken Schreibblock, weil ich unter der Fülle der Wörter leide und davon überzeugt bin, dass es mir gelingen wird, mein einmaliges Erlebthaben – jenes Lächeln am Nachbartisch zum Beispiel, das nicht einmal mir galt, mir aber dennoch ins Herz griff, zu sagen – respektive – weil keiner mir zuhört – zu schreiben – und ich davon ausgehe, dass meine Erschütterung sag- oder schreibbar wäre, so dass jeder andere, wenn er mir ausreichend sensibel sei, sie nachvollzöge.«[2]

Werner Düttmann hat auf diese Weise zwar viel geschrieben, aber vergleichsweise wenig publiziert. Der 1921 in Berlin geborene Architekt, Stadtplaner, Senatsbaudirektor, Hochschullehrer und Akademie-Präsident hinterließ kein theoretisches Werk; er äußerte sich zwar ausgiebig zu Berlin, aber nur kursorisch zu seinen eigenen Bauten[3] und – soweit bekannt – gar nicht zu seiner Lehre, hingegen zur Akademie der Künste als Institution.[4] Dennoch wies schon Hans Christian Müller in seinem Nachruf auf die sprachlichen Qualitäten Düttmanns hin: »Alle kannten ihn; nur wenige wußten von seiner eigentlichen Wirklichkeit, aber auch eigenen Zweifeln.

Werner Düttmann war Architekt wie Maler; er hätte auch Schriftsteller sein können. Er war ungenannter Schirmherr so vieler geistig musischer Anliegen in dieser Stadt. Tradition und Historie Berlins waren für ihn Quelle unerschöpflicher Begeisterung und Leidenschaftlichkeit.«[5]

Das wohl am häufigsten zitierte Bonmot Düttmanns: »Berlin ist viele Städte« – von ihm zuweilen modifiziert als »Berlin ist viele Orte« oder auch »Berlin birgt viele Städte« – erschien erstmals 1961 in seinem Beitrag »Der Wiederaufbau Berlins« in der Zeitschrift *Atlantis* und wurde seither vielfach von ihm selbst, beispielsweise 1976 als Titel seiner bekanntesten Schrift, aber auch von anderen Autoren aufgegriffen.[6]

Werner Düttmann, der belesen war und sich in seinen Reden und Schriften wiederkehrend – häufig paraphrasierend – auf die als kanonisch zu bezeichnende Berlin-Literatur solcher Autoren wie etwa Karl Scheffler, Werner Hegemann und Wilhelm Hausenstein bezog, griff hier auf Heinrich Heines Darstellung von Berlin zurück, die dieser 1828 in seinen *Reisebildern* niedergelegt hatte und die den entscheidenden Impuls für Düttmanns differenzierte Verwendung der

Begriffe »Ort« und »Raum« gab: Berlin sei keine Stadt, sondern nur ein Ort, an dem sich Menschen versammeln.[7] Düttmann legte demzufolge eine Unterscheidung zwischen »Ort« und »Raum« nahe, »zur Beschreibung und zum möglichen Verständnis der Stadt und ihrer Gestalt: Ort ist, was die Bedeutung eines Geschehens aufnimmt, Raum ist das, was Bedeutsamkeit sichtbar machen kann.« Er schlussfolgerte: »Berlin ist viele Orte, Berlin hat wenige Räume.« Dabei sei Berlin nicht gerade arm an »bedeutsame[n] Stadtinhalte[n]«, diese jedoch »müssen sich mit ihrem Vorhandensein begnügen und treten nicht im Stadtbild in Erscheinung.«[8] Zu derlei Stadtinhalten zählen die kulturellen Institutionen als zentrale Bedeutungsträger im Gefüge der von Düttmann konzipierten Weltstadt. In diesem Kontext ist auch die Idee des »Kulturbandes« zu verorten, die Werner Düttmann als Senatsbaudirektor erstmals 1962 öffentlich vorstellte.[9] Im Rückgriff auf Hans Scharouns Beitrag zum Ideenwettbewerb Hauptstadt Berlin 1957/58, den Düttmann rückblickend als den »interessantesten« Vorschlag bewertete,[10] sah er vor, kulturelle Einrichtungen in der »Tallandschaft« der Spree anzuordnen, zumal ihm zufolge die Stadt ihrem Fluss bisher ihren Rücken zukehre. Dabei wurde ausdrücklich über die Teilung in Ost und West hinweg gedacht und geplant: »Den Aufbau im freien Teil der Stadt beherrschten zwei Leitgedanken. Die Pläne hatten immer der gesamten Stadt zu gelten und ihren Maßstab bestimmte das politische Ziel, wieder funktionsfähige deutsche Hauptstadt zu sein.«[11]

Eine besonders rege Vortrags- und Veröffentlichungstätigkeit Werner Düttmanns ist in eben diesen frühen 1960er-Jahren zu verzeichnen, in denen er als Senatsbaudirektor tätig war und ihn ein weiteres beherrschendes und unmittelbar mit dem »Kulturband« verknüpftes Thema beschäftigte: die angemessenen Standorte für die nach dem Krieg in West-Berlin neu zu errichtenden und organisierenden Museen, die Staatsbibliothek sowie die Universitäten.[12] Dafür standen Quartiere in Dahlem, Charlottenburg und zunächst die Museumsinsel zur Diskussion; nach dem Mauerbau trat der Kemperplatz hinzu – als ein »Forum des 20. Jahrhunderts« mit Philharmonie, Staatsbibliothek und Galerie des »XX. Jahrhunderts«, der späteren Nationalgalerie, für die Düttmann Mies van der Rohe per Direktauftrag als Architekt gewinnen konnte.

Das »Projekt Kemperplatz anständig über die Runden [zu] bringen«, formulierte Düttmann in einem Interview von 1965, läge ihm am meisten am Herzen – bevor er ein Jahr darauf allerdings den Beamtendienst quittierte.[13] Die Standortvorschläge[14] wurden von zahlreichen Debatten und zum Teil heftiger Kritik begleitet. Sie betrafen zum einen die Grundsatzentscheidung für den zukünftigen Ort der Museen, für die eine Einigung zwischen den Museumsleuten und dem Senat nur schwer zu erreichen war. Zum anderen fand ein heftiger Schlagabtausch zwischen der Senatsbaubehörde und der Architektenschaft im Verbund mit der Presse statt. Anlass war die Verfahrensweise bei öffentlichen Bauten unter Ausschluss der Öffentlichkeit, das heißt ohne Ausschreibung und Wettbewerb, wobei die Staatsbibliothek hier stellvertretend in die öffentliche Diskussion geriet.

Ich liebe Berlin.

Wer immer, und je älter man wird, umso sparsamer geht man mit solchen Bekenntnissen um, sich entschliesst, einem lebendigen Wesen seine Liebe zu bekennen, muss sich gewärtig sein, dass sogleich nicht nur seine Freunde ihn fragen: warum? Und häufig hätte man lieber sein Geheimnis bewahrt. Aber, was Berlin betrifft, kann ich es nicht mehr zurückhalten, denn andere wissen es auch: ich liebe diese Stadt. Und wenn Sie mich fragen: warum?, wird mir die Antwort schwer. Ist es die Idee einer Stadt, ist es die schöne Gestalt, sind es ihre Menschen oder ist es die Landschaft, in der sie steht, oder ihr Zeitalter, ihre Gegenwart oder ihre Geschichte, was von alledem ist es, so wird man mich fragen, was dich sagen lässt, was Du so gerne verschweigst: Ich liebe Dich. Und um antworten zu können, werde ich

65

2 Werner Düttmann, »Ich liebe Berlin.«, undatiert [um 1976]

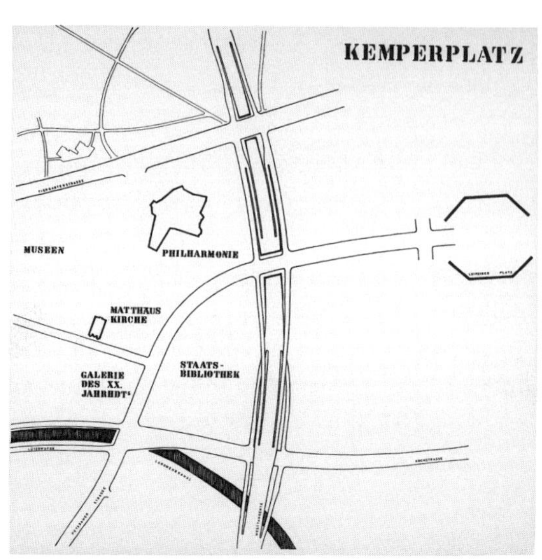

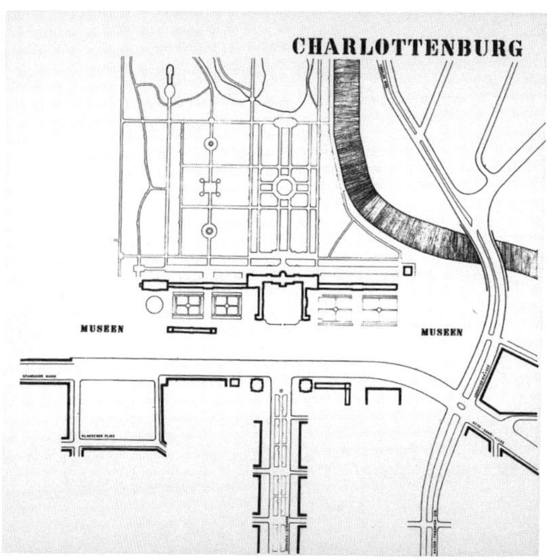

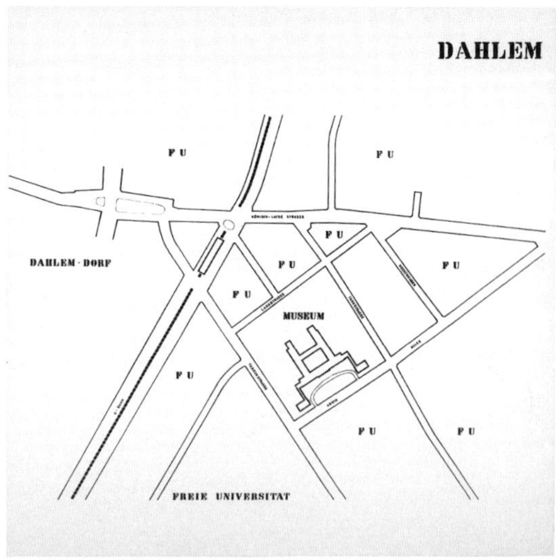

3 Werner Düttmann, Standortvorschläge Museen Berlin, 1962

Düttmann selbst hatte schon Anfang 1960 im Auftrag der Stiftung Preußischer Kulturbesitz einen ersten Entwurf für die Staatsbibliothek vorgelegt, der im Zuge der anhaltenden Kritik zur Wettbewerbsgrundlage deklariert wurde. Die *Bauwelt* stellte diese Planung ausführlich in ihrem Bibliotheks-Heft Nr. 5/6 (1962) vor. »Der Senat baut«, titelte Ulrich Conrads hier entsprechend kritisch, und eine Gruppe von jungen freischaffenden Architekten, unter ihnen Josef Paul Kleihues, forderte in einem offenen Brief an den Senator öffentliche Ausschreibungen ein – mit Erfolg: Für die in Rede stehenden Bauten wurden nachfolgend denn auch Wettbewerbe und Vergaben durchgeführt. Der Berliner Verleger und Journalist Wolf Jobst Siedler, der sich ebenfalls in die Diskussion eingeschaltet hatte – seiner Meinung nach habe der Wiederaufbau Berlins ohne »die erste Garnitur unserer Architekten« stattgefunden, wie er im *Tagesspiegel* vom 6. Februar 1962 verlauten ließ –, war schließlich noch in den Planungsbeirat gewählt worden.[15]

Kurz darauf wies eine weitere Gruppe von Architekten erneut auf die Aufgaben des Senats in diesem Kontext hin: »Wir sind junge Architekten, uns beschäftigt seit Jahren die Diskussion um das Demokratische Bauen. [...] Die Institution hat folgende Aufgaben: a) aufbauend auf Grundlagenforschung Wettbewerbe im einzelnen vorzubereiten und auszuschreiben, b) das Preisgericht zu benennen, c) die Preisträger mit der Weiterbearbeitung und Durchführung zu beauftragen.« Dass Werner Düttmann sich wenige Wochen später mit einem Beitrag »Demokratie als Bauherr« – der Titel war eine Referenz an den berühmten Vortrag des Sozialdemokraten Adolf Arndt auf den Berliner Bauwochen von 1960 – öffentlich zu Wort meldete, kann möglicherweise als Reaktion darauf gelesen werden.[16] Die Diskrepanz zwischen der von Arndt geforderten Trennung von Architekt und Bauherr und deren Verflechtung, die Düttmann in dieser Zeit geradezu verkörperte, konnte er damit allerdings nicht auflösen. Wenn er 1962 auf einem Podium den Architekten als »das sonderbare Wesen«, als »Amphibium zwischen Kunst und Geschäft oder zwischen Kunst und Rendite oder Steuerabschreibung« beschrieb, so geht man wohl nicht fehl in der Annahme, dass er dabei auch oder vor allem von sich selbst ausging.[17]

Der erst 38-jährige zum Senatsbaudirektor ernannte Architekt galt als Hoffnungsträger in Bezug auf die bauliche Entwicklung Berlins. Seine steile Karriere in der Bauverwaltung hatte schon 1949 begonnen, als der mit Auszeichnung an der TU Berlin diplomierte Architekt in das Planungsamt des Bezirksamtes Kreuzberg eingetreten war und zwei Monate darauf in das Entwurfsamt des Hauptamtes für Hochbau wechselte. 1953 wurde er zum Regierungsbaurat, 1957 zum Baurat und 1960 zum Senatsbaudirektor ernannt; dieses Amt hatte er bis 1966 inne. Dazwischen lagen mehrere Phasen, in denen Düttmann seine Beurlaubung vom Dienst erwirken konnte bzw. als freier Mitarbeiter oder auch nur beratend für den Senat tätig war: 1950/51 (zehn Monate) für ein postgraduate Studium am Institute for Town & Country-Planning im King's College, Universität Durham in Newcastle, England; 1952, nachdem er den ersten Preis für das Altersheim in Berlin-Wedding gewonnen hatte; 1956, als Düttmann zusammen mit Franz Mocken als Kontaktarchitekt für den amerikanischen Architekten Hugh A. Stubbins mit dem Bau der Kongresshalle im Berliner Tiergarten als Beitrag zur Interbau 57 beschäftigt war, und schließlich 1960, als er zusammen mit Sabine Schuhmann mit dem Bau der West-Berliner Akademie der Künste beauftragt worden war. Als Senatsbaudirektor war er – begünstigt durch die spezifische Insellage West-Berlins und die vergleichsweise unbürokratische Senatsbauverwaltung – parallel als selbstständiger Architekt[18] mit privaten Aufträgen beschäftigt, nicht wenige von diesen waren Direktaufträge.[19]

Werner Düttmann hat so einerseits den größtmöglichen Freiraum als Architekt geschaffen und zugleich den Spielraum als Senatsbeamter voll ausgeschöpft; ohne Zweifel zählte er auf diese Weise zu den zentralen und hervorragend vernetzten Figuren im Baugeschehen der Stadt in den Jahren zwischen 1950 und 1980 und hat in dieser Zeit maßgeblich auf die Gestalt West-Berlins im Zuge des Wiederaufbaus und die folgenden Erweiterungen eingewirkt.[20]

Die in den Schriften nachvollziehbare kritische Revision seiner eigenen Standpunkte gehört zweifelsohne zu Düttmanns Stärken. So wich die anfängliche Euphorie für eine nach nordamerikanischem Vorbild ausdrücklich auf den Verkehr bezogene Stadtplanung – bereits 1955 hatte der West-Berliner Senat den Bau einer Stadtautobahn als Ringbahn mit vier sich kreuzenden Tangenten beschlossen[21] – einer zunehmenden Skepsis: Düttmann betonte schon bald im Gegenzug die Bedeutung der historischen Bausubstanz in der Stadt, die parallel zu einem seiner entscheidenden planerischen Bezugspunkte wurde.

In der Folge des ersten Stadterneuerungsprogramms für Berlin von 1963 setzte er sich vermehrt im Sinne des Milieuschutzes für den Erhalt ausgewählter Altbauten oder Ensembles ein – Düttmann zufolge handele es sich hier um die »Wachstumsringe von Berlin. Die wollen wir mit Würde tragen.«[22] Zu diesem Zweck wurde ein Amt für Stadtbildpflege zusätzlich zum Denkmalpflegeamt eingerichtet. Ungeachtet dieser Maßnahmen realisierte Düttmann Großstrukturen in der Stadt und nahm die dafür notwendigen Abrisse vorhandener Bauten in Kauf, er plante und baute gleichzeitig Großsiedlungen wie beispielsweise das Märkische Viertel in Berlin-Reinickendorf. Die deutschlandweiten, durch die zuweilen äußerst kritische Presse noch verstärkten Proteste gegen diese Verdichtung von Wohnraum an der Peripherie der Stadt resultierten in dem zweiten Stadterneuerungsprogramm Berlin elf Jahre später (1974), das vorsah, den Bau von solchen Großsiedlungen und zugleich den Abriss von Altbauten einzustellen. Die Wende in der Stadtplanung zog eine Sanierungswelle, mit dem Europäischen Denkmalschutzjahr 1975[23] auch ein verbindliches Regelwerk zur Erhaltung der Qualität historischer Stadtquartiere nach sich und nicht zuletzt die Internationale Bauausstellung IBA 1984/1987, die sich unter anderem unter der Ägide von Hardt-Waltherr Hämer für eine behutsame Stadterneuerung einsetzte. Diese Entwicklungen lassen sich in den hier abgedruckten Schriften nachverfolgen.

Neben seinen planerischen und praktischen Tätigkeiten hat Düttmann auch in anderen wichtigen Funktionen prägenden Einfluss ausgeübt: als Gutachter, Jurymitglied oder Preisrichter in zahlreichen Wettbewerbsverfahren[24] sowie seit 1956 als Mitglied des Deutschen Werkbunds[25], als Professor für Entwurf an der Technischen Universität Berlin (1963–1970)[26] sowie nicht zuletzt als Direktor der Abteilung Baukunst der West-Berliner Akademie der Künste (1967–1971) und schließlich als deren Präsident (1971–1983). Es kam dabei zu zahlreichen Verschränkungen seiner institutionellen Zugehörigkeiten und Verantwortungsbereiche, die Düttmann geschickt im Dienst der Sache und manchmal auch für sich und seine Freunde auszunutzen wusste.

Ungeachtet der bedeutenden Rolle, die Werner Düttmann für die Stadtplanung West-Berlins nach dem Ende des Zweiten Weltkriegs gespielt hat, sowie der großen Qualität seiner realisierten Bauten,[27] sind Person und Werk jedoch erst zwei Mal mit einer Publikation gewürdigt worden: zuerst in der von Haila Ochs in enger Zusammenarbeit mit Martina Düttmann bearbeiteten Akademie-Publikation 1990 und erneut in dem anlässlich seines 100. Geburtstags erschienenen Ausstellungskatalog des Brücke-Museums.[28]

Was darüber hinaus von seinem Werk bleibt, sind nicht weniger als 17 Bauten oder Ensembles, an denen er als Entwurfsarchitekt oder im Team mit weiteren Architekten und Ingenieuren beteiligt war, die als Baudenkmale eingestuft wurden.[29] Andere wiederum haben sich stark verändert erhalten oder wurden bereits aus dem Stadtbild entfernt, während unter anderem der beschlossene Abriss seines Erstlingswerks – das Altersheim in Wedding von 1952 – kurz bevorsteht.

Weniger prominent als seine herausragenden erhaltenen Einzelbauten[30] – von denen das Akademiegebäude am Hanseatenweg, das Brücke-Museum und neuerdings die Kirche St. Agnes zu den meistrezipierten zählen – oder seine weitaus kritischer wahrgenommenen Großwohnungsprojekte, unter denen das Märkische Viertel und die Wohnbebauung am Wassertorplatz in Kreuzberg herausstechen, sind seine zahlreichen im Baukunstarchiv der Berliner Akademie der Künste verwahrten Texte, die aus allen Bereichen seines vielfältigen Schaffens stammen.[31]

Der vorliegende Band vereint erstmals die bislang unpublizierten mit den bereits vereinzelt veröffentlichten Texten, die von 1946 aus seiner Zeit in britischer Gefangenschaft bis kurz vor seinem frühen Tod 1983 reichen. Die schriftlichen Quellen umfassen Aufsätze, Notizen, Reden und Interviews zu Architektur und Städtebau; es wurden außerdem ausgewählte Vorworte in Ausstellungskatalogen sowie Nachrufe und Briefe mit aufgenommen.[32] Auf die Genese der Schriften, Textentwürfe und -varianten sowie Erstdrucke wird – soweit sich dies aus den vorhandenen Archivalien nachvollziehen ließ – an entsprechender Stelle hingewiesen. Maßgebend für den Abdruck der Texte sind die autorisierten Erstdrucke oder die Fassungen letzter Hand, sofern dies nachweisbar war.

Die spezifische Diktion Düttmanns wurde beibehalten, die Orthografie behutsam im Sinne einer besseren Lesbarkeit angepasst und offensichtliche Fehler stillschweigend korrigiert.

Da die überlieferten Schriftdokumente überwiegend undatiert sind und sowohl Kontext als auch Zeitpunkt ihrer Entstehung erst aus der Zusammenschau heraus und auch da nur teilweise rekonstruiert werden konnten, wurden sie thematisch und innerhalb dieser Kapitel chronologisch geordnet.

Werner Düttmann kommt in unterschiedlichen Rollen zu Wort: als Berliner, als Architekt und Stadtplaner, als Präsident der Akademie, als kritischer Beobachter seiner Umwelt und nicht zuletzt als Ungehaltener, dessen auf die Architektur bezogenen Reflexionen für das Verständnis seines Werks, aber auch der zeitgebundenen Diskurse relevant sind. Es ist dabei unvermeidlich – und durchaus beabsichtigt –, dass es bei einer solchen Ordnung zu inhaltlichen Überlappungen kommt und damit zu verzweigten Strukturen, die dem gleichermaßen vernetzten Denken und Handeln von Werner Düttmann in besonderer Weise entsprechen. Sie zeigen darüber hinaus die institutionellen und personellen Verflechtungen, die für den West-Berliner Kulturbereich so charakteristisch sind. Düttmanns hinterlassene Schriften sind bedeutende Quellen für die Architekturgeschichtsschreibung: Sie dokumentieren die Prozesse planerischer Leitgedanken über einen Zeitraum von mehr als 35 Jahren in Deutschland, mit einem deutlichen Schwerpunkt in West-Berlin. Dass diese Dokumente zugleich in einem breit angelegten Rahmen unterschiedlicher künstlerischer Disziplinen angesiedelt sind, liegt in der Person Werner Düttmanns begründet, der sich nie ausschließlich als Architekt verstand und auch als Stadtplaner immer die »sichtbare Beziehung zur geistigen und künstlerischen Tradition der Stadt«[33] im Auge behielt.

»Die Stadt war für ihn mehr als nur der Bau von Häusern und Straßen. Sie war für ihn eine Geschichtswirklichkeit, die er gleichzeitig provozierte, liebte wie anzweifelte und uns auf diese Weise herausforderte.«[34]

Für ihre Unterstützung danke ich sehr herzlich:
Noemi von Alemann, Andrea Bergmann, Klaus Bergner, Christiane Borgelt, Nadine Brüggebors, Adrian von Buttlar, Pamela Casey, Hans Düttmann, Bernhard Elias, Kristin Feireiss, Hartmut Frank, Marco Franz, Karin Gaa, Ralf Gandor, Sylvia Glawe, Karla Gogel-Pfefferkorn, Uta Grundmann, Nari Haase, Corinna Hadeler, Sabine Hagen, Sigrid Hauser, Werner Heegewaldt, Nele Hertling, Myriam Hilmes, Benedikt Hotze, Marianne König, Juliane Kreißl, Martina Krickel, Eric Markmiller, Kerstin Marth, Eva May, Katharina Merz, Henry Meyric Hughes, Ulrike Möhlenbeck, Tanja Morgenstern, Ursula Müller, Susanne Nagel, Matthias Noell, Eckhard Päckert, Danièle Perrier, Gabriele Radecke, Susanne Reinhardt, Simone Schirrmacher, Ulrich Schöpke, Jacob Alexander Schürenberg, Dagmar Spies, Katja Strauß, Christian Tagger, Susanne Thier, Ferdinand Ulrich, Imke Volkers, Christian-Peter Prinz zu Waldeck, Robert Wein, Martina Wenzel, Rita Wolters, Heribert Zell, Gabriele Zenke und Gerwin Zohlen
sowie der Gesellschaft der Freunde der Akademie der Künste

1 Akademie der Künste Berlin [im Folgenden: AdK], Werner-Düttmann-Archiv, Nr. 264 [im Folgenden ohne Nr.], Bl. 68–78, Zitat Bl. 68, undatiertes Manuskript, Entwurf im Zusammenhang mit Düttmanns Schrift »Berlin ist viele Städte«, die 1976 erstmals veröffentlicht wurde und in diesem Band auf S. 78–86 abgedruckt ist.
2 AdK, Werner-Düttmann-Archiv, 218, Bl. 2f., undatiertes Textfragment.
3 Einige der von ihm selbst verfassten Projektbeschreibungen seiner eigenen Bauten – Kirche St. Martin im Märkischen Viertel, Brücke-Museum, Akademie der Künste am Hanseatenweg – wurden bereits in der längst vergriffenen Monografie *Werner Düttmann. Verliebt ins Bauen. Architekt für Berlin 1921–1983*, bearbeitet von Haila Ochs. Basel, Berlin, Boston 1990 abgedruckt. – »Verliebt ins Bauen« überschrieb erstmals Günther Kühne seinen Nachruf auf Werner Düttmann im *Tagesspiegel* (28.01.1983), S. 4.
4 Von seiner Lehrtätigkeit an der Technischen Universität Berlin haben sich eher zufällig die folgenden Reader erhalten: *Exkursion nach Südfrankreich, Okt. 1967, Vorbereitungsbericht der Teilnehmer*, hg. von Peter Kuhlen. TU Berlin 1967; *Wettbewerb Universität Bremen*. TU Berlin 1967; *Sanierung Innenstadt Detmold. Städtebauliches Entwurfsseminar Lehrstuhl Prof. Düttmann SS 68. Auswahl aus den Referaten* (Nachlass Gerhard R. Braun, Privatbesitz). Als Gastkritiker verfasste Düttmann ein Vorwort für den 1965 erschienenen Reader des Symposions 1964 zum Entwurfsseminar *Die Sanierung der Spandauer Altstadt* an der TU Berlin unter der Leitung von F. Eggeling und O. M. Ungers.
5 Hans Christian Müller: »Werner Düttmann« [Nachruf], 01.09.1983, in: *Bauhandbuch 1984*. Sonderdruck, hg. vom Senator für Bau- und Wohnungswesen. Verlag Berliner Bauvorhaben 1984, S. 105–107, Zitat S. 105.
6 AdK, Werner-Düttmann-Archiv, 264, Bl. 1–12, hier Bl. 7, undatiertes Typoskript [1961]; »Berlin ist viele Städte«, in diesem Band abgedruckt auf S. 78–86. – Zur Relevanz des Düttmannschen Diktums vgl. etwa Jan Gerd Becker-Schwering: »Einleitung«, in: *Bauen in Berlin 1900–2000. Stadt der Architektur – Architektur der Stadt*, hg. von Josef Paul Kleihues, Jan Gerd Becker-Schwering und Paul Kahlfeldt. Berlin 2000; Volker Hassemer, der sein – in Anlehnung an Düttmanns Schlusssatz: »Wir sollten zögern« – betiteltes Statement »Überhasten wir nichts« im Katalog *Berlins Vergessene Mitte, Stadtkern 1840–2010*, hg. von Franziska Nentwig und Dominik Bartmann, Stiftung Stadtmuseum Berlin 2010, S. 218f. mit den Worten beginnen lässt: »Berlin ist viele Orte.«
7 Heinrich Heine: *Reisebilder*, 3. Teil, Kapitel II (1828). Zürich 1993, S. 227f.
8 Siehe in diesem Band S. 81.
9 Siehe dazu S. 51f. in diesem Band. Düttmann distanzierte sich 1976 wieder von dem Begriff »Kulturband«, siehe ebd., S. 85.
10 Zu den noch radikaleren Beiträgen von Peter und Alison Smithson (zusammen mit Peter Sigmond), die den 3. Platz belegten, sowie dem Siegerentwurf des Büros Eggeling, Spengelin und Pempelfort und auch zu dem Vorschlag Le Corbusiers äußerte er sich hingegen nicht. – Die Smithsons waren seitdem immer wieder gern gesehene Gäste in Berlin, so beispielsweise 1965 als Gastredner in einem Seminar von Oswald Mathias Ungers an der TU Berlin, 1975 beim IDZ-Symposium zur baulichen Integration von Alt und Neu »Entwerfen in der historischen Straße« – einem Thema, dem sich auch Düttmann seit den 1970er-Jahren zunehmend widmete – oder auch in der Ausstellung in der Galerie Aedes 1980, in der es um eben jenen Wettbewerb zur Hauptstadt Berlin ging.
11 AdK, Werner-Düttmann-Archiv, 263, Bl. 2–30, Zitat Bl. 8, Kopie eines Typoskripts auf Durchschlagpapier, undatiert, vgl. S. 67 in diesem Band.
12 Siehe dazu S. 49–52 in diesem Band.
13 Siehe Heinz Ohff: »Werner Düttmann als Baudirektor«, in: *Berliner Leben. Tagebuch einer Weltstadt* 1 (1965), H. 1, S. 20–22, Zitat S. 22.
14 Im Auftrag des Senators für Bau- und Wohnungswesen, Rolf Schwedler, hatte Düttmann als Senatsbaudirektor eine Informations- bzw. Werbebroschüre verfasst, die im Format 20,5 × 20,5 cm mit einfachem Umschlag und Banderole sowie einer durchsichtigen Kunststoffhülle in offenbar eher kleinerer Auflage im Juni 1962 verbreitet

wurde, vgl. AdK, Werner-Düttmann-Archiv, 397, Bl. 1–14.

15 Wolf Jobst Siedler: »Berlins Wiederaufbau fand ohne die erste Garnitur unserer Architekten statt. Der ›Fall Düttmann‹ und die Staatsbibliothek – Bausenat und Wettbewerb – Universitätsneubauten unter Ausschluß der Öffentlichkeit«, in: *Der Tagesspiegel* (06.02.1962), S. 4.

16 Siehe auch AdK, Akademie der Künste (West) [im Folgenden: W], Nr. 591, unpag., Kopie eines maschinenschriftlichen Briefs vom 26.02.1962. Zu Düttmanns Beitrag siehe S. 53–56 in diesem Band.

17 Werner Düttmann leitete als Senatsbaudirektor im Rahmen der Berliner Bauwochen 1962 die Gesprächsrunde zum Thema »Der Architekt in Europa« zwischen den Interbau 57-Architekten Jacob Berend Bakema (Rotterdam), Fritz Jaenecke und Sten Samuelson (Malmö), Agnoldomenico Pica als Vertreter des erkrankten Luciano Baldessari (Mailand) und Pierre Vago (Paris), wiedergegeben in: *Stadt + Städtebau. Vorträge und Gespräche während der Berliner Bauwochen 1962*, hg. von Hermann Wegner, Referent beim Senator für Bau- und Wohnungswesen. Berlin 1963, S. 3–20, hier S. 3. – Siehe dazu auch den kritischen Kommentar eines Autors mit den Initialen H.E. in: *Bauen und Wohnen* 16 (1962), S. 30: »Das Podiumsgespräch [...] litt unter dem Mangel einer straffen sachlichen Führung, die Werner Düttmann übernommen hatte.« Vgl. auch OMA AMO: *Public Works. Architecture by Civil Servants*, o.O. [Venedig], o.J. [2012], S. 40–45.

18 Werner Düttmann wird erstmals 1952 und bis 1954 im *Berliner Branchenbuch* bzw. den *Gelben Seiten* als Dipl.-Ing. unter der Adresse Lindenallee 48 (Charlottenburg) aufgeführt, 1954–1956 unter Bocksfeldstraße 41 (Spandau) und 1957–1964 unter Westendallee 97 (Charlottenburg), danach unter Lindenallee 20 (Charlottenburg). Mit Franz Mocken erscheint er parallel zu seiner eigenen Büroadresse in der Ausgabe von 1959 unter der Adresse Mommsenstraße 34 (Charlottenburg).

19 Vgl. *Public Works 2012* (wie Anm. 17), S. 41f.

20 Vgl. z.B. Günther Kühne: »Werner Düttmann«, in: *Baumeister – Architekten – Stadtplaner: Biographien zur baulichen Entwicklung Berlins.* Berlin 1987, S. 575–596; Elke Mittmann: »Düttmann, Werner«, in: *Allgemeines Künstlerlexikon – Internationale Künstlerdatenbank – Online*, hg. von Andreas Beyer, Bénédicte Savoy und Wolf Tegethoff (Artist ID: _10196696, abgerufen 21.12.2020); seit *Bauen seit 1900. Ein Führer durch Berlin*, bearbeitet von Rolf Rave und Hans Joachim Knöfel. Berlin, Frankfurt/M., Wien, 5. Aufl. 1985 erscheint sein Werk in den Überblickswerken und Architekturführern Berlins, siehe zuletzt: *Baukunst der Nachkriegsmoderne. Architekturführer Berlin 1949–1979*, hg. von Adrian von Buttlar, Kerstin Wittmann-Englert und Gabi Dolff-Bonekämper. Berlin 2013; *Radikal Modern. Planen und Bauen im Berlin der 1960er-Jahre*, hg. von Thomas Köhler und Ursula Müller, Ausstellungskatalog Berlinische Galerie. Berlin 2015. Siehe auch: *Stadtentwicklung im geteilten Berlin. Zeitgenossenschaften und Erinnerungsorte*, hg. von Günter Schlusche. Berlin 2014; Henriette Heischkel: *Bauen in West-Berlin 1949–1963. Die Rolle der Bauverwaltung im Spannungsfeld von Kunst und Politik.* Berlin 2018; siehe *Staat baut Stadt. 100 Jahre Hauptstadt (Groß-)Berlin (1920–2020)*, hg. von Harald Bodenschatz, Aljoscha Hofmann und Christian von Oppen. Berlin 2020.

21 Eine Besonderheit dieser Planung stellten die öffentlichen Autobusse dar, die auf dieser Stadtautobahn verkehrten und für die spezielle Bushaltestellen gebaut wurden. Neben Rainer G. Rümmler und Bruno Grimmek beteiligte sich auch Werner Düttmann mit dem Entwurf von zwei Bushaltestellen für den Spandauer Damm und den Messedamm (1961–1963), vgl. Tobias Michnik und Leander Nowack: *Übergangsräume. Die Bushaltestellen auf der Berliner Stadtautobahn.* Berlin 2021.

22 Ohne Autor: »Rettet den Rest« [Rubrik »Architektur, Altbauten«], in: *Der Spiegel* 32 (04.08.1964), S. 72.

23 Zum Denkmalschutzjahr 1975 plante die Abteilung Baukunst gemeinsam mit dem Senator für Bau- und Wohnungswesen eine öffentliche Veranstaltung im Studio zum Thema »Die Gegenwart der Geschichte«. Eingeladen waren Hans Paul Bahrdt, Johann Friedrich Geist, Christian Meier, Max Frisch, Zbigniew Herbert, Jörn Rüsen, siehe

AdK-W, 2075-1, unpag., 26.02.1975, Kopie eines maschinenschriftlichen Briefs.

24 In dem von Berliner TU-Studierenden herausgegebenen Heft *Diagnose zum Bauen in West-Berlin* der »Aktion 507« von 1968 führt Düttmann die Liste der »Preisrichtertätigkeit prominenter Architekten zwischen 1957 und 1967« mit großem Abstand an. Abgesehen davon ist auffällig, dass die Kritik der Studierenden sich in Bezug auf Düttmann als Person zurückhält. Es ist überliefert, dass er als Hochschullehrer nicht zuletzt aufgrund seiner unkonventionellen Art sehr beliebt war. Siehe z.B. AdK, Werner-Düttmann-Archiv, 372, Bl. 1, Brief des Vorstands der Studentenvertretung Peter Pohland an Düttmann, 05.03.1964: »Ich möchte [...] Ihnen für die Aufgeschlossenheit [...] danken, die Sie den Anliegen der Studentenschaft gegenüber gezeigt haben. [...].«

25 Er war zudem seit 1961 im Rahmen seiner Tätigkeit als Senatsbaudirektor außerordentliches Mitglied in der Deutschen Akademie für Städtebau und Landesplanung und ebenfalls seit 1961 Verbandsratsmitglied des Deutschen Verbandes für Wohnungswesen, Städtebau und Raumplanung.

26 Ab dem Sommersemester 1963 zunächst als Honorarprofessor für das Fachgebiet »Entwerfen von Hochbauten« am Lehrstuhl für Entwerfen und Gebäudelehre, 1966–1970 als Ordinarius für »Entwerfen IV« sowie ab dem Wintersemester 1968/69 zugleich als Institutsdirektor für Sozialbauten (Sozialbau ab WS 1969/70).

27 1959/60 erhielt Düttmann den Deutschen Kritikerpreis in der Kategorie »Bildende Kunst«. Die Begründung lautete: »Werner Düttmann, der neue Senatsbaudirektor, hat sich in den letzten Jahren große Verdienste um das Bauen in Berlin erworben und durch seine überlegene Haltung eine Atmosphäre geschaffen, in der Gespräche über Bauten und Städtebau zum Nutzen aller geführt werden können. Er hat sich außerdem mit Erfolg um die Errichtung eines Hauses für die wiedergegründete »Akademie der Künste« bemüht und ihr eine Stätte gebaut, die zum Treffpunkt der führenden Geister in Deutschland zu werden geeignet ist. Der Verband der deutschen Kritiker ehrt Werner Düttmann als einen Mann von großer schöpferischer und zugleich kritischer Begabung.« AdK, Werner-Düttmann-Archiv, 1, unpag. Wie die *Bauwelt* feststellte, wäre damit »wohl zum ersten Mal in neuerer Zeit das Bemühen um die Stadt als Ganzes als der Bildenden Kunst zugehörig gekennzeichnet« worden, aus: *Bauwelt* 51 (1960), H. 44/45, S. 1278. 1964 wurde Werner Düttmann mit dem Berliner Kunstpreis ausgezeichnet, Preisrichter waren Bernhard Pfau, Julius Posener und Walter Rossow. Zur Begründung hieß es, der Preis ginge an Düttmann »für seine in Berlin erreichten Bauten, unter denen die Akademie der Künste und die Bibliothek im Hansaviertel besonders hervorragen. Im Dienste Berlins hat er durch Kraft, Klarheit und Entschiedenheit seiner künstlerischen Haltung der baulichen Entwicklung der Stadt in den letzten Jahren neue Wege geöffnet.« AdK-W 403, Bl. 1, Protokoll über die Verhandlung des Preisgerichtes für die Verleihung des Berliner Kunstpreises, 18.01.1964; Bl. 10, Kopie des Glückwunsch-Telegramms von Scharoun, 23.03.1964. Vgl. auch AdK-W 424, Berliner Kunstpreis 1964. 1969 erhielt Düttmann die Ehrenmitgliedschaft im American Institute of Architects, siehe AdK, Werner-Düttmann-Archiv, 391, Bl. 1, und 1982 wurde er mit dem BDA-Preis für den Anbau der Kunsthalle Bremen ausgezeichnet (abgerissen).

28 Anlässlich seines Todes erschien: *Werner Düttmann zum Gedenken. Präsident der Akademie der Künste 1971–1983*, hg. von der Akademie der Künste, Berlin (Red. Manfred Schlösser). Berlin 1983 (=Anmerkungen zur Zeit, 21); *Werner Düttmann. Verliebt ins Bauen* 1990 (wie Anm. 3); *Werner Düttmann. Berlin.Bau.Werk.* Ausstellungskatalog Brücke-Museum, hg. von Lisa Marei Schmidt und Kerstin Wittmann-Englert. Berlin 2021. Vgl. außerdem: *Werner Düttmann – Grundrisse einer besseren Welt*, hg. von Matthias Noell. Berlin (Selbstverlag) 2021 (-+-. Publikationen des Fachgebiets Architekturgeschichte + Architekturtheorie, UdK Berlin, 9).

29 Siehe berlin.de/landesdenkmalamt/denkmale/liste-karte-datenbank/denkmalliste (zuletzt abgerufen: 01.09.2021).

30 Werner Düttmann hat nur in der frühen Phase seiner Architektenlaufbahn Einfamilienhäuser gebaut. In einem Brief an Julius Posener vom 30. Mai 1967 äußert er sich dazu: »Sehr geehrter Herr Posener [...] ich jetzt erst auf Ihre Anfrage vom 5.4. stoße, ob und welche Einfamilienhäuser ich in Berlin gebaut habe. Ja, ich habe, und zwar ein richtiges Einfamilienhaus in der Wachstraße 4 im Schloßbezirk Berlin-Tegel, und zwei falsche, nämlich ein kleines Wohnhaus mit Ingenieurbüro für Prof. Dr. Dienst in der Bismarckallee 21A im Grunewald, sowie ein Atelier- und Wohnhaus für den Arzt und Maler Dr. Walther Menne im Zingerleweg 29/31 in Kladow. [...].« AdK, Werner-Düttmann-Archiv, 324, Bl. 1.

31 Der Nachlass von Werner Düttmann wurde 1990 von den Erben an das Baukunstarchiv übergeben. Von seiner Tätigkeit als Direktor der Abteilung Baukunst sowie als Präsident zeugen zahlreiche Dokumente im Historischen Archiv der Akademie. Vgl. Werner Heegewaldt: »›Was übrigblieb, war das Gebaute.‹ Werner Düttmann und sein Archiv«, in: *Werner Düttmann. Berlin. Bau.Werk* 2021 (wie Anm. 28), S. 256–259.

32 Werner Düttmanns Gedichte und Kurzgeschichten aus den 1940er-Jahren wurden hier nicht berücksichtigt.

33 Müller 1983 (wie Anm. 5), S. 106.

34 Ebd.

CHROPP

1 Der Berliner: Gedanken zur Hauptstadt

Liebe Freunde und Freundinnen,

ich beneide alle Freunde des Clubs Nord, die bisher die Möglichkeit hatten, sich ihrer Vortragspflicht zu entledigen. Dank der Tatsache, daß Sie realen Berufen nachgehen, hatten Sie die erfreuliche Möglichkeit, über Fakten und somit über Verständliches zu sprechen. Mein Thema, das ich mir nicht ausgesucht habe, sondern das mir von unserem sehr verehrten Sekretär zugeteilt wurde, beschäftigt sich mit nichts weniger als mit Tatsachen, jedenfalls nicht mit Tatsachen, die sich guten Herzens propagieren ließen, sondern im wesentlichen mit Wunschträumen.

Ich soll Sie mit Problemen der Berliner Stadtplanung unterhalten, aber erstens, was ist Städtebau und zweitens, was ist Berlin? Hauptstadt ohne Funktion, Möchte-gern-Hauptstadt.

Eine Stadt kann nur als ein Ganzes begriffen werden, und Sie sehen selbst täglich, wie sehr das, worin wir leben, ein Halbes ist. Ich möchte hier keine politischen Prognosen versuchen und lassen Sie mich statt dessen etwas beim Allgemeinen verweilen.

Vielleicht können wir uns zunächst einmal darauf verständigen, daß eine Stadt mehr als ein Dorf ist. Was ein Dorf ist, können wir uns vorstellen. Diverse Familien, die der Landwirtschaft und einige, die einem ehrbaren Handwerk nachgehen, dazu ein unvermeidlicher Pfarrer, ein Arzt, und wenn viel Krach in dem Dorf ist, ein Rechtsanwalt, aber das ist schon unwahrscheinlich. Denn der sitzt wahrscheinlich in der nächsten Kreisstadt.

Damit kommen wir dem Begriff Stadt vielleicht bereits etwas auf die Spur. Ein Dorf allein ernährt noch keinen Rechtsanwalt, aber ein Rechtsanwalt muß sein. Das gleiche gilt für die Gerichte, die gesamte Jurisprudenz und deren segensreiche Einrichtung,

Als Werner Düttmann diesen Vortrag vor Mitgliedern des »Club Nord« hielt, lag sein Amtsantritt als Senatsbaudirektor am 1. Oktober 1960 erst kurz zurück; aus dem undatierten Text geht hervor, dass die Veranstaltung um 1960/61 stattgefunden haben muss. Aufgrund seiner einflussreichen Position – und sicher nicht zuletzt wegen seiner rhetorischen Fähigkeiten – war Düttmann ein gefragter Redner.

Beim »Club Nord« handelt es sich mit großer Wahrscheinlichkeit um den Rotary Club Berlin-Nord, dessen Gründungsmitglied Düttmann war. Die Charterfeier des Clubs – das heißt die »Indienststellung« – fand am 30. September 1960 in der von ihm erbauten Akademie der Künste unter hochrangiger Beteiligung von Vertretern des Senats, der ausländischen Militärmissionen, der Bundesbehörden, der Presse und von Rotariern aus dem In- und Ausland statt. Düttmann selbst hat an der Feier teilgenommen. Den hier abgedruckten Vortrag hielt er aber nicht zu diesem Anlass, sondern offenkundig zu einem späteren Zeitpunkt.

Die »Berliner Stadtplanung« ist das Thema, dem sich Düttmann hier widmet. Es handelt sich um den nachweislich frühesten der zahlreichen erhaltenen Texte, die die Voraussetzungen, Entwicklungen und Ausprägungen der Stadt Berlin zum Inhalt haben. Von den stets wiederkehrenden Leitgedanken und Problemen, mit denen sich Düttmann intensiv befasste, stehen Berlin als geteilte Stadt, ihre unterschiedlichen Gesichter und Funktionen, die architektonischen und städtebaulichen Vorbilder der 1920er-Jahre sowie der wichtige Wettbewerb zum Thema »Hauptstadt Berlin« von 1958 im Zentrum seiner Ausführungen.

Die Transkription des gedruckten Textes folgt: AdK, Werner-Düttmann-Archiv, 286 Bl. 1–4, Typoskript, undatiert, mit wenigen handschriftlichen Korrekturen

beispielsweise das Zuchthaus. Ohne Städte kann man sich auch kein Zuchthaus leisten. Dasselbe gilt in verstärktem Maße auf dem Sektor der Wirtschaft. Die Stadt als Markt, hier kommen die vielen Kohlrüben zusammen, um ihren Preis und auch ihren Käufer zu finden. Am Rande kulminiert, wenig beachtet von der Mehrheit der Zeitgenossen, in den Städten auch die Kultur. Begreifen wir also die Stadt als Kulminationspunkt dessen, was eine Zeit oder ein Volk will oder ist. Was ein Volk will oder ist, ist zu allen Zeiten ein sehr unterschiedliches gewesen. Das ist prüfbar und ablesbar in den Strukturen der Städte oder in deren Ruinen, wobei man nicht nur die historischen, sozusagen gewachsenen Ruinen zu bemühen braucht.

Athen war anders als Rom, die Agora etwas anders als das Forum. Der mittelalterliche Marktplatz im Schatten des Domes unter dem Marktkreuz ein Drittes, ganz zu schweigen von Memphis, Theben, dem Rom der Päpste des 16. Jahrhunderts, Florenz, Paris des Sonnenkönigs oder dem London der Kaufleute.

Karakul war eine Stadt, und so die Städte der Hanse von Reval bis Bergen, Kiew mit den vielen hundert goldenen Kuppeln, hatte zweifellos ein anderes Anliegen und einen anderen Gehalt als Novosibirsk.

Ich nenne diese Namen, weil jeder Name, und man könnte die Reihe fortsetzen, von Frisko [San Francisco] bis Peking, einen anderen Inhalt offen legt, eine andere Form zu sein sichtbar macht, etwas anderes will.

Aber was will Berlin?

Ich bin historisch nicht sehr gut informiert, aber wenn ich an meinen mäßigen Geschichtsunterricht zurückdenke, Heimatkunde, wie es in den anfänglichen Jahren hieß, so fallen mir auf Anhieb verschiedene Berlin ein. Das Berlin, das Fontane schildert, ist ein anderes als das Friderizianische, in dem Minna oder, wenn Sie wollen, Lessings Tellheim auf seine Rehabilitation wartete. Ein anderes wiederum, das, dessen Studenten durch das Brandenburger Tor nach Langemarck zogen, und ein anderes jenes, in dem Reinhardt Theater machte und die Architekten Mies, Taut, Häring, Wagner, Luckhardt, Gropius und andere von der Stadt von morgen träumten.

Es war dasselbe Berlin, in dem dieser Traum, ich glaube, es war am 30. Januar 33, durch lange Marschkolonnen brauner Färbung beendet wurde und das dann Herr Albert Speer nach Anweisung des damals Allmächtigen in Repräsentanz umträumte, die dann als Mondlandschaft erwachte.

Ich glaube, wir müssen bei unserer Betrachtung dieser gehabten Inhalte gedenken, um im Auge zu behalten, wie sehr wir abhängen von den Inhalten, die unsere Zeit und damit unser Tun bewegen. Ich bin nicht kompetent, einen solchen Inhalt zu proklamieren. Im Grunde genommen hege ich die Hoffnung, daß wir Architekten, oder die unter uns, die den Versuch machen, das Größere, die Stadt zu ordnen, einen Beitrag leisten. Dazu, daß der Inhalt den wir träumen, Tatsachen werden.

Aristoteles hat es als Postulat hingestellt, daß eine Stadt so gebaut sein solle, daß sie die Menschen sicher und zugleich glücklich mache. Ersparen Sie mir, hier aufzuführen, was Glück sei. Lassen Sie mich bei der Stadt verweilen.

Mit dem Einbruch der Technik, d.h. der Maschinen und der Fabrik, so sagt man, seien unsere Städte verdorben. Daran waren unsere Großväter schuld. So sagt man. Aber auch unsere Großväter waren Menschheitsbeglücker, wie Sie und ich, und so gibt es ganze Nationen, die heute noch das Heil von der Technik erwarten, wie es ganze Nationen gibt, die das Heil nicht mehr von der Technik erwarten und dennoch ungern das Wasserklosett entbehren.

Wir Architekten haben uns damit abgefunden, daß unsere Häuser ungleich komplizierter sind als jene, die Fischer von Erlach oder Bramante bauen durften.

Wir wissen darüber hinaus, daß die Heizung, ob Öl oder Koks oder sonstwie betrieben, und das fließende Wasser noch keine Umwelt erzeugen, in der es lohnt zu leben, daß sie aber dieses Leben unendlich erleichtern.

Es ist müßig zu fragen, wie anders Goethe gewesen wäre, wenn er nach Herrn Edison gelebt hätte. Sein überliefertes letztes Wort, mehr Licht, galt zweifellos nicht der Glühbirne. Es hat nicht an Stimmen gefehlt, nach Erfindung der Glühbirne, die im Bereich des Städtebaus nach mehr Licht gerufen haben. Gestatten Sie mir zwei Stimmen des 20. Jahrhunderts zu zitieren.

1.) Taut 1926[35]

[»Wo bleibt die erste wegweisende Tat?

Auflösung der Städte – die Erde eine gute Wohnung – die neue Wohnung – die neue Stadt: eine bloße Vision nach der Europakatastrophe 1914–1918?

Nicht bloß eine lyrische Schau – auch ein Ergebnis des Verstandes: Erkenne die Mißwirtschaft der Städte, Statistiken, Ziffern der Wirtschaftspolitiker und Verkehrstechniker, reif beim Zusammenbruch, ja vorbereitet in den Köpfen. Und verwirklicht? Wie weit?

Quälen wir uns nicht herum bei kleinsten Verbesserungen, hängen wir nicht fest an starren Vorschriften, ist der alte Drill nicht wieder auferstanden?

Die neue Wohnung, die kleinste Zelle für den Aufbau, ist erkannt in den letzten Funktionen. Nicht zu erwarten, daß die Masse mitgeht. Aber sie fortreißen mit einzelnen Proben – wo sind sie? (Ja, in Holland! doch bei uns: bald vielleicht in Frankfurt a.M., auch Splitter in Dessau und sonstwo – aber in Berlin, das vorausgehen sollte?) Als der Bann der Mietskaserne alten Stils gebrochen war – wo blieb die Tat zum Neubeginn? Rufer waren und sind da – und immer noch in der Wüste ...

Die Elemente erzwingen sich auch so ihr Recht. Selbst unser größter Stadtkörper, Berlin, wird schließlich doch einmal als Körper begriffen werden. Was im großen Impuls nicht gelang, muß nun die Zähigkeit schaffen. Berlin streckt seine Glieder, Spinne mit langen Beinen, die nur tasten. Ihr Netz? Der gegliederte kunstvolle Bau? Instanzen »oben«, und die Substanz »unten« nicht begriffen. Der Kopf? Wo ist der Kopf? Demokratie ohne -Kratie? Wir müssen trotz allem helfen, suchen, daß der Kopf kommt, kommen kann.

Der Weg ist nicht unklar, das Ziel leuchtet uns von weither: Die neue Stadt, die ein Sein ist und keine Attrappe, die gut erbaut ist, deren klares Gefüge in der kleinen Zelle widerstrahlt, im Gehäuse, der Wohnung des einzelnen. Wohnung und Arbeit nah und doch distanziert, die Ströme und Adern des Verkehrs geleitet und gebändigt, dem ökonomischen Chaos entrissen, und die Ausbreitung des Gesamtgefüges ins weite Land, sich im Umkreis zusammenschließend um Nebenzentren – und die große Mitte überlassend der Arbeit des Verstandes und auch ein wenig des Herzens der wirklichen – Stadtkrone.«]

2.) Hegemann 1930[36]

[»Statt der großen Feuer, die 1348 und 1380 Berlin oder 1666 London reinigen und neu erstehen lassen oder sogar gründlich umgestalten konnten, würde im heutigen Berlin ein Erdbeben erforderlich sein, um den städtebaulichen Irrtum der Berliner Geheimräte zu vertilgen, die wahrscheinlich auch den Segen eines derartigen göttlichen Eingriffs durch pünktlichen Wiederaufbau ihrer alten Scheußlichkeiten abzuwenden mächtig genug wären.« Werner Hegemann, Das steinerne Berlin (1930).«]

Sie sehen aus diesen beiden Zitaten, ich könnte sie um ein vielfaches vermehren, das Leiden derer, die sich um eine sinnvolle Stadt bemühen.

Den Inhalt, und das ist der Sinn, können Sie, die Bewohner, Benutzer, Brüder dieser Stadt, nur erschaffen, nicht ihre Baumeister.

Die Größe des Dilemmas zeichnet sich ab in zwei Wettbewerben, die wir vor wenigen Jahren erleben durften. Der eine 1958, veranstaltet von Westberlin, mit Unterstützung des Bundes, städtebaulicher Ideen-Wettbewerb zum Thema Hauptstadt Berlin, der andere im vergangenen Jahr, veranstaltet von Pankower Machthabern zum Thema, Berlin, Hauptstadt der DDR.[37] Alles, was der Westen und der Osten an Ideologie mitführten, fand hier seinen Niederschlag hüben und drüben in vorausschauenden Planungen zum vermeintlich gleichen Thema. Beides entbehrte in der allgemeinen Verwirrung der Realität. Beides fand in der Öffentlichkeit erstaunlich wenig Beachtung. Was ist eine Stadt? Eine Stadt ist, wenn man aus dem Theater kommt, die Geliebte am Arm, ohne Leute zu treffen, die man kennt, zu Habel gehen kann, um den Abend mit einem exquisiten Wein oder Whisky oder Wodka zu beenden. Eine Stadt ist, wo man hingeht, um die Schätze des Landes, die Vergangenheit und die Zukunft, die Kultur und die Kraft ausgebreitet zu sehen und zu hören. Eine Stadt ist tausend Rotationsmaschinen, die die Entfernung des Mondes, den Mord an Frau Meyer und die Verlobung von Lieschen Müller in die überfüllten U-Bahnzüge, die entlegenen Wohnungen und auch das Paddelboot am Wannsee melden. Eine Stadt ist Bars, Börsen, Banken, Gerichte und Theater, Universitäten und Kinos. Und eine Stadt heute ist unendlich viele Autos und kein Pferd, aber ein Leopard.

Soviel zur Einleitung und jetzt darf ich beginnen, Ihnen zu berichten, wie das Berlin von morgen aussehen wird. Ich stelle mir Berlin etwa folgendermaßen vor: Aber das führt zu weit. Das ist nur meine Vorstellung. Sie stellen sich sicher auch etwas unter Berlin von morgen vor, und auch das wird es sein. In der Zwischenzeit wollen wir dafür sorgen, daß der Verkehr funktioniert, auch noch in 50 Jahren, daß die Wohnungen wohnenswert sind, daß die Parks im Frühjahr grün sind, daß das Wasser im Wannsee sauber bleibt.

Ich habe einen Kasten mit Dias mitgebracht, und wenn es Sie danach gelüstet, bin ich bereit, zu Einzelthemen Stellung zu nehmen und Fragen zu beantworten, sofern sich solche Fragen beantworten lassen.

Ich möchte mit einem Wort, der gleichen *Bauwelt* entnommen wie die angeführten Zitate, schließen, mit einem Wort des Regierenden Bürgermeisters: WIR HABEN BEGONNEN[38] – (WIR SIND ANFÄNGER).

Der Wiederaufbau Berlins

Der Ursprung Berlins liegt im Dunkeln. Anders als viele Städte, die sich etwa als Inhalt und Mittelpunkt eines Volkstums oder Schicksalsraumes gründeten, scheint Berlin entstanden zu sein. Hier wurden keine Reichskleinodien aufbewahrt; kein Machtanspruch, und nicht der Wille zur Formung einer Mitte stehen am Anfang. Wir wissen von einer Fischersiedlung Cölln, neben der sich die Kaufmannsstadt Berlin auf der gegenüberliegenden Flußseite angesiedelt hat. Berlin ist also von Anbeginn mehr als alles andere ein Umschlagplatz, eine Begegnungsstätte zwischen der früh zu staatlichen Formen gelangten Welt des europäischen Westens und dem unbekannten Raum des Ostens – eine Kolonialstadt eher als eine Mitte. Schon in diesen Anfängen, so scheint es uns heute, klingt das Thema dieser Stadt an: Brücke zu sein, Übergang, Markt- und Handelsplatz der Waren und Welten. Die geographische und topographische Lage bot hierzu einmalige Gelegenheiten. Wo das Flußbett der Spree durch die Höhen des Barnim und des Teltow auf eine Breite von 5 km eingeengt wird und der sich gabelnde Fluß eine Insel bildet, war ein leichter Übergang über die Niederung der Spree gegeben. Die Tatsache, daß die ältesten Baudenkmale der Stadt die Petri-Kirche der Fischer von Cölln und die Nicolai-Kirche der Berliner Kaufherren sind, scheint das oben Gesagte zu bestätigen. So ist es nur konsequent, wenn auch kaum bekannt, daß Berlin und Cölln seit 1359 dem Bund der deutschen Hanse angehören und um diese Zeit durch die Initiative des freien Bürgertums ihre erste Blüte erleben. Es ist wichtig, auf diese Seite des Ursprungs und Inhalts der Stadt hinzuweisen, weil sich darin schon früh der Wille zur weltoffenen Stadt – zur Weltstadt – manifestiert, der im Laufe der wechselvollen Geschichte Berlins so oft durch andere Tendenzen überschattet schien. Berlin ist in jüngster Zeit zuweilen lediglich als Hauptstadt Preußens verstanden oder besser mißverstanden und so zugleich mit einer sehr einseitigen Lesart des Begriffes Preußentum identifiziert worden. Die Geschichte zeigt aber, daß die Bürger von Berlin nie den Typ des Untertanen darstellten, sondern sich ihre Rechte als freie Bürger zu bewahren wußten,

Werner Düttmann geht in diesem Essay, der etwas irreführend überwiegend mit Fotos von Bauten des Hansaviertels – der Internationalen Bauausstellung 1957, dem Vorzeigeprojekt der Bautätigkeit in West-Berlin in den 1950er-Jahren – illustriert wurde, auf die historischen und gesellschaftspolitischen Voraussetzungen für den Wiederaufbau West-Berlins ein. Dafür holt er zwar weit in der Geschichte der Stadt aus, konstruiert dabei jedoch in recht vereinfachten Linien und ganz in der Tradition der Berliner Stadtgeschichtsschreibung ein Bild des Berliners als eines weltoffenen und unabhängigen Bürgers bis in die Gegenwart.

Anders als es die begleitenden Fotos suggerieren mögen, geht es Düttmann hier auch nicht allein um den Wohnungsbau jener Jahre, sondern er beschreibt darüber hinaus die Notwendigkeit struktureller baulicher und städtebaulicher Maßnahmen im Zusammenhang mit dem zunehmenden innerstädtischen Verkehr, der

Berücksichtigung von kulturellen Institutionen und Bildungseinrichtungen für ein funktionierendes Stadtgefüge sowie nicht zuletzt des Schutzes von kunst- und kulturhistorisch bedeutender Bausubstanz und einer damit verbundenen Bewahrung des Genius Loci.

Diese Themen: sein hier erstmals formuliertes Diktum »Berlin ist viele Städte« wie auch die Sonderstellung Berlins als geteilte Stadt, ziehen sich, verbunden mit dem – allen politischen Umständen zum Trotz – aufrechterhaltenen Anspruch auf Berlin als Hauptstadt, wie ein roter Faden durch Werner Düttmanns explizit auf Berlin bezogene Texte.

Die Textwiedergabe folgt dem von Werner Düttmann autorisierten Erstdruck:
Werner Düttmann: »Der Wiederaufbau Berlins«, in: *Atlantis* 33 (April 1961), Nr. 4, S. 209–215.

Der Beitrag erschien mit nur marginalen redaktionellen Änderungen gegenüber dem ihm zugrundeliegenden Text:
AdK, Werner-Düttmann-Archiv, 264
Bl. 1–12, Typoskript auf Durchschlagpapier, undatiert, handschriftlich mit »Atlantis« überschrieben

ob im 15. Jahrhundert unter der Herrschaft der Burggrafen von Nürnberg oder auch später bis in die heutige Zeit. Ein Charakteristikum dieser Stadt war stets ihre Aufnahmebereitschaft dem Fremden gegenüber, den sie nicht nach kleinstädtischer Art fernhält, sondern assimiliert. So waren um das Jahr 1700 nach dem Erlaß des Edikts von Potsdam ein Viertel aller Einwohner Berlins französische Protestanten, die hier ihre Religionsfreiheit suchten und fanden. Aufklärung und Protestantismus gehören überhaupt in der neueren Geschichte zu den Faktoren, die diese Stadt am stärksten geprägt haben. Der Wille und die Möglichkeit zur freiheitlichen Lebensform sind auch die Ursache des ungeheuren Wachstums der Stadt nach der Reichsgründung. Die Verlagerung von Legislative und Exekutive in eine Stadt schafft noch nicht den Typ des Hauptstädters, wie es das Beispiel Bonn zu beweisen scheint. In Berlin hatte sich die Hauptstadt herangebildet, ehe sie diese ihr angemessene Funktion übernahm. Dieser Tatbestand schlug sich im sprunghaften Wachstum der Bevölkerungszahl nieder. Die halbe Million Einwohner des Jahres 1860 stieg im Laufe der nächsten 50 Jahre auf das Achtfache an. Das erste Jahrzehnt des 20. Jahrhunderts brachte einen jährlichen Zuwachs von 100 000 Menschen. Gegen Ende der zwanziger Jahre war die Bevölkerung Berlins auf 4,3 Millionen angewachsen.

Es ist bekannt, wie wenig dieses sprunghafte Wachstum städtebaulich bewältigt wurde. Trotz glücklicher Voraussetzungen war um 1910 zumindest innerhalb der Ringbahn das »steinerne Berlin«[39] entstanden, mit einer Bevölkerung von 1000, in Einzelfällen bis zu 1800 Menschen auf dem Hektar Netto-Bauland. Die eng bebauten Wohngebiete waren durchsetzt von Gewerbe- und Fabrikanlagen. Die sanitären Verhältnisse waren vielfach beängstigend. Erst nach dem Ersten Weltkrieg ging man daran, hier fühlbar Abhilfe zu schaffen. Zwar hatte es während der ganzen Zeit des unkontrollierten Stadtwachstums, das sich ja nicht nur in Berlin, sondern überall in Europa an den Zentren der industriellen Produktion vollzog, nicht an Mahnern und Planern gefehlt, die ihre Stimme erhoben, aber es war nicht gelungen, wirksame Maßnahmen zu ergreifen, die zur Schaffung gesunder Großstädte geführt hätten.

Die zwanziger Jahre, die auch auf diesem Gebiet, wie in so vielen anderen Bereichen in Berlin, einen Neubeginn darstellen, gingen zuerst mit großer Intensität das Problem des Wohnens an. Die besten Kräfte, wie die Brüder Taut, Gropius, Salvisberg, Scharoun, Forbat, Häring und andere, planten und bauten unter Stadtbaurat Martin Wagner neue Großsiedlungen im Grünen. Es entstanden die Stadterweiterungen in Britz, Zehlendorf, Siemensstadt und Reinickendorf.

Die Einzelbebauung trat in den Hintergrund zugunsten der einheitlichen Gestaltung ganzer Komplexe, die Einzelbauherren wurden abgelöst durch große gemeinnützige Wohnungsbau-Unternehmen, denen die Realisierung dieser Planungen oblag. Diese Entwicklung, die noch heute als richtungsweisend gilt, wurde unterbrochen durch die Machtübernahme Hitlers, dessen städtebauliche Ambitionen, dem Wesen aller Diktaturen gemäß, sich im wesentlichen auf die Darstellung der Macht beschränkten. Bekannt ist die Fülle zu diesem Zweck geplanter und teilweise begonnener, aber niemals fertiggestellter Monumentalbauten. Das städtebauliche Ergebnis des Dritten Reiches war nicht die Darstellung der Macht, sondern die eines gigantischen Zusammenbruchs.

500 000 Wohnungen waren zerstört, mit ihnen alle Industrie- und Arbeitsstätten von Bedeutung, und zahlreiche wertvolle Baudenkmale. Mehr als 75 Mio. Kubikmeter Trümmerschutt, das ist mehr als ⅐ aller Trümmer Deutschlands, bedeckten die City. Übriggeblieben war der zunächst nur zögernd aus der Katastrophe erwachende Lebenswille der Millionenstadt, die sich trotz der materiellen Ohnmacht daran begab, die gespenstische Ruinenlandschaft so gut es ging aufzuräumen und bewohnbar zu machen. Übriggeblieben war ferner der Wille, diese Stadt zu einer »guten Wohnung« (Bruno Taut)[40] zu machen. Die politische und wirtschaftliche Entwicklung Berlins lief, gemessen am westdeutschen Wiederaufbau, sehr zögernd an und blieb auch quantitativ weit hinter ihm zurück. Hierin lag die große Chance der Stadtplaner, die dadurch Zeit gewannen, ihre Pläne reifen zu lassen und vermeintliche Utopien angesichts des in städtebaulicher Hinsicht teilweise katastrophalen Wiederaufbaus einiger westdeutscher Städte als reale Notwendigkeit zu bezeugen. Ein erstes Ergebnis dieser Bemühungen war der 1950 von der Stadtverordnetenversammlung verabschiedete Flächennutzungsplan für Berlin, der eine wesentliche Auflockerung des Innenstadtgebietes vorschreibt.[41]

Die Aufgabe, die der Stadtplanung nunmehr gestellt war, und für lange Jahre gestellt bleibt, ist unendlich größer als jene, die in den zwanziger Jahren anstand. Zwar war das Wohnen wie damals das dringendste Thema.

Darüber hinaus aber galt und gilt es, die durch die große Zerstörung gebotene Chance einer strukturellen Neuordnung zu nutzen. Die Lösung dieser Aufgabe ist, wenn auch nicht im Denken, so doch in der Realisierung, erheblich erschwert durch die politische Spaltung der Stadt in zwei Teile. Die Intensität, mit der hier die Gegensätze aufeinander treffen, die Härte der Auseinandersetzung, verpflichtet Berlin mehr denn je in seiner wechselvollen Geschichte zu jener Unabhängigkeit und Weltoffenheit des Denkens und Handelns, die ihm von jeher eigen waren. Der im eigentlichen Sinne politische, das heißt Städte bildende Charakter des Planens und Bauens wird nirgendwo so sichtbar wie hier. Als ein Beispiel sei der auf östlicher Seite durchgeführte Wiederaufbau der Frankfurter Allee – heute Stalinallee – genannt, der den Wohnungsbau benutzt – man möchte sagen mißbraucht –, um eine Dokumentation staatlicher Macht nach selbst in Moskau längst überholtem sowjetrussischen Beispiel zu erstellen. Dem gegenüber steht in West-Berlin, das noch in diesem Jahr seit dem Beginn des Wiederaufbaus seine 200 000. Wohnung vollenden wird, als ein Beispiel unserer Vorstellung vom Wohnen das Hansaviertel.[42]

Mit dem Wiederaufbau dieses schwer zerstörten Wohnviertels war versucht worden, die Idee der Stadt von morgen zu realisieren, d. h. unter anderem auch eine Neuordnung des Grundbesitzes durchzuführen, ohne den Boden der Rechtsstaatlichkeit zu verlassen. An der Formung dieses Projektes waren Architekten, Ingenieure und Landschaftsgestalter aus 14 europäischen und außereuropäischen Ländern beteiligt. Dies als Beispiel zum Thema Wohnen, das natürlich nur einen kleinen Teil der großen Gesamtaufgabe darstellt.

Ein weiterer Schwerpunkt der Planung ist die Lösung des Verkehrsproblems. Wohnungsbau und Verkehrsbauten werden hier in dieser Reihenfolge vorweg genannt, weil sie ihrem Volumen nach und damit in ihrer sichtbaren Erscheinung allem anderen Bauen vorangehen, so daß häufig der Eindruck entsteht, als gälten die wesentlichen Bemühungen der Stadtplaner diesen beiden Bereichen allein. Eine Anhäufung von Wohnungen ist noch keine Stadt, eine Verkehrsballung erzeugt noch kein Leben. Diese beiden Komponenten allein schaffen bestenfalls eine Siedlung, wenn auch, und der Beispiele gibt es viele, häufig eine Siedlung außerordentlicher Größe. Die Stadt bedarf der Inhalte, das heißt der Arbeit, der Produktion im Materiellen wie im Geistigen. Die Fragen müssen beantwortet werden: Wohnen wofür? Verkehr wohin? Auch hier, gerade hier, wird der eigentlich politische Aspekt der Stadtplanung sichtbar. Die gestalterisch-ästhetische Seite ist nur ein Teil, wenn auch ein sehr wesentlicher, des Gesamtkomplexes. Auf die Frage nach dem Stadtinhalt oder den Inhalten Berlins müßte man mit einem Katalog antworten, der geeignet wäre, die

Existenz vieler Städte zu rechtfertigen. Berlin ist viele Städte. An oberster Stelle dieses Kataloges jedoch stand und wird stehen: Berlin ist die deutsche Hauptstadt. Dieses Bewußtsein und die sich daraus ergebenden Konsequenzen bestimmen die Berliner Stadtplanung entscheidend. Die fast vollständige Zerstörung der alten City eröffnet auch in diesem Bereich der staatlichen Repräsentation, der Verwaltung und der interstaatlichen Kommunikation neue Möglichkeiten und fordert, daß die gegebenen Chancen genutzt oder zumindest bis zu einer möglichen Nutzung offengehalten werden. Aus diesem Grunde haben die Regierung der Bundesrepublik Deutschland und der Senat von Berlin im Jahre 1957 einen internationalen städtebaulichen Ideenwettbewerb unter dem Titel »Hauptstadt Berlin« ausgeschrieben, der zu diesem Thema eine Fülle von Gedanken und Anregungen gebracht hat, deren Auswertung noch andauert. Es ist bezeichnend für die Situation, daß sich auch die Regierung des sowjetisch besetzten Gebietes auf Grund der Ergebnisse dieses Wettbewerbes entschloß, unter den Ostblock-Ländern einen Wettbewerb für die City der »Hauptstadt der DDR« auszuschreiben.[43] Beide Wettbewerbsergebnisse waren in Berlin diesseits und jenseits des Brandenburger Tores ausgestellt. Abermals war Berlin traditionsgemäß der Markt, wo jeder, der Pläne zu lesen vermag, die angebotene Ware vergleichen konnte.

Der Raum eines solchen Aufsatzes reicht nicht aus, die komplexe Aufgabe des Städtebaus und der Verflechtung jedweden Bereiches mit fast jedwedem Anderen im einzelnen darzustellen. Darum sei es gestattet, schlagwortartig einige Zielsetzungen unserer Planung zu umreißen. Der Einfachheit halber will ich mich an den oben genannten »Stadtinhalten« orientieren.

Als erster war der Begriff »Hauptstadt Berlin« genannt. Das bedeutet für die Planung Raumordnung und Geländereservierung im Stadtzentrum für die Unterbringung und Darstellung von Legislative und Exekutive und Zuordnung der Gesandtschaften und Botschaften. Für ersteres ist der historische Raum zwischen Wilhelmstraße und Tiergarten erweitert bis in den Spreebogen nördlich des Platzes der Republik vorgesehen, für letzteres soll das historische Diplomatenviertel nach Süden erweitert werden. Das ist eine Pauschalandeutung. Selbstverständlich beeinflußt das Denken in dem Begriff Hauptstadt auch alle anderen Bereiche, wie die des Wohnens, der Arbeit, der Wirtschaft und des Handels, der kulturellen Einrichtungen, der Lehre und Forschung, der Erholung usw. Drei Bereiche seien als Beispiele der vielfältigen Themen oder Stadtinhalte hier angesprochen: die Geschäftscity, die Entwicklung der Freien Universität und die Planung für die Berliner Museen.

Nach der Zerstörung der Innenstadt haben sich in den Außenbezirken Einkaufs- und Geschäftszentren von großer Vitalität entwickelt. Parallel lief die Bildung eines neuen Geschäftszentrums im Raum um den Zoologischen Garten, das als Cityband[44] in Richtung Osten bis zum alten Stadtkern weiterentwickelt werden wird. Unter Ausnutzung dieser Tendenz der Wirtschaft sind zwei städtebauliche Markierungspunkte der westlichen City geplant und zu einem großen Teil bereits realisiert: Der Breitscheidplatz um die Kaiser-Wilhelm-Gedächtnis-Kirche und, nach einem städtebaulichen Entwurf von Prof. Hermkes, der Ernst-Reuter-Platz am ehemaligen Knie.

Die nötig gewordene Neugründung einer Universität in West-Berlin vollzog sich mit großer innerer Dynamik, wobei es häufig sehr schwierig war, dieses Ausdehnungsbedürfnis der Freien Universität mit den Belangen Dahlems als bevorzugtes Wohngebiet in Einklang zu bringen. Hier liegt eine wesentliche Aufgabe der Stadtplanung, dafür Sorge zu tragen, daß eine so wichtige Institution wie die Universität den ihr angemessenen stadträumlichen und baulichen Ausdruck findet und auf der anderen Seite das Vorhandene weitgehend bewahrt und geschont wird.

Ähnliche Überlegungen gelten der Planung der Museumsneubauten. Der Magazinbau der staatlichen Museen in Dahlem bot 1949 eine willkommene Möglichkeit, die nach Berlin heimkehrenden Sammlungen nach langer Pause endlich wieder auf- und auszustellen. Darin lag jedoch die Gefahr, daß Erweiterungsbauten an dieser Stelle die Sammlungen, die zweifellos in den Bereich der City gehören, für dauernd in diesem Villenvorort verankern würden. Die Senatsverwaltungen für Bau- und Wohnungswesen und für Volksbildung bemühen sich gemeinsam mit dem Generaldirektor der Berliner Museen um eine Gruppierung und Placierung der Sammlungen, die auch nach der Wiedervereinigung Deutschlands und damit Berlins richtig sind. Der Raum um das Charlottenburger Schloß, das nach schwerer Zerstörung wieder hergestellt ist, hat, nachdem im Ostsektor ohne Notwendigkeit das Stadtschloß, der bedeutendste Barockbau des norddeutschen Raumes, und das Schloß Monbijou abgerissen wurden, erheblich an Gewicht gewonnen.

Jedes der angesprochenen Themen stellt in seiner baulichen Realisierung nicht nur eine Aufgabe in sich dar, sondern bedarf zum wirklichen Leben der Verflechtung mit den anderen Bereichen. Die Frage der Verkehrsbewältigung wird somit zur Lebensfrage der Stadt, wobei der Verkehr selbstverständlich als Mittel zum Zweck verstanden wird. Die Entwicklung anderer Großstädte hat gezeigt, daß der Lebensspender Verkehr dazu neigt, zum Selbstzweck zu werden und die eigentlichen Stadtinhalte zu verdrängen. Hier mit Vorsicht, das heißt mit Voraussicht zu Werke zu gehen, ist entscheidend für die Zukunft des gesamten Stadtorganismus. Berlin darf für sich in Anspruch nehmen, auf diesem Bereich zumindest im deutschen Raum Vorbildliches zu leisten. Ein Stadtautobahnring, der in etwa dem Zuge des S-Bahnringes folgt, umfaßt das gesamte Innenstadtgebiet. Vier in ihn eingespannte Tangenten bedienen die City und entlasten sie gleichzeitig von dem Durchgangsverkehr, der in ihr nicht Ziel oder Ursprung hat. Die ohnehin großzügig angelegten Stadtstraßen werden in dem erforderlichen Umfang neu geordnet, ergänzt und ausgebaut. Bei allen diesen Maßnahmen geht man von einer erwarteten Motorisierungsziffer von 1×5 aus (das heißt 1 Kraftfahrzeug auf 5 Einwohner). Dieser Motorisierungsgrad stellt auch nach unserer heutigen Verkehrsschätzung den Saturierungsgrad dar. Dennoch ist die ausschließliche Bedienung einer Millionenstadt durch Individualverkehr weder möglich noch erstrebenswert. Zur Entlastung der Straßen ist der Ausbau bequemer und wirksamer Massenverkehrsmittel erforderlich. Darum ist der Ausbau des U-Bahnnetzes, das zur Zeit 80 Kilometer Gesamtlänge hat, auf rd. 200 Kilometer geplant.

Schließlich sei noch des Genius loci gedacht, jenes Wesen und Atmosphäre bestimmenden Etwas, dessen Erhaltung und Förderung uns am Herzen liegt. Planung und Denkmalpflege bemühen sich gemeinsam nicht nur um Rettung und Einordnung der unter Denkmalschutz gestellten Gebäude, sondern um die Bewahrung und Verbesserung gelungener stadträumlicher Situationen, auch wenn diese keine spezielle kunsthistorische Bedeutung haben.[45] Mit großem Bedauern muß hier verzeichnet werden, daß nach anderem Unersetzlichem im Ostsektor nun auch die Petri-Kirche abgebrochen wird, die als Abschluß der Brüderstraße im historischen Stadtkern einen ganz märkischen Raum von schwermütiger Schönheit bestimmte, der ohne sie für immer dahin ist.

Der Genius loci, um dessen stadträumliche Manifestierung wir Planer uns mühen, ist neben großzügig gewährten und dankbar entgegengenommenen Millionenbeträgen aus der Bundesrepublik und den Vereinigten Staaten die zuverlässigste Hilfe bei der Realisierung unserer Pläne. Berlin kann man nur mit den Berlinern bauen, jenen Wesen, die man »Schnauze mit Herz« genannt hat. Der Berliner muß dabei sein, wenn irgendwo gebuddelt wird und übt seine zarte Art von Kritik, indem er dem Neuen zunächst einmal den ihm zustehenden Kosenamen verpaßt. So wurde der Konzertsaal [der UdK] zum Zwölftonaquarium, das Luftbrückendenkmal zur Hungerharke, die Akademie der Künste zur Kunstspinnerei und der Springbrunnen am Ernst-Reuter-Platz zum Reuter-Sprudel. Hier wird Kritik geübt und gemeckert, aber dann doch mit einer Mischung aus Vaterstolz und herzhaftem Realismus mitgemacht. Dieser selbstverständliche Realismus findet sich zwar niemals mit der unsinnigen Spaltung der Stadt und ihrer Isolierung von »Unserer Umgebung« ab, macht aber, solange die Verhältnisse so sind, aus der Not eine Tugend, wie zum Beispiel die Bewilligung des großzügigen Grünflächenplanes durch Senat und Abgeordnetenhaus beweist.[46] Wenn wir nicht mehr »int Jrüne« fahren können, muß eben »det Jrüne« zu uns.

Bausenator Schwedler hat an den Brennpunkten der Stadt, die zumeist auch Schwerpunkte des Umbaus sind, Vitrinen mit den Modellen der Planung aufgestellt, über diesen Vitrinen steht der Satz »Stadtplanung geht uns alle an«.[47]

Und das weiß man hier.

Berlin – Town Planning and Architecture

The city is origin, bearer and aim of culture. According to the bearing context of society its countenance develops. Its ground plan and its buildings are a self-representation and self-realisation of contexts appertaining to the history of civilisation. Burckhardt said: »Cities – as long as they deserve this honourable name and are not merely accumulations of human beings, will always remain individuals with such distinct features, that every single one of its inhabitants will always be recognized by these features.«[48] Or reversed: The city is its citizens and their aims. It is carrying their face.

The loss of culture goes hand in hand with the loss of individuality which is the form giving power. With the breaking through of the industrial age many cities suffered this fate. The causes are well known today. The efforts made to change this situation were of a technical organizational nature, they were mechanical but not organic. One tried to cover the disappearing power of form and the loss of structure by means of historical imitations. The result could only be a distorted picture. In Berlin the population rate of half a million in 1860 increased in the course of 50 years 8 times. The first decade of our century brought a yearly growth of 100,000 people. Towards the end of the twenties the population of the city had reached 4,3 million.

Up to 1910 at least the »stony Berlin«[49] inside the »Ringbahn« had a risen to a thousand people, and in certain areas up to 1,800 people living on the hectare net of building area. The hygienic conditions were less than insufficient, the apartments had neither light, nor air, nor sun. The general discomfort of these conditions led to the most bitter criticism and called for a generation of architects and artists who understood

Bei diesem Text handelt es sich um einen Vortrag in englischer Sprache, den Werner Düttmann in seiner Funktion als Senatsbaudirektor am 24. Juli 1961 in der Berliner Akademie der Künste gehalten hat.

Anlass war die 13. Generalversammlung der Internationalen Vereinigung der Kunstkritiker (Association Internationale des Critiques d'Art) – AICA – in München vom 17.–19.07.1961 mit anschließender Exkursion durch Bayern – mit Schwerpunkt Franken – und weiter nach Berlin.

Vom 23.–25.07.1961 wurde das Veranstaltungsprogramm in der Akademie der Künste am Hanseatenweg fortgesetzt, beginnend mit der Eröffnung der vom British Council übernommenen Ausstellung *Henry Moore* am Sonntagvormittag, den 23. Juli 1961. Nicht nur war Henry Moore in jenem Jahr zum außerordentlichen Mitglied der Akademie der Künste, Berlin (West), Sektion Bildende Kunst, gewählt geworden. Darüber hinaus konnte auch seine Bronzeskulptur *Die Liegende* (1956) vor dem Akademiegebäude auf Betreiben Werner Düttmanns und Hans Scharouns dauerhaft erworben werden. Düttmann hatte Moore laut Uwe Johnson bereits während seiner Kriegsgefangenschaft in England kennengelernt.

4 Ausstellungseröffnung Henry Moore, AdK, 1961

Die AICA war der Einladung Scharouns, Präsident der Akademie und im Ehren-Ausschuss der AICA, gefolgt. Düttmann, Architekt der Akademie und seit 1961 ebenfalls deren Mitglied, gehörte wie beispielsweise auch Herbert von Buttlar und der Kunsthistoriker Will Grohmann dem Arbeits-Ausschuss der AICA an. Grohmann hatte den Vorsitz als Präsident der 1951 gegründeten deutschen Sektion der AICA 1958 von deren erstem Direktor Franz Roh übernommen. Die AICA hat ihren Sitz in Paris und eine deutsche Dependance in Köln.

building again as a moral task and not as an aesthetic problem.

From many varied starting points one progressed toward the same aim of a new way to find form.

Mentioned are the 2 »Jugendstil« and the »Deutsche Werkbund« whose slogans were as Hugo Häring put his significant lecture from »neuen bauen«, »forward to the individual form of the matter required, to the practical form which is an effective form and a complete form. The individual essence of an object provides the theme.«[50]

After the first World War it was also understood in the organizational branch that the city needed space. In 1920 the neighbouring towns were connected with the old part of the city and with this Berlin became what it is today. In this far-reaching framework, a housing policy conscious of its social obligations came into being for the first time, a housing policy which even today must be called progressive. The housing developments which came into being were:

Gehag in Zehlendorf by the architects Bruno Taut, Salvisberg and Häring, the Siemens city by Scharoun, Häring, Forbat, Gropius, Bartning, and Henning, the Hufeisen Siedlung in Britz by Bruno Taut and Martin Wagner, the African quarter by Mies van der Rohe, the »white city« in Reinickendorf by Salvisberg and Büning and the housing development Eichkamp by Max Taut and others. Also in the heart of the city both in the cultural and industrial sections the major architects such a Poelzig, Mendelsohn, the brothers Taut, the brothers Luckhardt, Bruno Paul, Fahrenkamp, Salvisberg, Hans Hertlein, and many others were at work: Berlin was about to become a »good residence« as Bruno Taut had required.[51]

Werner Düttmanns Vortrag, der in großen Teilen auf seinem im April desselben Jahres in der Zeitschrift *Atlantis* erschienenen Essay »Der Wiederaufbau Berlins« (siehe S. 30–36) beruht, war eingebettet in ein dichtes Programm von Besichtigungen (Schloss Glienicke, Schloss Charlottenburg, Stadtrundfahrt Berlin Ost und West), einem weiteren Vortrag von Hans Maria Wingler über das frisch gegründete Bauhaus-Archiv in Darmstadt sowie Diskussionen zum Thema Städtebau und Architektur.

Die Transkription des gedruckten Textes folgt:
AdK, Werner-Düttmann-Archiv, 270
Bl. 29–32, Typoskript, undatiert
Bl. 33–35, Kopie eines weiteren Typoskripts identischen Inhalts, undatiert, mit Anstreichungen
Bl. 2–7, Typoskript auf Durchschlagpapier, undatiert, mit handschriftlicher Notiz auf Blatt 2, oben rechts: »Vortrag Intern. Kritiker Verband« (Kopie davon in: AdK-W 221-03, Schriftwechsel mit Mitgliedern der Abt. Baukunst, hier: Werner Düttmann 1962–1983, Bl. 8–13.) Dieses Typoskript, das Düttmann offenbar vorab dem Generalsekretär der Akademie, Herbert von Buttlar, zur Kenntnis geschickt hatte, wie die Kopie nahelegt, diente als Vorlage für die vermutlich professionell vorgenommene Übersetzung ins Englische.
Bl. 8–15, Typoskript einer leicht ausführlicheren Fassung, undatiert
Bl. 15–27, Manuskript, das zuweilen in der Wortwahl abweicht, undatiert

Siehe auch:
AdK, Werner-Düttmann-Archiv, 293
Bl. 2–12, Typoskript, unvollständig, undatiert, ebenfalls »Berlin – Städtebau und Architektur« betitelt, sowie zwei weitere Kopien davon, beginnend mit den Worten: »Mit der Wahl dieses Themas für eine Arbeitstagung gerade Ihres Verbandes wird, so scheint mir, der unlösliche Zusammenhang des Gegenstandes Ihrer Betrachtungen – der Kunst – mit dem Phänomen der Stadt, zumindest für unseren Kulturkreis, deutlich unterstrichen. […]«

However when Hitler took power all these endeavours came to an abrupt end. His aim was not good housing but rather self-glorification.

When the war was over 75 million cubic meters of ruins covered the city. This is more than 1/7 of all the ruins in Germany. 500,000 residences were destroyed as well as most of industry, trade and traffic. Since the rebuilding of West Berlin began in 1948, 200,000 new residences have been built, of which practically all have been financed and supported as social housing projects by the Bundesrepublik and the United States. Because the quantity had to be achieved in a short time, one was at first forced to accept the fact that the quality could by no means be compared with the standards of the twenties. The many-fold technical problems stood in the foreground overshadowing other requirements. Beginning with the planning of a housing exhibit in 1957 one tried to lead the elite of the architects again to the task of social housing projects.[52] With this exhibition the impulse was to have been given to further productivity of this kind. Let me now draw your attention to the traffic problems. It is well known how quickly traffic as a life providing source inclines as the same time to suffocate the city which it should serve. Here the cited words by Häring gain vital importance: »Forward to the individual form of the matter required to the practical form which is an effective and complete form.« One effective artery – the city autobahn with its embracing tangents should ease and provide the different traffic systems (main traffic, distributing and converging systems, residential streets, etc. …). Whether this will succeed is naturally not only a question of planning alone but primarily a question of the complex

structure. It is time to say a few words about the context, the make-up of the city. We have spoken about traffic and about living, now remain the questions, the purpose of housing and the destination of traffic. We agreed at the beginning that our culture, a product of cities cannot be without them. Just in the last years the product of urban living emerged in many places like magic, supposed to change all sorrow in happiness. Political scientists, philosophers, sociologists are at work. This, no doubt, underlines the importance of city replanning – city building – as the decisive base of our culture. To what purpose a city? Bahrdt sees the city as the only possibility for the complete development of the personality.[53] With this it seems to me when categorizing the context of the city of tomorrow, and we speak only of that, the task of education always ranks first. Education and formation of the individual through voluntary contact without much freedom has no duration.

Berlin is many cities in one, not only from geographical, historical growth: Berlin and Cölln stand next to Spandau and Reinickendorf, Lichtenberg next to Wedding, each is different, but all one singular unity. But Berlin is many cities from its many-folded tasks: German capital, city of three universities, city of banks and stages, largest industrial city of Germany and home of the most important museums, city of old people homes, showplace of worldwide conflicts, place of the largest cosmopolitian freedom, surrounded by a wall of barbed-wire, world city from which one can easily reach Tokyo and New York but not Potsdam or Werder.

In 1957 there was a great city planning competition in Berlin on the theme, Berlin, the capital of Germany.[54] It was sponsored by the Senate and the West German government. The most interesting contribution was the work of Scharoun.[55] The many attributes of Berlin, when taken singularly seem insignificant, but taken as a whole, the city is rich worthwhile to be a part of, in order to add to its characteristic expression.

A city is not stationary. It can never be planned as a final form. On the contrary city planning is an everlasting process because the city means life and is life. Planning requires respect for this life.

M. W. Düttmann

Thema Berlin

Geburtstage werden zuweilen zum Anlaß genommen, Rückblick und Ausschau zu halten und den Sinn des bislang verfolgten Weges zu bedenken. Da Schinkel, dessen Geburtstag wir heute feiern, einer der großen Baumeister Berlins gewesen ist, und wir in einem an Umfang und Bedeutung noch nicht dagewesenen Auf- und Umbau dieser Stadt begriffen sind, scheint es mir vernünftig, wenn wir uns heute die Frage nach dem Sinn dessen, was wir tun, stellen. Das klingt vielleicht sonderbar, denn das Thema dieser Stadt, an deren Gestalt wir arbeiten, ist gleichsam als Arbeitshypothese seit langem festgelegt: Aufbau der deutschen Hauptstadt.

Angesichts der politischen Situation, die eine baldige Verwirklichung dieses Zieles nicht erkennen läßt, ist die Frage berechtigt, ob mit dem Begriff Hauptstadt allein Wesen und Inhalt dieser Stadt umrissen ist. Berlin birgt viele Städte, Berlin ist nicht nur die größte deutsche Industriestadt und damit zugleich die größte Wohnsiedlung Deutschlands, nicht nur Sammelbecken der sich ständig erweiternden Einrichtungen des sogenannten Dienstleistungsgewerbes, wenn auch diese drei Faktoren Industrie, Wohnen und Dienstleistung im wesentlichen seine quantitative Größe bestimmen. Der Katalog der Stadtinhalte weist eine Fülle von Funktionen auf, deren jede einzelne für sich ausreichen würde, Wesen und Inhalt einer Stadt zu bestimmen. Berlin ist auch Bischofsstadt und zwar für beide Konfessionen, es ist die Stadt dreier Universitäten und anderer Hoch- und Fachschulen, es ist Pressestadt, Stadt der Banken und Versicherungen, der Theater und Museen, Stadt der Künste, Hafenstadt und Markt in des Wortes weitester Bedeutung, Umschlagsort der Güter und der Geister. Weit mehr noch als das Genannte wäre anzuführen, wollte man die vielen Wesenszüge dieses komplexen Gebildes umreißen.

Berlin ist seit 1945 zumindest als Ort und Sitz einer deutschen Regierung nicht mehr Hauptstadt. Dennoch hat es von Jahr zu Jahr

Seit 1852 wird der Schinkelpreis des Architekten- und Ingenieur-Vereins zu Berlin (AIV) jährlich am 13. März, dem Geburtstag von Karl Friedrich Schinkel, vergeben. Der Preis ist eine Auszeichnung für den Nachwuchs im Architekturwesen (Städtebau, Architektur, Landschaftsarchitektur, Freie Kunst, Konstruktiver Ingenieurbau, Verkehrswesen Straßenbau und Eisenbahnbau). 1962 wurde Werner Düttmann die Ehre des Festredners zuteil. Er sprach – wie kaum anders zu erwarten – über seine Stadt: Berlin.

Anders als in seinen vorausgegangenen Schriften und Reden reflektiert Werner Düttmann hier jedoch ausführlich nicht nur die Rolle Berlins als Hauptstadt für das zukünftig wieder vereinte Deutschland, sondern darüber hinaus auch für Europa – ein Europa, in dem Berlin von der Peripherie ins Zentrum rücken würde. Damit erweist sich Düttmann als kosmopolitischer und visionärer Stadtplaner.

Die Textwiedergabe folgt dem von Werner Düttmann autorisierten Erstdruck: »Thema Berlin, Festvortrag auf dem 107. Schinkelfest des Architekten- und Ingenieurvereins zu Berlin am 13. März 1962 in der Kongreßhalle von Senatsbaudirektor Werner Düttmann«, in: *Schriftenreihe des Architekten- und Ingenieur-Vereins zu Berlin*, Heft 14, 1962 (Separatdruck).

Erneut abgedruckt, jedoch geringfügig gekürzt, in: *Werner Düttmann. Verliebt ins Bauen. Architekt für Berlin 1921–1983*, bearbeitet von Haila Ochs. Basel, Berlin, Boston 1990, S. 94–99.

Der Erstdruck beruht auf der folgenden Vorlage, wurde jedoch leicht redaktionell überarbeitet, teilweise gekürzt sowie um einen abschließenden Absatz ergänzt:
AdK, Werner-Düttmann-Archiv, 206
Bl. 1–14, Typoskript auf Durchschlagpapier, undatiert, überschrieben mit: »Schinkelvortrag Thema Berlin«

Siehe auch:
Bl. 15–24, abweichendes Typoskript mit handschriftlichen An- und Unterstreichungen
Bl. 25–26, zwei Exemplare des Sonderdrucks
Bl. 27–29, Zeitungsartikel zum Vortrag von Düttmann sowie
AdK, Werner-Düttmann-Archiv, 264
Bl. 14–23, handschriftliche und maschinenschriftliche Textfragmente

einen alle Propheten des Unterganges widerlegenden Zuwachs an Vitalität entwickelt. Offensichtlich ist Berlin sehr viel mehr als nur deutsche Hauptstadt, so daß es diese Funktion auch noch länger entbehren könnte, ohne in seiner Existenz bedroht zu sein. Deutschland hingegen kann nicht lange ohne die sammelnden Kräfte der Hauptstadt Berlin bestehen, soll es nicht ernstlich Schaden nehmen.

Berlin ist durch sein Nachkriegsschicksal zur Bühne des deutschen Dramas geworden. Hier ist das Geschick der Nation im Herzen der alten Hauptstadt täglich erlebte Wirklichkeit, die niemand, auch wenn er es möchte, übersehen kann. Aber nicht nur das deutsche Schicksal, der gesamte schreckliche Zustand der Welt wird hier sichtbar. Die Mauer, die hier brutal durch die Herzen der Menschen gezogen wurde, die Familien und Freunde über Nacht getrennt hat, zerschneidet nicht nur Berlin und nicht nur Deutschland, sondern ganz Europa.

Die Überwindung dieser Mauer ist darum nicht nur deutsche, sondern zugleich europäische Aufgabe dieser Stadt. Berlin hätte damit wie schon so oft in seiner jüngeren Geschichte sehr deutlich einen doppelten Stand: einen deutschen und einen unmittelbar europäischen als Schicksal und Aufgabe. Wie stark der europäische Stand dieser Stadt schon heute ist, beweist die Entschlossenheit der alliierten Schutzmächte, Westberlin zu verteidigen, ebenso deutlich wie das zähe Ringen der Russen um Berlin. Diese europäische übernationale Wirklichkeit Berlins ist nicht neu. Besonders eindrücklich zeigte sie sich gegen Ende der zwanziger Jahre. So schrieb Wilhelm Hausenstein 1930 [1932] über Berlin:

»Die Effektivität der Leistung ist in Berlin so groß, daß man sich einen Augenblick (um 1928) vorstellen konnte, Berlin sei auf dem Wege zur Hauptstadt Europas, nicht nur Deutschlands ... und: mitten in dieser Hauptstadt eines verlorenen Krieges zogen sich in einem bestimmten Augenblick die Probleme und Möglichkeiten der Konstitution eines neuen Europa fast intensiver zusammen als in Paris ... und: die Zukunft wird das unmittelbar-europäische Berlins, das unmittelbar-mondiale vielleicht immer stärker betonen ....«

Hausenstein liebt Berlin nicht. Er fragt: ... steht Berlin überhaupt in irgendeinem Gefühl? Steht es überhaupt in irgendeinem gemütlichen

Grunde? ... Er erhebt den Einwand, daß es in Berlin keine Kirchen gibt, und nennt es »eine hoffnungslos antikathedralische Stadt«. Er sagt: »Ich meine vielmehr das überhaupt Unbasierte Berlins, das Grundlose ... Und allerdings meine ich damit zugleich das Fabelhafte der Leistung.«[56]

Wenn dem so wäre, und wir wollen einmal unterstellen, daß Hausenstein, der uns so oft in anderen Bereichen durch die Hellsicht seiner Auskünfte in Erstaunen versetzt, auch hier Wesentliches aufspürt, so müßte doch zunächst die Frage gestellt werden, ob sich nicht gerade das von ihm getadelte, das scheinbar Negative als ein Positivum erweist, ob es für die Entwicklung einer Stadt wirklich entscheidend ist, Ursprung und Berechtigung in einer »kathedralisch« bestimmten Vergangenheit gegründet zu wissen.

Diese Forderung ist romantisch, zwar schön, aber irreal. Es gibt sehr wohl Stadtwesen, die bestimmt sind, ihre Fundamente in die Zukunft zu legen, d.h. auf dem Wege zu sein, immerfort zu werden.[57] Und eben dieses Werden ist Quelle ihrer Kraft.

Es ist von den Politikern in letzter Zeit viel vom status quo gesprochen worden, der zu bewahren sei, weil man befürchtet, jede mögliche Veränderung könne nur einen status quo minus bringen. Das mag im gegenwärtigen Ringen der Blöcke eine berechtigte Befürchtung sein; wohl kann ein Stillhalten in der Gefahr sinnvoll sein, es wird aber kein Leben erzeugen, wenn es nicht Abschnitt in der Bewegung auf ein Ziel hin ist, Teil eines größeren Planes.

Wenn Hausenstein 1930 [1932] beklagte, daß Berlin exzentrisch zu Deutschland liegt, so ist demgegenüber festzustellen, daß es zentral in Europa liegt, in der Mitte zwischen Paris und Petersburg, Oslo und Rom. Das ist keine schlechte Lage. Aus seiner Ursprungszeit liest man, es sei da entstanden zwischen Barnim und Teltow, wo sich ein Flußübergang anbot, eine Brücke schlagen ließ, die eine Brücke war zwischen den unbekannten Ebenen des Ostens und der bekannten Welt des westlichen Europa. Brücke zu sein und Ort des Übergangs ist wohl ein wesentliches Merkmal dieser Stadt. In der Mitte Europas gelegen, muß sie vermittelnd für Europa stehen. Hier liegt ihre Aufgabe. Darum sind wir alle aufgerufen, am Entwurf dieser Stadt zu arbeiten, d.h. ihre Zukunft zu bedenken und zu planen. »Stadtplanung geht uns alle an.«[58] Hegemann sagt, der Stadtplaner müsse fähig sein, sich die Stadt, für die er plant, in dreißig Jahren vorzustellen.[59] Dieser Ausspruch galt dem wachsenden Verkehr, dem Bevölkerungszuwachs, der industriellen und sonstigen Entwicklung, die zu bedenken sei. Eine solche Vision des Kommenden erfordert Phantasie und Mut. Bis heute haben sich die »Utopisten« oft zu spät als die einzig real Denkenden erwiesen, und die vermeintlichen Realisten haben mit ihrem kleinen Denken den Weg in die

Zukunft verstellt. Wir kennen die politische Landschaft nicht, in der Berlin in dreißig Jahren liegen wird. Vielleicht liegt es dann in der Mitte eines einigen Europa. Gewiß liegt es auch dann noch an der Spree zwischen Havel und Müggelbergen, inmitten des märkischen Sandes.

Die Geschichte der Stadt ist eine Geschichte des Ringens um die Freiheit ihrer Bürger, diese Freiheit, die immer die zwei Aspekte hat: Freiheit wovon und Freiheit wofür. Wovon wir frei sein wollen in beiden Teilen der Stadt, liegt auf der Hand. Wofür wir die Freiheit nutzen wollen, die wir dank der Hilfe unserer Freunde in diesem Teil der Stadt genießen, muß von ihren Bürgern entschieden werden. Die Stunden der Not und der Gefährdung der letzten Jahre haben gezeigt, daß die Berliner im besten Sinne Bürger einer polis sind. Sie haben politisches Verantwortungsbewußtsein und politischen Instinkt bewiesen. Berlin ist durch die Not in einem Maße Stadt geworden, Stadt als Gemeinschaft ihrer Bürger, wie es vielleicht nur wenige Städte sind, und das gilt für ganz Berlin.

In seinem unprätentiösen Entschlossensein zur Freiheit ist Berlin nicht nur Symbol und Entscheidungsort des deutschen Schicksals, sondern symbolische Stadt der Welt geworden. Im Sinne der Feststellung Edgar Salins, daß der Weg zum Staatsbürger nur über den Stadtbürger führe, erfüllt es seit langem auch den Hauptstadtanspruch.[60] Hier wohnen keine Untertanen, die lediglich der Zufall von Geburt oder Beruf an diesen Ort brachte. Hier lebt man aus innerer Entscheidung, und jeder Bürger weiß, daß er das Schicksal des Gesamten mitbestimmt. Hier sind Demokratie und Selbstbestimmungsrecht nicht theoretische Begriffe, sondern die täglich zu verteidigenden Voraussetzungen der selbstgewählten Lebensform. Es nimmt daher nicht wunder, daß das Berlin von heute ohne Regierungsfunktion, ohne Reich, stärker als zuvor als Hauptstadt ins Bewußtsein der Deutschen tritt, weil nun begriffen wird, daß diese Stadt nicht um Vorrechte, sondern um die Bürgerrechte freier Menschen ringt. In diesem Ringen, das elementar ist, sind Größe und Abgrenzung späterer staatlicher Ordnung fast irrelevant, »Berlin muß sein ihm auferlegtes Stadtschicksal wie nach einem Gesetz erfüllen«, schreibt Karl Scheffler 1931.[61]

Ich hoffe auf Ihr Einverständnis, wenn ich sage, daß das Berlin von 1848 und das von 1928 Berlin war, aber nicht das von 1933, wenn auch die Kräfte der bürgerlichen Freiheit und des Humanismus 1933 eines Widerstandes fähig wurden, der Bewunderung verdient. Die hybride Mischung aus Kleinbürgertum und Größenwahn, die 1933 in Berlin die Macht ergriff, war nicht Berlin, war das Andere, gegen das diese Stadt als Bürgerwesen seit Jahrhunderten im Kampf stand und noch heute steht.

Aber gerade diese Erfahrung mit der staatlichen Macht, deren Ziele nur zu oft mit denen des in seiner Grundstruktur demokratischen Gemeinwesens der Stadt Berlin divergierten, und die Selbstbehauptung dieses Gemeinwesens, weisen Berlin heute als Hauptstadt einer deutschen Demokratie aus. Dabei ist der europäische Bezug der Stadt von entscheidender Bedeutung. Geht es doch in der gegenwärtigen weltweiten Auseinandersetzung nicht allein um Fragen der militärischen Macht, sondern in erster Linie um die Frage der geistigen und moralischen Kraft und der in ihr begriffenen Freiheit.

Das heißt aber, daß das Schicksal Berlins im wesentlichen von seiner Qualität als geistigem Zentrum und damit als wirklicher Weltstadt – Stadt von Welt – bestimmt wird.

Wäre es möglich, daß Berlin sich zur geistigen Hauptstadt nicht nur unseres Raumes, sondern unseres Zeitalters entwickelt?

Mancherlei in seiner geistig-künstlerischen Tradition spricht dafür. Einige Urteile über Berlin seien hier aufgeführt:

Zitate:
Berlin ist mehr ein Weltteil als eine Stadt. – Jean Paul 1800[62]

Wie konnte bloß jemand auf die Idee kommen, mitten in all dem Sand eine Stadt zu gründen! Dabei soll dieses Berlin 159 000 Einwohner haben!
– Stendhal 1806[63]

Dies ist vielleicht die einzige Stadt, wo die sogenannten genialen Menschen nicht für Narren gehalten werden. – Clemens Brentano 1809[64]

Alles hat hier einen Anstrich von Großartigkeit, Geistigkeit und Liberalität.
– Grillparzer 1826[65]

Berlin ist gar keine Stadt, sondern Berlin gibt bloß den Ort dazu her, wo sich eine Menge Menschen, und zwar darunter viele Menschen von Geist, versammeln, denen der Ort ganz gleichgültig ist, diese bilden das geistige Berlin. – Heinrich Heine 1828[66]

Treffliche Musik habe ich da gehört, auch abscheuliche. Aber in Bonn machen sie meist nur abscheuliche Musik, ohne die treffliche mitzugeben.
– Johanna Matthieu 1842[67]

Berlin, wenn ich so sagen darf, ist eine Conglomeration aller Weltexistenzen, alle europäischen Weltstädte sind hier repräsentiert und nebeneinander aufgeschichtet. – Friedrich Gustav Kühne 1843[68]

Daß Berlin bis zur Unglaublichkeit an Petersburg erinnert.
– Dostojewski 1863[69]

Hat es mir auch sonst schon vorkommen wollen, daß der gute alte Berliner Humanismus, der so wahrhaft universell war, in dem aus allen Winkeln herzugereisten Größedünkel ersaufe. – Gottfried Keller 1882[70]

Im Herzen anerkannt von allen Deutschen ist diese Reichshauptstadt noch heute nicht ... es erfüllt, wie nach einem Gesetz, sein Stadtschicksal, das noch heute so seltsam ist, wie es vor einem halben Jahrtausend gewesen war. – Karl Scheffler 1931[71]

Diese Urteile, deren Reihe sich beliebig erweitern ließe, zeigen, daß sich in der aufstrebenden preußischen Hauptstadt und gleichsam neben ihr eine Geiststadt entwickelte, die ihre Wurzeln im Übernationalen, Europäischen hatte. Dieses geistige Berlin stand zuweilen eher im Gegensatz zur Staatsmacht als ihr zu Diensten.

Aber die kommende demokratische Ordnung kann nur aus einer Hauptstadt erwachsen, die bewußt an dem geistigen Bild der Welt und damit der gesellschaftlichen Struktur arbeitet. Wenn Einstein von unserer Zeit sagt, sie sei gekennzeichnet durch größte Perfektion der Mittel bei größter Konfusion der Ziele, macht er deutlich, wie sehr wir der geistigen Ordnung und Orientierung bedürfen.

Wir haben keine Veranlassung, angesichts der politischen Ohnmacht, in die dieses Stadtwesen gestellt zu sein scheint, den Mut zu verlieren. Wir haben nur Veranlassung, über die taktischen Tagesentscheidungen, die uns ständig abverlangt werden, hinaus Wesen und Inhalt dieser Stadt und damit Sinn und Ziel neu zu bedenken. Das Berlin der letzten hundert Jahre hat gerade in den Zeiten staatlicher Machtlosigkeit seine Sternstunden im kulturell-abendländischen Sinne gehabt. Gerade die Zeit Schinkels hat durch ihr geistiges Gepräge und die damit gestellten Aufgaben die Wandlung der Residenz zur Weltstadt, die dem Wesen Berlins entspricht, vorbereitet und weitgehend vollzogen. Schinkels Bauten sind Repräsentanten bürgerlicher Bildung und Kultur in weltstädtischem Maßstab – man denke nur an das Schauspielhaus, an das Museum, an die Bauakademie. Eine andere Epoche dieser Art, die goldenen Zwanziger Jahre, lebt noch im Bewußtsein vieler Menschen.

Wenn wir nun versuchen, das Thema dieser Stadt zu formulieren, könnte man folgendes sagen:

Berlin erfüllt seine Bestimmung als Hauptstadt, indem es beispielhaft für Deutschland und sein Schicksal steht.

Berlin ist der Ort, der bürgerliche Freiheit als freiwillige Übernahme der Verantwortung durch den Einzelnen für das Allgemeine versteht.

Berlin ist Weltstadt und ist in gleichem Maße in Europa wie in Deutschland begründet. Seine Stadtbürger sind somit sowohl Staatsbürger wie auch Weltbürger.

Es ist das weltstädtische Element, welches das Gesicht des geistigen Berlin prägt und seinen Standort in Europa bestimmt.

Wenn wir uns dahin verständigen können, das Thema dieser Stadt so zu sehen, bleibt als nächste Frage, was daraus zu folgern sei.

Unabdingbare Voraussetzung ist die Erhaltung der Freiheit und Lebensfähigkeit Berlins, seine wirtschaftliche Entwicklung und der freie Zugang für Menschen und Güter. Ebenso unabdingbar aber ist das Vertrauen seiner Bürger in die Zukunft der Stadt. Der Beweis dieses Vertrauens ist erbracht. Wenn Heideggers Satz »Bauen heißt Bleiben«[72] richtig ist, bedarf es keiner weiteren Beweisführung, zumindest was die bisher geleistete Quantität des Aufbaus nach dem Kriege betrifft.

Wie aber ist es um die Qualität bestellt? Wenn das Gebaute Ausdruck des gesellschaftlichen Inhalts ist, ist dann Berlin noch Weltstadt, ist es Hauptstadt?

Sie werden geneigt sein, ein schnelles »Nein« auszurufen oder bestenfalls ein zögerndes »Noch kaum«. Und werden es zunächst für Zweckoptimismus halten, den ich meinem Amt in dieser Stadt schulde, wenn ich die Worte des Regierenden Bürgermeisters aus dem Jahre 1957 wiederhole: »Wir haben begonnen.«[73] Ich kann das umso leichter sagen, als ich an dem bisher Geleisteten keinen Anteil habe und mich somit kein Verdienst trifft. Aber ich glaube, daß einige entscheidende Schritte getan wurden in Richtung auf ein neues, gesundes und funktionsfähiges Berlin. Ich meine Dinge wie Bauordnung, Baunutzungsplan und Großgrünflächenplan, meine aber vor allem, trotz aller Polemiken, die dadurch ausgelöst wurden und noch andauern, die Verkehrsplanung. Diese Planung dient der Lebensfähigkeit der Stadt von morgen, die eine Weltstadt sein wird. Sie ist im wesentlichen abgeschlossen, ihre Realisierung ist seit einigen Jahren im Gange.

Die eben genannten Leistungen sind materielle Voraussetzungen der Stadtgestaltung. Wie aber ist die Stadtgestalt, wie ihre Form? Wenn Städtebau und Bauen die Selbstdarstellung des gesellschaftlichen Zustandes ist, in welchem Zustand befindet sich dann diese Stadt, die im politisch aktuellen so viel Instinkt bewies? Um der Gerechtigkeit willen müssen wir uns hier noch einmal die Situation von 1945 vergegenwärtigen, die Situation des totalen Nichts. 500 000 Wohnungen waren zerstört, 80 Millionen Kubikmeter Trümmer bedeckten die City. Die materielle Not erforderte zunächst materielle Abhilfe. 200 000 Wohnungen hat West-Berlin seither gebaut, die besser zu bewohnen sind als viele der zerstörten, mit Licht, Luft, Sonne, Bad und Kinderspielplätzen. Einige sind sogar schön.

Wir haben wieder Kirchen, Büchereien und Schulen, eine große Zahl von Kindertagesstätten, Sporteinrichtungen und Spielplätzen. Auch davon sind einige schön. Wir haben aber auch eine Vielzahl von Bauten, die nach Inhalt und Gestalt weit über Berlin hinaus Bedeutung haben, wie den Konzertsaal der Musikhochschule[74], die Deutsche Oper[75], das IBM-Haus[76], die Gedächtniskirche[77] und – noch im Bau – die Philharmonie[78], um einige zu nennen.

Auch das Hansaviertel ist trotz aller Kritik ein Beweis des übernationalen europäischen Verpflichtetseins der Stadt und ihres Glaubens an die eigene Zukunft.[79] Das gleiche gilt für den Wettbewerb »Hauptstadt Berlin«, der eine Fülle von Anregungen brachte und dessen Ernte noch längst nicht eingebracht ist.[80]

Aber trotz der vielversprechenden Bemühungen, großzügig und der erstrebten Zukunft angemessen zu planen, ist wenig des Gebauten wirklich zukunftsweisend. In jüngster Zeit mehren sich die kritischen Stimmen. Berlin beginnt zu begreifen, daß es nicht genügt, Gebäude zu erstellen, die ihren Zweck aufs billigste erfüllen, sondern daß das Gebaute gleichzeitig Spiegelbild des Bauherrn ist. Das wachsende Unbehagen, mit dem in diesen Spiegel geblickt wird, stimmt hoffnungsvoll. Der Erfolg jeglichen Bauens hängt nicht allein von der Qualität des Architekten ab, sondern davon, daß der Bauherr dem Architekten an Qualitätsgefühl ebenbürtig ist. Das ist schon bei Bauherren, die privat Einzelaufträge vergeben, selten. Noch schwieriger wird diese Frage, wenn es sich um Körperschaften, Institutionen oder die öffentlichen, halböffentlichen oder privaten Verwaltungen handelt. Das Zweckmäßige ist allenfalls noch beweisbar. Kaum mehr das Sinnvolle, das über die Zweckform zur Sinnform führt. Bürgersinn wird nicht in jedem Falle durch Sparsamkeit bewiesen. Die Stadtväter vieler mittelalterlicher Städte haben gewußt, daß sie mit ihren Gebäuden zugleich Sinnbilder errichten, die Wesen und Inhalt der städtischen Gemeinschaft sichtbar und damit erst wirklich machen.

Wir haben uns leider häufig damit begnügt, Gebäude zu errichten, die ihren nur praktisch verstandenen Zweck erfüllen. Vieles von dem, was Wert oder Unwert der Städte bestimmt, vieles von dem, was über unsere Liebe zu Berlin entscheidet, ist völlig »zwecklos«, aber sehr sinnvoll, so z.B. das Brandenburger Tor.

Wir dürfen aus dem sich bemerkbar machenden Unbehagen an der Gestalt vieler Bauten der letzten Jahre die Hoffnung schöpfen, daß der gerühmte Realitätssinn der Berliner, geprägt durch den bewiesenen Willen zur Selbstbehauptung, die Notwendigkeit erkennt, daß jegliches Gebaute dem Hauptstadtanspruch dieser Stadt entsprechen muß. Das gilt ebenso für das, was uns von der Geschichte überliefert und erhalten blieb, wie für die Vielzahl der Aufgaben, vor denen wir stehen. Das gilt für den Landschaftsraum Berlin wie für seine steinerne Gestalt. Berlin hat im Laufe seiner stürmischen Entwicklung von der Preußischen Residenz zur Groß- und Weltstadt z.B. der Spree gegenüber, die entscheidend mit Ursprung und Entstehung dieser Stadt verbunden ist, eine bemerkenswerte Gleichgültigkeit gezeigt. Es hat nicht wie Paris zur Seine eine Uferfront entwickelt, an der sich die entscheidenden Stationen der städtischen Geschichte von der Notre Dame über den Place de la Concorde bis zum Eiffelturm manifestieren, sondern Berlin hat der Spree bis auf wenige Ausnahmen den Rücken zugewandt. Die markanteste Ausnahme, das mächtige und bedeutende Stadtschloß, das zwischen die beiden Spreearme eingespannt war, fiel den Spitzhacken der Unvernunft zum Opfer. Desgleichen, wie wir in diesen Tagen mit Schmerz erfahren, die Bauakademie Schinkels.

Eine Andeutung dessen, was dieser Fluß in unserer Stadt bedeuten könnte, spürt man am Bahnhof Friedrichstraße. Aber schon am Reichstag ist seine unmittelbare Nähe nicht mehr wahrzunehmen. Selbst der Tiergarten bezieht die Spree nicht als Bestandteil seiner Landschaft ein. Auch da, wo markante stadthistorische Situationen am Fluß entstanden, wie beim Schloß Charlottenburg, wurde später die Spree lediglich als die Rückseite begriffen. Die Landschaft wurde nicht genutzt, sondern, wie in diesem Falle durch das maßstäblich falsche Brückenbauwerk unmittelbar neben dem Schinkel-Pavillon, zerstört.

Nur in wenigen Sternstunden Berlins ist es gelungen, aus den kulturellen Inhalten und deren Bauwerken raum- und geistbestimmende Faktoren werden zu lassen. Das Stadtschloß war ein Beispiel. Zu nennen sind das Forum Friderizianum, der Gendarmenmarkt, der Pariser Platz. Die Oper Knobelsdorffs, die Universität, das Schauspielhaus Schinkels, das Brandenburger Tor sind derart raumbestimmende Elemente.

Aber nicht nur die prominenten Bauwerke bestimmen das Gesicht Berlins, sondern auch die Bürgerhäuser, von denen noch einige zusammenhängende Bereiche auch in West-Berlin erhalten sind. Bei den uns bevorstehenden Aufgaben der Stadterneuerung wird sehr sorgfältig darauf zu achten sein, daß das historische Gesicht Berlins nicht weiter Schaden nimmt.

Vor uns steht eine Fülle neuer Bauaufgaben für das kulturelle Leben der Stadt. Zwei Universitäten, die Freie Universität in Dahlem und die Technische Universität in Charlottenburg sind neu zu bauen, oder um ein Mehrfaches des vorhandenen Volumens zu erweitern. Für die Kunstschätze der ehemals Preußischen Museen sind neue Gebäude zu errichten. Das gleiche gilt für die ehemals Preußische Staatsbibliothek.

Diese drei Beispiele überragen die anderen an Umfang und Bedeutung. Was soll geschehen? Die Freie Universität entstand in Dahlem, veranlaßt durch den Auszug von Studenten und Professoren aus der Linden-Universität, als dort die Freiheit von Lehre und Forschung nicht mehr gegeben war. Es mußte in kürzester Zeit Raum geschaffen werden. Hierzu wurden zunächst bestehende Gebäude beansprucht. Den ersten Neubau ermöglichte die Henry-Ford-Foundation. Man ging davon aus, daß die Zahl der Studenten 5000 bis 6000 nicht überschreiten würde. Inzwischen studieren in Dahlem über 13 000 Studenten. Die jüngsten Empfehlungen des Wissenschaftsrates stellen mit dem in ihnen bezeichneten Bauvolumen die Planung vor fast unlösbare Aufgaben. Die ursprünglich für die Freie Universität aufgestellte Zielplanung ist durch diese Empfehlungen in vielen Punkten überholt. Ein neuer Weg muss beschritten werden, damit es gelingt, in dem sehr begrenzten Dahlemer Raum die berechtigen Ansprüche der Universität zu befriedigen. Die neue Planung wird mehr von größeren, zusammenhängenden Komplexen ausgehen müssen, damit nicht nur ein Nebeneinander von Instituten für die verschiedenen Fakultäten, sondern ein Miteinander – d.h. eine wirkliche Universitas – entsteht. Hierfür werden neue Formen gefunden werden müssen. Dazu wird ein Wettbewerb beitragen, der für einen wesentlichen Abschnitt der wissenschaftlichen und naturwissenschaftlichen Fakultätsgebäude ausgeschrieben werden soll.

Im gleichen Raum Dahlem wurden in dem von Wilhelm von Bode als Beginn eines ostasiatischen Museums geplanten, von Bruno Paul errichteten Gebäude die zurückgekehrten Kunstschätze der Museen ausgestellt. Auch für die Museen reicht die vorhandene Fläche nicht annähernd aus.

Um endlich alle Abteilungen mit ihren Kunstschätzen dem Publikum wieder zugänglich zu machen, muß auch für einen Teil der Museumssammlungen ein neuer Standort gefunden werden. Diesen Standortüberlegungen ging eine umfassende Strukturanalyse voraus, die gemeinsam mit dem Generaldirektor und den Direktoren der Museen, dem Senator für Volksbildung und der Bauverwaltung erarbeitet wurde. Zunächst mußte die Frage beantwortet werden, welche Teile der in West-Berlin vorhandenen Sammlungen nach der Wiedervereinigung auf die Museumsinsel zurückkehren sollen und für welche anderen ein neuer, auch nach der Wiedervereinigung gültiger Standort zu finden wäre. Diese Untersuchung führte zu dem Ergebnis, daß die Museumsinsel außer der Nationalgalerie künftig im wesentlichen die Sammlungen der vorchristlichen Kulturen (Antikenabteilung, Ägyptische und Islamische Abteilung) beherbergen soll, deren bedeutendste Bestände dort beheimatet und durch Großeinbauten wie Ischtar-Tor, Pergamonaltar, Mschattafassade verankert sind. Für die Sammlungen des christlichen Abendlandes, die die Skulpturenabteilung, die Gemäldegalerie, das Kupferstichkabinett, das Kunstgewerbemuseum und die Kunstbibliothek umfassen, sollte im innerstädtischen Raum eine neue Anlage geschaffen werden. Für die Sammlungen der außereuropäischen Kunst – Volkskundemuseum, Ostasiatische Abteilung und Indische Abteilung – sollte der Dahlemer Museumsbereich endgültig hergerichtet werden. Die Wahl des Standortes für die abendländischen Sammlungen muß auch unter den gegenwärtigen Verhältnissen vom Gesamtgefüge Berlins einschließlich des heutigen Ostsektors ausgehen. Es geht hier nicht um eine provisorische Unterbringung, sondern um eine endgültige Entscheidung über den dem Inhalt gemäßen Platz dieser Sammlungen. – Während Wilhelm von Bode in dem dicht bebauten Berlin vor dem ersten Weltkrieg keine andere Wahl hatte, als für das Ostasiatische Museum ein unbebautes Gelände in Dahlem zu wählen, sind wir durch die Zerstörungen des Krieges in die Lage versetzt, geeignete Standorte im Bereich der City zu finden. Hier wären die Museen ihrer Bedeutung gemäß in enger Nachbarschaft mit der Vielfalt anderer Einrichtungen der Wissenschaft und der Kunst ein wesentlicher Bestandteil des Citygebietes. Im Herzen der Stadt gelegen, gut angeschlossen an die tragenden Linien des individuellen Verkehrs und der Massenverkehrsmittel, sollen die Museen nicht nur für alle Teile der Bevölkerung der Stadt, sondern auch für die Besucher Berlins leicht auffindbar und schnell zu erreichen sein. Darüber hinaus sollten zumindest die abendländischen Sammlungen in eine sichtbare Beziehung zur geistigen und künstlerischen Tradition der Stadt treten. Die Möglichkeit, diese Forderungen zu erfüllen, ist an zwei Standorten gegeben, im Raum des Schlosses Charlottenburg und am Kemperplatz. Während Charlottenburg die reizvolle Möglichkeit bietet, die Gebäude der Museen und ihren Inhalt zu der historischen Anlage des Schlosses in Beziehung zu bringen, ist es am Kemperplatz möglich, eine völlig neue Situation aus dem Geiste unserer Zeit zu schaffen, die dennoch, nur wenige 100 m vom Brandenburger Tor entfernt, in enger Beziehung zum alten Stadtkern und damit auch zur Museumsinsel steht. Die endgültige Entscheidung hierüber wird der Stiftungsrat der Stiftung Preußischer Kulturbesitz zu fällen haben, der sich, wie wir hoffen, schon in wenigen Wochen eingehend mit diesen Fragen befassen wird.

Wie immer diese Entscheidung auch ausfällt, in jedem Falle werden sowohl der Bereich des Schlosses Charlottenburg wie auch der Schwerpunkt Kemperplatz wesentliche Bestandteile des »Kulturbandes« sein, das sich vom Märkischen Museum über den Raum Spreeinsel – Unter den Linden – Tiergarten – Zooviertel über den geplanten Opernplatz bis zum Charlottenburger Schloß erstreckt.[81] Ein wesentlicher Schwerpunkt dieser

Planung wird der Tiergarten sein, an dessen Rand sich schon jetzt wichtige Institutionen angesiedelt haben, denen weitere folgen werden.

Das hiermit Umrissene ist dem Volumen nach nur ein kleiner Ausschnitt des geplanten Baugeschehens, aber dieser kleine Teil wird das Gesicht

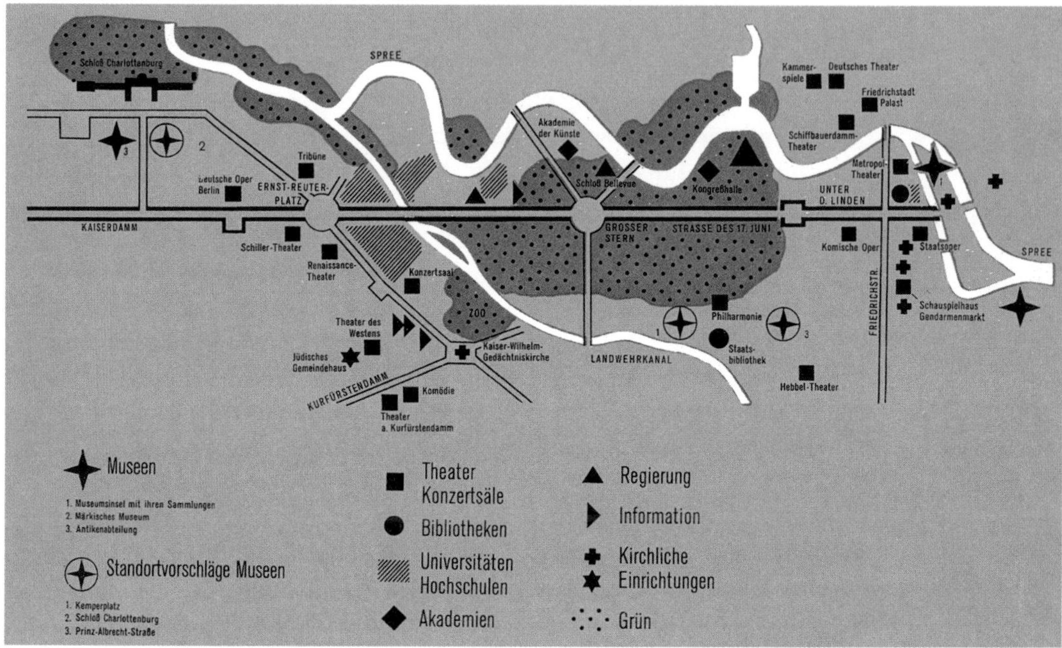

5 Werner Düttmann, Kulturband, Schema, 1962

Berlins entscheidend bestimmen. Die Bauaufgaben sind denen verwandt, mit denen Schinkel zum erstenmal in dieser Stadt einen weltstädtischen Ton anschlug. Nicht nur die Zeit, in die der Mensch gestellt ist, auch der Ort ist Schicksal. Schinkel hat es vermocht, Ort und Zeit gültig und unverwechselbar darzustellen. In seiner Hand wurden die märkische Schwere, der Ernst und die Heiterkeit der großen Ebene, die Kargheit Preußens zur knappen, verhaltenen Gebärde des Weltbürgers. Repräsentation ist nicht das Aufwendige, sondern das Angemessene. Darum hat der Konzertsaal der Musikhochschule mit Schinkel, mit dem Märkischen Sand, mit dem Preußen Humboldts, Kleists und dem Preußen des Schwaben Hegel zu tun, weil seine herbe Schönheit nicht der Armut, sondern dem Willen zur unpathetischen Klarheit entstammt.

Ich weiß nicht, wer den schönen Satz erfunden hat, aber er gehört nach Berlin: Baue so einfach wie möglich, koste es was es wolle. Dies ist kein Aufruf zur Verschwendung. Wir feiern heute nicht Wallot, wir feiern Schinkel. Und unser Thema heißt Berlin.

Die Demokratie als Bauherr

Werner Düttmann

Berlin ist nicht nur die größte deutsche Industriestadt und damit zugleich die größte Wohnsiedlung Deutschlands, nicht nur Sammelbecken, der sich ständig erweiternden Einrichtungen des sogenannten Dienstleistungsgewerbes – wenn auch diese drei Faktoren Industrie, Wohnen und Dienstleistungsgewerbe im wesentlichen die quantitative Größe der Stadt bestimmen. Der Katalog der »Stadtinhalte« enthält eine Fülle von Funktionen, deren jede einzelne für sich ausreichen würde, Wesen und Inhalt einer Stadt zu bestimmen. An der Spitze dieser wesensbestimmenden Stadtinhalte steht nach wie vor der Anspruch Berlins, die deutsche Hauptstadt zu sein. Aber Berlin ist mehr als nur dies. Berlin ist auch Bischofsstadt, und

Den Titel dieses Beitrags, bei dem gänzlich auf Illustrationen verzichtet wurde, entlehnte Werner Düttmann dem bekannten Vortrag des Geschäftsführers der SPD-Bundestagsfraktion (1949–1963) und späteren Senators für Wissenschaft und Kunst in West-Berlin, Adolf Arndt: »›Die Demokratie als Bauherr‹. Ein Vortrag, gehalten während der Berliner Bauwochen 1960 in der Akademie der Künste«, in: *Bauwelt* 52 (1961), H. 1, S. 7–13 (zugleich als Sonderdruck der *Bauwelt* wie auch als Heft 6 der Reihe »Anmerkungen zur Zeit«, hg. von der Akademie der Künste. Berlin 1961 unter dem Titel »Demokratie als Bauherr« erschienen und erneut postum abgedruckt als Architextbook Nr. 1 im Archibook-Verlag, Berlin 1984).

Werner Düttmann war Mitdiskutant nach dem Referat von Adolf Arndt in der Akademie am 28. September 1960 anlässlich der Berliner Bauwochen. Am Tag zuvor hatte er dort die Sektion »Verkehrsplanung« geleitet. Durch die bewusste Wahl des Titels konnte er sicher sein, dass die an Architektur interessierte Öffentlichkeit den Grundtenor seiner Aussagen auf Anhieb einordnen konnte. Düttmann schildert in diesem Beitrag die ihm als Senatsbaudirektor auferlegte städtebauliche und infrastrukturelle Neuorganisation West-Berlins vor allem im Zusammenhang mit den Kultur- und Wissenschaftsbauten, wie er sie auch zuvor schon beschrieben hatte.

zwar für beide Konfessionen, ist die Stadt dreier Universitäten, ganz abgesehen von der Vielzahl weiterer qualifizierter Hoch- und Fachschulen, ist Stadt der Banken und Versicherungen, der Theater und Museen, Stadt der Künste, Hafenstadt und Markt in des Wortes weitester Bedeutung, Umschlagsort der Güter und der Geister. Weit mehr noch als das wäre anzuführen, wollte man die vielen Wesenszüge und Wesenheiten dieses komplexen Gebildes umreißen.

Ein quantitativ kleiner Sektor dieser Vielfalt sind die kulturellen Einrichtungen der Stadt. Dennoch sind sie nach Qualität und Bedeutung ihres Inhalts vor anderen geeignet, Wesen und Antlitz der Stadt als Metropole zu bestimmen. Heinrich Heine schrieb 1828: »Berlin ist gar keine Stadt, sondern Berlin gibt bloß den Ort dazu her, wo sich eine Menge Menschen, und zwar darunter viele von Geist, versammeln, denen der Ort ganz gleichgültig ist. Diese bilden das geistige Berlin.«[82] Verblüffend an diesem Satz ist die Bemerkung nebenher, »denen der Ort ganz gleichgültig ist«. An dieser Gleichgültigkeit dem Ort gegenüber scheint es zu liegen, daß die Stadt in ihrer oft

Das von Alfred Neven im Verlag DuMont herausgegebene *Magnum*-Heft Nr. 41 vom April 1962 widmete sich dem Thema »Bilanz Berlin«. Hier kamen neben Werner Düttmann unter anderen Hans Scharoun, Will Grohmann und Herbert von Buttlar in kurzen Beiträgen zu Wort. Sie waren schon im Jahr zuvor gemeinsam im Arbeits-Ausschuss der AICA tätig gewesen (siehe S. 38) und trafen in dieser oder einer ähnlichen personellen Konstellation häufiger in Gremien aufeinander.

Die Textwiedergabe folgt dem von Werner Düttmann autorisierten Erstdruck:
Werner Düttmann: »Die Demokratie als Bauherr«, in: *Magnum. Zeitschrift für das moderne Leben* (April 1962), H. 41, S. 62–65.

Der Erstdruck folgte mit nur marginalen redaktionellen Änderungen dem zugrundeliegenden Typoskript, so entfiel beispielsweise der erste Satz: »Berlin ist viele Städte«:
AdK, Werner-Düttmann-Archiv, 257
Bl. 2–6, Typoskript, undatiert, überschrieben mit »Magnum« auf Bl. 3 sowie mit einem seitlich platzierten durchgestrichenen Hinweis: »nicht zum Abdruck – nur zur Information von Herrn Gräser. Dü – bitte zurück«.

hastigen und sprunghaften Entwicklung von der preußischen Residenzstadt zur Groß- und Weltstadt selten die natürlichen Lagevorteile im Stadtcharakter zur Geltung brachte.

Berlin entwickelte z.B. keine Uferfront zur Spree wie Paris sie eindrucksvoll zur Seine hin bietet. Während Paris von der Ile de la Cité bis zum Eiffelturm eine Fülle wichtiger Institutionen und Raumbereiche schafft, »denen der Ort nicht gleichgültig ist«, scheint Berlin der Spree weitgehend den Rücken zuzukehren. Die einzige markante Ausnahme, das mächtige und bedeutende Stadtschloß, das zwischen die beiden Spreearme eingespannt war, fiel den Spitzhacken des Unverstandes zum Opfer. Eine Andeutung dessen, was dieser Fluß in unserer Stadt bedeuten könnte, spürt man am Bahnhof Friedrichstraße. Aber schon am Reichstag ist seine unmittelbare Nähe nicht mehr wahrzunehmen. Selbst der Tiergarten bezieht die Spree nicht als Bestandteil seiner Landschaft ein. Auch da, wo markante stadthistorische Situationen am Fluß entstanden, wie beim Schloß Charlottenburg, wurde später der Fluß lediglich als die Rückseite begriffen. Die Möglichkeiten der Landschaftssituation wurden nicht genutzt, sondern, wie in diesem Falle durch das maßstäblich falsche Brückenbauwerk unmittelbar neben dem Schinkel-Pavillon, zerstört. Nur in wenigen Sternstunden Berlins ist es gelungen, aus den kulturellen Inhalten und deren Bauwerken raum- und geistbestimmende Faktoren werden zu lassen. Das Stadtschloß war ein Beispiel. Zu nennen sind das Forum Fridericianum, der Gendarmenmarkt, der Pariser Platz. Die Oper Knobelsdorffs, die Universität, das Schauspielhaus Schinkels, das Brandenburger Tor sind derart raumbestimmende Elemente, um einige zu nennen.

Vor uns steht eine Fülle neuer Bauaufgaben des kulturellen Sektors. Zwei Universitäten, die Freie Universität in Dahlem und die Technische Universität in Charlottenburg, sind neu zu bauen oder um ein Mehrfaches des vorhandenen Volumens zu erweitern. Für die Kunstschätze der ehemals preußischen Museen sind neue Gebäude zu errichten. Das gleiche gilt für die ehemals Preußische Staatsbibliothek.

Diese drei Beispiele überragen die anderen an Umfang und Bedeutung. Was soll geschehen? Die Freie Universität entstand in Dahlem, veranlaßt durch den Auszug von Studenten und Professoren aus der Linden-Universität, als dort die Freiheit von Lehre und Forschung nicht mehr gegeben war. Es mußte in kürzester Zeit Raum geschaffen werden. Hierzu konnten zunächst bestehende Gebäude beansprucht werden. Den ersten Neubau ermöglichte die Henry-Ford-Foundation. Man ging davon aus, daß die Studentenzahl die Größe von 5000 bis 6000 nicht überschreiten würde. Inzwischen studieren in Dahlem über 13 000 Studenten. Die jüngsten Empfehlungen des Wissenschaftsrates stellen mit dem darin enthaltenen Bauvolumen die Planung vor fast unlösbare Aufgaben.

Im gleichen Raum Dahlem wurden in dem von Wilhelm von Bode als Beginn eines ostasiatischen Museums geplanten, von Bruno Paul errichteten Gebäude die zurückgekehrten Kunstschätze der Museen ausgestellt. Auch für die Museen reicht die vorhandene Fläche nicht annähernd aus. Das Expansionsbedürfnis dieser beiden Institutionen kann und nicht nur im Dahlemer Raum befriedigt werden. Hier soll nur ein Teil der Museen verbleiben, um der Freien Universität die ihr angemessene Entwicklung zu ermöglichen. Eine inzwischen erarbeitete Planung für diese Universität soll gewährleisten, daß nicht nur ein Nebeneinander hervorragender Institute und Fakultäten, sondern ein Miteinander – eine Universitas – entsteht. Auch die Universität muß ein erlebbarer Raum im Bild der Stadt werden, sie soll ein Herz – das Forum Akademicum – mit den zentralen Einrichtungen haben.

Die richtige Plazierung der Museen wurde in vielen Gesprächen erörtert. Ausgangspunkt dieser Überlegung wie aller Planungen ist das *ganze* Berlin: Wie sind die Dinge zu ordnen, daß sie auch bei der Wiedervereinigung eine Ordnung im Gesamtraum der Stadt und keinen Notbehelf darstellen? Hier war zunächst zu bedenken, welche Teile des Museumsgutes durch Zerstörung der Gebäude heimatlos geworden sind und wo man sie sinnvoll ansiedeln sollte. Heimatlos sind die großen Sammlungen des Kunstgewerbemuseums, die ehemals im Stadtschloß untergebracht waren, und die des Völkerkundemuseums, um nur die größten zu nennen. Auf der Insel ist der große Museumskomplex im wesentlichen erhalten. Er beherbergt die Antikensammlungen, die Vorderasiatische, die Islamische, die Ägyptische Abteilung, die Nationalgalerie und Fragmente aus anderen Sammlungen.

Nach Größe und Struktur sind die Gebäude der Museumsinsel hervorragend für diese genannten Sammlungen geeignet, die z.T. durch Festeinbauten von Museumsgut (Mschattafassade, Pergamonaltar, Ischtartor und anderem) endgültig fixiert sind. Mehr sollte auch nach der Wiedervereinigung nicht hinzukommen. Neu anzusiedeln sind demnach das Völkerkundemuseum einschließlich der indischen und ostasiatischen Sammlungen und der in sich zusammenhängende Bereich von Skulpturenabteilung, Gemäldegalerie, Kupferstichkabinett und Kunstgewerbemuseum. Für das erste ist das Haus in Dahlem mit den geplanten Erweiterungen vorgesehen. Der zweite Komplex soll in die Nähe des Schlosses Charlottenburg rücken, das sich in den letzten Jahren seit seinem Wiederaufbau immer mehr zu einem musealen Zentrum entwickelt. In dieser Lage würden die Sammlungen des christlichen Abendlandes in sinnreiche Beziehung treten zur städtebaulichen und künstlerischen Tradition dieser Stadt als Abschluß des »Kulturbandes«, das sich vom Märkischen Museum im Osten über den Raum Spreeinsel – Unter den Linden – Tiergarten – Zooviertel bis hierher fortsetzt.[83] Am Nordrand des Tiergartens bestehen bereits westlich des geplanten Regierungsforums die Kongreßhalle, das Schloß Bellevue, als Sitz des Bundespräsidenten, die Akademie der Künste und westlich des S-Bahn-Bogens am Bahnhof Tiergarten die Studentensiedlung Siegmundshof. Am Tiergartensüdrand ist die Philharmonie von Scharoun im Bau, neben die im Raum Kemperplatz – Matthäikirchplatz die Staatsbibliothek und die Galerie des 20. Jahrhunderts treten werden.

Der Ernst-Reuter-Platz, das ehemalige Knie, entwickelt sich mit dem Ausbau der Technischen Universität, die im Laufe der Jahre nach Norden bis an die Spree vordringen wird, zu einem natur- und geisteswissenschaftlichen Zentrum. Die städtebauliche Situation vor der neu erbauten Deutschen Oper Berlin wird durch die Ausbildung eines »Opernplatzes« südlich der Ost-West-Achse bestimmt werden.

Es ist selbstverständlich, daß die gesteckten Ziele nur durch das Zusammenwirken der Besten im Lande erreicht werden können. Adolf Arndt hat vor zwei Jahren im Rahmen der Berliner Bauwochen Entscheidendes zu dem Thema »Die Demokratie als Bauherr« gesagt. Glückliche Resultate in Städtebau und Architektur setzen kongeniales Zusammenwirken von Bauherrn und Architekten voraus. Möge es gelingen, daß die entscheidenden Gremien und Körperschaften schöpferische Bauherrn werden, daß wir uns später nicht verpaßter Chancen schämen müssen.

Ein Amt für Erhaltung und Erneuerung der Stadt

Beim Senator für Bau- und Wohnungswesen der Stadt Berlin befinden sich zwei Ämter: ein Amt für Denkmalspflege und ein Amt für Stadtbildpflege. Die Spaltung eines Amtes für Denkmalspflege in zwei Dienststellen hatte im wesentlichen person[en]**bezogene Gründe. Das Amt für Denkmalspflege ist seit Jahren ohne ein Oberhaupt (»Landeskonservator«). Im Herbst 1969 wurde diese Stelle ausgeschrieben, und es meldeten sich neun Bewerber. Inzwischen haben beim Senator Bau-Wohnen Überlegungen dahingehend stattgefunden, daß die Zweiteilung überwunden werden und das Amt mit der Planung in engeren Zusammenhang gebracht werden sollte. Der Senator Bau-Wohnen forderte im April 1970 die Akademie der Künste auf, sich an Besprechungen betreffend die Aufgaben, die Konstruktion und den Standort eines neuen Amtes zu beteiligen. Innerhalb der Abteilung Baukunst wurde eine Kommission gebildet, bestehend aus den Herren Düttmann, Fehling, Pfankuch, Mattern und Posener. Bei einer Besprechung am 29.IV.70 mit Herrn Senatsbaudirektor Hans Christian Müller wurde beschlossen, das Gremium zu erweitern. Es wurde dementsprechend zu einer Besprechung in der Akademie der Künste am 13.5. eingeladen, bei welcher die Folgenden anwesend waren:** [Herr Professor Dr. Tilmann Buddensieg, Herr Professor Dr. phil. Detlef Heikamp, Herr Dipl.-Ing. Josef Paul Kleihues, Herr Günther Kühne, Herr Senatsbaudirektor Hans C. Müller; Herr Professor Dr. Adriaan von Müller, Herr Dipl.-Ing. Jan Rave, Herr Professor Dr.-Ing. Dr. phil. Ernst Reuter, Herr Dr. Martin Sperlich, FrauKyra Stromberg, Frau Anna Teut, Herr Oberregierungsrat Peter Thilo, Herr Dipl.-Ing. Bernd Wendland, Herr Senatsrat Reinhard Wilke, Frau Dr. Irmgard Wirth]

Über folgende Punkte wurde Einmütigkeit hergestellt.

I. Es soll ein Amt unter einem neuen Namen tätig werden.
Seine Aufgaben sollen sein:

1) Inventarisierung erhaltenswerter Gebäude, baulicher und Stadt-landschaftlicher Zusammenhänge, landschaftlicher und Grün-Bestände, wobei das private Grün zusammenhängender Gartenbereiche nicht vergessen werden sollte.

Die West-Berliner Akademie der Künste ist seit ihrer Neugründung im Dezember 1954 als unabhängiges Beratergremium für die Regierung auf dem Kultursektor tätig. Darüber hinaus engagieren sich die Abteilungen für die Belange ihrer Mitglieder und ihrer jeweiligen Disziplin. So nahm beispielsweise die Abteilung Baukunst schon früh Stellung zu Fragen von Denkmalschutz und Denkmalpflege wie auch zur Organisation dieser Aufgaben vor allem im nationalen, zuweilen auch im internationalen Kontext. Insbesondere mit dem Berliner Amt, angesiedelt bei der Senatsbehörde, bestand ein enger Austausch, der nicht zuletzt durch die Positionen, die Werner Düttmann in beiden Institutionen innehatte, noch befördert wurde.

Anfang September 1963 etwa wandte sich Rolf Schwedler, Senator für Bau- und Wohnungswesen in Berlin, an die Sektion Baukunst mit der Bitte, eine Aufstellung von zeitgenössischen Bauten zu erarbeiten, die aus ihrer Sicht denkmalwürdig wären und somit in die Denkmalliste aufgenommen werden sollten. Das ist auch deshalb von besonderem Interesse, als sich in der Denkmalpflege ganz allgemein die Konvention durchgesetzt hatte, dass zwischen der Erbauung und der Unterschutzstellung eines Bauwerks als Denkmal eine, wenn nicht gar zwei Generationen liegen müssten. Die Sektion Baukunst scheute sich hingegen nicht, sogar einen Bau vorzuschlagen, der gerade erst fertiggestellt worden war: die Philharmonie von Hans Scharoun. Auch das Akademie-Gebäude von Düttmann ist auf dieser Liste mit rund 40 Bauten zu finden. Denkmalschutz wird hier auch zum Instrument von Gegenwartspolitik.

Parallel zu diesen Bestrebungen ist schon in den frühen 1960er-Jahren ein wachsendes Interesse am Erhalt von ausgewählten Bauten oder Ensembles aus der Gründerzeit festzustellen. Es äußerte sich unter anderem in solchen – mit der heutigen Quellenlage nur noch unvollständig zu greifenden – Aktionen wie »Rettet den Stuck!« von 1964. Deren Strahlkraft wurde von einer ausgeprägten Pressearbeit gespeist, die noch lange nachwirkte, wie etwa der an den Senat gerichtete Aufruf »Rettet die Stadt!«, den die *Bauwelt* 1973 abdruckte, zeigt. Es führte aber auch zu handfesten Resultaten wie der Einrichtung eines Amtes für Stadtbildpflege, das parallel zur Denkmalpflege agierte und sich insbesondere um die »Traditionsinseln« im Stadtbild kümmerte.

Werner Düttmann berichtete auf der 181. Sitzung des Senats der Akademie am 4. Juni 1970, dass der Senator für Bau- und Wohnungswesen von der Abteilung Baukunst erneut Vorschläge erbeten hätte: Nun ging es um das Amt des Landeskonservators. Düttmann war wie auch Julius Posener – beide zugleich Mitglieder im

2) Hinweis auf jede Bedrohung solcher Gegenstände und Vorschläge, wie sie zu vermeiden sei.
3) Versuch, die gesetzlichen und planerischen Grundlagen für eine Neuordnung von Stadtgebieten zu erarbeiten, deren Funktion sich ändert, so daß solche Gebiete lebensfähig bleiben, ohne daß wertvolle Gebäude und Zusammenhänge im Sinne von 1) vernichtet werden.

II. Der Name eines solchen Amtes könnte dementsprechend lauten: Amt für Erhaltung und Erneuerung der Stadt.

III. Um die Inventarisierung I. 1) durchzuführen, muß das Amt die folgenden Abteilungen enthalten:
1) Baudenkmäler
2) Stadtbild – im Sinne eines jeden sichtbaren städtisch-baulichen Zusammenhanges.
3) Landschaft und Grün
4) Vorgeschichte.

IV. Um Hinweise (I. 2) geben zu können, muß das Amt mit den planenden Behörden beim Senator Bau-Wohnen eng zusammenarbeiten. Es muß jedoch unabhängig von den Weisungen des Senators Bau-Wohnen arbeiten. Es wird vorgeschlagen, eine Abteilung des Amtes, die »Feuerwehr« beim Senator Bau-Wohnen einzurichten. Es wird weiter vorgeschlagen, daß mindestens ein Vertreter der »Feuerwehr« bei jeder Bezirksverwaltung tätig sein sollte. Der Senator Bau-Wohnen (Senatsbaudirektor) und die mit Planen und Bauen beschäftigten Abteilungen der Bezirksämter sollen verpflichtet sein, jedes Plan- oder Bauvorhaben – auch Vertreterplanungen, der »Feuerwehr« mitzuteilen, ihr Placet zu erbitten und ihr Veto zur Grundlage einer

Deutschen Werkbund Berlin – aktiv in den Debatten um den Erhalt und Schutz von Bauten und des Stadtbildes bemüht; in der sich nun konstituierenden Arbeitsgruppe legte er einen ersten Entwurf für ein Gutachten vor.

Die Transkription des gedruckten Textes folgt:
AdK, Julius-Posener-Archiv, 2350
Bl. 1–5, Typoskript auf Durchschlagpapier, oben rechts handschriftlich »1970« hinzugefügt, mit handschriftlichen Korrekturen und Ergänzungen
Bl. 6–9, Kopie eines Typoskripts »Stellungnahme der Abteilung Baukunst zu Fragen der Denkmalpflege in Berlin« auf dem Briefpapier der Abteilung Baukunst, handschriftlich »1971« hinzugefügt.

Siehe auch:
AdK, Werner-Düttmann-Archiv, 267
Bl. 1–2, Typoskript »1. Entwurf für ein Gutachten der Abteilung Baukunst zu Fragen der Denkmalspflege in Berlin«, undatiert, unvollständig, mit handschriftlichen Korrekturen

gemeinsamen Planbesprechung zu machen.

V. Das Amt, welches die Tätigkeit der »Feuerwehr« und die der anderen Abteilungen koordiniert, sollte sich nicht beim Senator Bau-Wohnen befinden. Als Standort wurde vorgeschlagen der Senator für Wissenschaft und Kunst. Es wurde auch an ein unabhängiges Amt gedacht, das dem Regierenden Bürgermeister direkt unterstellt sein könnte.

Da die aktive Tätigkeit dieses Amtes politisch ist (I. 3), so muß es unmittelbar zum Regierenden Bürgermeister, zu allen an der Planung beteiligten und von ihr betroffenen Senatsstellen, insbesondere zum Senator Bau-Wohnen, dem Senator für Wissenschaft und Kunst, den Senatoren für Finanzen, für das Innere, für Schulen, Jugend- und -Sport, Gesundheit, endlich zum Abgeordnetenhaus Zugang haben.

VI. Da das Publikum an der Erhaltung und der Erneuerung der städtischen Substanz ein vitales Interesse hat, so sollte das Amt Öffentlichkeitsarbeit mit weitest möglicher Streuung betreiben. Eine seiner Abteilungen müßte dieser Arbeit gewidmet sein.

VII. Dem Direktor des Amtes sollte ein Berat zur Seite stehen, in welchem Bürger aus den folgenden Ämtern, Gremien, Institutionen und Verbänden vertreten sein sollten:
dem Amt des Regierenden Bürgermeisters,
den betreffenden Senatsverwaltungen (V.),
den Fraktionen des Abgeordnetenhauses,
den Hochschulen:
F.U., T.U., S.H.f.B.K.,
den Berufsverbänden,
B.D.A., A.I.V., V.F.A.,
anderen Vereinigungen, wie:
Akademie der Künste,
Deutscher Werkbund Berlin,
Republikanischer Club,
Bürgerverein.

VIII. Die Neuplanung des Amtes macht eine Erweiterung der Ausschreibung für den Posten des Direktors nötig. Die erhaltenen Bewerbungen bleiben auf dem Tisch.

Für die neue Ausschreibung sollen folgende Erwägungen berücksichtigt werden:

1) Der Bewerber braucht nicht unbedingt ein Doktor der Kunst- oder Baugeschichte zu sein, obwohl er die Substanz der Stadt Berlin und ihre Geschichte gut kennen sollte.
2) Planungsvorgänge und ihre gesetzlichen Grundlagen sollten ihm nicht fremd sein.
3) Er sollte sich vor Augen halten, daß die Tätigkeit seines Amtes weniger darauf abzielt, einzelne Objekte à tout prix zu erhalten, als den baulichen und landschaftlichen Zusammenhang der Stadt in Zusammenarbeit mit dem Senator Bau-Wohnen – einer kritischen Zusammenarbeit – zu erhalten und zu entwickeln. Er muß besonders der Frage der veränderten – und veränderlichen – Funktion bestimmter Stadtgebiete und einzelner Objekte seine Aufmerksamkeit widmen.
4) Er darf sich durch das Verdikt der Experten nicht einschüchtern lassen. Dem »anders geht es nicht« der Experten gegenüber bleibt ihm der Rekurs auf das Parlament und die Öffentlichkeit. Die Experten sollten ihn eben in dieser kritisch-konstruktiven Funktion schätzen.

Die Erwägungen 1–4 legen es nahe, eher an einen gebildeten Architekten, Planer, vielleicht sogar »Laien« zu denken (Hinnerk Scheper) als an einen ausgebildeten Kunsthistoriker.

AKADEMIE DER KÜNSTE

1 BERLIN 21 HANSEATENWEG 10 FERNSPRECHER 39 50 31

ABTEILUNG BAUKUNST

Stellungnahme der Abteilung Baukunst
zu Fragen der Denkmalpflege in Berlin

Das Wachstum der Stadt Berlin, die Wandlung der Stadtstruktur, bedingt durch die sich ständig wandelnden technischen und wirtschaftlichen Aufgaben, bringen eine fast unübersehbare Folge einzelner Probleme für die Stadtplanung. Diese Arbeit muß daher, will man nicht nur Lösungen technischer Art, bewußt in Hinblick auf die Wahrung des Zusammenhangs erfolgen. Es sind deshalb alle Entscheidungen in Verbindung mit dem

Problem der Gestalt der Stadt zu treffen, die in der Vergangenheit charakteristische Formen erhalten hat. Neue Strukturen können nur unter Berücksichtigung der gewachsenen Gestalt Berlins entwickelt und weitergeführt werden, soll sie nicht in geschichtslose Verwechselbarkeit städtischer Großsiedlungen verfallen.

Aus diesem Grunde hält es die Abteilung Baukunst der Akademie der Künste für notwendig, daß der Landeskonservator von Berlin an Planungsentscheidungen, die die Gestalt der Stadt beeinflussen, unmittelbar beteiligt ist.

Deshalb ist es im Prinzip richtig, daß das Amt des Landeskonservators von Berlin dem Senator für Bau- und Wohnungswesen als selbständiges Amt neben der Abteilung für Stadtplanung zugeordnet ist, weil so seine Teilnahme am Planungsprozeß als unabhängiger Partner gewährleistet werden kann.

Da jedoch die Gefahr der Interessenkollision nicht nur nicht auszuschließen ist, sondern zum Wesen der Aufgabe gehört, muß die Unabhängigkeit des Amtes des Landeskonservators von Berlin soweit wie möglich sichergestellt werden.

Hierzu werden zwei Maßnahmen vorgeschlagen:

Dem Landeskonservator soll ein beratendes Gremium zur Seite stehen. Dieser Beirat soll eine wirksame Kontrolle aller mit der Arbeit des Landeskonservators zusammenhängenden Fragen gewährleisten und ihm eine außerbehördliche Plattform geben. Er soll sich aus Persönlichkeiten zusammensetzen, die ein öffentliches Interesse herstellen können. Die Abteilung Baukunst der Akademie der Künste ist bereit, in diesem Gremium mitzuwirken. Ein ständiges Sekretariat soll die Geschäfte dieses Beirates führen und im Benehmen mit dem Landeskonservator die für außerordentlich notwendig gehaltene Öffentlichkeitsarbeit initiieren und durchführen. Die Berufung der Mitglieder des Denkmalrates sollte durch den Senat von Berlin erfolgen.

Außerdem muß gemeinsam mit diesem Beratergremium dem Landeskonservator turnusmäßig – in einem Abstand von etwa 2 Jahren – die Möglichkeit gegeben werden, die Wirksamkeit seines Amtes und damit die Frage der Zuordnung zum Ressort der Bauverwaltung zu überprüfen.

Entsprechend den umfangreichen Aufgaben muß das Amt des Landeskonservators einen größeren Mitarbeiterstab als bisher erhalten. In der Anlage wurde ein Vorschlag für eine erste Personalausstattung des Amtes des Landeskonservators von Berlin gemacht.

Neben der Pflege der unter Denkmalschutz stehenden Gebäude muß das Amt, und zwar sein sozusagen der historischen Seite zugewandter Teil, ein »Kurzinventar« aufstellen, das alle Baudenkmäler, alle erhaltenswerten

Gebäude, alle wichtigen städtebaulichen Zusammenhänge und alle landschaftlichen Bestände einschließlich zusammenhängender Gartenbereiche erfaßt.

Um die notwendigen Grundlagen für den Planungsprozeß bereitstellen zu können, muß ein »großes Inventar« unter Berücksichtigung von Bau-, Stadt- und Landesgeschichte neben der laufenden Inventarisierung geführt werden.

Die Inventararbeit kann auf die bereits geleistete Arbeit der Dokumentation »Berlin und seine Bauten« zurückgreifen und dabei ein eigenes Archiv aufbauen.

Um für die Erhaltung und Entwicklung der Stadt als gewachsene Gestalt sorgen zu können, muß der Landeskonservator von Berlin einen Flächenschutzplan als Instrument der Kritik und Korrektur des Flächennutzungsplanes aufstellen und die entsprechenden gesetzlichen Grundlagen für einen erweiterten Denkmalschutz erarbeiten.

Um der unkontrollierten Veränderung der städtischen Substanz zu begegnen, bevor ein derartiger Flächenschutzplan wirksam werden kann, wird empfohlen, daß jede das gewachsene Stadtbild beeinflussende bauliche Veränderung in Sinne des §79 der Bauordnung von Berlin vom 29. Juli 1966 dem Landeskonservator unmittelbar von dem betreffenden Bezirk zur Stellungnahme zugeleitet wird.

Das Amt des Landeskonservators gewinnt durch den gesteckten Rahmen seiner Arbeit Wirksamkeit für Berlin. Es ist deshalb zu wünschen, daß eine kompetente Persönlichkeit, die Einsicht in die aufgezeigten Zusammenhänge mit persönlichem Engagement für diese schwierige Arbeit verbindet. Es wird daher vorgeschlagen, die Position eines Landeskonservators aufgrund der erweiterten Aufgaben und größeren Kompetenz neu auszuschreiben, und zwar nicht nur in Berlin, sondern auch im Bundesgebiet.

Berlin, im Januar 1971

Anlage zur Stellungnahme der Abteilung Baukunst zu Fragen der Denkmalpflege in Berlin vom Januar 1971

Vorschlag einer ersten Personalausstattung für das Amt des Landeskonservators von Berlin

1 Landeskonservator
(nicht unbedingt Doktor der Kunst- oder Baugeschichte, aber mit den Fragen städtischer und städtebaulicher Entwicklung vertraut)

2 Architekten
(Studienrichtung: Architektur und Baugeschichte)

2 Architekten
(Studienrichtung: Stadt- und Regionalplanung bzw. Architektur und Städtebau)
1 Architekt
(Studienrichtung: Architektur und Baugeschichte mit Erfahrungen als Ausgräber)
1 Journalist
(für Öffentlichkeitsarbeit)
2 Techn. Zeichner
(evtl. davon 1 Ing.grad. des Bauwesens)
2 Schreibkräfte
1 Verwaltungsangestellter oder (e)
1 Fotograf (möglichst Fotomeister)
1 Laborant
Inventarisation
1. Kurzinventar
1 Kunsthistoriker
1 Architekt
(Studienrichtung: Architektur und Baugeschichte)
2. Großes Inventar
1 Kunsthistoriker
1 Architekt
(Studienrichtung: Architektur und Baugeschichte)
dazu für 1. und 2.
1 Historiker
(Schwerpunkt: Stadt- und Landesgeschichte)
2 Schreibkräfte

Das Thema dieses Kongresses ist die Wohnung des Menschen.

Viele Kongresse vor diesem hier galten dem gleichen Thema, andere werden folgen, die sich wiederum mit der Wohnung des Menschen beschäftigen. Diese Tatsache beweist, daß wir uns, wenn wir dieses Thema aufgreifen, mit einem Problem befassen, das ständig im Fluß ist und für das es offensichtlich keine überall gültige definitive Antwort geben kann. Was gestern noch als »Ziel für Morgen« gepriesen wurde, ist heute schon überholt, und je tiefer wir in die Materie eindringen, umso komplexer werden die Fragen und damit die Unsicherheit.

Für das im Nachlass von Werner Düttmann erhaltene Typoskript für einen Lichtbildervortrag anlässlich eines Kongresses zum Thema »Wohnung des Menschen« fehlt jeglicher Kontext. Aus der Schrift geht zwar hervor, dass der Kongress in der Zeit um 1971/72 stattgefunden haben muss, und zwar nicht in Berlin, jedoch im deutschsprachigen Raum, und dass er international angelegt war. Weitere Zusammenhänge oder konkretere Angaben konnten nicht ermittelt werden.

Werner Düttmann, in dieser Zeit zwar Präsident der Akademie, aber keinem Amt mehr in der Lehre oder dem Senat verpflichtet, verarbeitet in seinem Vortrag die aus seinen Tätigkeitsfeldern und Interessensgebieten gewonnenen Erkenntnisse, über die er auch schon zu anderen Anlässen berichtet hatte. Er demonstriert seine Ausführungen zum Wohnungsbau anhand von drei prominenten Berliner Beispielen: Hansaviertel, Gropiusstadt und Märkisches Viertel.

Die Transkription des gedruckten Textes folgt: AdK, Werner-Düttmann-Archiv, 263 Bl. 2–30, Kopie eines Typoskripts auf Durchschlagpapier, undatiert

Die Dias, auf die Düttmann in seinem Vortrag Bezug nimmt, haben sich nicht im Nachlass erhalten.

Wenn es den CIAM mit der *Charta von Athen*[84] noch genügte, innerhalb eines Stadtgebietes die verschiedenen Funktionen städtischen Lebens säuberlich auseinander zu differenzieren, um somit mögliche Störfaktoren auszuschalten, sind wir längst dabei, möglichst viele dieser Elemente wieder zusammen zu bringen, um der Lebendigkeit »urbanen Lebenswillens«, das allerdings noch niemand endgültig definiert hat, weil auch dies wiederum allgemein verbindlich nicht möglich scheint. Längst wissen die Städte, daß sie allein ihr Wohnproblem nicht lösen können, wenn die Welt um sie herum in zunehmendem Maße unbewohnbar wird. Und die entscheidenden Probleme der Bewohnbarkeit dieser Welt können nicht einmal die Länder dieser Erde für sich lösen, sondern hierzu bedarf es des Zusammenwirkens aller.

Darum scheint es mir richtig, daß Sie zu dem Thema Wohnen andere Städte und andere Länder mit ihren Erfahrungen zu Wort kommen lassen. Ich freue mich, in diesem Zusammenhang über meine Stadt berichten zu dürfen, weil in Berlin seit dem Zusammenbruch der Nazi-Diktatur, der ein Trümmerfeld gigantischen Ausmaßes hinterließ, der Wohnungsbau seit Jahrzehnten das wichtigste Thema aller Bautätigkeit ist.

Ich bin mir im Klaren darüber, daß ich bei dem, worüber ich berichten werde, nicht über das Wohnen von morgen sprechen kann, aber über das Wohnen von heute, wie es vielleicht auch morgen für die Menschen noch lebenswert sein kann. Da Wohnen aber nicht beliebig stattfindet, sondern immer in den historischen und geographischen Raum einer spezifischen Situation gestellt ist, muß ich zunächst einige Anmerkungen über unsere Stadt vorausschicken.

Ich kann mir einen weitschweifigen Ausflug zurück in die Geschichte der Stadt versagen, möchte auch nicht lange von den Schwierigkeiten und Hemmnissen reden, die sich dem Aufbau in der verwüsteten und schließlich geteilten Stadt nach 1945 in den Weg türmten. Jeder, der es wissen will, der weiß, daß der Aufbau einer halben Stadt als politisches Inselland, auch wenn sie mehr als 2 Millionen Einwohner zählt, unter besonderen Gesetzen steht. Entscheidungen, die Stadtentwicklung und Städtebau betreffen, sind zuweilen weit weniger vom planerischen Ideal als von politischen Gegebenheiten abhängig. Berlin war immer eine Stadt am Rande des traditionsreichen gesicherten europäischen Kulturkreises. Geistige Kämpfe und zuweilen auch geschmackliche Unsicherheiten wurden hier oft deutlicher als woanders.

In der Selbstsicherheit der reichen Gründerjahre wirkte Berlin auf kritische Betrachter oft unangenehm. Als geschundene und zerstörte Stadt weckte Berlin und gewannen ihre um die Freiheit ringenden Menschen in aller Welt Sympathie. Gleich blieben sich die Berliner in ihrer Weltoffenheit. Bei ihnen galt Leistung immer mehr als Herkunft, und ihr Sinn für Tradition war stets mit der Forderung verbunden, daß man sie täglich neu bilden müsse. Diese Eigenart hob Berlin in den Rang der Flüchtlingsstadt. Sie war bereits wirksam, als Preußens Herrscher Hugenotten und Böhmen aufnahmen und Preußen als erster Staat den Juden Bürgerrechte verlieh. Diese Eigenart lockte auch immer wieder Menschen aus allen Teilen Deutschlands an die Spree. Auch heute ziehen Menschen aus verschiedenen westlichen Landesteilen Deutschlands in die geteilte Stadt, und aus Sachsen, Brandenburg oder Pommern würden viele kommen, wenn sie es dürften. So sehen wir auch in den Gastarbeitern trotz aller Probleme, die damit verbunden sind, nicht ein notwendiges Übel, sondern einen Reichtum und geben ihnen, wenn sie uns helfen wollen, gern die Möglichkeit, in Berlin zu bleiben. In einer Stadt, die um ihre Einwohnerzahl fürchten muß und die auf Zuwanderer auch heute wieder angewiesen ist, versteht man das Wort des Preußenkönigs Friedrich Wilhelm, der, als er böhmische Flüchtlinge in seinem Land begrüßte, gesagt hat: »Der größte Reichtum, den ich mir denken kann, sind Menschen.«

Sie sehen, diese Großzügigkeit, diese Bereitschaft, Fremden das Tor zu öffnen, ist nicht allein mit einem weitherzigen Toleranzbegriff zu erklären. Auch der Selbsterhaltungstrieb führt zu dieser Einstellung. Sie hat Berlin über Jahrhunderte hinweg Vorteile gebracht. Den Weg von der Vergangenheit zur Gegenwart, wie Berlin heute aussieht und welche Gedanken im einzelnen den Aufbau bestimmen, möchte ich Ihnen im Laufe des Vortrages an einer Reihe von Bildern zeigen. Zunächst im Zeitraffer durch die Jahrhunderte:

Schon vor dem ersten Weltkriege hatten sich hier, der vom letzten Kaiser verordneten Geschmacksvorstellung zum Trotz, neue künstlerische Strömungen durchgesetzt. Nach dem Kriege konnten sie sich frei entfalten. Noch heute spricht man von den »goldenen zwanziger Jahren« wie von einem verlorenen Paradies. Eine junge Architektengeneration trat an. Der

Wohnungsbau wurde ihr wichtigstes Thema. Siedlungen entstanden, die noch heute als vorbildlich gelten, und manch junger Baumeister, dessen Name später Weltgeltung gewann, erhielt in Berlin seine ersten Aufgaben. Als Reaktion auf die Enge und Trostlosigkeit der Mietskasernen wurde eine neue, von sozialer Verpflichtung beherrschte Baugesinnung verwirklicht. Die Hufeisensiedlung in Britz von Martin Wagner und Bruno Taut, die Siedlung Siemensstadt, an der Otto Bartning, Hugo Häring, Walter Gropius und Hans Scharoun mitarbeiteten, und andere Projekte gaben Beispiele und beeinflußten den Wohnungsbau in Europa. Was für das Bauen galt, traf auch für andere Künste und für die Wissenschaften zu.

Dabei übersah man, daß sich in Deutschland bereits wieder Kräfte sammelten, deren höchstes Ziel es war, die Demokratie unter Mißbrauch demokratischer Freiheiten zu lähmen, um sie schließlich restlos abzuschaffen. Geschwächt durch die Weltwirtschaftskrise, brach die deutsche Demokratie, deren Exponenten ihr strenges Legalitätsdenken über die Gegenwehr stellten, unter dem Druck von rechts und links zusammen. Hitler kam an die Macht und entfachte den Zweiten Weltkrieg. Die politischen wie die geistigen Repräsentanten der Weimarer Republik wurden verfolgt, erhielten Arbeitsverbot, flohen oder wurden eingesperrt. Von den bedeutenden Stadtplanern und Baumeistern, die Deutschland verließen, fanden in den Vereinigten Staaten Martin Wagner, Walter Gropius und Ludwig Mies van der Rohe ein neues großes Wirkungsfeld, Deutschland hatte sich selber von der Entwicklung ausgeschlossen. Für Berlin wurden bombastische Pläne – von Machtanspruch und Sendungsbewußtsein diktiert – zwar entworfen, aber nur in Ansätzen verwirklicht. Nicht die Prunkmetropole Berlin, sondern ein Trümmerfeld kennzeichnet das Ende zwölfjähriger Diktatorenherrschaft.

1945 waren im freien Teil der Stadt von 900 000 Wohnungen 300 000 zerstört. Ein weiteres Drittel stark oder weniger stark beschädigt. Fast 400 000 Wohnungen wurden seitdem neu gebaut. Jetzt stehen schon mehr Wohnungen zur Verfügung als vor dem Kriege. In West-Berlin leben heute 2,1 Millionen Menschen; Ost-Berlin hat 1,1 Millionen Einwohner. 4,5 Millionen Menschen lebten in der Stadt vor dem letzten Krieg.

Vor allem Ernst Reuter, dem 1953 verstorbenen Bürgermeister, ist es zu danken, wenn die Berliner wieder Selbstbewußtsein gewannen, ihre eben erhaltene Freiheit verteidigten und damit auch das Verständnis und die Hilfe der westlichen Siegermächte erwerben konnten.

Während man noch Vorschläge erörterte, ob es nicht besser sei, Berlin an anderer Stelle, weitab von den Trümmerflächen neu aufzubauen, wurde die Stadt geteilt und vom Umland isoliert. Mit der Blockade vom Juni 1948 bis zum Mai 1949, die dank der Luftbrücke überstanden wurde, versuchten die sowjetischen Machthaber und ihre deutschen Helfer vergeblich, die Berliner gefügig zu machen. Danach begann zunächst mit unzulänglichen Mitteln der Aufbau. Die Hilfe der Vereinigten Staaten und die Einfügung in die neu entstehende Bundesrepublik Deutschland schufen und festigten die Voraussetzungen für eine erfolgreiche Arbeit. Doch das Tätigkeitsfeld blieb auf die drei Westsektoren begrenzt. Zwar gab es noch keine Mauer, und die Wege in das Umland blieben zunächst noch offen. Doch über die politische Grenze hinweg erwies sich eine Zusammenarbeit bald als unmöglich.

Aber nicht allein die Teilung der Stadt, sondern auch die Trennung vom Umland beschränkte die Möglichkeiten der Planung; in einer Zeit, in der Großstädte stärker denn je die Entwicklung des Umlandes beeinflussen und auch vom Umland abhängen, gibt es in Berlin praktisch keine Landesplanung. Weder sind Konzeptionen für das Umland durchführbar, noch gibt es Grundlagen und Informationen, die solche Überlegungen stützen könnten. Damals glaubte wohl niemand, daß Berlin in 20 Jahren wieder eine moderne Stadt sein könne. Aber auch Pessimisten ahnten nicht, daß die Teilung noch nach Jahrzehnten bestehen würde und eine scharf bewachte, lückenlose Mauer trennen könne, was seit Jahrhunderten zusammengehört.

Den Aufbau im freien Teil der Stadt beherrschten zwei Leitgedanken. Die Pläne hatten immer der gesamten Stadt zu gelten und ihren Maßstab bestimmte das politische Ziel, wieder funktionsfähige deutsche Hauptstadt zu sein. Weiterhin kam es darauf an, den Anschluß an die Bauentwicklung in der Welt zu finden und trotz aller Nöte nicht allein den Bedarf zu decken, sondern sich dabei auch um Qualität zu mühen.

Beiden Zielen galt die Internationale Bauausstellung 1957. Berlin lud namhafte Architekten aus aller Welt ein, im Hansaviertel ein Beispiel ihrer Auffassung vom neuzeitlichen Wohnen zu geben. Das Projekt war zugleich ein erster Versuch der Stadterneuerung, über deren Bedeutung für die Berliner Zukunft schon damals unter Einsichtigen kein Zweifel bestand. Außerdem wollte Berlin zur Diskussion stellen, was in anderen Bezirken der Stadt bereits geleistet war, bat um Kritik, um Rat und Anregungen. Damals verstanden viele das Hansaviertel als Gegenstück zur Stalinallee, eine im Moskauer Stil der Stalinzeit in Ost-Berlin errichtete kompakte Bebauung. Zweifellos demonstrierten hier bereits zwei Weltanschauungen ihre Vorstellungen vom zeitgemäßen Wohnungsbau. Für uns war jedoch nicht diese Demonstration das wesentliche.

Das Hansaviertel hat damals großes Aufsehen erregt, Lob und selbstverständlich auch Kritik gefunden. Als Bilderbuch internationaler Architektur hat es bis heute seine Anziehungskraft nicht eingebüßt und für den weiteren Wohnungsbau – ich glaube nicht nur in Berlin – viele Anregungen gegeben. Seit dem Jahre der INTERBAU gilt Berlin wieder als eine Stadt, deren Baugeschehen über die deutschen Grenzen hinweg Interesse findet. Bei Diskussionen über die Fragen des Städtebaues war nun auch wieder von Berlin die Rede.

Das Hansaviertel, von dem ich gleich einige Bilder zeigen werde, hat gegenüber anderen Siedlungsgebieten, auf die ich später komme, den Vorteil der günstigsten Lage nicht nur zur westlichen City, sondern auch zum Tiergarten, den unmittelbar angrenzenden innerstädtischen Park, der zwar nicht in der Ausdehnung, aber in seiner Funktion dem Central Park von New York vergleichbar ist. Auch wegen seiner geringen Größe und damit Wohnungsanzahl ist es mit den späteren Siedlungen nicht vergleichbar, aber es hat wertvolle Anregungen für die Wohnung an sich geliefert mit einer Vielzahl von Grundrißentwicklungen, die von seiner Entstehung aber den Wohnungsbau beeinflußten.

Bild 1 Das erste Bild zeigt Ihnen den Plan von Groß-Berlin mit den Stadtgrenzen, wie sie vor dem Kriege bestanden haben. Die Fläche Westberlins beträgt rd. 300 000 qkm. Wie Sie sehen, besteht etwa ein Drittel dieser Fläche aus Wald- und Wasserflächen und landwirtschaftlich genutzten Gebieten. Das Vorhandensein dieser Erholungsflächen ist von außerordentlicher Bedeutung in einer Stadt, die durch eine Mauer von ihrem Umland abgeschlossen ist.

Diese Erkenntnis zwingt die Planung, mit diesen Gebieten außerordentlich sorgfältig umzugehen, was wiederum zur Folge hat, daß die vorhandenen Baugebiete möglichst intensiv genutzt werden.

Sie sehen in diesem Plan hier am Rande des Tiergartens in unmittelbarer Citylage das Hansaviertel, von dem ich zunächst spreche und sehen hier, mehr in den Außenbezirken gelegen, drei weitere große Siedlungsgebiete, von denen ich Ihnen zwei vorstellen möchte, und zwar im Süden gelegen das Gebiet Britz-Buckow-Rudow, im Volksmund Gropiusstadt genannt, weil seine Entwicklung auf Pläne von Walter Gropius zurückgeht, der nicht nur den Plan konzipierte, sondern in diesem Gebiet auch zusammen mit TAC (The Architects Collaborative) einige Gebäude errichtet hat.

Im Norden, im Bezirk Reinickendorf, liegt das Märkische Viertel, auf das ich noch zurückkommen werde.

Bild 2 zeigt Ihnen das Hansaviertel vor dem Kriege. Der Hansaplatz markiert deutlich den Schnittpunkt der Altonaer mit der Klopstockstraße.

Nach Norden ist das Gebiet durch den Bogen der S-Bahn von der Bebauung in Richtung Moabit abgeschnitten, im Osten und Süden grenzt es an den großen Park des Tiergartens. Hier nur im Osten erkennbar.

Bild 3 zeigt die gleiche Situation, nachdem die Trümmer des Krieges weitgehend beseitigt sind. Sie sehen hier in einem größeren Ausschnitt den Verlauf des S-Bahnbogens, links davon (Norden) den Spreebogen, rechts und oben den östlich und südlich angrenzenden Tiergarten.

Das von Tiergarten und S-Bahnbogen begrenzte Areal war Gegenstand eines städtebaulichen Ideenwettbewerbs, dessen Ergebnis der weiteren Planung zugrunde gelegt wurde.

Die weitere Planung erfolgte im Zusammenwirken mit einer Vielzahl international bekannter Architekten, die wiederum nicht nur die Konzeption ihrer Häuser betrieben, sondern auch auf das Gesamte Einfluß nahmen.

Bild 4 zeigt den Plan. Im Norden eine Gruppe von Punkthochhäusern, nach Süden und Osten hin eine flachere Bebauung, die den Übergang in den landschaftlichen Bereich bildet.

Es wurde hier der Versuch gemacht, vielgeschossiges Wohnen mit teppichförmiger Einfamilienhausbebauung in Einklang zu bringen.

Das große Gebäude am Ostrand ist die Akademie der Künste.

Die Tatsache, daß das Gebäude hier entstand, hat eine besondere Geschichte. Ursprünglich waren auch hier Einfamilienhäuser vorgesehen, die aber damals (1957/58) in Anbetracht der allgemeinen Wirtschaftslage in Berlin nicht an den Mann zu bringen waren.

Inzwischen hatte ein amerikanischer Industrieller, Henry H. Reichhold, der in Berlin geboren ist, der Akademie der Künste Berlin eine namhafte Spende gemacht, um ihr ein eigenes Domizil zu ermöglichen, das schließlich hier am Rande des Tiergarten seinen Standort fand.

Diese Einfügung eines für das Publikum attraktiven Magneten (hier finden Ausstellungen, Konzerte, Theater statt) hat sich für dieses Wohngebiet zusätzlich als ein belebender Faktor erwiesen, so daß das Hansaviertel nicht nur für Architekten, sondern für das kunstinteressierte gebildete Berlin ein Begriff geworden ist.

Bild 6 zeigt das Hansaviertal im Modell. Man erkennt die Mischung unterschiedlichster Gebäudetypen. Hier wurden gleichzeitig die verschiedensten Grundrißkonzeptionen von Seiten der Architekten wie auch die vielfältigsten Konstruktions- und Baumethoden von der Bauindustrie demonstriert.

Bild 7 zeigt einen Blick auf das Hansaviertel von der Siegessäule mit Blick auf den ehemaligen Hansaplatz.

Nun einige Einzelobjekte:

Bild 8 Dies ist das Haus am südlichsten Rand des neuen Wohngebietes, ein 8-geschossiges Wohnhaus von Walter Gropius.

Bild 9 Hier ein ebenfalls 8-geschossiges Haus von Oscar Niemeyer. Das 3. Geschoß von oben, das keine Loggien, sondern ein durchgehendes Fensterband zeigt, war konzipiert als Gemeinschaftsetage, in der die Mieter des Hauses einander begegnen sollten zu gemeinsamer Freizeit, Fernsehen, usw. Diese Konzeption des Architekten hat sich im Gebrauch als Illusion erwiesen. Hans Paul Bahrdt (ein bei den Städteplanern bekannter Soziologe) hat einmal die Stadt »als den Raum der freiwilligen Kontaktaufnahme« bezeichnet.[85] D.h. der Großstädter sucht die Kontakte innerhalb des ganzen Stadtgebietes bei Gleichgesinnten und nicht unbedingt an der Tür des Nachbarn.

Im Vordergrund eine Stahlplastik des Berliner Bildhauers Hans Uhlmann.

Bild 10 Blick auf die Volksbücherei, die im Zentrum des Gebietes gelegen als Bibliothek Stützpunkt für das Hansaviertel gedacht war. Hier sollten die Bewohner nicht nur Bücher holen können, sondern in Lesesälen und einem Gartenhof Muße zum Verweilen haben.

Die Entwicklung ist über diese Vorstellung hinweggegangen:

Die Tatsache, daß das links erkennbare Dach die Bibliothek mit dem Bahnhof einer neuen U-Bahnlinie verbindet, hat ergeben, daß sehr viel mehr Bibliotheksbenutzer aus anderen Bezirken, die täglich mit der U-Bahn hier vorbeifahren, von der Einrichtung Gebrauch machen als Menschen aus dem Hansaviertel. So hat diese Bibliothek nunmehr weit mehr als lokale Bedeutung und mußte ihren Buchbestand mehr als verdoppeln.

Im Vordergrund eine Plastik des Bildhauers Berto Lardera (Gartenzwerg wäre mir lieber).

Bild 11 Dies ist ein Blick von der kleinen Volksbücherei über die Altonaer Straße in den nördlichen Bereich des Hansaviertels.

Bild 12 Zum Abschluß ein Blick auf den Berlin-Pavillon und den Bahnhof Tiergarten. Dieses Gebäude wurde im Zusammenhang mit der INTERBAU als Informationspavillon errichtet. (Architekten Fehling, Gogel, Pfankuch).

Seitdem betreibt hier die Bauverwaltung wechselnde Ausstellungen, die den Bürger über die bauliche Entwicklung und die Ziele der Planung informieren. Sie werden sicher mit uns die gleiche Erfahrung machen, daß alle Maßnahmen der Stadtentwicklung in zunehmendem Umfang auf das Interesse und auch die Kritik der Öffentlichkeit stoßen, so daß eine rechtzeitige und umfassende Informationspolitik immer größere Bedeutung gewinnt. Dies gilt insbesondere für Maßnahmen der Stadterneuerung, in denen eine Vielzahl von dort Lebenden von den Veränderungen unmittelbar betroffen wird. Wir sind deshalb dazu übergegangen, in solchen Gebieten, ähnlich wie hier, Informationspavillons einzurichten.

Die Bäume, die Sie hier sehen, sind inzwischen 15 Jahre älter geworden, so daß das Hansaviertel nunmehr wie eine Parksiedlung in den Tiergarten integriert erscheint. Das nächste Siedlungsgebiet, mit dem ich Sie bekannt machen möchte, basiert, wie ich schon sagte, auf völlig anderen Voraussetzungen.

Dies ist etwa zehnmal so groß wie das Hansaviertel, liegt am Südostrand von Westberlin, entstand auf ehemals landwirtschaftlich genutzten Flächen und mußte völlig neu erschlossen werden. Die GEHAG[86], eine an der Realisierung beteiligte Gesellschaft, beauftragte Walter Gropius, für dieses Gebiet einen Gesamtplan zu erstellen. Gropius entwickelte in Anlehnung an den Flächennutzungsplan ein Konzept, das in seinen wesentlichen Zügen Grundlage dieses neuen Stadtteiles blieb, im Detail jedoch von der Vielzahl der hier beteiligten Gesellschaften und Architekten weitgehend modifiziert wurde.

Bild 1 zeigt den heutigen Zustand. In der Mitte, auf dem Rücken der U-Bahn, ein langer Grünzug, der von Nordwest nach Südost durch das ganze Gebiet zieht. Zwei Haupterschließungsstraßen, die Fritz-Erler-Allee im Norden und der Kölner Damm im Süden, tangieren das Gebiet und verbinden es nach Nordwesten mit den sehr intensiv bebauten Stadtteilen von Neukölln und Tempelhof, in denen sich bedeutende regionale Geschäftszentren befinden.

Im Plan rot markiert die 4 übergeordneten Einkaufszentren, gelb die öffentlichen Standorte wie Schulen, Sportanlagen, Freibad usw.

Die mit 4 bezeichnete Schule ist von Walter Gropius. Sie ist eine der ersten Gesamtoberschulen in Berlin. Hier wird der Versuch gemacht, auf Grund einer neuen pädagogischen Konzeption eine wirkliche Chancengleichheit für alle zu ermöglichen.

Bild 2 zeigt diese Schule im Vordergrund und den nordwestlichen Abschnitt der Siedlung im Hintergrund.

Bild 3 etwas weiter südlich, wo der alte Wildmeisterdamm, hier erkennbar an der Baumallee, in die Fritz-Erler-Allee einmündet, steht das Wohnhochhaus von Walter Gropius. Rechts davon im Bild nicht mehr erkennbar, der eben gezeigte Schulstandort.

Bild 4 Hier, ähnlich wie der Versuch im Hansaviertel, eine Kombination von Einfamilienhäusern und Geschoßwohnungsbau (Architekt Ernst). Dieser Siedlungsteil liegt nördlich der Fritz-Erler-Allee an der Lipschitzallee.

Bild 5 Im Vordergrund eine Grundschule an der Wutzkyallee im Südosten des Areals mit Blick auf das inzwischen fertiggestellte Wohnhaus von Gropius.

Bild 6 Hier noch einmal erkennbar die Kombination von Einfamilienhäusern und Geschoßwohnungsbau. Im Mittelgrund die eben von der Wutzkyallee betrachtete Grundschule. Das Hochhaus stammt von dem Architekten Hinrichs, Bauträger DEGEWO[87].

Bild 7 Zum Abschluß ein Bauabschnitt der GEHAG im nordwestlichen Bereich des Siedlungsgebietes.

Das dritte Neubaugebiet, das ich Ihnen vorführen möchte, ist das Märkische Viertel. Dieses Gebiet hat etwa die gleiche Größenordnung wie die eben gezeigte Gropiusstadt. Es liegt wie diese in einem Außenbezirk, allerdings im Norden und nicht im Süden der Stadt. Im Gegensatz zur Gropiusstadt zählt das Märkische Viertel zu den Sanierungsgebieten, das sich allerdings von den innerstädtischen Sanierungsgebieten maßgeblich unterscheidet. Hier hatte sich eine unkontrollierte Bebauung mit kleinen und kleinsten überwiegend außerordentlich primitiven Einfamilienhäusern angesiedelt, nachdem die Bauern ihre ehemaligen Felder in kleinste Parzellen aufgeteilt und verpachtet bzw. verkauft hatten. Das Gebiet, wie es war, konnte als »Grüner Slum« bezeichnet werden, der in den zahlreichen Analysen eine Vielzahl negativer Spitzenwerte auf sich vereinigte: Hoher Krankheitsbefall, hohe Kriminalität, schlechte Versorgung, keine Be- und Entwässerung, enorm hoher Grundwasserstand, damit Verseuchung des Trinkwassers usw. Seit Jahren stand eine Erneuerung dieses Gebietes zur Diskussion. Der zuständige Bezirk hatte eine Reihe von Planungen aufgestellt, die aber 1960 erneut und grundsätzlich überprüft wurden.

Angesichts des eben skizzierten Zustandes war klar, daß erhebliche Investitionen erforderlich würden, dieses Gebiet zu sanieren, es an das Verkehrssystem der Stadt sinnvoll anzubinden, das Grundwasser abzusenken, usw. Dieser erforderliche finanzielle Aufwand, die amorphe und desolate Struktur des gesamten Bereiches, die Notwendigkeit, potenzielles Bauland zum Schutze der freien und Erholungsflächen intensiv zu nutzen und nicht zuletzt grundsätzliche Gedanken zum Wohnen in der Stadt, führten zu dem Entschluß, das Gelände intensiv zu bebauen. Hier sollte nicht nur der allgemeinen Wohnungsnot abgeholfen werden, sondern zugleich ein Schwerpunkt für diesen Bereich des Bezirkes Reinickendorf gebildet werden, der die hohen Investitionen in optimaler Weise nutzbar macht.

Während der Baudurchführung hat dieses Projekt sowohl bei der Verwaltung als auch den beteiligten Gesellschaften und den planenden Architekten erhebliche Kopfschmerzen bereitet, weil es sehr bald zum Schwerpunkt der Auseinandersetzung um den heutigen Städtebau wurde. Die Skala der Meinungsäußerung reicht von begeisterter Zustimmung bis zu vernichtender Kritik. Letztere wurde speziell von der studentischen

Opposition vorgebracht und nahm daraufhin auch in der Presse einen breiten Raum ein. Ansatzpunkte zur Kritik gab es viele. So zeigte sich bereits wenige Jahre nach Baubeginn, daß die beabsichtigte Synchronisation zwischen Wohnungsbau und Errichtung der Wohnfolgeeinrichtungen wie Schulen, Kindergärten, Einkaufszentren usw. nicht eingehalten werden konnte, weil der Grunderwerb, es waren rd. 1000 Einzelgrundstücke zu erwerben, viel zügiger vonstattenging als erwartet. Somit konnten in kürzeren Zeiträumen mehr Wohnungen gebaut werden als voraussehbar war. Die Erstellung der Folgeeinrichtungen konnte nicht in gleichem Maße beschleunigt werden. Dennoch hielten wir es für richtig, den Wohnungsbau nicht zu drosseln.

Ein weiterer Punkt der Kritik galt den bautechnischen Mängeln. Hier wurden neben konventionellen Baumethoden unterschiedlichste Systeme der Vorfabrikation eingesetzt mit unterschiedlichen Fehlerquellen, die erst nach zeitraubenden Versuchen behoben werden konnten. Daneben spielte das Problem der Anpassung der neuen Bewohner, die aus den unterschiedlichsten sozialen Bereichen und damit mit stark divergierenden Ansprüchen hier einzogen, eine erhebliche Rolle.

Es ist ein absolutes Novum, daß ein Stadtteil für mehr als 50 000 Menschen in weniger als einem Jahrzehnt entsteht und bezogen wird. Daß hieraus Probleme erwachsen, liegt auf der Hand. So ist es nicht verwunderlich, daß gerade dieses Siedlungsgebiet, in dem heute schon zig tausend Menschen wohnen, im letzten Wahlkampf für die Wahlen zum Berliner Abgeordnetenhaus eine besondere Rolle spielte. Die Opposition von links und von rechts versuchte, dieses Projekt zu einer Testfrage, im Sinne der totalen Ablehnung der Politik meiner Partei, zu machen. Das Wahlergebnis hingegen gerade in diesem Gebiet kann nur als überwältigende, und nach der vorhergegangenen Polemik auch für uns überraschende Zustimmung gewertet werden. Ergebnis der Wahlen März 1971: Siehe Broschüre.

Doch nun zum Projekt selbst:

Bild 1 Das linke Bild zeigt das Märkische Viertel in seiner Lage zur Gesamtstadt. In 20 Minuten wäre von hier der ehemalige City-Schwerpunkt (Kreuzung Friedrichstraße/Unter den Linden) zu erreichen. Zur Zeit jedoch ist es durch die Abmauerung der Sektorengrenze noch etwas schwer erreichbar. Eine Hinausführung der U-Bahn in dieses Gebiet ist vorgesehen, kann leider jedoch erst in frühestens 8 Jahren erreicht werden. Auch hierin ist die Gropiusstadt begünstigt, weil die Eröffnung der U-Bahn mit der Fertigstellung der Wohnungen zusammenfiel.

Das rechte Bild zeigt links den Tegeler See mit dem nördlich daran anschließenden Tegeler Forst und eine mögliche Entwicklungsachse vom

Märkischen Viertel rechts auf den Ortskern Tegel links zu als städtisches Band, das im Norden in einen landschaftlichen Bereich übergeht.

Bild 2 zeigt den engeren Bereich des Sanierungsgebietes Wilhelmsruh (Märkisches Viertel) und den Zustand der kleinteiligen Parzellierung des Areals.

Eine Untersuchung erwies, daß die Einfamiliengebiete im Süden und Nordwesten in ihrer Struktur erhalten bleiben sollten. Damit ergab sich für die Planung eine notwendige Begrenzung des bebaubaren Landes.

Bild 3 zeigt die für die Neubebauung möglichen Flächen. Von West nach Ost ist das Gebiet durch den Wilhelmsruher Damm durchschnitten, der zum tragenden Boulevard entwickelt werden soll und das Hauptgeschäftszentrum (Quadrat) tangiert.

Von hier aus entwickeln sich drei Bebauungsarme nach Westen, Norden und Süden, die zu erhaltende Einfamilienhausgebiete bzw. Gebiete mit niederer Bebauung wie Schulen, Erholung und Sportflächen umschließen.

Bild 4 zeigt einen Modellversuch, welcher Art etwa die Bebauung dieser Arme sein könnte, mit denen die ein- und zweigeschossig bebauten Gebiete umfaßt werden. Es ist hier eine Abwendung von der Addition der Bauzeile erkennbar, genauso wie die übergeordnete Stadtfigur Grünbereiche mit niederer Bebauung umfaßt, sollen die einzelnen Großgebäude Räume bilden, die für Garten und Spielplätze zur Verfügung stehen.

Bild 5 zeigt, wie sich diese Grundkonzeption darstellt, nachdem eine Vielzahl von Architekten nunmehr Projekte zu den einzelnen Abschnitten erarbeitet haben, ehe die Einfamilienhausgebiete, die von den schwarz dargestellten hochgeschossigen Gebäudegruppen umfaßt werden, rot die Einkaufszentren, gelb die öffentlichen Flächen für Schulen Sport und ähnliches, rot-weiß-gestreift die zugeordneten Gewerbegebiete.

Bild 6 Mit Baubeginn wurde in dem Gebiet ein Informationspavillon errichtet, der sowohl die dort Wohnenden über die Absichten unterrichtet, als auch diejenigen, die einmal hierher ziehen werden, über die Vielfältigkeit des Wohnungsangebotes und der Möglichkeiten aufklärt.

Bild 7 Dieses Bild zeigt den Zustand des Geländes und der dort vorhandenen Bebauung vor Beginn der Umwandlung.

Bild 8 zeigt einen Ausschnitt (Architekten Müller/Heinrichs) aus den Bebauungsarmen. Es entstehen große Innenräume, die Parkanlagen und Spielplätze aufnehmen. Dieser Block wird durchschnitten durch einen Graben, der in die landschaftliche Gestaltung des Gebietes einbezogen ist (zur Absenkung des Grundwassers mußte ein umfangreiches Grabensystem angelegt werden). Die schematisch dargestellten Baumraster außerhalb der Gebäude überdecken Wageneinstellplätze. Zusätzlich zu den ebenerdig angelegten Einstellplätzen sind Parkpaletten vorgesehen, die hier im Süden und im Norden der Anlage dargestellt sind.

Bild 9 Das eben im Grundriß gesehene Projekt während des Bauens. Es wird hier ein Fertigbausystem angewendet (Coignet), das von der »Berliner Fertigbau« in Lizenz durchgeführt wird.

Bild 10 Ein weiterer Abschnitt im Nordosten. Architekt Schadrach Woods.

Der vom Verkehr abgewandte ruhige Innenraum zwischen den Gebäuden, außerhalb der Gebäude Parkplätze und Paletten.

Bild 11 Dieses Bild zeigt den Bauabschnitt des Berliner Architekten Stranz am Westrand des Areals und zeigt, wie die vorhandenen Einfamilienhausgebiete gleichsam als grüner Innenraum Bestandteil der Konzeptionen sind.

Bild 12 Blick von Südosten über das südliche Einfamilienhausgebiet auf die Bebauung des Franzosen René Gages entlang dem Wilhelmsruher Damm.

Bild 13 zeigt den Baubeginn des nördlichen Bebauungsarmes. Links im Hintergrund das Haus des Chinesen Lee, im Vordergrund die Baustelle der »Thomas-Mann-Gesamt-Oberschule« am Rande des Zentrumsbereiches.

Bild 14 Wenig Kritik, sondern überwiegend Zustimmung fanden die Wohnungen dieses neuen Stadtteiles, die ein reichhaltiges Angebot für die unterschiedlichsten Wohnbedürfnisse anbieten.

Hier ein Ausschnitt der Gebäudegruppe des Architekten Ungers, der zur Zeit die Architektur-Fakultät an der Cornell-Universität[88] leitet. Die Wohnräume sind jeweils nach zwei Himmelsrichtungen orientiert. Dadurch ergibt sich für diesen Grundriss eine reichhaltige Kombinationsfähigkeit (anbauen).

Bild 15 Der Bauabschnitt des Architekten Ungers über die Gärten der Einfamilienhäuser hinweg gesehen, der sich aus dem eben gezeigten Grundriß zusammensetzt. Die dunkelblauen Schlitze markieren jeweils eine Loggienseite des Wohnraumes.

Bild 16 Hier ein völlig anders gearteter Grundriß des Architekten Lee. Lee ist ein Scharounschüler chinesischen Ursprungs, der zur Zeit in Stuttgart arbeitet.

Bild 17 Das Haus des Architekten Lee in der Abenddämmerung.

Bild 18 Bauabschnitt des Architekten Düttmann. An einem Erschließungskern hängen 8 Wohnungen unterschiedlicher Größe von 1 ½ bis 4 ½ Zimmer. Die Mischung unterschiedlichster Wohnungstypen in einem Haus und sogar in einem Stockwerk soll die Ghettobildung von Nur-kinderlosen-Ehepaaren oder Nur-kinderreichen-Ehepaaren oder Nur-Junggesellen vermeiden.

Bild 19 Der Bauabschnitt des Architekten Düttmann im Südosten des Planungsgebietes. In den obersten Stockwerken befinden sich sehr individuelle Wohnungen, zum großen Teil mit Ateliers, um erneut möglichst viele Menschen unterschiedlichster Interessenlage zusammenzuführen.

Bild 20 Bauabschnitt des Architekten Müller und Heinrichs. In der Kernzone Erschließung und Mieterkoller, in den Außenzonen Wohnungen unterschiedlicher Größenordnung. Konstruktion Betonfertigbau (Coignet).

Bild 21 Außenansicht des eben gezeigten Bauabschnittes. Über dem Erdgeschoß, das möglichst durchlässig von den Parkplätzen im Außenbereich zu dem Grünraum im Inneren führt, ein Installationsgeschoß.

Bild 22 Bauabschnitt des Architekten Stranz im Westen des Areals. Auch hier Differenzierung der Wohnungen von der Einzimmer- bis zur Fünfzimmerwohnung.

Bild 23 Spiel- und Gartenbereich im Abschnitt Stranz.

Soviel zu den Grundrißbeispielen, die sich beliebig erweitern ließen. Ein, wie mir scheint, wichtiges und auch umstrittenes Element der Gestaltung des Märkischen Viertels ist die Anwendung von Farbe.

Berlin hat eine gewisse Tradition in der farbigen Gestaltung seiner Bauten.

Dies mag seinen Grund darin haben, daß Berlin und die Mark Brandenburg, man könnte sagen Preußen, kaum Natursteinvorkommen hat und überwiegend Gebäude aus gebrannten Tonziegeln errichtet hat, die hinterher mit Kalkmörtel geputzt wurden. Selbst die Schlösser der preußischen Könige, wie das Schloß Charlottenburg in Berlin, Schloß Sanssouci in Potsdam oder das Neue Palais wurden auf diese Art errichtet und dann in teil(s) leuchtenden, teils dezenten Farben angestrichen, vom leuchtenden Gelb bis zum dezenten Grau.

In den zwanziger Jahren erweiterten Architekten wie Bruno Taut, Martin Wagner u.a. die bisher übliche Farbskala bis zum leuchtenden Blau und scharfen Grün.

Vielleicht sollte die Farbe dazu dienen, der sicher herben Landschaft ein Glanzlicht aufzusetzen.

Von ähnlichen Erwägungen gingen die Planer des Märkischen Viertels aus, als sie speziell für den Bereich des Wilhelmsruher Damms eine starke Akzentuierung durch Farben vorsahen.

Auf Grund der vorhandenen Bausubstanz bot sich für eine kontinuierliche Bebauung die Südseite des Wilhelmsruher Damms an, d.h. hier entstanden Häuser, die der Bewohner des Gebietes oder der Besucher überwiegend von Ihrer Nordseite her erlebt, so daß hier das reizvolle Spiel von Licht und Schatten auf plastischen Baukörpern für die längste Zelt des Tages ausfällt.

Deshalb wurde der Versuch unternommen, gerade diese Nordwand und damit den zentralen Bereich am Wilhelmsruher Damm durch Farbe zu akzentuieren.

Die Koordination der farbigen Gestaltung wurde dem in Zürich lebenden Bildhauer Utz Kampmann übertragen.

Bild 24 Auf diesem Bild sehen Sie den Bauabschnitt des Schweizer Architekten Fleig, den man als ersten sieht, wenn man in das Gebiet von Westen her über den Wilhelmsruher Damm hereinfährt.

Bild 25 Dieses Bild zeigt die den Garten zugewandte Südseite des Bauabschnittes Fleig, an dem die Farbe sehr viel sparsamer angewendet wurde.

Bild 26 In dem Zentrum ferner liegenden Bereichen wie hier dem Abschnitt Stranz wurde die Farbe wesentlich sparsamer angewendet.

Bild 27 Hier das Haus des Architekten Leo, Berlin, kurz vor dem Bereich des Haupt-Einkaufszentrums von Süden gesehen.

Bild 28 Blick auf den Informations-Pavillon, den wir eingangs noch auf dem freien Feld gesehen haben, nach Fertigstellung der Baugruppen Fleig, Leo und Ungers in Nähe des Zentrums.

Bild 29 Ein Blick auf das Einkaufszentrum. Links der graue Baukörper, ein Arbeitnehmerwohnheim des Architekten Poreike, im Vordergrund noch alte Bausubstanz.

Bild 30 Zur Markierung des Zentrums wurde der Wilhelmsruher Damm durch zwei Brückenbauwerke überbaut.

Hier die sogenannte Kegelbrücke, in der in zwei Geschossen Kegelbahnen mit einer Restauration den Eingang zum Einkaufszentrum betonen.

Ein noch nicht erwähnter Nachteil des Gebietes wird hier sichtbar.

Es war kaum ein nennenswerter Baumbestand vorhanden, der ja fest unentbehrlich ist bei einer derartigen Konzentration von Großgebäuden.

Hier sehen Sie im Vordergrund, wie in mehreren Reihen junge Platanen gepflanzt sind, die natürlich noch etwas wachsen müssen, um hier die gewünschte Atmosphäre einer grünen Allee zu schaffen.

Bild 31 Dieses Bild zeigt eine weitere Überbrückung des Wilhelmsruher Damms. Zwischen diesen beiden Brücken entwickelt sich wie gesagt der Bereich des neuen Stadtteils, der nicht nur kommerzielle Einrichtungen, Restaurants, Vergnügungsstätten, Einkaufsmöglichkeiten bietet, sondern in dem auch Stätten der Bildung, Gemeinschaftszentren und auch die Institutionen der Kirchen ihren Raum finden.

Ein letztes Wort zu den Kindern im Märkischen Viertel. Durch die Entscheidung, hier größere Wohnungen als bisher, familiengerechte Wohnungen zu schaffen, zogen sehr viel junge und sehr viel kinderreiche Familien in dieses Gebiet, das die vorhin angesprochenen Probleme der etwas zu spät entstehenden Folgeeinrichtungen noch komplizierte.

Das Märkische Viertel ist nicht nur, gemessen an seiner Entstehung, sondern auch gemessen an seiner Bevölkerungsstruktur, der jüngste, d.h. auch jugendlichste Stadtteil von Berlin.

Bild 32 Blick auf eine der Kindertagesstätten

Bild 33 Blick auf eine der Grundschulen (Architekt Harald Franke)

Wir hoffen, daß in wenigen Jahren die hier spielenden Kinder sich so mit ihrem Stadtteil Märkisches Viertel identifizieren, wie es die Charlottenburger, Spandauer oder Kreuzberger tun.

Abschließend möchte ich bemerken, daß es sicherlich nicht möglich sein wird, alle denkbaren Wünsche, die an das Wohnen gestellt werden, zu erfüllen. Die ideale Wohnung wäre sicher eine große und familiengerechte, mit Blick auf den Golf von Neapel und ständig kühler Luft von Schwedens Wäldern. Aber vielleicht gelingt es uns in zunehmendem Maße, in dieser sich verändernden Welt die Bedürfnisse von morgen zu erkennen und mit den Mitteln, die uns heute zur Verfügung stehen, zumindest nicht zu verbauen.

Berlin ist viele Städte.

Diese gälte es zu beschreiben, wenn Zeit wäre, sie in ihrer Vielfalt zu erfassen, die sich aus Lage, Ursprung, Geschichte und ihren Menschen ergibt. Gemeint ist hier nicht nur das Nebeneinander von Berlin und Cölln, wo hier die Krämer, da die Fischer in der Mehrheit gewesen sein sollen, nicht nur der Unterschied zwischen Spandau und Köpenick, oder der von Pankow zu Friedenau. Gemeint ist vielmehr auch das Neben- und das

Hintereinander der Inhalte: Fischerstadt, Handelsstadt, Residenzstadt, Zeitungsstadt, Industriestadt, Stadt des Dünkels und der Demut, der Machtergreifung und des Widerstandes. Kunststadt, Hauptstadt, Halbstadt. Dieses Hintereinander und Nebeneinander wiederum spiegelt Kraft oder Ohnmacht der Zuwanderer und der Ansässigen (das waren die früher Zugewanderten), Stadtinhalte zu bestimmen oder zu verändern. Viele Konzepte und Versuche, Pläne und Taten ereigneten sich in Zugriff und Widerstand, doch selbst da, wo der große Wurf probiert wurde, wehte der Wind etwas Sand durch die schlecht gepflasterten Straßen.

1828 schrieb Heinrich Heine:
»Berlin ist gar keine Stadt, sondern Berlin gibt bloß den Ort dazu her, wo sich eine Menge Menschen, Stadt und Ort und zwar darunter viele Menschen von Geist, versammeln, denen der Ort ganz gleichgültig ist; diese bilden das geistige Berlin. Der durchreisende Fremde sieht nur die langgestreckten uniformen Häuser, die langen breiten Straßen, die nach der Schnur und meistens nach dem Eigenwillen eines Einzelnen gebaut sind und keine Kunde geben von der Denkweise der Menge. Es sind wahrlich mehrere Flaschen Poesie dazu nötig, wenn man in Berlin etwas anderes sehen will als tote Häuser und Berliner. Hier ist es schwer, Geister zu sehen. Die Stadt enthält so wenig Altertümlichkeit, und ist so neu; und doch ist dieses Neue schon so alt, so welk und abgestorben. Denn sie ist größtenteils nicht aus der Gesinnung der Masse, sondern Einzelner entstanden. Der große Fritz ist unter diesen Wenigen der Vorzüglichste. Was er vorfand, war nur feste Unterlage, erst von ihm erhielt die Stadt ihren eigentlichen Charakter, und wäre seit seinem Tode nichts mehr daran gebaut worden, so bliebe sie ein historisches Denkmal von dem Geiste jenes prosaisch wundersamen Helden, der die raffinierte Geschmacklosigkeit und blühende

Bei dieser wohl bekanntesten Schrift von Werner Düttmann handelt es sich um eine Art Resümee von Gedanken, die er in ähnlicher Form, zuweilen mit anderen Schwerpunktsetzungen oder in unterschiedlicher Ausführlichkeit, in den rund 15 Jahren davor entwickelt und zum Teil bereits publiziert hatte (siehe etwa S. 25–56). Es hat sich zwar kein vollständiges Manuskript davon erhalten, neben den bereits veröffentlichten Schriften jedoch zahlreiche handschriftliche Texte und Textfragmente zu dem Thema, aus denen sich Düttmann wie aus einem Steinbruch bediente.

Der hier abgedruckte Text folgt dem von Werner Düttmann autorisierten Erstdruck: Werner Düttmann: »Apropos Stadtidee: Berlin ist viele Städte«, in: *Stadtidee und Stadtgestalt: Beispiel Berlin.* 7 Aufsätze von Helmut Engel, Jürgen Dahlhaus, Werner Düttmann, Alfred Günther, Hans Müller, Henrik Schnedler und Rolf Ludwig Schneider, hg. im Auftrag des Senators für Bau- und Wohnungswesen (=Werkstatt, 1), Abakon Verlag, Edition Lichterfelde o.O. [Berlin] o.J. [1976]; Berlin: Archibook, 2. Aufl., 1980, S. 12–17.

Erneut abgedruckt in: Werner Düttmann: *Berlin ist viele Städte.* Berlin 1984 (=Architextbook, 2), S. 7–18.

Siehe auch:
AdK, Werner-Düttmann-Archiv, 271
Bl. 2–17, Manuskripte, undatiert, unvollständig
Bl. 18, Exemplar des Erstdrucks
Bl. 19, Exemplar des Zweitdrucks sowie
AdK, Werner-Düttmann-Archiv, 264
Bl. 14–78, handschriftliche Texte und Textfragmente sowie Kopien von handschriftlichen Texten über Berlin

Verstandesfreiheit, das Seichte und das Tüchtige seiner Zeit recht deutsch-tapfer in sich ausgebildet hatte ...«[89]

Mir scheint, hieraus ließe sich etwas ableiten, das Liebe oder zumindest Zuneigung erklärt. Seinen Ort gefunden [zu] haben, wie Heine ihn meint, bedeutet noch lange nicht Stadt, wie wir sie verstehen. Ort kann stattfinden auch in der Stadt, Stadt muß noch lange nicht Ort sein, wo man sich niederläßt im Gemüt oder in den man hineinwächst. Es wäre also denkbar, daß es Orte gibt, mit denen man sich anfreundet (auch in einer Stadt); aber auch Städte, die keinen Ort hergeben, zu sein. Berlin, im Sinne von Heines Bemerkung, ist viele Orte. Wobei ich verstehe, Ort ist nicht Stadtkrone oder anderes Spektakuläres, sondern eher etwas Unscheinbares, aber gerade ohne Vorgabe Erfüll- und Benutzbares, Stätte für Zuflucht und Versteck und für Freiheit und Entfaltung zugleich.

Heine spricht vom Ort, wo sich eine Menge Menschen versammeln, denen der Ort ganz gleichgültig ist. Man könnte also die Behauptung, Berlin ist viele Städte, modifizieren in: Berlin ist viele Orte, Orte die den Menschen, die sich darin versammeln, als Raum nicht bewußt werden. Wenn diese Orte gleichgültig sind, das heißt doch wohl auch alle als gleich gelten, ohne besondere Physiognomie zum Beispiel, muß ihnen eine andere Kraft innewohnen, die sie bedeutsam macht für die vielen, die sich hier versammeln. Bedeutung und Erscheinung klaffen offenbar so weit auseinander, daß Heine keine Stadt erkennt.

Stadtgestaltung als Lehre faßt Bedeutung und Erscheinung in eins. Das unwichtige Geschehen sei das Unsichtbare im Stadtbild, der wichtigste Ort für die Interessen der Stadt: Schloß, Rathaus oder Markt sei auch der wichtigste, das heißt anspruchsvollste Raum, groß, mächtig, weithin erkennbar. In Berlin, so empfindet es Heine, so empfindet man es heute auf Schritt und Tritt, gibt es diese Übereinstimmung kaum. Der Ort erhält hier seine Bedeutung durch das, was in ihm geschieht, und das Geschehen ist es, was ihn auszeichnet vor allem anderen, was man von ihm weiß; der Zusammenhang, der dem Geschehen Raum gibt, wehrt sich fast gegen seine Bedeutung, verhüllt, versteckt sie, setzt sich über sie hinweg. Mir scheint, hier enthüllt sich ein Phänomen, das diese Stadt so anders auf uns wirken läßt als andere europäische Städte, und das ist der in vielen Bereichen fast bis zur völligen Achtlosigkeit gegenüber dem äußeren Erscheinungsbild getriebene Verzicht auf Repräsentation. Deshalb darf hier die Unterscheidung versucht werden zwischen Ort und Raum zur Beschreibung und zum möglichen Verständnis der Stadt und ihrer Gestalt: Ort ist, was die Bedeutung eines Geschehens aufnimmt, Raum ist das, was Bedeutsamkeit sichtbar machen kann.

Berlin ist viele Orte, Berlin hat wenige Räume. Viele bedeutsame Stadtinhalte müssen sich mit ihrem Vorhandensein begnügen und treten nicht im Stadtbild in Erscheinung. Ja, es scheint Methode zu sein, sie im Hinterhof zu verstecken, im zweiten Glied hinter den Mietskasernen.

Man mußte ein Wohnhaus durchschreiten, um in der Bernburger Straße die Philharmonie zu finden, in der die berühmtesten Dirigenten der Zeit an ihr Pult traten, wie im Nebenhaus der Schlosser an seinen Schraubstock.[90] Im Hinterhof standen das Deutsche Theater und die Kammerspiele in der Schumannstraße, wo Max Reinhardt Theatergeschichte machte, stand der Sportpalast, in dem der Sportpalastwalzer und der totale Krieg Geschichte wurden[91], im Hinterhof stehen noch die Theater am Kurfürstendamm[92] und steht, wenn man so will, der Funkturm[93] – man vergleiche seine Situation mit der des Eiffelturms in Paris.

Es mutet hier schon wie ein Privileg an, wenn solche Stadtinhalte, die zugleich Bedeutungsträger des jeweiligen Ortes sein könnten, ins erste Glied geraten und sich einreihen dürfen in die langen Fronten der Wohnhäuser. Stadtraum wird ihnen selten gewährt, es genügt, daß sie da sind, die Kirchen in der Straßenfront, die Rathäuser, die sich einreihen, selbst das sich so stolz gebärdende Kriminalgericht in Moabit. Die in die erste Reihe vorgerückten Theater spielen Wohnhaus und wollen die Straße nicht stören, wie das Hebbel- und Renaissancetheater, die Schaubühne ist gar nicht erst Theater.

Die Unlust oder das Unvermögen, mit bedeutungsvollen Bauinhalten städtischen Freiraum im Sinne von Stadtinnenraum zu schaffen, reicht bis in unsere Zeit. Die Rathauserweiterung und die Neubauten der Ingenieurschulen im Wedding schaffen keinen Raum, sondern stehen als Denkmäler sich wandelnder Bauauffassung die Straße entlang. Das gilt allerdings auch für die Schinkelkirche vis à vis, die auf zu großem Platz still vor sich hinsteht. Die neue Deutsche Oper Berlin steht wie eh und je in der Reihe der Häuserfronten an der zu großen Paradestraße, die Champs Elysees werden wollte, aber mangels Tuilerien und Arc de Triomphe und anderer Dinge nicht konnte. Ohne die Plastik Uhlmanns erführe man nicht, daß hier ein besonderer Ort sei. Die Volksbühne spielt Versteck hinter dem Joachimsthalschen Gymnasium, die Akademie der Künste im Hansaviertel. Das gleiche gilt für das Völkerkundemuseum in Dahlem, vom Brückemuseum ganz zu schweigen. Doch auch dies ist Berlin – auch die Preußische Akademie hatte sich eingereiht in die Häuserwand des Pariser Platzes. Die Reihe ließe sich fortsetzen. Fragt sich nur, sprechen wir von verpaßten Gelegenheiten urbaner Stadtgestaltung, oder ist es ein Teil vom genius loci, die Dinge wie beiläufig zu behandeln, ist es eine andere Urbanität, kein großes Aufhebens darum zu machen, daß hier oder da so ein Ort ist, der sich wie zufällig ansiedelt und erst in seiner Wirksamkeit Bedeutung erhält.

Ich habe es oft beklagt, daß Berlin seinen Fluß so wenig zur Kenntnis nimmt. Zur Spree wurde kaum eine Wasserfront entwickelt, daß man sich ihrer erfreuen könnte, wie in Lyon der Rhone oder in Paris der Seine oder in Amsterdam oder in London. Man kehrte ihr den Rücken zu und baute sie ein, sie wurde Transportband für Unrat und Abwasser. Selbst ein kultureller »Ort« wie das Pergamonmuseum, in dem man Stadtbaukunst vergangener Kulturen mit großer Liebe präsentiert, nimmt sie kaum zur Kenntnis. Die Spree wird den Blicken entzogen, fließt verborgen durch die Stadt, geschändet und mißbraucht. Und dennoch, wer weiß, vielleicht ist es gerade dies, worum wir sie lieben, wenn sie plötzlich sich darbietet und zum geheimnisvollen Inhalt eines Ortes wird, an dem wir ihr begegnen:

Auf der Brücke zum Beispiel, am Bahnhof Friedrichstraße, inmitten der faszinierenden Unordnung von Bahnhof, Großem Schauspielhaus, Admiralspalast und Lichtreklame – damals – oder unter der Brücke, wo in all dem Chaos im Herbst und im Winter die Kähne lagen mit den roten Äpfeln von weither aus Werder oder dem Spreewald. Berlins Verhältnis zur Spree ist ähnlich rätselhaft wie das zu seinen Inhalten. Der Reichtum ist enorm, die Orte sind versteckt – meist unscheinbar, man muß sie suchen.

Nun gab es doch aber immer wieder bedeutende Versuche, der Stadt Gestalt zu geben. Wir denken an das Forum Fridericianum, an Carré, Oktogon und Rondell, jene durch Jahrhunderte stadtbestimmenden Eingangsräume am Rande der Friedrichstadt, an die Wirksamkeit bedeutender Männer wie Schlüter, Knobelsdorff, Schinkel und Lenné, deren Leistung diese Stadt in ihrem Herzraum prägte. Hiervon wird aus kompetenterer Sicht noch die Rede sein als von Sternstunden. Denn solche waren es ohne Zweifel, als sich königlicher Wille mit begnadeten Künstlern zusammenfand, Ort und Zeit unverwechselbar darzustellen. Bei Schinkel wurde die märkische Schwere, die Kargheit Preußens mit dem Humanismus vermählt, entstand Welt, die Berlin zur Weltstadt vorbereitete, hätten es nicht die Kaiser, die den Königen folgten, und der, der den Kaisern folgte, vertan.

Aber selbst diesen Veränderungen gegenüber bestand noch immer die von Heine nicht erkannte Stadt, die nur den Ort hergab für die vielen, die von überall hergekommen waren und sich hier versammelt hatten. Die ersten waren zu Fuß gekommen, weil die Eisenbahn, die dann die Hunderttausende brachte, zu spät erfunden wurde, die Hugenotten, die Schlesier, die Polen, die Salzburger, die Juden und die Schwaben, alle waren gekommen und hatten sich eingerichtet in den Kiezen oder Orten. Zur Zeit kommen die Griechen, die Türken, die Jugoslawen und die wohlstandsüberdrüssigen Kinder der Bundesbürger und richten sich ein in den übriggebliebenen Häusern, die »bloß den Ort dazu hergeben«.

Berlin ist nicht nur deshalb viele Städte, weil die Siedlerwellen von überall herkamen, sondern weil deren Ziele divergierten: die einen wollten ihr Handwerk betreiben – andere ihre Kunst – die dritten um jeden Preis ihr Geschäft – es gab auch, wie überall, die Neuerer und solche, die gerade dies nicht waren und nicht wollten. Die Fischer wollten fischen und schufen den Fischerkiez, die Händler wollten handeln und schufen einen Handelsplatz, die Leineweber schufen eine saubere Zunft, und die Schiffbauer den Schiffbauerdamm. Kurz, es entstanden viele Stadtgebiete aus den unterschiedlichsten Interessen. Aber jedes dieser Interessen bedarf der Stadt als Organisation.

Organisation der Verschiedenartigkeit aber ist zunächst rational, sie muß viele Sprachen sprechen und verstehen. Deshalb ist es verständlich, daß Wilhelm Hausenstein in seinem Buch *Europäische Hauptstädte* 1930 [1932] fragt: »Steht Berlin überhaupt in irgendeinem Gefühl, steht es überhaupt in irgendeinem gemütlichen Grund?«[94]

Die Antwort lautet: Ja, trotzdem! Denn inmitten all der Zurückhaltung gegenüber stadträumlich anspruchsvoller Selbstdarstellung, die mit den erwähnten Ausnahmen selten genug gelang – selbst der Gendarmenmarkt ist trotz seiner Architektur eher ein Gegenbeispiel – glückten einige schöne Raum- und Platzgestaltungen da, wo es nicht um die Repräsentanz ging, sondern darum, Wohnviertel durch Abfolgen von Straßen und Plätzen schöner erlebbarer, kurz, bewohnbarer zu machen. Und das nicht nur im dichten steinernen Bereich von Kreuzberg (Heinrichplatz, Mariannenplatz, Chamissoplatz etc.), sondern auch in den Vororten wie Steglitz, Friedenau und anderen, bis hinaus in die Gartenstädte von Lichterfelde, Westend und Frohnau. In Frohnau vereint der Zeltinger Platz – allerdings als Gartenraum – den Bahnhof und die Kirche, die Post und das Café neben und zwischen den Häusern und den Gärten der Bürger zu einem städtebaulichen Ensemble, das sich trotz der Belanglosigkeit einzelner Bauobjekte der Erinnerung mitteilt.

Ich kenne neben dem Wohnen nur ein Thema, bei dem in Berlin noch im 19. Jahrhundert der Anspruch auf Selbstdarstellung gelang und das der Stadt eine räumliche Dimension sowohl als auch eine architektonische Qualität hinzufügte: die Eisenbahn, und mit ihr in einzelnen Bereichen die Industrie.

Die Eisenbahn, deren einem Erdbeben gleiche Dynamik über die Städte hereinbrach, die ganze Stadtquartiere zum Einsturz brachte und mehr Flächen fraß als später die Autobahn, die Unordnung schuf und Chaos, schuf zugleich eine neue Dimension, Berlin zu sehen: Berlin von hinten.

Berlin, das seine »schöne« Seite seit eh und je der Straße zugewandt hatte, ob diese nun im Norden oder im Süden der Fenster lag, in denen die Bürger mit den Ellenbogen auf den Kissen tagen, um zu sehen, ob etwas geschehe; dieses Berlin gab die Eisenbahn nun von hinten zur Besichtigung frei. Und was man da sehen konnte, war so unterhaltsam, daß immer mehr mit der Eisenbahn kamen, um hier zu bleiben.

Aber ich meine, nicht nur die Schienenwege und ihre harte Romantik und Vitalität zugleich, wenn schon auch diese. Wo könnte man intensiver den Pulsschlag vergangener Zeit ermessen als in dem schaurig schönen Stück Kolonnenstraße unter den unzähligen eisernen Brücken, über die einst die Züge fuhren, donnernd und ohne Ende. Und dabei waren dies nur jene zum Anhalter oder Potsdamer Bahnhof. Ich meine aber auch vor allem die Bahnhöfe. Diese fanden fast überall Gestalt und Ausdruck und die ihnen jeweils angemessene Größe. Sie bildeten nicht nur den Ort, sondern prägten den Raum in der Stadt, wo immer sie standen. Es gelang ihren Erbauern, ihre Bedeutung angemessen zur Wirkung zu bringen, sei's mit dem Anhalter Bahnhof von Schwechten oder dem Potsdamer, dem Görlitzer, dem Stettiner; dem Schlesischen, dem Lehrter, dem Hamburger Bahnhof. Sie waren Kopfbahnhöfe zumeist. Hier endeten die Züge.

Hier stieg man aus und war da, war in Berlin, sie waren auf andere Art lauter Brandenburger Tore. Und man sah es ihnen immer noch an, lange danach. Ich meine aber nicht nur diese Fürsten unter den Bahnhöfen. Ich meine auch die skurrile Hochbahnstation am Schlesischen Tor und alle die anderen am Kottbusser-, Halleschen- und welchem Tor auch immer, bis weit hinaus zu den Stationen der S-Bahn in den Vororten wie dem Bahnhof Lindenthaler Allee oder dem in Frohnau.

Ein anderer Einbruch, alles verändernd und dennoch außerhalb des imperialen Zwanges zur Selbstdarstellung kam mit der Eisenbahn einher: das unvorhergesehene und unaufhaltsame Wachstum der Industrie, auch diese schuf nicht nur Orte, wo sich viele Menschen versammeln, sondern Orte zugleich von stadt- und raumprägender Kraft: Borsig in Tegel[95], die AEG, deren Turbinenhallen von Peter Behrens Baugeschichte machten[96]; Siemensstadt[97] oder Klingenberg[98]. Was bedeutet dies nun alles? Repräsentation gelang also vor allem da, wo sie nicht eigentlich gemeint war, im Ordnen oder Gliedern oder Strukturieren, wie immer man es nennen will, der Wohnbereiche, in denen die Plätze ein Stück »gute Stube Stadt«[99] wurden, oder da, wo wirkliche Vitalität sich Raum schuf, wie beim Bau der Eisenbahn und der Industrie, Vitalität von gleichermaßen zerstörerischer wie schöpferischer Kraft, die zwar das schöne Lennésche Stadtkonzept verdirbt, der Stadt zum Ausgleich aber anderes hinzufügt.

Wirkliche Vitalität aber ist das zunächst Unplanbare, für das wir planen müssen. Unsere Aufgabe ist also absurd. Absurd ist sie auch in der historischen Dimension, im Bewahren der überkommenen Orte und Räume, die wir lieben; denn wir bewahren sie nur, indem wir in ihnen leben, das heißt, indem wir sie verändern, doch wie bewahren wir verändernd, wie verändern wir bewahrend?

Schleift den alten Bahnhof, in den kein Zug mehr einläuft und macht einen Park, wenn ihr einen Park braucht, oder schleift den Park für ein Schwimmbad, wenn ihr es braucht, oder erhaltet den alten Bahnhof, in den kein Zug mehr einläuft, und baut ein Schwimmbad hinein, und einen Park darum auf die Gleisanlagen, auf denen kein Zug fährt, oder laßt die Züge von gestern hin und her fahren für die Kinder. Oder besser, macht einen Bahnhof und ein Schwimmbad, durch das die Züge fahren von damals auf den Gleisen von damals, auf denen heute die Bäume wachsen und den Park vorbereiten von morgen auf den Gleisen von damals. Am Anhalter Bahnhof zum Beispiel, wo kein Zug mehr anhält – wo nichts anhält außer der Zeit. Wo aber die Zeit nicht anhalten darf. Also: »modernisieren« oder auf irgendeine andere, stets angreifbare Art weiterleben mit dem abgerissenen, erhaltenen, umfunktionierten Bahnhof von gestern, der längst von allen guten Zügen verlassen ist, mit dem man aber Geschichte erklären kann Zug um Zug.

Wenn wir Berlin betreffend Begriffe abfragen wie Stadt, Raum, Ort, Mitte, so bietet sich ein verwirrendes Bild. Mitte wann? Mitte wo? Der U-Bahnhof Stadtmitte, der diese Stelle kennzeichnen sollte, liegt zweifellos in der Mitte von einst. Wer heute die Mitte sucht, muß gut zu Fuß sein. Denn der Gang durch die Mitte ist zum langen Marsch geworden. Dies ist nicht polemisch gemeint, sondern nimmt eine Tatsache zur Kenntnis, die im Wesen und in der Entwicklung Berlins ihren Ursprung und ihre Begründung findet. Schon ehe die alte Stadtmitte uns durch die Teilung der Stadt unzugänglich wurde, hatten sich andere Stadtmitten – besonderer Bedeutung für besondere Bedürfnisse – entwickelt, war längs des Spreetals eine Perlenschnur von Stadtinhalten entstanden, die Anfang der Sechziger Jahre mit dem nicht ganz glücklichen Wort Kulturband[100] bezeichnet wurde, jene Folge kultureller Institutionen, die im Osten etwa mit dem Märkischen Museum beginnt und sich im Westen bis zum Charlottenburger Schloß hinzieht. Diese weitgespannte »Mitte« fand schon im 19. Jahrhundert in der Lennéschen Planung ihre sinnvolle Entsprechung, z.B. im sogenannten »Generalszug«[101] der als eine nach Süden verlagerte zweite Kraftlinie durch die »Mitte« verstanden werden kann. In ihr wird der Landwehrkanal sozusagen zur zweiten Spree. So ist es logisch, daß sich hier teils in der noch verbliebenen historischen Substanz, teils neu errichtet wiederum jene Stadtinhalte ansiedeln, die über den engeren Umkreis Bedeutung haben oder gewinnen können: Vom Künstlerhaus Bethanien in Kreuzberg über das neue Kreuzberger Zentrum (Kottbusser Tor), den alten Bellealliance – und heutigen Mehringplatz – zum Schwerpunkt Kemperplatz mit der Staatsbibliothek, der Philharmonie, der Neuen Nationalgalerie, den abendländischen Sammlungen der ehemals preußischen Museen – von dort über den zukünftigen Standort des Bauhausarchivs bis hin zu dem Komplex der Technischen Universität und der Hochschule der Künste.

Es müßte einer kommen, der neue Worte weiß, die exakt das ausdrücken, was wir noch nicht wissen, das sich aber als unsere Erkenntnis oder das Wissen von morgen nebelhaft in uns zusammenschiebt und vorbereitet. Die gelernten Begriffe sind verbraucht und in der Sonne der Sonne des Sicherseins brüchig geworden.

»Die alten Fragen, die alten Antworten«, schreibt Beckett;[102] fragt sich nur wie alt? Wenn sie alt genug sind, muten sie schon fast wieder neu an. Sicher ist es kein Zufall, daß beim städtebaulichen Ideenwettbewerb für die Neuordnung des Gebiets südlich des Tiergartens eine Reihe von Projekten vorgelegt und auch prämiert wurde, bei denen der alte Berliner Baublock wiederkehrt, der hinter dem Wohnrand in seinem inneren Platz bietet für die unterschiedlichsten Bedürfnisse.[103] Offenbar ist es leichter, den Großvätern gerecht zu werden als den Vätern.

Aber auch deren Gedanken werden eine Chance haben, verstanden zu werden, wenn unsere Söhne groß sind. Wir sollten nicht zögern, das Unsrige zu tun. Wir sollten zögern.

Introductory Remarks

The development of cities is like a miracle. There have always been concepts and ideas but there have been accidents as well. Often concepts turned out to be accidents and sometimes even catastrophies. But anyhow, cities grow, when there is a need for growing. When we were asked to go to New York to tell about Berlin, we came together to discuss what would be worthwhile to be told. Finally we decided to produce a book as an attempt to record the growth and changes of Berlin during the last two hundred years. We wanted to show year by year, what happened in town planning, in architecture, and in cultural life as well. After a while we found out how difficult it was to stick to the chosen

Dieses Vorwort verfasste Werner Düttmann für den Katalog, der anlässlich des »Berlin Now«-Programms des Goethe House (später: Goethe-Institut) in New York im Frühjahr 1977 zweisprachig erschien: »Einleitende Bemerkungen«/»Introductory Remarks«, in: *1776–1976. 200 Jahre Berlin/200 Years Berlin. Beispiel der Berliner Baugeschichte/Examples of the History of Building in Berlin,* ausgewählt vom Landeskonservator/selected by the State Conservator H. Engel, K. Weber für die Zeit vor 1900 / for the time before 1900 / und für die Zeit nach 1900 von den Architekten / and for the time after 1900 by the architects W. Düttmann, G. Heinrichs, J. P. Kleihues, H. Ch. Müller, J. J. Sawade, O. M. Ungers. Berlin 1977, o.S.

Düttmann hat diesen Text offenbar selbst direkt auf Englisch verfasst; es haben sich sowohl das Manuskript als auch das Typoskript im Nachlass erhalten. Allerdings erschien er im gedruckten Katalog nicht mehr als Autor der einleitenden Bemerkungen, sondern hat diese für das Kollektiv der oben genannten Architekten geschrieben. Der Katalog wurde als Ergänzung zum sogenannten Urbanismus-Zyklus in New York zusammengestellt. Es handelte sich hier um eine Veranstaltung mit Ausstellungen und einer Vortragsreihe auf Einladung des Goethe House, an der auch Düttmann beteiligt war (siehe dazu S. 87–97).

Der abgedruckte Text basiert auf dem autorisierten Erstdruck im genannten Katalog. Dieser ist eine sprachlich überarbeitete und gekürzte Fassung von:
AdK, Werner-Düttmann-Archiv, 375
Bl. 2, Typoskript, undatiert, überschrieben mit »Werner Düttmann. Some remarks instead of a Foreword«.

Siehe auch:
Bl. 3–5, Manuskript dieses Textes

format of the book, because like in human life events have different importance, they accumulate in certain periods or nothing happens in others. We came across rich years, full of creativity loaded with excellent examples and great buildings. The format we had chosen, however, provided only for one example in a given year. That is the reason why so many important events got lost. They could have been there instead of those included. Someone else would have made another selection. Knowing this we hope that in spite of the personal views, this book will tell a true story of the ups and downs, ideas and hopes, and sometimes sad realities which followed each other year after year in the city we all love.

Profile of a metropolis The roaring Twenties and what followed afterwards

When O. M. Ungers planned this kind of illustrated talkshow, he chopped the last two hundred years of Berlin into six slices, one of which each of us had to swallow and if possible digest. I had to swallow »the roaring twenties« and what followed afterwards. I tried to protest argueing that I am more familiar with what's going on now, not being an historian. But this argument was good for each of us and so I was put back to the twenties definitely although my only real link to this period seemed the fact that I was

born at its beginning. But at least our daring title »Profile of a Metropolis« is fully justified when we look back to the twenties.

Wilhelm Hausenstein, writer, philosopher, art historian, diplomat and what not, who had watched the Berlin scene of the twenties, comes to some conclusions in his book on European capitals which was published in 1931 [1932].[104] He does not really like or better accept Berlin as the capital of the Germans, because it has no base in their sentiment. He even says, how excentric the place of Berlin in Germany is, the near future will show. This sinister prophecy is quite irritating if one reads the first edition of his book today. In the new editions the chapter on Berlin is missing. But in spite of this or even because of this Hausenstein is fascinated by another quality of this great city: its openness, its inventiveness, its vitality and its tendency to move away from a mere national capital into an international immediate-European position. He calls it the first Cité mondiale capable to absorb and integrate the new European hopes and ideas at a certain time more than for instance Paris or any other great city. And this certain time were the twenties.

(1 – Scheidemann proclaims the republic and battles in the streets) It is as fascinating as it is sad to look back into this period of Berlin, which began under the most miserable circumstances one can think of: A last long, exhausting and completely senseless war, a demoralized nation divided into progressive and reactionary groupings, (1A – demonstration in front of the Brandenburg gate) fighting each other sometimes not knowing why and who were the people behind the scene, inflation, starvation, political murder and monsters, who made money out of all this.

But there was one good thing as well: The Kaiser was gone and with him the ugliness and arrogance, the militarism and chauvinism which dominated his Reich, founded in 1871. Aside the misery there was hope, there was a strong feeling of liberation, and there was an

Den Vortrag über die »Goldenen Zwanziger Jahre« in Berlin hielt Werner Düttmann im Cooper Hewitt Museum in New York am 13. April 1977 anlässlich des »Berlin-Now«-Programms des einladenden Goethe-Instituts, das damals noch Goethe House hieß (siehe S. 86f.). Der damalige Direktor Christoph Wecker stellte rückblickend fest: »Auch unsere anderen Darbietungen im Rahmen von BERLIN NOW stießen überwiegend auf für New Yorker Verhältnisse erstaunliches Interesse. Im Cooper Hewitt Museum hielten bekannte Berliner Architekten Lichtbildervorträge über die dortige Stadtplanung [...].« Unter dem übergreifenden Titel »Berlin – Profil einer Metropole« sprachen neben Düttmann O. M. Ungers über »Konzepte für eine Weltstadt, Utopien und Realitäten«; J. P. Kleihues über »Der Humanismus und die Idee einer universalen Stadt«; H. Chr. Müller über »Das steinerne Berlin und die Entwicklung einer Metropole«; G. Heinrichs über »Der Beginn aus dem Nichts und ein neuer Anfang« und J. Sawade über »Die Berliner Schule und die Gegenwart«. Das Werk derselben Architekten wurde in einer kleinen Ausstellung gewürdigt, zu deren Anlass eine Broschüre herausgegeben wurde. Die Vorträge blieben unpubliziert.

Düttmann, Ungers, Kleihues, Müller und Heinrichs kamen am 12. und 14. April mit Peter Blake, Philip Johnson und Ludwig Glaeser zusammen, um im Institute for Architecture and

Urban Studies in einer öffentlichen Veranstaltung über den Städtebau in Berlin zu diskutieren. Weitere Bestandteile des Veranstaltungsprogramms waren ein Katalog über die Bautätigkeit der vergangenen 200 Jahre in Berlin (siehe S. 86f.) sowie eine Ausstellung mit Architekturzeichnungen des 19. Jahrhunderts, die am 11. April 1977 im Cooper Hewitt Museum eröffnet wurde, ebenfalls mit begleitendem Katalog, der von Helmut Engel und Martina Schneider, der späteren Frau Düttmanns, bearbeitet wurde.

Werner Düttmann nahm den Aufenthalt in New York zum Anlass, sich am 15. April mit Marcel Breuer zu treffen. Am 18. April flog die Architektengruppe nach Washington D.C., wo sie abends einem Vortrag in der Deutschen Botschaft beiwohnte; zwei Tage später ging es nach Los Angeles, wo am 20. und 22. April in der School of Architecture (UCLA) wiederum eine Veranstaltung stattfand, in die die Architekten eingebunden waren. Düttmann traf sich darüber hinaus mit Konrad Wachsmann. Am Tag darauf ging es über New York und Frankfurt a.M. wieder zurück nach Berlin, wo die Architekten am 26. April 1977 eintrafen.

6 Werner Düttmann, Hans Christian Müller, Martina Schneider [?] und Georg Heinrichs in New York, 1977

enormous desire to use the new freedom in an international cooperation of mind.

The capital of the last war became the place of pilgrimage for all those who knew how to build a better world and for those who thought they knew. (2 – Reinhardt, Piscator, Jessner, Fehling) If one reads the names of those who have been there and worked together in those years and feels their optimism and their certainty one cannot understand, what happened only fifteen years later. (2A – scene from the Beggars opera by Brecht) There is no field in arts or science, in politics or even amusement, which was not like a necklace full of pearls. There have been more than fifty theatres with names like Reinhardt, Jessner, Lubitsch, Fehling, Piscator, Brecht and others, music with Schönberg, Hindemith, Weill. In the concert halls and Jazz, Charleston and blues everywhere else. (3 – scene of the film »Metropolis« by Fritz Lang) There were the movies done like »Metropolis« by Fritz Lang or »The Cabinet of Dr. Caligari« with Conrad Veidt, Werner Krauss and Lil Dagover, there produced Murnau the »Januskopf« to mention only three. (3A – Fritz Lang on the station of Bahnhof Zoo)

There were painters from Liebermann and Corinth to Pechstein and Feininger, sculptors like Lehmbruck and Belling, there was George Grosz and Josephine Baker (4 – Josephine Baker) – Walther Rathenau and Rosa Luxemburg, both murdered, (4A – Emil Jannings as Prof. Unrat) there were true democrats, but there was Ludendorff as well as other reactionary politicians of yesterday. I didn't mention many, maybe not even the most important ones, who really changed the world (5 – Albert Einstein, Max Planck (top), Walter von Molo, Thomas u. Heinrich

Die Transkription des gedruckten Textes folgt:
AdK, Werner-Düttmann-Archiv, 375
Bl. 6–28, Kopie eines Typoskripts, undatiert, mit wenigen handschriftlichen Ergänzungen. Die Ziffern und Angaben in Klammern beziehen sich auf die gezeigten Lichtbilder, die offenbar in Parallelprojektion gezeigt wurden, sich jedoch nicht im Nachlass erhalten haben.

Siehe auch:
Bl. 29, Quellennachweis
Bl. 30, Lebenslauf von Werner Düttmann auf Englisch
Bl. 31–33, Reiseunterlagen (»Tourneeplan«)
Bl. 34–56, Typoskript mit zahlreichen handschriftlichen Korrekturen und Ergänzungen
Bl. 57–71, weiteres Typoskript mit zahlreichen handschriftlichen Korrekturen und Ergänzungen
Bl. 82–90, Reiseunterlagen (Rechnungen) sowie
AdK, Werner-Düttmann-Archiv, 258
Bl. 2–6, handschriftliche Notizen zum Thema Metropole
AdK, Werner-Düttmann-Archiv, 342
Bl. 1, Kopie eines maschinenschriftlichen Briefs von Werner Düttmann an Konrad Wachsmann, 10.05.1977
AdK, Werner-Düttmann-Archiv, 343
Bl. 1, Kopie eines maschinenschriftlichen Briefs von Werner Düttmann an den Kulturattaché Dr. Kalkbrenner in der Deutschen Botschaft in Washington D.C., 10.05.1977

Mann, Alfred Döblin and others in the Prussian academy of arts (bottom)) like Albert Einstein – I didn't mention the writers, who sat together in the academy and tried to stop Nazism, like Heinrich and Thomas Mann – it is impossible to draw a complete picture and therefore I should stop it and should try to concentrate on what happened in the field of planning, architecture or building. (5A – stage design by Oscar Schlemmer (top), bottom Lyonel Feininger and George Grosz) Again there was that feeling of liberation and hopefulness and an intense certainty to stand at the beginning of a new era. This created a new language, which sounds sometimes rather too euphoric to us. But this new language had a great fascination and inspired many young artists, musicians, writers, architects and all kinds of intellectuals.

In November 1918 the »Arbeitsrat für Kunst« was constituted, an arts council, which intended »to join all the arts under the wings of a great architecture«. (6 – poster: Arbeitsrat für Kunst) Of course they said »Baukunst« because the word architecture didn't cover all what they meant by »Baukunst«. At the same time the »Novembergruppe« was founded and tried to reach a greater public by manifests and exhibitions. (6A – front page of *Frühlicht* by Bruno Taut) So the Galerie I.B. Neumann opened an exhibition in April 1919 arranged by the »Arbeitsrat für Kunst«. In the foreword for the catalogue Gropius writes: let us want, think, create together the new architectural concept – of course he writes »Baugedanken«: (7 – Gläserne Kette: monument of the new law by Bruno Taut) »Painters, sculptors brake the barriers of architecture and become fellow builders and struggle for the last aim of art: (7A – a construction of the space colony by Wenzel August Hablik) a creative conception of the cathedral of the future, which will be everything in one unity (he says ›Gestalt‹) – architecture and sculpture and painting.« (8 – watercolour by Wassili Luckhardt)

One of the most poetic documents of that time is the collection of letters and drawings a group of architects exchanged, the famous »Gläserne

Kette«, they were invited and inspired by Bruno Taut. (8A – watercolour by Hermann Finsterlin). In his first letter he stated that there isn't much to be built these days and that this is quite good, »so the things can mature and we gain strength and when it starts again we know the aim.« (9 – watercolour by Max Taut) He says: »full of consciousness let us be ›imaginary architects‹«. (9A – pen drawing by Hans Scharoun) To this group belonged among others Max und Bruno Taut, Hans Scharoun, Hans und Wassili Luckhardt, Hermann Finsterlin, Paul Goesch and even Wenzel August Hablik – although with a certain distance – Walter Gropius.

A late example of their visionary or as Taut called it »Imaginary Architecture« was built some forty years later: the Concert Hall of the Philharmonie orchestra by Hans Scharoun. (10 – first sketches of the Philharmonie building by Scharoun) His first sketches remind us to his drawings for the »Gläserne Kette«. (10A – the concert hall) The concert hall is part of the new cultural forum at the south eastern edge of the Berliner Tiergarten, which is our grand central park. Here we find the new National Galerie of Mies van der Rohe, the State library again of Scharoun and pretty soon the new Museums by Gutbrod.

But back to the early twenties: there wasn't much to be built and so it was a good time to think and even dream. The roots of these dreams or thoughts were grown from many directions. And therefore the scene is rather confusing. It leads back to German romanticism – even Schinkel dreamt of gothic cathedrals – as well as to expressivism, it is inspired by the architecture of great ships – foreseeing the so called »Streamlined decade« – as by cubism, constructivism, functionalism and what not. But in all this variety there was a general understanding of social responsibility: Life, art and architecture should become one unit in a better world – new technologies should be developed to achieve this. – I am tempted to more quotations, but I shouldn't. Just allow me one more of Erich Mendelsohn, one of the most sparkling persons of the time. He gave a programmatic lecture to the members of the »Arbeitsrat für Kunst« – he himself was member of the »November-Gruppe« – just two sentences:

1.) what will be done is only of value if it originates in an ecstasy of vision –

2.) for the aim, this is to solve the problem of a new architecture (Baukunst) all impulses are necessary.

The apostels of glass worlds, the analysts of space elements, the formfinders out of material and construction.

In spite of the diversity of starting positions in 1919/20 the expressionistic element seems to dominate the field not only in the sketch books of the avantgarde architects but even among the few buildings that were actually built that time.

The drawings and watercolours of Bruno Taut, Scharoun, Hans Luckhardt and Finsterlin are documents of the same spirit.

(11 – Das Große Schauspielhaus by Hans Poelzig, street elevation) In the same year the genius of the theatre Max Reinhardt opens his Großes Schauspielhaus, a former circus building which Hans Poelzig had converted into a theatre which the Berliners called the cave of stalacties (I understand it was accoustically problematic and many seats had a bad sight) (11A – dto. interior)

At the same time Erich Mendelsohn built the Einsteinturm near Potsdam, (12 – sketch for the Einsteinturm by Mendelsohn) which contained a tower-telescope and astrophysical laboratories for the Institute of Prof. Freundlich. (12A – elevation detail) It was built for the investigation of spectroanalytic phenomena especially of Einsteins Relativitätstheorie. This building was meant to be built in concrete to make use of all the qualities of this new material, its capability to be cast into nearly any shape. (13 – floor plans and section) Mendelsohn intended to express the drama of the important contents by using the adequate material. But as money was short, it was built in brick and plastered. (13A – Einsteinturm general view) Before I say goodbye to what could – with some generosity be put under the headline: Expressionism – I would like to show two more samples by two very different characters.

Both are competition designs for the first attempt towards a high rise building in Berlin-Friedrichstraße. (14 – Hochhaus Friedrichstraße floorplan by Mies van der Rohe, 14A – perspective, 15 – Hochhaus Friedrichstraße floorplan by Hugo Häring, 15A – perspective) The first one is by Mies van der Rohe, with an amazingly un-Miesian floorplan, although there is already a certain strength and rigidity in the elevation. The other is the design for the same building by Hugo Häring.

Häring's conviction is that a house should be »Ein Organ«, meant to do a certain service, like a human hand or foot, or be another skin of the human body, and that the shape – »die Form« – is not given but develops from the »Wesenheit« the character of things a house is supposed to do.

So his corridors widen, when he supposes more people are going to use them, than at the other narrow end.

You see I have difficulties to explain these things in another language. So had Häring, when he took part at the foundation of CIAM in Sarraz in 1928. Neither Corbu[sier] nor Sigfried Giedion accepted his idiom »Neues Bauen« because it couldn't be translated into an adequate French word, there isn't any.

Hugo Häring is representative for a certain way of thinking, he proclaims »Das organische Bauen«, which is badly translated with functionalism. He and his brothers in thinking like Scharoun, Lauterbach and others stood against those who Adolf Behne called the rationalists, represented for instance by Le Corbusier, by Oud in Holland and in Berlin by architects like the Tauts, Mies van der Rohe, Hilberseimer, Marcel Breuer and many more.

Two floorplans show, what Behne was talking about: the left one by Häring and the right one by Mies. (16 – plan for a house by Hugo Häring 1923, 16A – plan brick-house by Mies van der Rohe) Or two elevations, the left one showing an office building by Scharoun for Königsberg, the other an office block by Mies for Berlin. (17 – perspective for the stock exchange building for Königsberg by Scharoun, 1922, 17A – office building project by Mies v.d. Rohe, 18, 18A [keine Angaben])

Both groups – the so called functionalists and the rationalists – however were fighting together against the traditionalists and especially against Ludwig Hoffmann, the man in power as the City architect of Berlin. Hoffmann himself was a first-rate architect, who had done a large amount of public buildings in rather elegant traditional styling, some of which are in the discussion now to be protected by a preservation act. The irony of time seems to manipulate a mechanism to prove throughout the generations that always the fathers have been wrong but the grandfathers right. That's why it is so difficult to find a continuity in town planning which reaches over a longer period of time. When after the industrial revolution and especially after the French-German war of 1870/71 Berlin developed to become the greatest industrial city in Germany, its number of population exploded from 900 000 in 1870 to four millions in 1914. (19 – housing of the poor, 19th century, 19A – gas plant in Berlin-Tegel) This meant of course tremendous housing problems, which were tried to be solved by idealists like Hobrecht and his theories and by speculators, who interpreted things their way. As result large areas were covered with a crust of high density appartment-blocks containing many flats the windows of which faced only narrow courts, so that their inhabitants had to keep their lights burning even during daytime. (20, 20A – a crust of houses 19th century) Of course this was only one side of the medal, but argument enough for the sons of those who did it to demand: pull it all down. During the twenties the inner areas of the town was a field of arguments and ideas. But the real new constructions in large scale happened outside in the suburbs of greater Berlin, which was established in 1920 to achieve planning authority for a larger area, because the problems of housing millions of people were insolvable within the old city boundaries. Some of these new settlements are convincing examples of the social engagement of their architects as well as of their desire of purity of design.

The first of those I like to show is the »Hufeisensiedlung« – horse-shoe-settlement – in the south of Berlin by Bruno Taut and Martin Wagner. Martin Wagner, an architect of high standard, had taken the position of Ludwig Hoffmann in 1924. As city architect (Stadtbaurat) he became the spear-head and mentor of all those young architects and their ideas, we have just heard of. His time – only eight years – was the time of what Häring and others had meant with »Das neue Bauen«, in city-planning, in social aspects – with Richard Ermisch for instance he realized the »Strandbad Wannsee«, a beach and bathing installation – capable to serve up to 80.000 people (21 – Strandbad Wannsee, 21A – Ermisch and Martin Wagner) – but his main field was housing – therefore back to the »Hufeisensiedlung«.

To Hufeisensiedlung (22 – »Hufeisensiedlung« 1925–31 first site plan by Bruno Taut and Martin Wagner), which was the first urban housing development. It is designed by Martin Wagner and Bruno Taut and was built from 1925 to 1931. (22A – the first site plan by Martin Wagner realized between 1925–1931) Of interest was the variation of building heights, the development of new minimum size flats and even terrace houses with small gardens (by Bruno Scheidereit) and the play with colours, unfortunately not to be seen on my slides. (23 – view from the air seen from the west, 23A – view from the street seen from the east) The development company was the GEHAG, a non-profit organization, which belongs to the trade unions. (24 – the terrace houses of Bruno Schneidereit, 24A – three storey block by Bruno Taut) The same company developed as well the next great housing estate in the south west of Berlin »Onkel Toms Hütte«.

Here the architects were Bruno Taut again together with O. R. Salvisberg and Hugo Häring. (25 – Onkel Toms Hütte, site plan Bruno Taut, realized 1926/36, architects: Bruno Taut, O. R. Salvisberg, Hugo Häring). This area again shows the same freshness and joyfulness, towards new forms of living. Its charm arises not only from the quality of layout and buildings but is based as well on the fact that it was built into a lovely pine tree forest. (25A – street scene (Wilskistraße)) It is connected to the city by one of the most pleasant subway lines, which was built of the same time. The central Station »Onkel Tom« is lined by shops and is still functioning as one of the most pleasant neighbourhoods centers we have got. (26 – houses along Argentinische Allee; 26A – terrace houses; 27 – shopping center along the subway station; 27A – Onkel Toms Hütte by Salvisberg, 1930; 28 – Die Weiße Stadt, Berlin-Reinickendorf by Salvisberg and Büning, site plan 1929/30; 28A – bridge house across Aroser Allee by Salvisberg; 29 – the same house seen from the south; 29A – detail of balcony access; 30 – the three storey houses of Büning along Schiller-Ring; 30A – street view; 31 – Siemensstadt (top: site plan including later extensions, bottom: the part which was realized 1929/331 by Bartning, Forbat, Gropius, Häring, Henning and Scharoun; 31A – a block of flats by Scharoun called the battle ship (Panzerkreuzer); 32 – Scharoun, garden side; 32A – view along Goebelstreet, on the left the houses of Hugo Häring, on the right the long block of flats by Bartning, called »der lange Jammer« (the long misery); 33 – flats of Henning; 33A – flats of Walter Gropius; 34 – the house of Fred Forbat at the entrance to the settlement; 34A – extension plan of the late thirties by the »Generalbauinspektor für die Reichshauptstadt« (Albert Speer))

All these housing projects have been a great success from the beginning. The new demands – of for instance cross ventilation to each flat, of balconies, of bathrooms, of sunshine and green open space had created a new standard, which was desired for everybody. To reach this research work had to be done, to guarantee the minimum of necessary quality to everyone. It was a gamble this sort of optimising by minimising.

The world economic crisis was everywhere. So the government started a research project in Berlin-Haselhorst as a pilot project. The plan of Walter Gropius shows, that much of the generosity of Onkel Tom or Weiße Stadt had gone. Standardisation and low cost production were sitting at the drawing board. And this meant more rigidity in planning, which we easily see in the left plan of Haselhorst by Gropius in 1932. The right hand plan shows a completely different approach.

I have said before, that the sons don't seem to like what the fathers did. Don Grope of 1960 apparantly disagrees with what Papa Grope did 1932. It is not rationalising anymore, but an emotional concept of human spaces to live in.

But as life goes the Gropius of 1960 too got sons to work with him. (35 – Reichsforschungssiedlung Haselhorst, plan by Walter Gropius; 35A – first plan of Walter Gropius and TAC for a big housing estate south of the »Hufeisensiedlung«) They started working and the battle of the twenties started all over again: rationalism contra functionalism.

Bauhaus contra Wesenheit. »Wie sich die Bilder gleichen.« (36 – site plan by Wils Ebert for the »Gropiusstadt«, 36A – site plan of Kreuer and Stranz for the same area)

In town and in the suburbs housing projects of different scales show the characteristic of »Neues Bauen«. (37 – houses by Bruno Taut in Weißensee, Trierer Str., 1926; 37A – houses in Britz by Martin Wagner; 38 – block of flats in Berlin-Lichtenberg 1925/26 by Gutkind; 38A – appartmentblock in Charlottenburg, Kaiserdamm 25 by Scharoun, 1928/29; 39 / 39A – block of flats Bln-Reinickendorf, Ollenhauer Str. by Gutkind, 1928/29; 40 – double house at Karolinger Platz by Mendelsohn, 1922; 40A – terrace houses, Bln-Dahlem, Schorlemer Allee by Hans and Wassili Luckhardt and Alfons Anker, 1925; 41 – double house in Staaken by Gutkind 1923/24; 41A – the own house of Bruno Taut in Berlin-Dahlewitz, 1926; 42 – house Sternfeld, Heerstr. by Mendelsohn, 1923; 42A – Hans Scharoun, house Dr. Baensch, 1935)

Commercial building, just one example – starting rather poor, decided to be modern.

Paul Scheerbart was joking: Die Zeiten, die verändern sich, die Straßen, die bebändern sich. In Pidgin-English about: The times, the times are ripening the streets, the streets are ripening. (43 – alteration and addition of the »Verlagshaus Mosse« by Mendelsohn and Neutra, 1921/23; 43A – modernist elevation on the corner of Kurfürstendamm by Luckhardt and Anker; 44 – department store Herpich Söhne Berlin by Mendelsohn, 1924/26; 44A – shopping and office block Telschow by Luckhardt and Anker; 45 / 45A – Shell house Berlin by Fahrenkamp 1931; 46 – linen house, Grünfeldt on Kurfürstendamm by Otto Firle, 1928 (light architecture to cover the old roof and facade); 46A – Ku'damm-Eck by Düttmann, 1971; 47 – group of buildings at Berlin Lehniner Platz by Erich Mendelsohn, 1926/28 – Universum-Lichtspielhaus)

Mendelsohn wrote a poem for the opening:
Kino? Movie, theatre of movement. Movement is life. (47A – the Universum-Cinema, elevation and general view)

Max Taut keeps outside the striping fashion. His house expresses masterly its constructive structure and its function. (48 – the Kathreiner office building by Bruno Paul, Potsdamer Str. 1929/30; 48A – house of the book printers in Berlin by Max Taut, 1925/26; 49 – the Ullstein printery by Eugen Schmohl in Berlin-Tempelhof; 49A – Heating plant by Hans Hertlein)

The next two pictures do not belong here, they are meant for a quiet moment of relaxation. (50 – Chicago tribune tower competition 1922, first price John Mead Howells, Raymond M. Hood; 50A – same competition work of Max Taut, no price) We met at the beginning a new goddess in the Friedrichstraßen competition: the skyscraper, another symbol of freedom and movement as well. Vertical movement made possible by the lift constructions of Flohr and Otis and others. The high rise building is definitely a very modern institution. But this Chicago tribune tower proves now difficult, it is to say farewell to traditional likings or preferences.

Before I come to the end – I promise pretty soon – I would like to touch another phenomenon, which had in its ideological radicalism an extreme influence till now. Its origin was the social engagement and with this the spontaneous hate and refusal against the towns, which had grown in the nineteenth century: Hegemanns book *Das steinerne Berlin* was a landmark.

Another root – I think was the fascination of movement, of speed, of all kinds of futuristic amazements and hopes. There was a strong conviction, one should put aside the old structures and build the real new city – the city of tomorrow. Tradition was worthless, the radical change became a sort of religion.

Le Corbusier looked at Paris and asked for consequences: Segregation of functions – again a breath taking, stinking integration of life processes. (51 – urban scheme by Le Corbusier from »Urbanisme« plan; 51A – perspective) Hilberseimer came to similar results for Berlin. (52 – scheme einer Großstadt by Ludwig Hilberseimer, plan and section; 52A – perspective)

Competitions followed, where the streets and places of Berlin were tested for their capacity and capability to become the altars of streamlined motorways. Streamlining became an aesthetic and even moral quality. Today we are amazed, we hesitate, it is the father and son problem again. The planner sit in the pendulum of the great clock, and swing from one side to the other, moved by their time, which is followed by another time and another one. Action is unmasked to be reaction, again and again. Which is not a reproach, I think it is normal to reach. Let's see just some examples – competitions and other studies for the intention to change functions or structures of existing spaces – streets and places – for future happiness. (53 – Hilberseimer, perspective; 53A – air view in front of Gendarmenmarkt; 54 / 54A – Unter den Linden, competition project van Eesteren; 55 / 55A – Unter den Linden, competition; 56 / 56A – Alexanderplatz, competition project Luckhardt and Anker; 57 – Alexanderplatz, project Mies van der Rohe, plan; 57A – air view; 58 – Mies van der Rohe, Alexanderplatz, perspective; 58A – Alexanderplatz, today; 59 – Ernst-Reuter-Platz today; 59A – Ernst-Reuter-Platz air view; 60 – project Leipziger Platz, Potsdamer Platz, Luckhardt and Anker, model; 60A – perspective; 61 – project Leipziger – Potsdamer Platz, Martin Wagner; 61A – project Potsdamer – Leipziger Platz, Marcel Breuer; 62/62A – Potsdamer Platz at the time these projects were designed; 63/63A – Potsdamer Platz, today; 64 – new street development across the gardens of ministries design Hans Scharoun, 1927; 64A – motor highway system in Westberlin today)

As a last example and as an end I would like to show the Mehringplatz (65 – the Bellealliance Platz in Berlin-Kreuzberg before the war, model – maquette; 65A – price winning project of Hans Scharoun, 1962; 66 – air view of Mehringplatz today; 66A – details; 67–70 – Mehringplatz, details) The end: I know: to many young architects I am in that father-position already – although I feel rather young. But to them I know I am doing it all wrong. But I hope for the next generation after them, to be forgiven. I thank you all for your patience.

35 Düttmann las die Zitate offenbar direkt aus der *Bauwelt* ab, der sie entnommen wurden; im Typoskript erscheinen lediglich die Kurzhinweise, siehe »Bruno Taut – 1926« in der Rubrik »gestern – heute – morgen«, in: *Bauwelt* 49 (1958), H. 29, S. 682.
36 Eingangszitat aus Werner Hegemanns wohl bekanntester Publikation *Das steinerne Berlin* zum Kurzartikel »Die große Stadt – ein unbegangenes Thema«, in: *Bauwelt* 49 (1958), H. 29, S. 683.
37 Der Deutsche Bundestag hatte schon 1955 beschlossen, den Wettbewerb »Hauptstadt Berlin« international auszuschreiben, was Ende März 1957 dann auch umgesetzt wurde. Insgesamt 151 Architekten reichten bis Ende Februar 1958 ihre Vorschläge ein; am 18.06.1958 entschied das Preisgericht, den ersten Platz an die Architektengemeinschaft Friedrich Spengelin, Fritz Eggeling und Gerd Pempelfort in Berlin zu vergeben. 1958/59 wurde der »Ideenwettbewerb zur sozialistischen Umgestaltung des Zentrums der Hauptstadt der Deutschen Demokratischen Republik, Berlin« ausgelobt, die Ergebnisse wurden jedoch nicht weiterverfolgt.
38 »Wir haben begonnen ... Aus der Ansprache des Regierenden Bürgermeisters Willy Brandt anläßlich der Preisverleihung [zum Wettbewerb »Hauptstadt Berlin«] am 26. Juni 1958«, in: *Bauwelt* 49 (1958), H. 29, S. 684f.
39 Anspielung auf Werner Hegemann: *Das steinerne Berlin. Geschichte der größten Mietskasernenstadt der Welt*. Berlin 1930.
40 Siehe Bruno Taut: *Die Auflösung der Städte. Oder: Die Erde, eine gute Wohnung. Oder auch: Der Weg zur Alpinen Architektur*. Hagen 1920.
41 Der Flächennutzungsplan von 1950 vereinte zahlreiche schon länger zurückliegende Planungsideen, wurde auf 50 Jahre angelegt und ging gemäß der *Charta von Athen* von einer Funktionstrennung aus.
42 Internationale Bauausstellung 1957 im Berliner Hansaviertel. Düttmann selbst baute in diesem Kontext die Hansabücherei und das damit zusammenhängende südliche Eingangsgebäude des U-Bahnhofs und war zudem als Kontaktarchitekt für den Bau der Kongresshalle von Hugh A. Stubbins tätig. Die Interbau 57 – als Modell einer bewusst westlich bzw. international orientierten demokratischen Stadtstruktur – stand im unmittelbaren Kontext der Systemauseinandersetzung mit der DDR, die 1951–1960 auf der (alten) Stalin-Allee im Berliner Osten repräsentative Wohnbauten errichtete.
43 Zu den Wettbewerben siehe Anm. 37.
44 Das »Cityband« ist das Ergebnis stadtplanerischer Überlegungen aus der unmittelbaren Nachkriegszeit: Der sogenannte Kollektivplan von 1946, den Hans Scharoun in seiner Funktion als Leiter der Abteilung Bau- und Wohnungswesen des Magistrats im Kollektiv erarbeitet und vorgelegt hatte, sah eine vollständige Neustrukturierung der Stadtlandschaft um das »Urstromtal« der Spree vor. Der Ideenwettbewerb »Hauptstadt Berlin« 1957/58 griff diese Idee des Stadtzentrums als Band-Figur entlang der Spree von Ost nach West auf und erweiterte sie in Richtung Süden bis zum Landwehrkanal. Rolf Schwedler stellte in seinem publizierten Vortrag *Die Hauptstadt im Aufbau* auf der gemeinsamen Konferenz des Internationalen Verbandes für Wohnungswesen und Städtebau und des Deutschen Verbandes für Wohnungswesen, Städtebau und Raumplanung am 26.08.1957 in Berlin diesen Geltungsbereich vor. Düttmann, der die Struktur dieses Vortrags für seinen Beitrag in großen Teilen übernahm, münzte die Idee des »Citybandes« wenig später in »Kulturband« um, siehe dazu auch S. 51f.
45 Die hier angedeuteten Bemühungen um den Erhalt von für Berlin charakteristischen Bauten oder städtebaulich relevanten Ensembles früherer Epochen als »Traditionsinseln« mündeten unter anderem in die wenig später lancierte Aktion »Rettet den Stuck«. Siehe dazu wie auch zu den weiteren Aktivitäten im Bereich Denkmalschutz und Denkmalpflege S. 57–63.
46 Hauptgrünflächenplan von 1960 als Teil des Generalbebauungsplans. Er sieht netzartige Verbindungen zwischen den Wald- und Seengebieten vor, wobei bereits vorhandene Grün- und Freiflächen in die Planung einbezogen wurden.
47 Diese Aktion des Bausenators Rolf Schwedler von 1957/58, die eine demokratische

Vorgehensweise im Sinne einer Mitbestimmung suggerierte, tatsächlich jedoch eher einseitig vorging, stand gerade bei den jungen Architektinnen und Architekten stark in der Kritik. So äußerten sich beispielsweise die Mitglieder der Architektengruppe »Aktion 507« noch zehn Jahre später dazu: In ihrem Manifest zur (nicht realisierten) Ausstellung *Diagnose zum Bauen in West-Berlin* anlässlich der Berliner Bauwochen 1968 griffen sie im Kontext ihrer Kritik zum – aus ihrer Sicht korrupten – West-Berliner Wettbewerbswesen den Slogan nochmals auf. Vgl. hierzu auch Hartmut Frank: »Krise oder Wende? West-Berliner Architekturdebatten um 1967/68,« in: *Radikal Modern* 2015 (wie Anm. 20), S. 170–177. Interessanterweise nutzten auch Shadrach Woods und Joachim Pfeufer dieselbe Parole als Titel ihres Beitrags »Projekt 6« im Rahmen der Reihe »Ideen für die Umwelt von morgen« anlässlich der Ausstellung *Stadtplanung und die wachsende Zahl* auf der 14. Triennale di Milano; der gleichnamige Katalog erschien 1968 in Stuttgart.

48 »Denn Städte, solange sie diesen hohen Namen verdienen und nicht bloße Menschenanhäufungen sind, bleiben immer Individuen mit so ausgeprägten Zügen, daß jeder einzelne ihrer Angehörigen immer an diesen Zügen erkennbar ist.« Carl Jacob Burckhardt: »Städtegeist«, in: *Zwei Reden. Theodor Heuss: Das Germanische National-Museum. Carl J. Burckhardt: Städtegeist. Reden anlässlich der Hundertjahrfeier des Germanischen National-Museums am 9. und 10. August 1952 in Nürnberg*. Nürnberg 1953, S. 27–63, hier S. 31.

49 Hegemann 1930 (wie Anm. 39).

50 »Vorwärts zur Eigengestaltung der Dinge, zur Gebrauchsform, die eine Leistungsform, ein Organ ist, dem die individuelle Wesenheit eines Gegenstandes das Thema stellt.« Hugo Häring: *Vom neuen Bauen*, Sonderdruck der Technischen Universität Berlin. Berlin 1952. Zudem als einer von zwei Aufsätzen in Heft 3 der Reihe »Anmerkungen zur Zeit«, hg. von der Akademie der Künste. Berlin 1957 unter dem Titel »hugo häring. vom neuen bauen. über das geheimnis der gestalt« erschienen.

51 Taut 1920 (wie Anm. 40).

52 Interbau 57 (wie Anm. 42).

53 Düttmann bezog sich hier entweder auf Hans Paul Bahrdt: *Die moderne Großstadt. Soziologische Überlegungen zum Städtebau*. Hamburg 1961 oder auf den Vortrag unter dem Titel »Nachbarschaft oder Urbanität«, den Bahrdt auf der Tagung »Städtebau als Ausdruck der Gesellschaft« der Evangelischen Akademie Berlin anlässlich der Berliner Bauwochen 1960 gehalten hatte und der in *Bauwelt* 51 (1960), H. 51/52, S. 1467–1477 abgedruckt wurde. Düttmann war selbst aktiv an den Berliner Bauwochen beteiligt und wird den Vortrag mit hoher Wahrscheinlichkeit gehört haben.

54 Irrtümlich steht im Typoskript 1937. Zum Wettbewerb siehe Anm. 37.

55 Vgl. hierzu den Wettbewerbsbeitrag von Hans Scharoun in: AdK, Hans-Scharoun-Archiv, 3825.

56 Richtig: 1932; Wilhelm Hausenstein: »Berlin«, in: *Europäische Hauptstädte. Ein Reisetagebuch (1926–1932)*. Erlenbach-Zürich und Leipzig 1932, S. 369–373.

57 Anspielung auf Schefflers berühmtes Diktum, Berlin sei »dazu verdammt: immerfort zu werden und niemals zu sein«; siehe: Karl Scheffler: *Berlin. Ein Stadtschicksal*. Berlin 1910, S. 266.

58 Zu der Aufstellung der Vitrinen mit diesem Slogan siehe Anm. 47.

59 Es ist nicht klar, auf welchen Text von Hegemann Düttmann hier konkret anspielt. Ohne Zweifel hatten die Stadtplaner der 1920er-Jahre, unter ihnen Martin Wagner, auf den sich Hegemann regelmäßig bezieht, die nachhaltige Entwicklung der Städte und die etwa mit der Bodenspekulation verbundene Problematik fest im Blick.

60 Vgl. Edgar Salin: »Urbanität«, in: *Erneuerung unserer Städte*. Vorträge, Aussprachen und Ergebnisse der 11. Hauptversammlung des Deutschen Städtetages. Stuttgart 1960, S. 9–34 (=Neue Schriften des Deutschen Städtetages, 6).

61 »Es [Berlin] erfüllt, wie nach einem Gesetz, sein Stadtschicksal, das noch heute so seltsam ist, wie es vor einem halben Jahrtausend seltsam war.« Karl Scheffler: *Berlin – Wandlungen einer Stadt*. Berlin 1931, S. 19.

62 Jean Paul an Emilie von Berlepsch, Weimar, 1. August 1800, in: *Jean Pauls Sämtliche Werke*,

Historisch-kritische Ausgabe, 3. Abt., Bd. 3, hg. von Eduard Berend. Berlin 1959, S. 358.

63 »Les environs de Berlin – mer des sables. Il fallait avoir le diable au corps pour mettre là une ville.« Stendhal (eigentlich: Marie-Henri Beyle): »Voyage à Brunswick«, in: *Œuvres intimes*, Bd. 1, hg. von Victor Del Litto. Paris 1981, S. 1033.

64 Clemens Brentano 1809, zit. nach: ohne Autor: »›Berlin ist ein Weltteil‹. Landschaft und Geist – Versuch eines Panoramas«, in: *Das Ostpreußenblatt* 17 (17.12.1966), Folge 51, S. 5. Diesem Artikel hat Düttmann den Großteil der hier angeführten Zitate entnommen.

65 Franz Grillparzer: »Reisetagebücher. Tagebuch auf der Reise nach Deutschland (1826)«, in: *Grillparzers Sämtliche Werke*, Bd. 16. Leipzig 1903.

66 Heine 1828/1993 (wie Anm. 7). Auf dieses »Wort« Heines griff Düttmann häufig zurück.

67 Johanna Kinkel, geschiedene Mathieux, 11.11.1842. Der exakte Quellennachweis konnte nicht ermittelt werden.

68 »Berlin, wenn ich so sagen darf, ist eine Conglomeration aller Weltexistenzen: alle europäischen Weltstädte sind hier repräsentirt und neben einander aufgeschichtet.« Ferdinand Gustav Kühne: *Mein Carneval in Berlin.* Braunschweig 1843, S. 20.

69 Fjodr Michailowitsch Dostojewski: »Winteraufzeichnungen über Sommereindrücke«, in: *Sämtliche Werke,* Abt. 2, Bd. 11: *Autobiographische Schriften,* unter Mitarb. von Dmitri Mereschkowskis hg. von Arthur Moeller van den Bruck. München 1923, »Erstes Kapitel: Statt eines Vorworts«, o.S.

70 Gottfried Keller an Julius Rodenberg, 28.03.1882, in: *Gottfried Kellers Werke*, Bd. 7: *Briefe, Tagebücher, Aufsätze*, hg. von Martin Hürlimann. Zürich 1941, S. 538.

71 Scheffler 1931 (wie Anm. 61).

72 »Was heißt nun Bauen? Das althochdeutsche Wort für bauen, »buan«, bedeutet wohnen. Dies besagt: bleiben, sich aufhalten.« Martin Heidegger: *Gesamtausgabe*, I. Abt.: *Veröffentlichte Schriften 1910–1976*, Bd. 7: *Vorträge und Aufsätze*: »Bauen – Wohnen – Denken« (1951). Frankfurt a.M. 2000, S. 146–164, hier S. 148.

73 Richtig: 1958; siehe Anm. 38.

74 Konzertsaal der ehemaligen Hochschule für Musik (heute: Fakultät Musik, Universität der Künste Berlin), Fasanenstraße 1, Berlin-Charlottenburg, 1952–1954, Architekt: Paul Baumgarten.

75 Deutsche Oper Berlin, Bismarckstraße 34–37, Berlin-Charlottenburg, 1957–1961, Architekt: Fritz Bornemann.

76 IBM-Haus, Hauptquartier der International Business Machines Corporation in Berlin, Ernst-Reuter-Platz 2, Berlin-Charlottenburg, 1960/61, Architekten: Rolf Gutbrod, Hermann Kiess und Bernhard Binder.

77 Kaiser-Wilhelm-Gedächtniskirche am Breitscheidplatz, Berlin-Charlottenburg, 1956–1961, Architekt: Egon Eiermann.

78 Philharmonie am Kulturforum, Kemperplatz, 1956–1963, Architekt: Hans Scharoun.

79 Zur Interbau 57 siehe Anm. 42.

80 Zum Wettbewerb siehe Anm. 37.

81 1962 legte Werner Düttmann in Anlehnung an Scharouns Cityband (siehe S. 35) den Vorschlag für das sogenannte Kulturband vor; vgl. auch: Günther Kühne: »Planspiel Tiergarten. Landwehrkanal – Trennstreifen oder Herzstück?«, in: *Der Tagesspiegel* (12.06.1977), Nr. 9641, S. 41.

82 Heine 1828/1993 (wie Anm. 7).

83 Zum Kulturband siehe Anm. 9.

84 Congrès Internationaux d'Architecture Moderne (CIAM). Die *Charta von Athen* wurde auf dem 4. CIAM-Kongress 1933 in Athen verabschiedet, 1943 von Le Corbusier veröffentlicht und 1962 ins Deutsche übersetzt. Unter dem Motto »Die funktionale Stadt« hatten Architekten und Stadtplaner über die Aufgaben des zeitgemäßen Städtebaus diskutiert. Im Ergebnis sah die *Charta,* die vor allem in der Nachkriegszeit ihre Bedeutung entfaltete, eine Funktionstrennung, weitläufige Grünflächen und die autogerechte Stadt vor.

85 Bahrdt 1961 (wie Anm. 53).

86 Das Unternehmen wurde im April 1924 als *Gemeinnützige Heimstätten-, Spar- und Bau-Aktiengesellschaft* (GEHAG) ins Leben gerufen.

87 Deutsche Gesellschaft zur Förderung des Wohnungsbaues« (degewo), ebenfalls 1924 gegründet.

88 Oswald Mathias Ungers war von 1969–1975 Dean des Department of Architecture an der Cornell University in Ithaca, New York. – Ungers war Dekan an der Architekturfakultät der TU Berlin, als dort die Flugblattaktion 1968 vorbereitet und die Flugblätter gedruckt wurden, siehe dazu Frank 2015 (wie Anm. 47).
89 Heine 1828/1993 (wie Anm. 7).
90 Seit 1888 nutzten die Philharmoniker einen Konzertsaal in der Bernburger Straße in Kreuzberg, der jedoch 1944 völlig zerstört wurde, sodass sie vorübergehend in den Titania-Palast in der Steglitzer Schlossstraße umziehen mussten.
91 1910 errichtete (und 1973 abgerissene) Veranstaltungshalle in der Potsdamer Straße 172 für bis zu 10 000 Besucher. Hier rief Joseph Goebbels 1943 zum »Totalen Krieg« auf.
92 1921 eröffnetes Privat-Theater am Kurfürstendamm; es befand sich bis 2017 zusammen mit der Komödie am Kurfürstendamm im Ku'damm-Karree.
93 Stahlfachwerkturm in Berlin-Westend auf dem Messegelände, 1924–1926, Architekt: Heinrich Straumer.
94 Hausenstein 1932 (wie Anm. 56).
95 Maschinenbauunternehmen mit Schwerpunkt Dampflokomotiven und Sitz in Berlin. Nach mehrfachen Expansionen 1898 Einweihung eines weiteren Werks in Berlin-Tegel.
96 Turbinenfabrik in Berlin-Moabit, 1909 nach Entwurf von Peter Behrens, dem künstlerischen Berater der AEG und seit 1907 für den gestalterischen Gesamtauftritt der Firma verantwortlich, erbaut.
97 Siemensstadt in Berlin-Spandau: 1899 Neuansiedlung der Werke von Siemens & Halske und deren Tochtergesellschaft Siemens-Schuckert mit den zugehörigen und kontinuierlich erweiterten Werkssiedlungen. Düttmann bezieht sich hier vermutlich vor allem auf die 1922–1932 errichtete Siedlung Siemensstadt, an der u.a. Walter Gropius, Hans Scharoun, Fred Forbat und Hugo Häring beteiligt waren.
98 Heizkraftwerk in Berlin-Rummelsburg, 1925 im Auftrag der Berliner Städtischen Elektrizitätswerke Aktiengesellschaft erbaut. Es galt damals als das größte Kraftwerk Europas.
99 Anspielung auf Taut 1920 (wie Anm. 40).
100 Hier zeigt sich ein selbstkritischer Umgang mit der von ihm selbst in die Diskussion gebrachten Idee des Kulturbands, siehe dazu auch Anm. 9.
101 Eine ursprünglich nach Planungen von Peter Joseph Lenné angelegte Straßen- und Platzfolge von Charlottenburg über Schöneberg nach Kreuzberg.
102 Samuel Beckett: *Endspiel*. Frankfurt a.M. 1957, S. 33.
103 Anspielung auf die Planungen für die Internationale Bauausstellung IBA 1984/1987, siehe dazu auch S. 241.
104 Siehe Hausenstein 1932 (wie Anm. 56).
105 Helmuth, auch: Hellmuth Conradi (1903–1973), Direktor der Bundesbahndirektion Stuttgart. Conradi hatte 1923–1926 bei Paul Schmitthenner und Paul Bonatz Architektur studiert. Seit 1948 war er Dezernent für Hochbau beim Wiederaufbau des Hauptbahnhofs Stuttgart.

DANKE
NOTAR
ICH
NICHTS

2 Der Stadtplaner: Raum – Ort – Vitalität

Architektensendung fuer die B.B.C., Kriegsgefangenendienst.

Warum muessen wir im Staedtebau schon jetzt auf weite Sicht planen?

(Sprecher: Helmuth Conradi[105] und Werner Düttmann.)

A: Wie soll der Wiederaufbau in Deutschland, insbesondere der Aufbau unserer Staedte vor sich gehen bei dem ungeheuren Ausmass der Zerstoerung? Muss nicht einzig die Not jede Massnahme diktieren, oder glauben Sie, dass man auch jetzt systematisch auf weite Sicht planen kann?

B: Selbstverstaendlich, ich glaube sogar, dass nur eine Planung, die alle Moeglichkeiten der Zukunft uebersieht und diesen standhaelt, unserer Situation und ihren Aufgaben gerecht werden kann. Denn die Stadt oder Gemeinde kann ja nur nach dem jeweiligen Stand ihrer augenblicklichen Bevoelkerung an die Wohnungsfrage herantreten. Damit uebersieht sie nur einen geringen Teil der wirklich gegebenen Notwendigkeiten.

A: Aber wenn sie diesem, ihrem geringen Teil gerecht wird, genuegt das doch. Denn es geht ja darum, dass die in ihr lebenden Menschen eine Wohnung haben.

B: Was Sie anstreben, ist zweifellos das Vordringlichste: Das Sofort-Programm. Aber selbst hierbei muss die Planung auf einen endgueltigen Zustand hin im Auge behalten werden.

A: Das sehe ich nicht ein. In Wirklichkeit ist es doch so, dass ich unabhaengig von Ihrer Planung jede Moeglichkeit ausnutzen will, mir eine Wohnung zu errichten. Sei es, dass ich auf den Fundamenten eines eingestuerzten Hauses beginne, sei es, dass eine Firma praktische Nothaeuser auf den Markt bringt, die in Schnellbau-Weise errichtet werden. Ich sehe das Wohnungsproblem als eine Frage an, die weitgehend der Selbsthilfe ueberlassen sein wird. Da

Werner Düttmann hatte im März 1941 sein Vordiplom an der Technischen Hochschule Charlottenburg absolviert und arbeitete als Bauführer in den Bauleitungen Flakturm I und II, bis er am 15. Februar 1942 als Soldat eingezogen wurde. Während seiner Wehrdienstzeit – mit Stationen in Frankreich, Polen und Russland – wurde er unter anderem als technischer Leiter beim Aufbau von Baracken für Nachrichtendienststellen eingesetzt. Er geriet am 20. September 1944 in amerikanische Gefangenschaft und kam noch im selben Jahr im Oktober nach England. Gut zwei Jahre später, im November 1946, wurde er aus Wilton Park in Buckinghamshire, dem englischen Umerziehungslager für ausgewählte deutsche Kriegsgefangene, wo er mit anderen Gefangenen eine Zeitung redigiert, Gedichte und Kurzgeschichten verfasst und sich auch künstlerisch betätigt hatte, aus der Gefangenschaft entlassen (siehe S. 199–204).

Im September 1950 konnte Werner Düttmann gemäß einem Vorschlag der Technischen Universität Berlin, an der er sein Architekturdiplom am 31. Dezember 1948 mit Auszeichnung bestanden hatte, und auf Einladung des British Council für zehn Monate im King's College der Universität Durham im Town and Country Planning Institute studieren. Nachdem er dort sein postgraduate Examen abgelegt hatte, konnte er England noch ausgiebig bereisen, wovon zahlreiche im Nachlass erhaltene Fotografien zeugen. Es liegt nahe, dieses Studium im Sinne einer »Fortbildungsmaßnahme« noch als Folge des britischen re-education program zu betrachten, das schließlich darauf abzielte, demokratische Verhältnisse in Deutschland auf allen Ebenen zu etablieren. Der frisch diplomierte Architekt und Stadtplaner Düttmann war ein geeigneter Kandidat für den anstehenden Wiederaufbau des in weiten Teilen kriegszerstörten Berlins, an dessen Erfolg Großbritannien als eine der westlichen Besatzungsmächte selbst das größte Interesse hatte.

King's College - Planning Society
MEMBERSHIP CARD
Name W. DÜTTMANN
SUBS. PAID — Hon. Treas. Initials
ADMISSION FEE O.M.
ANNUAL SUB. 19 50 51 — 3/6.
3 DEVONSHIRE TERRACE - NEWCASTLE UPON TYNE

7 Ausweis, Durham University, 1950/51

kann mich die Planung nur hindern und darum bin ich dagegen.

B: Damit koennen Sie sich vielleicht helfen. Aber Sie sind nicht alleine da. Wer soll fuer alle die sorgen, die bei Ihrer Methode des wilden Bauens zu spaet kommen, die keine Moeglichkeit haben, sich selbst zu helfen, und das ist bei weitem der groesste Teil der Bevoelkerung? Nicht einmal die Stadtbehoerde vermag zu uebersehen, welchen Zuzug oder Verlust an Bevoelkerung sie infolge einer kommenden Neuorganisierung der Wirtschaft haben wird. Das kann nur und ausschliesslich eine zentrale Instanz. Und dieser muss demzufolge eine gerechte und der neuen Wirtschaft entsprechende Planung obliegen.

A: Also doch eine Beschraenkung der Selbsthilfe. Aber Sie selbst praegten vorhin den Ausdruck »Sofort-Programm«. Das heisst sofortige Abstellung der groebsten Not. Dem widerspricht meines Erachtens die von Ihnen geforderte Planung. Denn bis die Planer soweit sind, ihren erwuenschten Endzustand zu uebersehen, verkommt die Bevoelkerung in den Ruinen.

B: Planung muss und soll keineswegs eine Verzoegerung bedeuten.

A: Und wie wollen Sie das verhindern?

B: Durch Schnelligkeit des Handelns. Wenn hier von Planung auf weite Sicht die Rede ist, so ist damit doch keineswegs gemeint, dass schon jetzt irgendwelche Gebaeudekomplexe geplant und im Detail vorbereitet werden sollen, die uns in 50 Jahren einmal erfreuen. Nein, die Aufgaben der gemeinten Planung sind andere. Und zwar: Festlegung gewisser Stadtgebiete in ihrer spaeteren Bedeutung und Aufgabe. Ja, Festlegung dieser Staedte selbst in Bezug auf ihre Groesse und Gestalt. Nur wer das ueber-

Das hier abgedruckte Gespräch zwischen Helmuth Conradi und Düttmann in der BBC ist wahrscheinlich in Wilton Park kurz vor Düttmanns Entlassung durchgeführt worden. Im Zweiten Weltkrieg war die BBC eine der wichtigsten ausländischen Informationsquellen für deutsche Radiohörer. Hier finden sich die frühesten nachweisbaren Aussagen des jungen Düttmann zum Thema Wiederaufbau; es lässt sich allerdings nicht ganz eindeutig entscheiden, ob seine Stimme dem Sprecher »A« oder Sprecher »B« zuzuordnen ist und ob es sich nicht ohnehin um ein fiktives Gespräch handelt.

Die Wiedergabe des Textes erfolgt nach der transkribierten Fassung des Gesprächs:
AdK, Werner-Düttmann-Archiv, 421
Bl. 1–4, Kopie eines Typoskripts auf Durchschlagpapier, undatiert

sieht, kann entscheiden, welche Stadtgebiete dem Sofort-Programm freigegeben sein sollen. Hier wird dann jedes noch auszubessernde Haus ausgebessert, hier werden Notwohnungen errichtet, unter Ausnutzung aller bestehenden Moeglichkeiten, die durch noch vorhandene Strassenzuege und Versorgungsleitungen gegeben sind.

A: Und was soll mit den dazu nicht freigegebenen Stadtteilen geschehen?

B: Das bleibt der Zukunft vorbehalten. Heute soll uns genuegen, zu wissen, was damit nicht geschehen soll. Naemlich eine Wiederholung jenes Prozesses der in der zweiten Haelfte des vorigen Jahrhunderts zu jenen abscheulichen Stadtgebilden gefuehrt hat. Jenem Konglomerat von Industrieanlagen, Siedlungen, Wohnstaetten, Vergnuegungs- und Geschaeftsstrassen; ohne einen eigenen Ausdruck als den der Planlosigkeit und Haesslichkeit. Ohne Scheidung von Stadt und Land ziehen sich ihre Randgebiete endlos hin, weder dem Land noch der Stadt zugehoerig, trostlose Gebilde, die einem planlosen Bauen ihr Dasein verdanken. Wollen wir diesen Prozess und sein Ergebnis wiederholen? Nein. Und eben darum ist es notwendig, schon jetzt trotz der Dringlichkeit der Sofort-Massnahmen jenen Zustand zu beruecksichtigen, den die Stadt endgueltig haben soll.
Aber wie soll die kommende Stadt aussehen? Kuerzlich las ich in der englischen Presse von einer Konferenz, die der englische Gesundheitsminister Bevan mit englischen Architekten hielt. Darin stellte er die Forderung auf, den Staedten eine vertikale Struktur zu geben. Er sagte: »Es gibt nur eine Moeglichkeit: in die Hoehe bauen.« Soll das heissen, dass das Siedlungs- und Einfamilienhaus aus dem Stadtbild verschwinden muss? Sollen wir uns in diese in jeder Hinsicht ideale Wohnmoeglichkeit begeben und in Mietskasernen ziehen?

B: Natuerlich kann nicht von Mietskasernen die Rede sein. Uebrigens auch ein Begriff der schon erwaehnten Entwicklung am Ende des vorigen Jahrhunderts. Natuerlich sieht das moderne Wohnhochhaus anders aus. Es ermoeglicht helle, sonnige Wohnungen bei einer aufgelockerten Bebauung, die besser ist, als wir sie bislang in unseren Staedten gewoehnt sind. Fuer die breite Masse der Bevoelkerung ist die Errichtung von Einfamilienhaeusern unmoeglich und wird ein romantischer Traum bleiben muessen. Dafuer koennen aber grosszuegig angelegte Parks entschaedigen, fuer die bei einer hohen Bebauung genuegend Flaeche verbleibt. Es ist doch aufschlussreich, dass selbst England, die Heimat des Einfamilienhauses, von diesem System abkommt, um nicht weitere, der Landwirtschaft nutzbare Bodenflaeche zu verlieren. Um wieviel deutlicher tritt die Notwendigkeit bei uns zutage. Ja, selbst aus Frankreich sind die gleichen Forderungen von Le Corbusier und Perret zu vernehmen. Die Erkenntnis dieser Notwendigkeit erleichtert ueberdies das Zusammengehen der Planung auf weite Sicht mit dem Sofort-Programm. Denn die Tatsache, dass die hochgebaute Stadt mehr Menschen auf geringerem Raum unter gesuenderen Bedingungen als zuvor unterbringt, ermoeglicht eine klare Trennung von Stadt und Land, von Industrie und Wohngebiet.

A: Glauben Sie nicht, dass die Verwischung der Grenzen zwischen Stadt und Land ein Zeichen unserer Zivilisation ist? Ja, dass ein langsames Ausklingen des Stadtcharakters einem abrupten Aufhoeren vorzuziehen ist?

B: Keineswegs, der Verlust einer sauberen Scheidung von Stadt und Land ist eines der hervorstechendsten Merkmale zuegellosen Bauens. Zwar koennen und wollen wir nicht zur mittelalterlichen Stadtmauer zurueckkehren, die dieser Aufgabe auch in aesthetisch einwandfreier Form genuegte, aber man koennte grosszuegige Gruenguertel anlegen, die gleichzeitig Staetten der Kultur und Bildung, Restaurants, Krankenhaeuser und Kindergaerten aufzunehmen vermoegen.

A: Ja, und was geschieht mit den im Rahmen der Sofort-Maßnahmen errichteten Bauten, die doch zum grossen Teil dem Typus des Klein- und Siedlungshauses angehoeren werden?

B: Was von den im Sofort-Programm errichteten Bauten anstaendig ist und erhalten bleiben soll, kann in Form von Garten- und Trabantenstaedten in einer groesseren Distanz von der eigentlichen Stadt bestehen bleiben. So fuehrt der Weg zu einer gesunden und anstaendigen Stadt, die der Ausdruck und zugleich der Rahmen einer uns gemaessen Lebens- und Wohnkultur sein soll, nur ueber eine sorgfaeltige Planung auf lange Sicht.

A: Eine Frage noch. Wie stellen Sie sich die praktische Verwirklichung solcher Plaene vor? Welcher Grundstuecksbesitzer hat heute noch die Moeglichkeit zur Errichtung derartiger Bauten?

B: Selbstverstaendlich koennen derartige Bauten nicht von einem Einzelnen getragen werden, sondern es muss eine Form gefunden werden, die Interessenten, d.h. in diesem Fall das ganze Volk etwa in Form von Genossenschaften zum Traeger sowohl der Planung als auch des Bauens und der Verwaltung macht.

Öffentliche Bauten im Stadtbild

Grundsätzlich ist alles Bauen, zumal alles innerstädtische Bauen, öffentlich. Mit dem hier gewählten Ausdruck »öffentliche Bauten« soll aber nur eine bestimmte Kategorie von Bauwerken umfasst werden. Das sind alle Gebäude und Bauwerke, die von öffentlichen Institutionen, Organen der Gemeindeverwaltung und des Staates errichtet werden. Dabei sollte man nicht übersehen, dass eine Vielzahl von Einrichtungen der Finanz, des Handels und der Wirtschaft den zuerst genannten Organen der Gemeinden und des Staates in ihrer Struktur ähnlich ist und sich somit auch in ihrer Bautätigkeit nicht von den »Behörden« unterscheidet. Das für unser Jahrhundert typische Baubeamtentum ist keineswegs mehr auf die städtische oder staatliche Verwaltung beschränkt, sondern in ähnlichem Umfang bei der Industrie, den Versicherungsgesellschaften und sonstigen Institutionen der Wirtschaft vorhanden. Aufgrund dieser Tatsache müssten neben den städtischen und staatlichen Baumassnahmen auch die solcher Wirtschaftsverbände als öffentliche Bauten bezeichnet werden.

Früher war der hierzu gehörige Komplex leicht überschaubar, sodaß die Archäologie in der Lage ist, auch aus den fragmentarischen Ausgrabungsfunden die Struktur der Städte und der Gesellschaft, der diese als Gefäss dienten, abzulesen: die griechische Agora war ein echtes Gemeinschaftszentrum einer Stadtdemokratie. Treffpunkt der Bürger mit der Schatten und Schutz spendenden Stoa, hinter der sich die wenigen Gebäude verbargen, die zur Abhaltung von Rats- und Gerichtssitzungen unerlässlich waren.

Bereits in Rom liegen die Dinge komplizierter, weil sich im Forum Romanum zu diesen Funktionen solche der Repräsentation, des Kultes und einer autoritären Staatsmacht mischen (Tempel, Denkmal, Rednertribüne, Gefängnis stehen neben- und durcheinander). In der mittelalterlichen Stadt ersteht noch einmal jenes echte Gemeinschaftszentrum demokratischer Prägung, wie es aus der griechischen Antike bekannt ist.

Im Laufe der industriellen Revolution, die spontan geschah und deren Folgen von den Beteiligten zu wenig überschaubar

Es handelt sich hier um einen Beitrag im Rahmen der Vortrags- und Schriftenreihe des Deutschen Werkbunds (DWB) in Kooperation mit der Hochschule der bildenden Künste unter dem Titel »Das Gesicht unserer Stadt«. Diese war schon im April 1956 mit einem Pressegespräch zwischen dem DWB und der Öffentlichkeit begonnen worden und zog sich bis in die frühen 1960er-Jahre hin. Weitere Themen waren: »Kann der Wohnungsbau zur Umgestaltung Berlins beitragen?«, H. 1 (Walter Großmann); »Die Kunst im Stadtbild Berlins«, H. 2 (Will Grohmann); »Berlins geistige Profil«, H. 4 (Edwin Redslob); »Geschichte im Stadtbild«, H. 5 (Julius Posener).

Die Textwiedergabe folgt dem von Werner Düttmann autorisierten Erstdruck: Werner Düttmann: »Öffentliche Bauten im Stadtbild«, in: Deutscher Werkbund Berlin e.V. (Hg.): *Aufzeichnungen aus den Referaten und Diskussionen zum Thema »Das Gesicht unserer Stadt«,* H. 3. Berlin, undatiert [um 1957].

Siehe auch:
AdK, Werner-Düttmann-Archiv, 265 Bl. 1–3, Exemplare des gedruckten Textes

waren, um eine parallel laufende Evolution der Stadtstruktur zu planen, entstand die amorphe Großstadt, deren Problematik seit Jahren eines der zentralen Objekte aller Auseinandersetzungen ist, die sich um den sogenannten »modernen Menschen« bewegen. Die ungeheure Zusammenballung der Massen stellte über Nacht bisher völlig unbekannte Aufgaben in einem kaum übersehbaren Ausmaß. Seit langem wird die Frage der Behausung des Menschen, des Habitats, diskutiert. Hiermit in Zusammenhang steht neben vielen anderen Problemen die Frage nach einer baulichen Neuordnung alles dessen, was gemeinhin unter der Überschrift »Stadtverwaltung« zusammengefasst wird. Das Wort »Verwaltung« ist in sich selbst bereits ein dubioser Begriff in diesem Zusammenhang. Verwalten kann man nur etwas Vorhandenes. Hier gilt es aber, völlig Neues zu schaffen. Die Angelsachsen haben den Begriff City Management geschaffen, welcher der eigentlichen Aufgabe gerechter wird. Die Vielzahl der Funktionen erfordert eine entsprechende Fülle von Bauwerken. Neben reinen Zweckbauten entstehen Bauten der Repräsentation, Zierbauten, Sakral- und Kultbauten, in jüngster Zeit auch der umfangreiche Komplex, der gemeinhin als das »öffentliche Grün« bezeichnet wird. Um ein Gefühl für das Ausmaß und die Vielzahl dieser Bauvorhaben zu geben, sei hier eine Anzahl dieser Objekte aufgeführt. Diese Liste erhebt keinen Anspruch auf Vollständigkeit, sondern enthält nur das, was einem zunächst als bekannt in den Sinn kommt. Der besseren Übersicht halber seien vier Kategorien benannt. Selbstverständlich ist diese Einteilung in Rubriken so falsch wie alle Etikettierungen im Bereiche des Lebendigen. Was hier unter der Überschrift »Kultbau« steht, könnte vielfach genau so gut unter der Überschrift »Zweckbau« stehen und umgekehrt.

I. Zweckbauten.

a) Bauten des Verkehrs:
Strassen, Schnellbahn, Brücken, Wasserwege, Tunnel, Flughäfen, Gross-Garagen, die Depots der öffentlichen Verkehrsmittel, Parkplätze, alle Einrichtungen der Post usw.

b) Bauten der Versorgung:
Kraft-, Wasser- und Gaswerke, Grossmarkthallen, Hafenanlagen, Speicher usw.

c) Sozialbauten:
Krankenhäuser, Siechenheime, Sanatorien, Jugendheime, Kindergärten, Altersheime usw.

d) Bauten der Erziehung:
Hochschulen, Schulen, Sportstätten, wissenschaftliche und sonstige Institute, Museen, Archive, Bibliotheken, Sternwarten usw.

e) Verwaltungs- und Dienstgebäude:

Rathäuser, Ministerien, Gerichte, Gefängnisse, Feuerwachen, Polizeidienstgebäude, Kasernen, Fuhrpark usw.

f) Bauten für kulturelle und sonstige Veranstaltungen und Versammlungen: Theater, Konzertsäle, Sportstadien und -hallen, Galerien, Ausstellungshallen usw.

II. Sakral- und Kultbauten.
Kirchen, Gedenkstätten, historische Baudenkmäler usw.

III. Schmuckbauten.
Tore, Türme, Säulen, Freitreppen, Brunnen, Pavillons, Skulpturen und Balustraden.

IV. Grünanlagen.
Als eine Sonderkategorie könnte man den ganzen Begriff »Strassenmöblierung« anhängen, der wiederum in »Zweckmöbel« (Lampen, Verkehrsampeln, Litfaßsäulen, Briefkästen usw.) und »Ziermöbel« gegliedert werden könnte.

Diese keineswegs vollständige Liste lässt die Fülle der Aufgaben ahnen, die durch das schnelle Wachstum zur Großstadt neben den anderen Fragen, wie dem Problem der Arbeitsstätten und des Wohnens, anfielen. Sie wurden mehr schlecht als recht bewältigt. Ohne überzeugendes Konzept, d.h. ohne eine alle diese Belange zu wirklicher Einheit integrierenden Imagination.

Die grossen Leistungen des 19. Jahrhunderts liegen auf einem anderen Gebiet. Die ungeheure Entwicklung auf dem Gebiet der Natur- und Geisteswissenschaften führte zu einer einseitigen Entwicklung des Menschen, indem die intellektuellen Fähigkeiten jene des Gefühls weit zurückliessen. Materialismus, Rationalismus, Naturalismus, Intellektualismus und diverse andere Ismen füllten die Köpfe aller Beteiligten oder doch fast aller. Der allgemeine Glaube an den »Fortschritt« liess nur wenige kaum gehörte Zweifel aufkommen, dass irgendetwas nicht stimme. Es ist ein verblüffendes Phänomen, dass die Kreise, die auf dem politischen und sozialen Sektor als fortschrittlich bezeichnet werden dürfen, im Bereich des Künstlerischen und des Emotionellen (instinktiven) häufig völlig reaktionär sind. Hier wird das aufgewärmte Ideal von gestern zum Ziel des Fortschritts. Der reichwerdende Bürger des industriellen Zeitalters übernimmt das Habitat der Feudalaristokratie, der arrivierte Industriearbeiter jenes des einst befehdeten saturierten Bürgertums. Pseudokunst ist Trumpf. In der Architektur bedeutet dies offene Türen für den Einzug der Plagiatoren. So entstehen Feuerwachen in Gotik, Gerichtsgebäude romanisch, Schulen barock.

Und heute? Die Kunstgeschichte darf nicht mehr strapaziert werden. Das ist verpönt. Wenigstens nicht die alte. Aber die neue, etwa die seit Sullivan oder Mies im besten Fall, oder die seit Hitler im schlechtesten. Der Vorgang ist vielfach der gleiche. Im pseudogotischen Amtsgericht ist nicht das gotische Raumkonzept erfasst, sondern der Spitzbogen und andere Details kopiert. So auch vielfach heute: man trägt Raster, oder Heimatstil, oder Knüller. Jedenfalls das, was von aussen her entlehnbar ist. Hier ist nicht von den guten Bauten die Rede, sondern von den meisten.

Was liegt hier vor? Böser Wille scheidet aus. Alle, die Sie und ich kennen, sind ehrlich bemüht. Die freiberuflichen Architekten sagen: Die Beamten sind schuld, die machen zu viel selber. Die Baubehörde kann entgegnen, dass fast alle wichtigen öffentlichen Gebäude von freiberuflichen Architekten aufgrund von Wettbewerben erstellt wurden und weiterhin erstellt werden (Schiller-Theater, Städtische Oper, Musikhochschule, Freie Universität, Henry-Ford-Bau, Mensa, Technische Universität, Zahn- und Kieferklinik, Gedenkbücherei, Philharmonie, Gedächtniskirche, Rathäuser in Kreuzberg, Tempelhof und Wedding, Berliner Ausstellungen, Altersheime in Wedding, Tiergarten und Lankwitz, Amtsgericht Spandau, diverse Schulen, jetzt auch Kindertagesstätten und Volksbüchereien). Wir haben einen Planungsbeirat, einen Freitags-Ausschuss, einen Wettbewerbs-Ausschuss, einen leitenden Ausschuss. Prof. Bartning steht beratend zur Seite. Alle wollen das Beste, aber was ist das Beste?

Prof. Grohmann sprach bei der letzten Zusammenkunft in diesem Kreis von der Verantwortung. Wohl jeder der wesentlich Beteiligten ist sich dieser Verantwortung bewusst. In der Geschichte Berlins ist vielleicht noch nie eine Aufgabe solchen Ausmaßes gestellt worden wie eben jetzt: eine Millionenstadt, in deren Mitte auf der Karte ein weisser Fleck ist. Dank der ungünstigen politischen Situation ist diese Chance noch nicht verspielt wie in vielen Städten Westdeutschlands. Was früher in Jahrhunderten wuchs, wird hier vom Tag X an in wenigen Jahren erstehen. Vielleicht eine einzige Generation wird vor all den folgenden Generationen dieser Stadt die Verantwortung dafür tragen, ob Berlin ein core, ein echtes Herz haben wird oder nicht,[106] ebenso wie die Planer von heute über das Andere, das Habitat von morgen entscheiden. An der technischen Kapazität, von der Materie als auch vom Intellekt her, bestehen keine Zweifel. Das beweisen die erfreulichen Aktivposten, besonders im Bereich der Verkehrsplanung und der Grünplanung. Die entscheidende Frage wird jene nach der sozialen und räumlichen Imagination sein, wie weit sie dieser Aufgabe gewachsen ist. Hierüber ist von kompetenten Geistern schon Wesentliches gesagt worden. Ich verweise u.a. auf das Buch von Giedion *Architektur und*

Gemeinschaft[107]. Es ist bedauerlich, dass wegen der dringenden Fragen der Wiederinstandsetzung und »Benutzbarmachung« unserer Stadt in den ersten Jahren nach dem Kriege erst allmählich der Raum und die Zeit gefunden wurden, sich mit der grossen Frage auseinanderzusetzen, wie soll das Berlin von morgen aussehen? Der Senat bereitet hierzu, wie Sie wissen, den grossen Wettbewerb »Hauptstadt Berlin« vor.[108] Es wäre zu begrüssen gewesen, wenn auch von Seiten der Hochschulen (wir haben diverse Lehrstühle für Städtebau) dieses grosse Thema seit Jahren behandelt worden wäre. Sullivan hat den Beruf des Architekten einmal so formuliert: he has to interpret and to initiate. Diese Interpretation, die eine Analyse dessen, was ist, und eine Imagination dessen, was sein könnte oder sein sollte, einschliesst, hätte seit langem für die Universitäten und Hochschulen eine zentrale Aufgabe darstellen müssen. Hierbei müsste die echte Integration all der vielen Spezialgebiete, Funktionen und Bedürfnisse gesucht werden. Dass das Wort Integration in unserer Zeit auch im politischen Konzept so einen wichtigen Klang bekommen hat, scheint mir ein sehr positives Zeichen zu sein: unter Wahrung der Einzelindividuen und Einzelorganismen eine echte Gesamtheit schaffen. Oder umgekehrt, wie es Herr Grossmann in seinem Referat schon forderte, innerhalb dieser grossen Gesamtheit Raum für die Entwicklung echter Einzelgemeinschaften zu lassen. Hierbei erscheint es mir wichtig, den Begriff genius loci zu erwähnen, der ja nicht nur von der ästhetischen Seite her verstanden werden kann, sondern eine Integrierung des einzelnen Bauwerks in die vorhandene oder angestrebte Gemeinschaft verlangt. Echtes Bauen ist nicht allein ein Gestaltungsproblem für eine Einzelaufgabe, sondern gleichzeitig immer ein politisch-soziales Problem. Es kommt nicht darauf an, alles was anfällt wahllos »gut gestalten« zu wollen, sondern das Gute zu gestalten.

Angesichts der grossen Aufgabe scheint es höchste Zeit, die alte Kontroverse, nämlich die, freiberuflicher Architekt contra beamteter Architekt und vice versa zu beenden und stattdessen alle wirklich imaginativen Kräfte zusammenzufassen, die dieser Aufgabe gewachsen sind (sonst nehmen sich die Geschäftsleute dieser Aufgabe an, und wie sie dann erledigt wird, ist bekannt).

Es ist in der Natur der anstehenden Aufgabe, dass der höchste beamtete Architekt den wesentlichen Beitrag zu leisten haben wird. Er muss vor allen anderen jene unabdingbare Befähigung zur Interpretation, zur Initiative und zur Koordinierung besitzen.

Zu den rein technischen Möglichkeiten eines echten Zusammenwirkens aller Kräfte könnte die Diskussion ihren Beitrag leisten. Darüber hinaus wäre es wichtig, erneut das Problem Demokratie und Kunst zu durchleuchten. Aus den schon erwähnten Gründen der geistigen Entwicklung speziell des 19. Jahrhunderts resultieren eine Unsicherheit des Gefühls und damit eine starke Entfremdung gegenüber der lebenden Kunst. Dies gilt für die Mehrzahl unserer Zeitgenossen. Hier wie auch in allen anderen Sektoren wird mit dem sogenannten common sense und dem »Mann auf der Strasse« operiert, wobei dieser vielgepriesene common sense nicht als das verstanden wird, was er wirklich ist, nämlich das Produkt der einseitigen Überbetonung des materiellen Rationalismus des 19. Jahrhunderts. Es ist typisch, dass die Diktaturen diese Tendenz für ihre Absichten ausnutzten. Das von Hitler geborene Schlagwort »Die Kunst dem Volke« gehört hierher. Gemeint ist, ohne es zu sagen, der zwei Mal gross geschriebene Artikel »DIE Kunst DEM Volke«. Es ist zweifellos der bequemere Weg, sich diesem Gesetz zu unterwerfen, aber es wäre kein demokratischer Weg. Ein Arzt würde sich nicht durch einen Mehrheitsbeschluss eines Gremiums von Oberlehrern, Politikern, Museumsdirektoren u.a. vorschreiben lassen, welche Medizin oder welchen chirurgischen Eingriff er verordnet. Er handelt in eigener Verantwortung, und die Gemeinschaft akzeptiert sein Tun als einen moralischen Entschluss, der im Sinne des Patienten liegt. Nicht so den Entschluss des gestaltenden Künstlers, der, wenn er wirklich einer ist, als Arzt der Gesellschaft bezeichnet werden könnte. Es wäre m. E. unmoralisch, wenn sich der Künstler, ganz gleich ob es sich um den Architekten, den Maler, Bildhauer, Dichter oder Musiker handelt, bereitfindet, wider besseres Wissen der Gemeinschaft verdorbene Speisen und Surrogate zu verabfolgen, nur weil diese danach verlangt.

Hierher gehört noch ein Wort zum Thema Wettbewerbe.

Ich habe mehrfach das Argument gehört, zuletzt in einem Gespräch mit Vertretern der Bundesbahn, dass die Durchführung von Wettbewerben keinen Sinn hätte, weil zur Lösung der anstehenden Aufgaben eine langjährige Spezialerfahrung gehöre. Diese Haltung ist verständlich, weil selbstverständlich der Mann, der sich jahrelang mit Bahnhofsgebäuden oder auch mit Schulen oder Bedürfnisanstalten beschäftigt, an jedem Wettbewerbsentwurf Einzelheiten auffinden wird, die den von ihm geglaubten »technischen Notwendigkeiten« widersprechen. Ich habe damals entgegnet, warum man dann, wenn dies so sei, bei technisch und organisatorisch besonders komplizierten Situationen zum Wettbewerb greife. Als Beispiel sei etwa der Bahnhof Braunschweig genannt. Im Grunde genommen erhofft man sich doch bei Ausschreibung eines Wettbewerbs, dass unter den eingereichten Arbeiten eine oder mehrere echter Imagination auftreten, die evtl. eine Neuorientierung aller bisher an diese Aufgabe gewendeten Gedanken ermöglichen. Man sollte nicht immer auf den »baureifen« Entwurf hinzielen. Tessenow hat anlässlich des Wettbewerbs Musikhochschule als Preisrichter hierzu Stellung genommen. Es boten sich mehrere Entwürfe an, die nach Meinung einiger Preisrichter das Programm besser erfüllten als der schliesslich mit dem 1. Preis ausgezeichnete. Aber Tessenow sagte, es käme doch hier nicht darauf an, lediglich einen Entwurf herauszufinden, der technisch durchführbar wäre, sondern es sei Aufgabe der Preisrichter, die Architekten-Persönlichkeit aufzufinden, die sich ihrer künstlerischen Qualität nach für diese Aufgabe besonders ausweist, auch wenn der vorliegende Entwurf dieses Verfassers technischer oder organisatorischer Korrekturen bedürfe.

Berlin betont immer wieder seinen Führungsanspruch in Deutschland. Wir müssen uns bewusst sein, dass wir am Ende eines historischen Abschnittes stehen, d.h. gleichzeitig, dass wir am Anfang von etwas Neuem stehen. Für jene, die die erwähnte räumliche und soziale Imagination besitzen, ist dieses Neue nicht mehr neu, sondern seit langem ein verpflichtendes Bewusstsein. Für die Zukunft scheinen beide Möglichkeiten offenzustehen: sowohl Orwells 1986 [1984][109], das uns immer wieder bedrohlich vor Augen geführt wird, als auch ein echter Humanismus. Auch in Berlin fällt die Entscheidung zu einer dieser beiden Möglichkeiten.

In der anschließenden Diskussion kam folgendes zum Ausdruck:

Mit öffentlichen Bauten sind diejenigen Bauwerke gemeint, welche die Stadt errichtet. Sie sollten ja wohl vorbildlich sein. Es ist eine schwierige Aufgabe, dieses Thema mit Takt aber auch mit Deutlichkeit so zu erörtern, daß alles Notwendige gesagt wird. Wer ist der Bauherr, wenn man von der Stadtverwaltung spricht? In einer Demokratie ist dies eine ebenso dringende wie schwer zu beantwortende Frage. Ist es ein Einzelner oder ein Gremium, der Bezirk oder die Senatsverwaltung? Positive Lösungen sind doch wohl nur zu erwarten, wenn die einzelnen Persönlichkeiten von der verantwortlichen Stelle genau wissen, was geschehen muß, wie es geschehen muß, und wem eine Aufgabe übertragen werden kann.

Dabei ist es unerheblich, ob Bauten von Beamten oder privaten Architekten errichtet werden. Wichtig ist es jedoch, den Leistungsfähigen eine Chance zu geben, die Qualität als einzigen Maßstab gelten zu lassen.

Dazu gehört Mut beim Bauherrn und beim Architekten. Alltägliches und Bedeutungsloses entstehen zu lassen, ist nicht nur einfacher, sondern auch viel weniger anstrengend und weniger gefährlich, deshalb so häufig geübt. Wenn wir die Jahre 1922–1933 – eine verhältnismäßig kurze Zeit – betrachten, stellen wir fest, daß damals enorm viel entstanden ist. Es liegt nicht an den Architekten, auch nicht an den Kommissionen. Es hat heute niemand mehr Mut! Es will keiner mehr die Verantwortung tragen! Dieses Absinken des Niveaus fühlen wir in jeder Beziehung. Es fehlen überall Menschen, die Mut haben und auch Leute, die über dem Niveau stehen. Wie auch immer die Regierungsform sein möge, dies kann nicht leicht geändert werden. Wir sind verhältnismäßig jung. Verglichen mit anderen Ländern ist es so: Frankreich: die Franzosen sind es nicht gewohnt, daß sich die Regierung um solche Dinge kümmert. Es wird behauptet, daß jeder einzelne Franzose sowohl von Politik wie von Kunst sehr viel versteht.

Das zweite Land Amerika: Es ist ein wirklich demokratisches Land. Sie fragen, wer macht das da? Z.B. in Pittsburgh und Pennsylvania. Wer macht das? Die Banken und die Industrie haben sich zusammengesetzt, sie geben ihr Geld den besten Architekten. Das wäre für uns unvorstellbar. Es sind allenthalben Privatleute, welche eine solche Initiative entwickeln und ihre Städte im Kern selbst erneuern. Der Bauherr dort ist insofern anders als in Deutschland.

Im Grunde genommen hat vielen Leuten hier die Reichskanzlei ganz gut gefallen, und diese Bauherren wählen immer wieder Architekten, die ähnlich bauen. Wir haben heute kein Recht, jemand verantwortlich zu machen für die Dinge, das Volk ist subaltern geworden, und so sieht die Stadt aus, die wir aufbauen.

Wir können in Westberlin ruhig planen, bis die Wiedervereinigung kommt. Aber haben wir in den letzten 8 Jahren immer im Auge gehabt, daß diese Stunde X kommt?

Die Planung geht nie von einer anderen Voraussetzung aus, als vom ganzen Berlin. Der Bau der Schnellstraße, die selbstverständlich für das ganze Berlin geplant ist, wird eine Tat sein, die sich mit allem messen kann, was früher geschehen ist.

Die große Schwierigkeit besteht darin, Maßstäbe zu setzen für die Qualität. Es gibt in Berlin bis heute nur sehr wenige Punkte, die man Fremden mit gutem Gewissen vorzeigen kann. Wir haben nur allzu wenig, was europäischen Maßstäben standhält. Es gibt die Musikhochschule, die Gedenkbibliothek, das französische Gymnasium. Sicherlich gibt es später Bauten im Hansaviertel, die etwas bedeuten. Es ist unwichtig, wer baut; es kommt darauf an, daß etwas Gutes entsteht. Und wenn ein Wettbewerb das Mittel sein soll, den Architekten zu finden, so muß man durch richtige Formulierung der Aufgabe und ein sehr gutes Preisgericht dafür sorgen, daß eine außerordentliche Leistung überhaupt entstehen kann.

Anschließend, und das ist sehr wichtig, müssen die Preisrichter die Möglichkeit haben, für die echte Realisierung des von ihnen gewählten Projektes einflußreich zu bleiben.

Je größer die Aufgabe ist, um so weniger kann ein Wettbewerb stattfinden. Große städtebauliche Planungen sind immer das Werk einer dafür geeigneten Persönlichkeit. Man kann auch Siedlungen nicht als Wettbewerb ausschreiben, aber Einzelaufgaben sollten in Form eines Wettbewerbs ausgeschrieben werden.

Es sind doch erst 6 Jahre, die wir hier in Berlin etwas haben tun können. Gerade da, wo von Haus aus ein prädestinierter Mann nicht da ist, kommt es darauf an, daß jeder an seinem Platz das Beste tut. Für das Hansaviertel sind 45 Architekten frei gewählt worden durch die Stadt ohne Wettbewerb. Den Bau des Corbusier-Hauses durchzusetzen, hat beträchtliche Anstrengungen gekostet.

Neben der Verwaltung müssen freie Köpfe stehen. Deshalb ist in Berlin der Planungsbeirat berufen worden, dem auch Scharoun angehört.

Die Kongreßhalle entsteht, und ein großer Wettbewerb »Hauptstadt Berlin« wird demnächst ausgeschrieben. Welche öffentlichen Bauten entstehen in Kürze? Philharmonie, Reichstag, Deutsches Opernhaus. Da stehen Aufgaben vor uns. Aber was heißt denn schon »Reichstag«? Keine Zeitung bringt eine Meinung darüber, was das bedeutet. Wer interessiert sich denn in der Öffentlichkeit für diese Projekte? Kaum jemand! Damit kommt auch der Senator nicht zum Ziel. Er braucht ja ein gewisses Echo. Wo haben wir ein solches in Berlin?

»In Berlin werden Schulen und Krankenhäuser vom Senat gebaut«. Das war bisher die von der Verwaltung vertretene Meinung.

In Berlin sind in diesem Haushalt 21 Schulen finanziert. Wieviel Schulen werden von amtlichen Stellen gebaut unter Ausschluß der Öffentlichkeit und wieviel entstehen aus echter Konkurrenz und werden dadurch zu Werken, die das Beste darstellen und nicht etwas, was treu und brav in einer Dienststube entstanden ist?

Die neuerdings sichtbare lebendige Situation in Stuttgart wird geschildert. Gerade jetzt ist dort eine Schule von Wilhelm entstanden, ein Hochhaus von Scharoun und die Liederhalle. Alles möglich in dem sonst so konservativen Schwaben.

Wir sollten weniger hastig, sorgfältiger und besser bauen. Im einzelnen mit etwas mehr Mitteln. Das Ergebnis wird davon beträchtlich beeinflußt. Einsparungen können stellenweise verheerend wirken und eine ursprünglich gute Idee durch die unzulängliche Realisierung völlig verstümmeln.

Eine echte und wirksame Architekturkritik wird sehr vermißt. Sie könnte außerordentlich qualitätsbildend wirken.

Claudius Petit, der französische Minister, wird zitiert. Er war entschlossen, gegen alle Widerstände wirklich neu, aus dem Geist unserer Zeit zu bauen und behauptete scherzhaft:

Ich habe 40 Millionen Franzosen hinter mir, die gegen mich sind.

Die Stadterneuerung und die Zukunft der Stadt

Prof. Werner Düttmann
Die Stadterneuerung und die Zukunft der Stadt

Einleitendes Referat
Anmerkungen eines Architekten und Stadtplaners.

1. Die Stadterneuerung als umfassende neue Planungsaufgabe
Stadterneuerung – Eingriffe in die »im Gebrauch befindliche« Stadt – wird als umfassende Aufgabe für die Stadtplanung erst nach dem 2. Weltkrieg bewußt erkannt.

1.1 Stadterneuerung war in der vorindustriellen Zeit ein natürlicher, selbstständiger Prozeß, ein steter Umbau der Stadt in Anpassung an die wirtschaftlichen und sozialen Erfordernisse der Zeit.

Wachstum und Veränderungen der Stadt entstanden aus der Addition von Einzelinitiativen. Ein Bewußtsein der gemeinsamen Verantwortung aller Stadtbürger für die Stadt gewährleistete ihre Funktionsfähigkeit. Die Kontinuität dieser Entwicklung wird durch den raschen Um- und Ausbau der Städte seit der Mitte des 19. Jahrhunderts gestört. Die Gebäudesubstanz der Städte vervielfacht sich innerhalb weniger Jahrzehnte. Die Identität von Nutzer und Eigentümer der Gebäude wird zum großen Teil aufgehoben. Umfang und Eigentumsverhältnisse schließen jede kontinuierliche Erneuerung aus.

»Berlin sammelt bei der Stadterneuerung Erfahrungen, die von der Fachwelt sehr beachtet werden. Deshalb legte auch der Internationale Verband für Wohnungswesen, Städtebau und Raumordnung im Jahre 1967 seinen Kongreß ›Die Stadterneuerung und die Zukunft der Stadt‹ nach Berlin«, resümierte Rolf Schwedler, Senator für Bau- und Wohnungswesen, stolz in seiner *Berliner Baubilanz* von 1970. Für diesen Kongress hatte Senatsbaudirektor und Hochschulprofessor Werner Düttmann das einleitende umfassende Referat geliefert, von dem sich die Gliederung (»Konzept«), eine ausgearbeitete Fassung sowie ein weiterer Kommentar, in dem er sich selbstkritisch zu seinem vorherigen Text äußert, erhalten haben. Sein Beitrag konnte allerdings

Die Überalterung und Unbrauchbarkeit dieser Bausubstanz der ›Gründerzeit‹ sind äußerer Anlaß für die Aktualität der Stadterneuerung.
Der Staat wird aus sozialen und volkswirtschaftlichen Gründen gezwungen, Impulse für die Stadterneuerung zu geben, um den Mangel an privatwirtschaftlicher Kraft und Initiative für den Umbau weiterer Stadtgebiete zu ersetzen.

1.2 Stadterneuerung ist jedoch nicht allein ein Problem des Verfalls von Bausubstanz. Wir leben in Stadtstrukturen, die unter wirtschaftlichen, technischen und sozialen Voraussetzungen entstanden sind, die für

– wie Düttmann selbst bekennt – aus Zeitgründen tatsächlich nicht in die Publikation *Aspekte der Stadterneuerung.* Schriften des deutschen Verbandes für Wohnungswesen, Städtebau und Raumplanung e.V., Heft 73. Köln 1967 mit aufgenommen werden. Martina Düttmann veröffentlichte den zweiten Teil des ausgearbeiteten Vortrags postum in Band 2 in der von ihr herausgegebenen Reihe »Architextbook«.

Düttmanns Vortrag wird darin versehentlich mit den Berliner Bauwochen in Verbindung gebracht. Diese Leistungsschau mit unterschiedlichen Formaten der Vermittlung findet jedoch seit 1960 in den »geraden« Jahren im 2-Jahres-Rhythmus auf Einladung des Bundes Deutscher Architekten und des Berliner Senats statt, bis 1974 regelmäßig und seither mit zum Teil mehrjährigen Unterbrechungen. Die Berliner Bauwochen waren stets Anlass für Kooperationen zwischen der Senatsverwaltung und der Akademie der Künste – zentrales Bindeglied war hier Werner Düttmann als Senatsbaudirektor (1960–1966) und zugleich Mitglied der Akademie (seit 1961), und auch danach noch als Direktor der Abteilung Baukunst (1967–1971) und Akademie-Präsident seit 1971. So wurden zahlreiche Ausstellungen mit Begleitpublikationen zu den Themen Architektur und Städtebau gemeinsam auf den Weg gebracht.

Vonseiten des Senats für Bau- und Wohnungswesen wurde anlässlich des Kongresses von 1967 eine Broschüre unter dem Titel *Stadterneuerung in Berlin* veröffentlicht, in der sich die wesentlichen Aspekte des Düttmann'schen Verständnisses von Stadtplanung wiederfinden lassen – hier explizit auf Berlin bezogen – und zugleich die ausgewiesenen Sanierungsgebiete Tiergarten, Wedding, Kreuzberg, Neukölln, Charlottenburg, Schöneberg und Reinickendorf (Märkisches Viertel) vorgestellt werden.

Die Transkription des gedruckten Textes folgt:
AdK, Werner-Düttmann-Archiv, 272
Bl. 2–19, Typoskript, undatiert, Konzept und Referat
Bl. 41–49, Typoskript, undatiert sowie

das heutige und zukünftige Zusammenleben in der Stadt vielfach nicht mehr wirksam sind.
1.3 Eine Reihe von Einzelsymptomen für die Konflikte der Stadt mit den heutigen Nutzungsansprüchen verdeutlicht dies:
1.3.1 Stadtgrundriss und Gebäudesubstanz sind den funktionellen Bedürfnissen des Straßenverkehrs, den Nutzungsveränderungen, des stetig steigenden Flächenbedarfs nicht gewachsen.
1.3.2 Der Bestand kulturhistorisch wertvoller Stadtgebiete wird durch die eigene Anziehung gefährdet. Flächen- und verkehrsextensive Fremdnutzungen, wie Büros, Kaufhäuser und Vergnügungsbetriebe, die den ›Prestigewert‹ des Stadtquartiers oder dessen Standortvorteile nutzen wollen, brechen den alten Maßstab auf.
1.3.3 Die Verlagerung von zentralen Funktionen und der Auszug der sozial gehobeneren und der jüngeren Schichten der Bevölkerung aus den stark überbauten Innenstadtgebieten hat ein weiteres Eindringen von Gewerbebetrieben und damit ein Absinken der Wohnqualität zur Folge.
Resultat: Isolierung sozialer Schichten niedriger Einkommensklassen.
1.3.4 Die stark geschlossene Überbauung in den Wohnquartieren des 19. Jahrhunderts verhindert eine angemessene Ausstattung mit öffentlichen Wohnfolgeeinrichtungen (Schulen, Altenwohnen, Spielplätze, Freiflächen).
1.3.5 Strukturelle Mängel der Stadtgebiete (Straßensystem, Grundstückseinheiten, Gebäudeabstand) machen Investitionen in die Einzelsubstanz unrentabel. Ergebnis: weitere Nutzungsminderung der Gebäude.
1.3.6 Überörtlich erforderliche Verkehrsbauwerke zerstören die Einheit eines

AdK, Werner-Düttmann-Archiv, 274
Bl. 2–4, Typoskript, undatiert

Erstdruck des zweiten Textteils: Werner Düttmann: »... was wir hier mit und in unserer Stadt tun«, in: *Berlin ist viele Städte*. Berlin 1984 (=Architextbook, 2), S. 27–38.

Stadtgefüges und verändern einseitig die Standortqualitäten des Gebietes.

1.4 Diese Symptome kennzeichnen eine Bedrohung der Stadt allein aus ihrer überkommenen Substanz. Gleichzeitig wird deutlich, daß die Einzelaufgaben der Stadterneuerung nicht isoliert betrachtet werden können. Die Programmaufstellung für die Stadterneuerung darf nicht in erster Linie nach den Dringlichkeiten der Schadensbehebungen auf Einzelflächen für Einzelmißstände erfolgen.

2. Die Problematik der Teilmaßnahmen in der Stadterneuerung

2.1 Heute betreiben wir Stadterneuerung noch durch Einzelmaßnahmen
wie Sanierung einzelner enger Stadtbereiche
Stadtstraßenbau – Verkehrssanierung
Standortbestimmung für öffentliche und private Großbauten (z.B. Schulen, Universitäten etc.)

2.2 Diese Einzelmaßnahmen ohne Kontrolle durch ein Gesamtkonzept für die angestrebte Ordnung der Stadtregion können den Stadtorganismus empfindlich stören.

2.3 Beispiele:

2.3.1 Die Verkehrsmaßnahme verändert entschieden die Standortvorteile eines Stadtgebietes. Sie beeinflußt die Wohnqualität, zerstört vorhandene Wegenetze. Sie macht ein Gebiet für neue Nutzungen attraktiv.

2.3.2 Da die Wohnqualität allein nicht ausschlaggebend ist für die Wohnattraktivität eines Gebietes auf alle Bevölkerungsteile, kann die Objektsanierung ohne Behebung der Infrastrukturmängel des Stadtgebietes die soziale Isolation einkommensschwacher Bevölkerungsschichten zementieren.

2.3.3 Auf Grund der derzeitigen Finanzierungsgesetzgebung entstehen große abgeschlossene Siedlungskomplexe für einheitliche soziale Gruppen.
Wohnungstyp, Gebäude und Stadtbild kennzeichnen die Bewohner als eine Schicht mit ganz bestimmten Einkommen zugehörig.
Das natürliche stadtgemäße Zusammenspiel von Alters- und Sozialgruppen ist gestört.
Die Gefahr für die Stadt in der Trennung von sozialen Klassen, Volksgruppen, Rassen liegt nahe. Ursachen für die Rassenunruhen in Detroit und Newark können hier liegen.

2.3.4 Der Ausbau des öffentlichen Nahverkehrssystems wird mit den umfangreichen Wohnungsbaumaßnahmen unzureichend koordiniert.

Die mangelnde Versorgung der neuen Wohngebiete mit öffentlichen Verkehrsmitteln erhöht den Individualverkehr zu den Arbeitsstätten der zentralen Stadtzonen unnötig.

2.4 Ein grundsätzliches Überdenken der Aufgaben der Stadterneuerung wird erforderlich.

Wir beginnen allmählich die Stadt als ein hochkomplexes, kybernetisches System zu begreifen: Eine Fülle von Vorgängen muß im Gleichgewicht gehalten werden. Bis vor noch nicht allzu langer Zeit hielten sich diese Vorgänge so ziemlich von selbst im Gleichgewicht: Verwaltung und Planung konnten sich im wesentlichen auf ausgleichende und kontrollierende Funktionen beschränken.

Diese Aufgaben haben sich gewandelt: Die Verwaltung ist zum leistungsfähigsten Investor in der Stadt geworden, das Gleichgewicht muß bei beschleunigter Entwicklung mit immer stärkeren Eingriffen ›künstlich‹ erhalten werden.

Die Entwicklung kann überhaupt nur ›gesteuert‹ werden, wenn die sich ändernden Tatbestände ständig beobachtet und wieder als Grundlage politischer Entscheidungen in das System eingeführt werden.

Planung und Verwaltung beginnen erst langsam, in diese neue Aufgabe des ›aktiven Management‹ hineinzuwachsen. Die Ausbildung muß stärker auf diese Aufgabe ausgerichtet werden.

3. Die Stadt

3.1 Die Stadt soll weiterleben.

Die Aufgabe, sie am Leben zu erhalten, erfordert ein eindeutiges Bekenntnis zur Stadt.

Der Mensch als ›zoon politikon‹ ist in seiner Natur als Stadtwesen angelegt.

Er hat sein festes Leitbild für diese Stadt.

3.2 Die Stadt ist vielfältiger Markt für alle wirtschaftlichen Kontakte des Menschen. Sie erlaubt höchste Spezialisierung der eigenen Tätigkeit.

Sie bietet differenzierteste Versorgung und Information.

Sie gewährleistet die Auswahl von Arbeitsplatz, Wohnstätte und Ausbildung.

3.3 In der Stadt sind alle Stufen sozialer Beziehungen für den Einzelnen möglich.

Der Vortrag von Frau Prof. Dr. Pfeil[110] wird hier viele Aufschlüsse bringen.

3.4 Die Vielfalt der Stadt ermöglicht dem Menschen unzählige Erlebnisse. Bilder, Begegnungen, die er anonym oder in der Gruppe wahrnehmen und erleben kann.

Man muß sich eine Reihe solcher typischen Einzelszenen in der Stadt vor Augen führen, um zu erfassen, wieviel Buntheit den Städter umgibt.

3.5. Das hohe Maß an Funktionsdichte gewährleistete die Existenzfähigkeit der Stadt.

Die wirtschaftlichen und sozialen Vorzüge der Stadt haben die wachsende Konzentration der Bevölkerung in den großen Stadtregionen zur Folge. Die Stadt wächst stetig.

3.6 Telefon, Radio, Fernsehen haben die Kontaktbedürfnisse der Menschen nicht aufgehoben.

Die Notwendigkeit des Kontaktes ergibt das Problem der engen räumlichen Nachbarschaft vieler Funktionen: die Nutzungsdichte und Vielfalt der zentralen Bereiche der Stadtregionen. Diese sind heute weitgehend identisch mit den historischen Innenstädten.

3.7 Im selben Maße, in dem unsere Städte in großen Flächeneinheiten wachsen, in denen das für die Stadt typische Nebeneinander von alter und neuer Bausubstanz nicht vorhanden sein kann, werden unsere historischen Stadtkerne als einmalige, nicht reproduzierbare Elemente an Wert unschätzbar zunehmen, ihre Funktionen innerhalb der Stadt gewinnen an unersetzlicher Vielschichtigkeit: Ablesbarkeit der historischen Entwicklung, Identifikationspunkte innerhalb einer in Grenzen gleichartigen technisch bestimmten Umwelt, Kerne nationalen Selbstverständnisses.

Der Denkmalschutz gewinnt damit an vitaler Bedeutung, aber auch die Wirtschaft wird den unersetzlichen Wert historischer Baugruppen zunehmend erkennen und aktiv an der Erhaltung mitwirken.

4. Die zukünftigen Aufgaben der Stadterneuerung

4.1 Wir suchen nach einem Leitbild für die Reorganisation unserer Stadt, nach Ordnungen, die das überkommene, lebendige Wesen dieser Stadt erhalten und doch den Veränderungen unserer technischen, wirtschaftlichen und sozialen Verhältnisse Rechnung tragen können.

Wir haben nicht nur die Aufgabe, die Stadt den heutigen Bedürfnissen anzupassen.

4.2 Unser Leitbild muß auch offen sein für jede Veränderung, die die Zukunft der Stadt aufzwingen kann.

Wir sollten uns spekulativ mit den Problemen und Aufgaben, die vor uns liegen, auseinandersetzen. Die nächsten Jahrzehnte werden uns mit Sicherheit neue Aufgaben stellen:

4.3 Das schnelle Wachsen der Städte zu Großagglomerationen (Randstadt Holland, Ruhrgebiet, Südostengland).

4.3.1 Zusammenhängende Stadtregionen mit mehreren großstädtischen Kultur- und Versorgungszentren mit 10 bis 15 Millionen Menschen entstehen.

4.3.2 Der Konflikt Individualverkehrsmittel – Stadtkörper
Wird das Auto durch den forcierten Ausbau vielfältiger öffentlicher Verkehrssysteme in seiner Expansion gestoppt?

4.3.3 Die veränderten Anforderungen der zukünftigen industriellen Fertigungsmethoden im Bauwesen.

4.3.4 Die erhöhte Mobilität des Menschen.
Geringere lokale Bindungen lassen den Menschen Wohn- und Arbeitsplatz häufig wechseln. Die modernen Verkehrsmittel erlauben kurzfristig, beliebige Entfernungen zu überwinden. Die visuelle Erfahrung des Menschen wird reicher.

4.3.5 Die veränderte Lebensführung, erhöhte Lebenserwartung
Der ständig wachsende Anteil der Freizeit an der Lebensführung des Menschen stellt an die Erlebnischancen in der Stadt erhöhte und differenzierte Anforderungen.

4.3.6 Die ständige Erhöhung des spezifischen Flächenbedarfs – die Erhöhung des Standards
Der Wohnflächenanspruch je Einwohner, mehr aber noch der Wohnfolgeflächenanspruch und der vielfältige Versorgungs- und Kommunikationsflächenbedarf der Stadtbewohner hat in den vergangenen 15 Jahren um pauschal 40% zugenommen. Bis 1980 können wir mit einer weiteren Steigerung um 30–50% rechnen.

4.3.7 Die Verstädterung der Entwicklungsländer
Das Stadtwachstum in den Entwicklungsländern stellt uns unter dem Gesichtspunkt der kontinuierlichen Erneuerung der Stadt vor besondere Aufgaben: Die gewaltigen jährlichen Zuwachsraten, das geringe Nationalprodukt und die fast verschwindend geringen Mittel für Zwecke der Stadtplanung und des Siedlungsbaues zwingen dazu, auf die Selbsthilfe der einströmenden Bevölkerung zu vertrauen. Die geringe Lebensdauer der Hütten, die revolutionären gesellschaftlichen Entwicklungen werden die Stadt auf Jahrzehnte hinaus zu einer ständigen Baustelle werden lassen.

So können uns die Städte in diesen Ländern besonders anschaulich die Aufgabe der Stadtplanung verdeutlichen: Steuerung der Umwandlungsprozesse der Stadt mit einem ganzen Instrumentarium direkter und indirekter Mittel, bezogen auf das System ›Stadt‹ als Ganzes: Stadtplanung ist kein ›Fach-Ressort‹, sondern umfassende politische Aufgabe.

5. Anmerkungen zu Einzelaufgaben der Zukunft

5.1 Der Individualverkehr

Der Individualverkehr ist das Schlüsselproblem in der Stadtentwicklung der kommenden Jahrzehnte.

Grundsätzlich ist die Existenz eines autoähnlichen individuellen Beförderungsmittels für den Transport ›von Tür zu Tür‹ nicht aufhebbar. Kein öffentliches Massenverkehrsmittel erreicht die Leistung des Autos.

Weitläufige Stadtrandsiedlungen, großflächige Wohngebiete geringer Dichte, große Entfernungen zu natürlichen Erholungsgebieten, die individuell aufgesucht werden, verlangen ein Fahrzeug, das die heutigen Qualitäten des Autos besitzt.

Die volkswirtschaftlich gerechte Verteilung der Kosten des Individualverkehrs ist heute noch ein ungelöstes Problem.

Falls es uns nicht gelingt, durch den Einsatz aller Mittel unsere Städte mit einem komplexen System öffentlicher Verkehrsmittel auszustatten und damit die Benutzung des Automobils zum Luxus statt zur Notwendigkeit werden zu lassen, müssen wir unseren Stadtorganismus stufenweise den Anforderungen eines solchen Verkehrsmittels anpassen, wenn der Kraftfahrzeugverkehr nicht die Lebensbedingungen der Städte radikal beeinträchtigen soll.

Prof. Buchanan[111] schätzt für das Jahr 2010 die Zahl der Fahrzeuge in Großbritannien auf ca. 540/1000 Einwohner. Heute sind es ca. 260/1000 Einwohner.

Bedenkt man, daß der Gebrauch der Fahrzeuge durch unsere schlechten Verkehrsverhältnisse künstlich niedrig gehalten wird, ist bei Ausbau unserer Straßensysteme mit einer Verdreifachung der Ausnutzung des Automobils durchaus zu rechnen.

Sollten diese Vorausschätzungen eintreffen, würde in knapp 50 Jahren nicht eine der heute neu ausgebauten Straßen mehr funktionsfähig sein. Dies würde gleichzeitig bedeuten, daß ein vollständiger Umbau der Stadt notwendig werden würde.

Prof. Buchanan zeichnet diese Vision für einige Stadtteile Londons.

5.2 Technologischer Fortschritt im Bauwesen

Der Zeitraum, in dem wir weiterhin mit den konventionellen Methoden unsere Bauaufgaben lösen werden, ist begrenzt.

Neue Fertigungsweisen und Materialien werden veränderte Ordnungssysteme und Gesetzmäßigkeiten der Stadtplanung erfordern, diese werden in Konflikt stehen zu unseren überkommenen Stadtstrukturen.

Wir haben bis heute in der Bauplanung stets in Endzuständen gedacht, in geschlossenen Systemen. Wir werden lernen müssen, offene, nicht monumentale Bausysteme zu entwickeln.

Die Klassizität wird Ausnahme sein.

Wir sollten aus der Struktur unserer Sanierungsgebiete gelernt haben. Das starre System erlaubt keine Nutzungsveränderungen, Ergänzungen und Umbauten ohne totale Veränderung der Gesamtanlage.

Werden die gleichen Probleme für die nächste Generation auftreten, mit den heute entstehenden Großsiedlungen, die nach ästhetisch formalen Prinzipien als unveränderlich geplant sind?

Es ist an der Zeit, daß wir mit dem technologischen Fortschritt auch die Organisationsformen unseres Bauwesens neu überdenken.

Die Lebensdauer unserer Bauwerke ist begrenzt.

Die Wirtschaftlichkeit unserer Siedlungsbauten sollte nicht allein an den Baukosten, sondern auch an den erforderlichen Abbruchkosten gemessen werden!

Wir sollten heute schon die Belastungen, die unser Bauen für die nächste Generation ergibt, in der Planung berücksichtigen.

Der wirtschaftliche Zwang zu rationelleren Baumethoden wird zur Entwicklung einheitlicher, größerer Gebäudesysteme führen.

Wir werden ›im Großen‹ eine weit stärkere Uniformität in der Baukörpergestaltung hinnehmen müssen.

›Im Kleinen‹ sollte daher der Spielraum für eine individuelle spontane Gestaltung der einzelnen Bauzelle ermöglicht werden.

(Beispiel: Schrebergartenlauben – einheitlicher Typ mit geringfügigen An- und Umbauten. Farbgebung etc. ergibt Vielfalt, vgl. Bantusiedlungen in Johannesburg)

»Stadtplanung und Stadtarchitektur setzen den strukturellen Rahmen – Erschließung, Stadtraum, Nutzungseinheit, Bausystem.

Typbildung und Identität des Eigenbereiches durch den Einzelnen mit dem Einzelarchitekt.«

Wir sollten unser Augenmerk besonders auf die Möglichkeiten lenken, ›Zeichen‹ zu setzen in der Stadt, Orientierungsmarken durch Baukörper bestimmter Struktur und einzigartiger Konturen, die in der zunehmenden Uniformität die Identität des einzelnen Stadtbereiches kennzeichnen: Eine wichtige Sonderaufgabe in der Entwicklung unserer Bau- und Gestaltungsmethoden.

6. Die Notwendigkeit neuer Planungsmethoden

6.1. Probleme in Fülle stehen vor uns.

Wir haben Anlaß genug, gründlich darüber nachzudenken, mit welchen Methoden der Planung und Bautechnik wir unsere Aufgaben lösen wollen.

Die Stadtplanung befindet sich in einem geschichtlichen Phasenwechsel, dem wir besondere Aufmerksamkeit schenken sollten. Unsere Situation ist der vor ca. 100 Jahren nicht unähnlich.

Die ungeheuren Bauaufgaben, die wir in den vergangenen Jahren bewältigt haben und in den kommenden Jahren noch bewältigen werden, übertreffen den Bauboom der 2. Hälfte des 19. Jahrhunderts beträchtlich.

Das Bauvorhaben der kommenden fünf Jahrzehnte wird so groß sein wie dasjenige der vergangenen 5000 Jahre der Menschheitsgeschichte.

6.2 Wir haben also eine Verpflichtung den nachfolgenden Generationen gegenüber, jetzt die Grundlage für eine kontinuierliche Entwicklung des Stadtumbaues einzuleiten. Wir müssen erkennen, daß wir in einem Prozeß arbeiten.

Wenn wir weiterhin überwiegend statisch denken und planen, geraten wir in einen Zyklus von Erneuerungswellen im Abstand von vielleicht 50–70 Jahren, der ähnlich wie der gleichzeitige Umbau der Gesamtheit unserer heutigen sog. Sanierungsgebiete wirtschaftlich nicht zu bewältigen sein wird.

6.3 Diese Aufgabe ist mit den traditionellen Methoden des Architekten, der in der Gefahr steht, in Endzuständen zu denken, auch größere Stadteinheiten als abgeschlossene Architekturgebilde zu betrachten, nicht zu lösen. Die Probleme der Stadterneuerung werden nicht mit gebrauchsfertigen Schemata für die Gestaltung von Stadt oder Stadtteil zu lösen sein. Keine Stadt kann allein durch ihre stadtbau-künstlerische Einheit, ihre Architekturen überleben.

Venedig mag die Ausnahme sein, die die Regel bestätigt.

7. Die gemeinsame Verantwortung für die Identität der Stadt.

7.1 Entscheidend ist, daß wir die Aufgaben der Gliederung des Gesamtgefüges ›Stadt‹, der Funktionsordnung der menschlichen Bezüge im Stadtraum lösen. Nur dann wird es möglich sein, auch das Erscheinungsbild unserer städtischen Umwelt wieder zu kontrollieren.

7.2 Der Stadtbewohner und seine Umwelt sind untrennbar. Es besteht eine enge Wechselbeziehung zwischen Stadtbild und dem Lebensbewußtsein des Einwohners.

Eine Stadt hat Gesicht, Charakter, Geruch, Stil, Ordnungsprinzipien für Straße, Gebäude und Fläche. Eine Vielzahl von räumlichen und flächigen Gestaltungselementen ergeben die Identität der Stadt.

Der Einzelne identifiziert sich mit diesen Elementen seiner Stadt, seines Stadtviertels.

7.3 Wir haben in den vergangenen 15 Jahren trotz organisierter Planung die gesichtslose Stadtausbreitung und den Stadtbildverlust in den Innenstädten nicht vermeiden können.

Gründe liegen auf der Hand. Unsere vorwiegend quantitativen Planungsprogramme entheben die Bauherren – Siedlungsgesellschaften, Industrieunternehmen, Privatleute, die mit Geschäftshäusern, Supermärkten und Miethausgruppen die Erneuerung unserer Städte betrieben – einer Verpflichtung gegenüber der Stadtgestaltung.

7.4 Wir können nur versuchen, in der Planung eine neue Ordnungskategorie für die Stadtgestaltung zu entwickeln, die gemeinsam von Architekten und Planern erarbeitet wird. Sie muß begründet sein in den Gesetzmäßigkeiten und Ordnungsprinzipien jeder einzelnen Stadt. Sie muß Vergangenes, Gegenwärtiges umfassen und allem Zukünftigen offen sein. Wir werden nur erfolgreich sein, wenn die gemeinsame Verantwortung für die Identität der Stadt bei Bauherrn, Architekten, Ingenieuren, Stadtplanern und Politikern, die Legislative jeder Planungsentscheidung sind, wieder bewußt gemacht wird.

7.5 Wir sollten unsere Chance im Vordenken des ›Morgen‹ suchen, wenn wir heute Stadterneuerung betreiben.

Wir sollten Mut zur Spekulation und zum gebauten Experiment auch in der Stadtplanung haben.

Wir dürfen aber nicht der Illusion verfallen, die Stadt sei von Grund auf zu verändern.

Die Stadt von Morgen wird der Stadt von heute nicht unähnlich sein – und das ist gut so.

Meine Damen und Herren

Nachdem es mir bedauerlicherweise nicht gelungen ist, vor Drucklegung der Kongreßpapiere ein Konzept einzureichen, wofür ich um Vergebung bitte, bin ich jetzt in der peinlichen Verlegenheit, gleich mit zwei Konzepten vor Ihnen zu stehen – immer noch ein wenig unschlüssig, nach welchem ich greifen soll.

Das eine versucht mit mir kaum eigener Systematik Ursachen und Probleme der anstehenden Stadterneuerung in geordneter und übersehbarer Form darzubieten; das andere enthält einige Gedanken, die mir beim Verzicht auf eben diese Systematik gekommen sind.

Das erste Manuskript endet mit dem Satz:

Die Stadt von morgen wird der Stadt von heute nicht unähnlich sein – und das ist gut so – das zweite Manuskript könnte mit dem Satz beginnen: der Bürger von morgen darf dem Bürger von heute nur noch ähnlich sein – und das ist gut so. Er soll frei sein von Furcht, ob er schwarz oder weiß ist, und frei sein von Terror, und er soll entscheiden dürfen, wofür er seine Freiheit braucht – wie ich in diesem Augenblick, indem ich doch lieber das erste Konzept als Arbeitspapier zur Verfügung stelle und für jetzt nach dem zweiten greife.

Ich wollte eigentlich die Frage aufwerfen: Can cities survive urban renewal?[112] Eine Frage, die berechtigt erscheint, wenn man sieht, wie alte Bausubstanz – Gefäß vielfältigen Lebens, immer ist es die Altstadt, die den Fremden anlockt – abgerissen wird und einer neuen Ordnung Platz macht, wo häufig mit der so teuer erkämpften Hygiene die Langeweile einzieht, wo alles Geheimnis städtischen Lebens mit der Erneuerung für immer verbannt zu sein scheint.

Ich denke an Chicago, aber auch an manche Stadt in Deutschland – Potsdam ist so zugerichtet wie Frankfurt – Dresden wie Teile von Hamburg oder Berlin. Die saubere Scheidung von Arbeit und Wohnen, von Verkehr und Erholung – die rührende Revolution der zwanziger Jahre – ihr Manifest »Die Charta von Athen« ist beinahe Wort für Wort Gesetz geworden, hat eine unerwartete Gegenreaktion ausgelöst, die fast heißen könnte »rettet den Slum«.[113] Das ist natürlich nicht wörtlich gemeint. Keiner will den Slum, es geht vielmehr um die Vielschichtigkeit der Nutzung, die Verflochtenheit der Vorgänge, das Geheimnis der Stadt. Es ist inzwischen deutlich geworden, daß der Gewinn all der begehrenswerten Güter, die seit Ebenezer Howards Gartenstadtbewegung[114] und Corbus[iers] Charta von Athen immer wieder gefordert wurden und dank der Hilfe einsichtiger Gesetzgeber, Siedlungsgesellschaften und Planungsämter vielerorts endlich Wirklichkeit sind, daß der Gewinn dieser schönen Wohn- und Arbeitswelt gekoppelt ist mit einem ungeheuren Verlust an Farbigkeit, Dichte, Vitalität des Städtischen schlechthin. Mit dem Sieg der planenden Vernunft, die überall am Werk ist – so klagen Lewis Mumford[115], Jane Jacobs[116], Alexander Mitscherlich[117] und in Berlin Wolf Jobst Siedler[118], um nur einige der Kassandrastimmen zu nennen, werde der Stadt langsam aber sicher der Garaus gemacht.

Haben wir vielleicht schon zu viel aufgelockert und durchgrünt, zerlegt und zergliedert, Funktionen getrennt um des Funktionierens der Einzelheit willen? Kann man angesichts einiger Resultate vielleicht behaupten: Die Stadt ist überhaupt erst Stadt, wenn sie zu bestimmten Zeiten des Tages nicht mehr funktioniert, wenn sie überfordert bleibt?

Der Stadtplaner ist als Sündenbock plötzlich ins Kreuzfeuer der Kritik geraten. Dabei ist er doch nur mit viel Idealismus daran gegangen, im Auftrage der Gesellschaft alles schön zu ordnen, die »beste aller Welten« zu realisieren. Was wollen wir eigentlich? Im Grünen wohnen? mit dem Garten am Haus für die Kinder, aber wenn's geht zwei Minuten vom

Kurfürstendamm. Wir wollen die Dichte in landschaftlich herrlicher Lage, den Broadway mit Blick auf den Golf von Neapel – Rousseau mit Gottfried Benn, und möglichst für eine Mark und fünfzig pro Quadratmeter Wohnung.

Und wir gehen mit Eifer daran, Konzepte zu suchen, die das scheinbar Unvereinbare vereinen. Wir suchen technische Lösungen für die erkannten Teilprobleme: industrielle Fertigung für die billige Wohnung, Schnellstraßen für Autos, U-Bahnen für den Berufsverkehr und 4 Quadratmeter Grün pro Person, damit die Person gesund bleibt.

Wir suchen Leitbilder – eine Art Kochbuch: Cities und how to do them! Wir sagen maximal 400 Personen per ha, damit die Schulen und das Grün, die Autos und die Kinder Platz haben. Wir setzen Normen, Forderungen, kurz: »Städtebaurichtlinien«, die ein, wie wir glauben, optimales Gleichgewicht der Interessen und Bedürfnisse garantieren: Wohnbauflächen, Gewerbeflächen, Grünflächen, Platz für den Gemeinbedarf, Straßenraum für den Verkehr. Wir hoffen, daß sich mit einer vernünftigen quantitativen Ordnung die Qualität von selbst einstellt. Aber machen wir mit unserer fröhlichen Wissenschaft nicht die Rechnung ohne den Wirt – sozusagen die Stadt ohne den Städter?

Was ist zum Beispiel optimale Dichte (Wo? in Lappland oder in Manhattan?). Im heutigen Paris – Marcuse hat darauf hingewiesen – leben 37 000 Menschen auf einem Quadratkilometer, im alten Rom waren es 80 000. War das alte Rom falsch geplant? Hätten die Römer lieber in einem antiken Stevenage oder in Harlow-New Town gelebt – als Trabanten einer Trabantenstadt? Warum wächst London immer noch – obwohl das Empire kleiner geworden ist? Warum blühen dort die Künste? Warum regenerieren sich die zahllosen Reihen der Terrace houses um die ungezählten stillen Plätze inmitten der Weltstadt? Haschisch und die Rolling Stones sind allein keine Antwort. Aber vielleicht das unglaubliche Maß an Liberalität und Gelassenheit, das Filme wie »blow up«, die Carnaby Street und den Beat erträgt.

Für diesen Kongreß ist eine erfreuliche Fülle von Material eingegangen, in dem die Stadterneuerung unter verschiedenen Aspekten wie Wohnen, Verkehr, Gewerbe, Denkmalpflege usw. untersucht ist. Gegenstand jedes dieser Arbeitspapiere ist nicht die Stadterneuerung schlechthin, sondern die Erneuerung bestimmter Bereiche bestimmter Städte. Die Stadt an sich gibt es nicht, aber es gibt Städte, die Probleme haben. Es gibt Warschau und Singapore, Hongkong und Chicago, Neu Delhi und andere wie Berlin oder Stockholm. Und es gibt sehr individuelle Wege der Erneuerung. Warschau hat den im Krieg zerstörten alten Markt – vielleicht 500 Jahre Geschichte – Stein für Stein wieder aufgebaut, weil, so sagte uns einer seiner Planer, Warschau es sich nicht leisten könne, eine Stadt ohne

Geschichte zu sein. Singapore will seinen historischen Kern niederreißen – so sagt das Arbeitspapier – weil es das »New York von Malaysia« werden will. In Peking sind der Kaiserpalast und die Kaiserlichen Gärten besser gepflegt als irgendein Wohnquartier. In Berlin wurde 1950 das Stadtschloß, der wohl bedeutendste Bau des norddeutschen Barock, abgerissen, um einer Tribüne für Aufmärsche und Paraden Platz zu machen.

Ich teile dies mit, nicht um eine Polemik über Gesellschaftssysteme und Ziele der Stadtplanung zu entfachen, sondern um aufzuzeigen, daß jede Stadt mit ihrer Geschichte und ihrer Hoffnung auf Zukunft ein Individuum ist. Die Geschichte einer Stadt hat ihr heutiges Gesicht geprägt – sei es mit Kathedralen oder Slums, Schlössern oder Bombentrichtern. Unser heutiges Tun, das morgen Geschichte ist, wird die Physiognomie der Stadt erneut verändern. In welchem Geiste aber diese Veränderung geschehen wird, entscheidet nicht allein der viel geschmähte Planer, sondern die Gesellschaft und das in ihr wirkende vielschichtige, oft undurchschaubare Geflecht von Kräften und Interessen. Alles Gebaute ist nicht nur Gehäuse für einen bestimmten Zweck oder Inhalt, sondern ist zugleich immer Selbstdarstellung der Gesellschaft – und damit Abbild des gesellschaftlichen Zustandes. Das gilt nicht nur für das Gebaute, sondern ebenso für die entgegengesetzte Entscheidung, nämlich für den Abriß von Gebäuden oder die Zerstörung der Gebäudephysionomie. Eines der vielleicht entscheidenden Kriterien dafür, ob wir es mit einer Stadt oder bloß mit Menschen- und Gebäudeanhäufungen zu tun haben (Despotopalous[119] hat den Begriff der Scheinstadt geprägt), ist die Frage, ob sich die Gesellschaft, d.h. ob sich der Bürger mit seiner Stadt identifiziert oder nicht. Ich darf an die Worte von Jakob Burckhardt erinnern, der sagt:

»Denn Städte, solange sie diesen hohen Namen verdienen und nicht bloße Menschenanhäufungen sind, bleiben immer Individuen mit so ausgeprägten Zügen, daß jeder einzelne ihrer Angehörigen immer an diesen gemeinsamen Zügen erkennbar ist.«[120]

Erkennbar aber ist nur das Unverwechselbare. Wir machen den Gestaltverlust der gesellschaftlichen Ordnung, den die sprunghafte Entwicklung zur Industriewelt im Gefolge hatte, für die Ungestalt der Städte, die uns heute Sorgen bereiten, verantwortlich.

Die Massengesellschaft erzeugte das unübersehbare Massenquartier mit all seinen bekannten Mißständen. Der Bewohner solcher Umwelt sah natürlich keine Veranlassung, sich mit dieser Art von Stadt zu identifizieren. Wenn wir heute wieder einigen solchen Quartieren einen gewissen Reiz abgewinnen, wenn melancholische Abgesänge auf Stuck und Putte durch die Presse geistern, sind diese Quartiere damit nicht besser geworden. Diese späte Liebe beweist nur, wie deutlich die Gesichtslosigkeit vieler

Neubaugebiete empfunden wird, obwohl sie im Sinne der Reform von gestern viel Positives aufweisen: Wohnruhe, Grünanlagen, Licht, Luft und Sonne, nur nicht den Flair des Städtischen – und vielleicht auch kaum die Möglichkeit der Identifikation. Aber vielleicht muß man abwarten, bis die Bäume groß geworden sind. Die neue Liebe zu Putte und Stuck beweist auch, wie sehr die Stadt der historischen Substanz bedarf. Die Stationen ihres Werdens müssen sichtbar bleiben.

Aber dennoch muß deutlich gesagt werden, daß die Stadt kein Museum ist und kein Bild, sondern Organ und Gefäß vielfältigen Lebens, ein immerwährender Prozeß und kein Endzustand.

Wir wissen, und es wird immer wieder bei Anlässen wie dem heutigen gesagt, daß in den vor uns liegenden Jahrzehnten ein Bauvolumen zu bewältigen sei, das quantitativ alles übertrifft, was in den vergangenen fünftausend Jahren Menschheitsgeschichte je gebaut wurde. Den Architekten sollte diese Aussicht fröhlich stimmen – aber ich muß gestehen: mich erschreckt der Gedanke, daß es so sein könnte, und sicher ist es so. Wir stehen angesichts der erforderlichen Massenproduktion an Bauten vor bisher unbekannten organisatorischen aber auch geistigen Problemen.

Kongresse wie dieser dienen dem Erfahrungsaustausch und im weitesten Sinne der Meinungsbildung. Was sollen wir tun? Wie können wir die bekannten Fehler der »Gründerjahre« jenes Baubooms der ersten industriellen Revolution vermeiden?

Es wird immer wieder darauf hingewiesen, daß neue Wege des Managements, neue Methoden der Planung und neue Techniken der Realisation gefunden werden müßten; daß sich auch das Berufsbild des Planers wie das des Architekten grundlegend wandeln müsse. Nicht mehr der seiner eigenen Welt und Vorstellung verpflichtete »Künstler« sei am Platze, sondern der Teamgenosse, der hochspezialisierte Fachmann, der neben anderen hochspezialisierten Fachmännern computergewohnt als echter Partner des Fortschritts die Zukunft bewältigt. Sicher ist viel Wahres an dieser Forderung, anders ist weder die Programmierung noch die technische Bewältigung der anstehenden Aufgaben denkbar.

Aber im Grunde genommen ist diese neue Arbeitsweise kaum neu, zumindest in der Industrie und im militärischen Bereich wird ähnliches seit langem praktiziert. Wir haben nur Methoden, die sich bereits bewährt haben, zu übernehmen und unserem Tun anzupassen und nutzbar zu machen. Aber dürfen wir annehmen, daß die noch zu findende neue Methode auch Genie entfalten wird, jene magische Kraft, die die rechte Gestalt findet für die vielerlei Inhalte. Skepsis äußert sich gern im Witzwort. Sie kennen die amerikanische Scherzfrage: »What is a camel? und die Antwort: a camel is a horse designed by a committee!«

Mir fällt bei dieser Fragestellung eine Begebenheit ein, die sich vor etwa zehn Jahren in Ulm in der Hochschule für Gestaltung abspielte. Max Bill, damals Leiter der Schule[121], entwickelte an der Wandtafel vor den staunenden Besuchern (Mitglieder des Schweizerischen und Süddeutschen Werkbundes) seine Erfindung (ich glaube er nannte sie Parametersystem) zur Erzeugung fehlerfreier Kunst nach wissenschaftlicher Methode, die, wie er sagte, in der Industrie seit langem üblich sei ...
Plötzlich erhob sich etwas erregt ein Herr, der sich als Elektriker vorstellte und – wie man später erfuhr, Fachmann für Computertechnik war – und widersprach heftig. Die Industrie habe jene vermeintlich wissenschaftliche Methode längst verlassen und vertraue zum guten Teil auf das, was man Intuition oder Ingenium nennen könnte. Natürlich sei immer Erfahrung dabei. Um eine Brücke zu bauen, würde man nicht den ganzen denkbaren Katalog von Möglichkeiten untersuchen, sondern sich den zwei oder drei wahrscheinlich besten Lösungen zuwenden. Er fügte eine Geschichte an, die ich hier wiedergeben will. Und die war so:

Ein Mann geht durch die Stadt, auf der Straße findet er ein Blatt Papier. Auf dem Papier steht ein Gedicht – ein Sonett. Er denkt, ein Dichter hätte es geschrieben, ein Drucker gedruckt, ein Lesender verloren. Aber es könnte auch anders sein, sagte er. Der Dichter kann in der Geschichte wegfallen. Auch der Computer kann Sonette machen. Man müsse nur die richtige Kombination einstellen, zweimal vier Zeilen, zweimal drei Zeilen, die gewünschte Zahl Buchstaben pro Zeile festlegen mit allen Variationsmöglichkeiten. Dann könne man bei entsprechender Geduld alle Sonette dieser Erde erzeugen. Das Problem sei lediglich die Notwendigkeit, das Brauchbare aus dem Unbrauchbaren herauszufinden. Wenn man nur ein Sonett erzeugen wolle, und hier griff er zum Rechenschieber, erhielte man so viel bedruckten Papieres, daß Tausende von Menschen Hunderte von Jahren sortieren müßten, um es aufzufinden. Und dies wiederum, so sagte er, hielte er für unwirtschaftlich und fände es besser, sich auf den Dichter zu verlassen.

Diese Geschichte hat mir nicht nur Spaß gemacht, weil sie unseren Glauben an Wissenschaft und Technik als Wundermittel dämpfte – sondern weil gerade ein Mann der Technik, der Forschung, der Teamarbeit die Rolle des Einzelnen – des Genies, wenn Sie wollen, sagen wir des Individuums für die Gesellschaft klarstellte. Die Stadt aus der Retorte kann ich mir nicht vorstellen. Die meint auch niemand von uns. Allenfalls die Normküche – das optimale Badezimmer, vielleicht den Typengrundriß für eine Wohnung für einen vermeintlichen Normalbürger mit Frau und Kind. Kurz, Einzelelemente, aus denen man Städte macht. Woher aber weht der Geist, der Städte erstehen und wiedererstehen und andere verdorren läßt? Stadtinhalte wachsen auf anderem Boden, entstehen aus Erfindung und Idee, Not und Notwendigkeit. Bei Laotse steht: »Aus Wänden und Fenstern macht man Häuser, aber das Leere zwischen den Wänden wirkt das Wesen des Hauses.«[122]

Immer wieder werden die Begriffe Freiheit und Stadt zusammen genannt.

»Stadtluft macht frei«, dieses vielzitierte Wort hat seinen Ursprung in der Zeit der Leibeigenschaft, als es sich an den Menschen erwies, denen es gelang, in die Stadt zu ziehen und hier Bürgerrechte zu erwerben.[123] Athen gilt als die Wiege des zoon politikon, des freien Stadtbürgers, dessen Gemeinsinn die Stadt als Geistraum begreift und für sie wirkt. Der gegenwärtige Zustand vieler Städte zeigt aber, daß diese bürgerliche Freiheit kein Glück ist, das man hat, kein Geschenk, sondern eine immerwährende Aufgabe, die wir dem anderen gegenüber erfüllen müssen.

Rosa Luxemburg hat gesagt: »Demokratie ist die Freiheit des Andersdenkenden«, ist also die Freiheit, die wir gewähren und nicht nur die, die wir genießen.[124] Stadtluft macht frei, heißt: Wo anders als in den Städten sollten die Revolutionen beginnen. Ich meine nicht Mord und Totschlag – sondern die Revolutionen des Denkens, die morgen Reform, d.h. Wohltat sein können zum Wohle der erstaunten, gerade geschlafen habenden Menge. Stadtluft macht frei, heißt auch, daß die Utopisten des Städtebaues genauso wie die Teufel unter den Studenten in unserer Gesellschaft Raum haben müssen, ich möchte sagen, Spielraum haben müssen.

Vielleicht tragen sie eine Botschaft, die uns alle angeht, schon morgen angeht. Wir reden von Zuwachs an Freizeit – von höherer Lebenserwartung und denken insgeheim an Bolzplätze für die Opas, die nun länger leben müssen. Aber wir denken zu wenig an den wirklichen, den geistigen Spielraum in unserer Gesellschaft. Denn eigentlich hoffen wir doch, daß der homo sapiens, wie wir ihn heute kennen, dieser Experte, der so vieles weiß, entwicklungsfähig genug ist, ein, wie mir scheint weiserer, homo ludens zu werden.

Meine Damen und Herren, ich sage dies nicht, um den Experten zu kränken oder seine Bedeutung zu schmälern, auch ich gehe zum Zahnarzt, wenn es soweit ist und bin dankbar, daß es kein Medizinmann mehr ist. Ohne die Differenzierung der Wissenschaft, ohne höchste Spezialisierung ist unsere Welt nicht mehr bewohnbar. Inzwischen weiß jeder, daß die großen vor uns liegenden Aufgaben nur in gemeinsamer Anstrengung aller Beteiligten gelöst werden können. Je komplexer die Aufgabe gesehen wird, umso wahrscheinlicher ist die Aussicht auf Erfolg. Dafür gibt es bereits gute Beispiele. Die Technik, und zwar eine ständig weiter zu entwickelnde Technik, ist das unentbehrliche Instrument zur Bewältigung der Aufgabe.

Diese Aufgabe aber ist nicht nur die Brücke oder der Straßenknoten, das Hochhaus oder die Schule, sondern immer wieder der Mensch, dem alle diese Dinge dienen, und seine Stadt, in der er lebt. Das klingt banal, aber es ist so, und ich glaube, daß wir uns das nicht oft genug in Erinnerung rufen.

Ich freue mich, daß dieser Kongreß in Berlin tagt – wir haben zwar nicht so Geschichtsträchtiges zu zeigen wie Paris oder London – nichts so Spektakuläres wie Tokio oder zur Zeit Montreal.[125]

In Berlin werden kleinere Brötchen gebacken. Hier riecht es nach Kiefernwald und Wasser. Rund um die Stadt werden Kartoffeln und Spargel angebaut. Am Ende jeder Straße, die nach Norden führt, spürt man die Ostsee. Vor knapp 200 Jahren sprach ein Drittel der Bewohner dieser Stadt Französisch und lernte mühsam Deutsch, Hugenotten, die hier Religionsfreiheit suchten und fanden, und im Telefonbuch wimmelt es von polnisch klingenden Namen.

Heute ist diese Stadt wie im Mittelalter von einer Mauer umgeben und muß versuchen, das Glück ihrer Bürger auf engem Raum zu ermöglichen. Und diese Bürger freuen sich, daß Mies van der Rohe das Museum am Kemperplatz baut, sind stolz auf den Saal der Philharmonie, sie schimpfen auf die neuen Siedlungen, und die da wohnen, wohnen gern darin. Sie rasen über die Stadtautobahn, weil diese einen Hauch von Ferne und ein Gefühl der Weite gibt, der Weite, die diese Stadt von jeher ausgezeichnet hat.

Wir bauen heute und hier. Nicht nur die Zeit, in die der Mensch gestellt ist, auch der Ort ist Schicksal.

In all den Dingen, die wir hier bauen – hic et nunc – in unserer Gegenwart und für unsere Gegenwart äußert sich zugleich unser Vertrauen in die Zukunft dieser Stadt. Und wir hoffen auf eine gute Zukunft in einer besseren Welt, an der wir mitarbeiten wollen.

Wir freuen uns, daß Sie zu uns gekommen sind und freuen uns darauf, Ihnen einiges von dem zu zeigen, was wir hier mit und in unserer Stadt tun. Heine sagt zwar »Berlin ist gar keine Stadt, sondern Berlin gibt bloß den Ort dazu her, wo sich eine Menge Menschen – und zwar darunter viele Menschen von Geist – versammeln, denen der Ort ganz gleichgültig ist, diese bilden das geistige Berlin«,[126] aber ich glaube, Berlin ist seit Heine einer Stadt doch ähnlicher geworden.

Ich wünsche dem Kongreß einen guten Erfolg und danke Ihnen.

Schulze-Fielitz spricht von Stadtstrukturen.[127]
J. P. Weber von means, Mitteln – Bauweisen – die dynamisch, nicht statisch, Möglichkeiten »einräumen«, die das Fließende der Zeit ermöglichen und nicht das Statische des Augenblicks zur Form erstarren lassen, die im nächsten Moment schon zur Zwangsform wird.

In allen vermeintlich utopischen Konzepten wird die permanente Anpassungsfähigkeit an noch nicht bekannte Ansprüche und Wünsche formuliert. Jeder dieser Beiträge macht sich zum Sprecher und Vorkämpfer einer Freiheit, die kommen muß.

Es mag einige überraschen, daß gerade in den westlichen Demokratien die Unzufriedenheit der Jugend gegen die etablierte Ordnung so vehement Ausdruck findet. Mir scheint, es gibt einen unmittelbaren Zusammenhang – eine gemeinsame Unruhe – hinter den so verschiedenartigen Formen des Protestes – der Beatniks oder der Provos, der Gammler oder der Studenten von Berkeley und Berlin, sowie der zornigen jungen Männer unter den Stadtbau-Utopisten.

Ein Grund dieser Unruhe scheint darin zu bestehen, daß in der verwalteten Demokratie das Recht des Einzelnen auf Individualität, d.h. zugleich das Recht der Minderheiten auf Berücksichtigung ihrer Wünsche nur noch auf dem Papier existiert. Dies ist nicht Schuld der Verwaltungen, die nur vollstrecken, was des Volkes Wille ist, oder der Wille der Wähler, d.h. der Masse. Aber gerade diese Masse der Wähler gefällt sich in einem sorgfältig ausbalancierten Wohlstandskonformismus und fühlt sich natürlich durch jede nonkonforme Individualität nicht nur gestört, sondern provoziert oder gar bedroht.

Wie stark dieses Irritiertsein ist, kann man in Parlamentsdebatten und Polizeiberichten nachlesen. Sie werden mich fragen, was hat das alles mit dem Thema unseres Kongresses zu tun, »Stadterneuerung und die Zukunft der Stadt«? Ich glaube, sehr viel. Wenn wir die oft zitierte Erkenntnis für wahr halten, daß Stadtluft frei macht, daß der Bürger der Polis das zoon politikon sei, dann müssen wir den Ruf nach Freiheit des Individuums ernst nehmen.

Rosa Luxemburg hat gesagt, daß die Demokratie die Freiheit des Andersdenkenden ist. Wie aber ermöglichen wir das Unplanbare, das Recht auf free choice des Stadtbürgers von morgen, den wir nicht kennen, in unseren Plänen. Was geschieht eigentlich unter den Stadtstrukturen – wo früher Wiese war – ist da jetzt Müll? Wird wirklich jemand seine Wohnung nehmen und fortziehen mit ihr und sie einhängen in ein anderes Gestell in einem anderen Land?

Wir sind uns wohl einig, daß es viel Praktisches einzuwenden gibt. Aber gibt es Einwände des Geistes gegen ein hohes Maß an Mobilität? Ist es nicht höchste Zeit, den geistigen Anspruch solcher Stadtgedanken zur Kenntnis zu nehmen? St. Exupéry hat gesagt: nicht den Plan einer Stadt will ich euch zeigen – sondern den Traum von einer Stadt und ihr werdet die Wege (means) finden.[128]

In meinem ersten Referat habe ich gelesen: wir werden »im Großen« eine weit stärkere Uniformität in der Baukörpergestaltung hinnehmen müssen.

Armer Baukörper.

Das ist vielleicht nur halb so schlimm. Aber dürfen wir die Programmierung unserer tausende von Wohnungen hinnehmen, diese Minimalforderungen an Standard und Größe, die uns heute noch angemessen erscheinen? (Wie aber, wenn der Mensch wächst?) Die wir mit den letzten Erkenntnissen des industriellen Bauens unveränderbar zu Hochhäusern türmen? Ist nicht der Anspruch auf Raum von Jahrzehnt zu Jahrzehnt gewachsen?

Kürzlich sah ich in London eine intelligente Studie zum Wohnungsproblem indischer Städte (von einer jungen Inderin): Leere Geschosse im Skelettbau – zwei Wasserstellen – heute für viele Familien auf engstem Raum – morgen neu unterteilbar für weniger Menschen mit mehr Raum. Abriß nicht nötig. Die junge Dame war voll Hoffnung auf die Zukunft der Stadt.

Aber wir schaffen es nicht bei größtem technischem Fortschritt, die tausende von 2-Zimmerwohnungen so zu bauen, daß man sie später zu größeren Einheiten zusammenfügen kann. Das gilt von Hamburg bis München.

Armut – oder Mangel an Hoffnung auf Zukunft?

Auf der BDA-Tagung in Hannover[129] kam die makabre Forderung auf, man solle in die Rentabilitätsberechnung die Abrißkosten gleich einrechnen. Ich glaube, es gibt andere Möglichkeiten, wirtschaftlich zu denken, auch für längere Zeiträume.

Blaupause von Farsta

Eine Blaupause ist die Reproduktion eines Planes. Jegliche Konstruktion – ob einer Maschine, einer Brücke, eines Hauses oder gar einer Stadt – setzt einen Plan voraus. Jegliches Planen wiederum eine Vorstellung – eine geistige Konzeption von Art und Sinn, Zweck und Form des zu planenden. Je komplexer die gestellte Aufgabe wird, umso vielschichtiger wird der Plan und umso komplizierter seine materiellen und geistigen Voraussetzungen.

Die »Congrès Internationaux d'Architecture Moderne«, jene 1928 auf dem Schloß von La Sarraz gegründete Gemeinschaft moderner Architekten, die wir als CIAM kennen, hat zum Thema Planen und Bauen eine Reihe von Forderungen erhoben, die 1933 während einer Tagung des Kongresses in Athen als Grundsätze einer Charta für Städtebau aufgestellt wurden. Acht Jahre später, 1941 [1943], während der deutschen Besatzung, erschien in Paris die erste Auflage der »Charta von Athen«. In ihr werden durch

Farsta ist ein Vorort von Stockholm, der bis 1960 errichtet wurde. Wie schon bei seinem vier Jahre zuvor eingeweihten typologischen Vorgänger Vällingby war der Auftraggeber die kommunale Wohnungsbaugesellschaft Svenska Bostäder, die Architekten erneut Backström & Reinius. Es ist anzunehmen, dass Düttmann Farsta aus eigener Anschauung kannte. Dafür spricht, dass er 1964 in Schweden auf Reisen war; seiner Mutter Frieda Düttmann schickte er aus Stockholm eine Karte mit den folgenden Zeilen: »Liebe Mamuschka, filius ist auf Studienreise in Sachen Museumsbau. Stockholm ist schön und das Wetter wie im Juli. [...].«

Da sowohl Farsta als auch Vällingby – beide sogenannte ABC-Städte (»Arbete, Bostad och Centrum« – Arbeiten, Wohnen und Zentrum) – international als besonders gelungene Beispiele für modernen Städtebau nach den Prämissen der *Charta von Athen* galten, über die auch ausführlich in der Fachpresse berichtet wurde, waren sie häufig Exkursionsziel von Architekten und Stadtplanern.

Zwischen der Erbauung von Farsta und seiner unmittelbaren positiven Rezeption und dem vorliegenden Text liegen vermutlich einige Jahre. Die anfängliche Begeisterung ist einer ausgeprägten Skepsis gewichen, die auf dem nun vorgefundenen Zustand der Stadt gründet. Werner Düttmann zieht hierfür einen literarischen Text heran, der sich in seinem Nachlass erhalten hat und den er aufgrund seiner Struktur als »Tagebuch« bezeichnet. Er ist nicht datiert und ist, laut einer Notiz auf dem Titelblatt, ein Werk der Schriftstellerin Corinna Schnabel, was jedoch nicht verifiziert werden konnte. In dem Text werden die Grundsätze der *Charta* ad absurdum geführt: Alles sei vorbildlich nach Plan umgesetzt worden, dennoch funktioniere die Stadt nicht: Sie sei bloß das traurige Abbild einer Theorie.

Die Transkription des gedruckten Textes folgt:
AdK, Werner-Düttmann-Archiv, 399
Bl. 1–9, Typoskript, undatiert, mit wenigen handschriftlichen Ergänzungen

Le Corbusier jene Forderungen von La Sarraz detailliert und erweitert, die schon damals lauteten:

Zitat: »Es ist die Bestimmung der Architektur, den Geist einer Epoche auszudrücken.«
und zum Thema Städtebau:
Zitat: »Der Städtebau kann nicht mehr ausschließlich den Gesetzen eines willkürlichen Ästhetizismus unterworfen sein. Seinem Wesen nach ist er funktioneller Natur. Die drei grundlegenden Funktionen, über deren Erfüllung der Städtebau zu wachen hat, sind:

Wohnen,
arbeiten,
sich erholen.
Sein Gegenstand sind
Aufteilung des Bodens
Organisation des Verkehrs
Gesetzgebung

Die obenerwähnten drei grundlegenden Funktionen werden vom heutigen Zustand der Ansiedlungen nicht begünstigt usw.«

Soweit La Sarraz.

Die *Charta von Athen* erweitert die in La Sarraz genannten drei Funktionsgruppen, denen der Städtebau zu dienen habe, auf fünf.

Diese heißen:
Wohnung
Freizeit
Arbeit
Verkehr
Historisches Erbgut der Städte.

Zu jedem dieser Begriffe werden Untersuchungen am gegenwärtigen Zustand der Städte angestellt und Forderungen erhoben, diesen Zustand zu ändern. Das letzte Kapitel der *Charta* zieht Schlußfolgerungen und stellt Lehrsätze auf. Man muß einige dieser

Siehe auch:
Bl. 10–31, zugrundeliegendes Manuskript, undatiert
AdK, Werner-Düttmann-Archiv, 330
unpag., Postkarten von Werner Düttmann an seine Mutter
AdK, Werner-Düttmann-Archiv, 418
Text über Farsta, handschriftlich mit »Corinna Schnabel« überschrieben

Forderungen und Lehrsätze kennen, um den Plan von Farsta zu verstehen, und zu verstehen, was seine Realisierung in der Entwicklung des modernen Städtebaus bedeutet. Es heißt da zum Beispiel bei den Untersuchungen des gegenwärtigen Zustandes:

zum Thema Wohnen: ich zitiere

»Das Chaos hat in den Städten Einzug gehalten!« oder »Der innere, historische Kern der Städte ist zu dicht besiedelt.«

In den zusammengedrängten Stadtvierteln sind die Wohnbedingungen unheilvoll, weil der den Wohnungen zugebilligte Raum nicht genügt und weil keine Grünflächen zur Verfügung stehen.

»Das Wachstum der Städte verschlingt nach und nach die angrenzenden Grünflächen, ...«

»Bauwerke, die längs der Verkehrswege und an Kreuzungen errichtet werden, sind für Wohnungen ungeeignet: Lärm, Staub, schädliche Abgase.«

»Die Verteilung der Gebäude zu gemeinschaftlichem Gebrauch, die mit den Wohnvierteln zusammenhängen müßten, ist willkürlich.«

»Vor allem die Schulen liegen häufig an Verkehrsstraßen und sind zu weit entfernt von den Wohnungen.«

»Die Vorstädte sind ohne Plan errichtet und ohne normalen Zusammenhang mit der Stadt.«

Diesen Feststellungen werden Forderungen entgegengestellt, es wird gefordert:

»Die Wohnviertel müssen künftig im Stadtgebiet die besten Baustellen einnehmen, ihre Vorteile aus Topographie und Lage ziehen, über die günstigste Sonnenlage und bequem gelegene Grünflächen verfügen.«

»Eine vernünftige Bevölkerungsdichte, entsprechend der durch die Natur des Geländes bestimmten Siedlungsform, sollte vorgeschrieben werden.«

»Man muß auf die Hilfsmittel der modernen Technik zurückgreifen, um hohe Bauten zu errichten.«

»Hohe Bauwerke, in großer Entfernung voneinander aufgeführt, sollen den Boden zugunsten weiter Grünflächen freigeben.«

Zum Thema Freizeit heißt es:

»Die freien Flächen sind im allgemeinen unzureichend.«

»Sofern freie Flächen in ausreichendem Umfang vorhanden sind, liegen sie oft ungünstig und sind dadurch wenig brauchbar für die Masse der Einwohner.«

Es wird gefordert:

»Jedes Wohnviertel muß künftig über eine Grünfläche für vernünftige Spiel- und Sportanlagen für Kinder, Jugendliche, Erwachsene verfügen.«

»Die wöchentliche Freizeit muß sich an liebevoll eingerichteten Orten abspielen: in Parks, in Wäldern, Sportanlagen, Stadien, Strandbädern etc.«

»Man muß mit den Gegebenheiten rechnen: Flüssen, Wäldern, Hügeln, Bergen, Tälern, Seen, Meer etc.«

Zum Thema Arbeit:

»Die Verbindung zwischen Wohnung und Arbeitsplatz ist nicht mehr normal; sie zwingt zur Bewältigung übermäßig weiter Wege.«

»Die Errichtung von Industriebetrieben ist dem Zufall überlassen und keinem Gesetz unterworfen.«

Es wird gefordert:

»Die Entfernungen zwischen Arbeitsplatz und Wohnort müssen auf ein Minimum reduziert werden.«

»Die Industriesektoren müssen unabhängig von den Wohnsektoren und durch eine Grünzone von diesen getrennt sein.«

»Den Geschäftsvierteln, die der privaten oder öffentlichen Verwaltung vorbehalten sind, müssen gute Verbindungsmöglichkeiten mit den Wohnvierteln gewährleistet sein, ...«

Zum Thema Verkehr wird gefordert:

»Auf Grund rigoroser Statistiken über den gesamten Verkehr in der Stadt und ihrem Gebiet müssen brauchbare Analysen durchgeführt werden, ...«

»Die Verkehrsstraßen müssen ihrem Charakter gemäß klassifiziert und entsprechend den Fahrzeugen und ihrer Geschwindigkeit gebaut werden.«

»Der Fußgänger muß andere Straßen als das Auto benutzen können.«

»Je nach ihrer Bestimmung müssen folgende Straßen unterschieden werden: Wohnstraßen, Straßen für Spaziergänge, Durchfahrtsstraßen, Hauptstraßen.«

»Die Fernverkehrsstraßen sollen grundsätzlich durch Grünzonen isoliert werden.«

Soweit die *Charta von Athen,* zurück zur Blaupause von Farsta. Was sagt dieser Plan aus, gemessen an den soeben gehörten Grundsätzen modernen Städtebaus? 12 km südlich des kulturellen und wirtschaftlichen Zentrums von Stockholm – von Norrmalm fährt man 20 Minuten mit der U-Bahn – ist ein neuer Stadtteil entstanden, der alle Wünsche zu erfüllen scheint. Das stark hügelige, waldreiche Gelände schiebt sich in einer Breite von etwa 2 km und einer Länge von ca. 3 km zwischen zwei ausgedehnte Seengebiete, die den landschaftlichen Reiz noch steigern. Die topographischen Gegebenheiten sind klug benutzt, um die wesentlichen Vorgänge wie Wohnen, Arbeiten, Einkaufen, Erholen sowohl räumlich zu trennen als auch geschickt miteinander zu verbinden. Ein differenziertes Straßen- und

Wegesystem schaltet für den hier Lebenden jede vermeidbare Belästigung und Gefahr aus. Das Angebot der höchst komfortabel ausgestatteten rd. zehntausend Wohnungen reicht vom Einfamilienhaus mit Garten bis zum Appartement im Hochhaus. Vor jedem Fenster breitet sich die Landschaft aus mit Wald und See. Der Weg zur Schule führt durch Grünanlagen wie der zum Einkaufszentrum. Und auch die Arbeitsstätten betten sich in Grün. Eine Fülle von Gemeinschaftseinrichtungen erweitert die eigene Wohnung für Kinder und Erwachsene. Kindergärten, Sport- und Schwimmhallen, Tummelplätze, ein Theater, ein Kino, ein sogenanntes Hobby-Zentrum mit Café, ja eine Reitschule mit ihren Ställen. Ein mit Atomkraft betriebenes Heizwerk sorgt für Wärme und keine Schornsteine verpesten die Luft, die nach Wald und Wasser und nur am Straßenrande nach Benzin riecht.

Das Zentrum – zur Zeit noch Endstation der U-Bahn – ist für den Fußgänger geplant und bietet, wie der Prospekt verspricht, alles für jeden. Die Überbauung eines engen Tales im Herzen des neuen Stadtteils schuf einen unterirdischen Verkehrsraum für die Lieferfahrzeuge. Darüber breitet sich ein langgestreckter Platz mit Springbrunnen, Bäumen, Bänken, Lampen, Plastiken inmitten der Kaufhäuser und Läden. Ein Restaurant, ein Café, ein Kino, ein Theater, ein Jugendklub ergänzen das ausgebreitete Angebot. Zwei große Parkplätze im Rücken der Geschäfte erleichtern der Hausfrau den Abtransport des Gekauften – obwohl keins der Wohnhochhäuser weiter als 500 Meter vom Zentrum entfernt ist und die letzten Einfamilienhäuser kaum mehr als 1000 m.

Ein vielfältiges Angebot an Arbeitsplätzen soll dafür sorgen, daß Farsta, wie es im Stadtplaner Jargon heißt, nicht zur reinen Schlafstadt werde, wie man es häufig beobachtet, wenn große Stadterweiterungen aus weiter nichts als Wohnungen bestehen. Die Königlichen Telegraphenwerke haben hier ihre Hauptverwaltung eingerichtet, desgleichen eine große Versicherungsgesellschaft. Das Einkaufszentrum bietet viele Arbeitsplätze und nicht zuletzt die ausgedehnten Flächen für Fabriken und Werkstätten aller Art.

So ist Farsta nicht nur ein neuer Stadtteil in Stockholm, sondern trotz seiner Nähe zur City der Struktur nach fast eine selbständige Stadteinheit. Mehr der Idee der Trabanten- oder Satellitenstadt zuzurechnen als dem Begriff Vorort, der in seinem englischen Namen suburb so sehr in Mißkredit geraten ist. Die Stockholmer Stadtplaner gebrauchen für Farsta wie für Vällingby die Bezeichnung »satelite suburb«. Und in dieser Bezeichnung offenbart sich ein Programm: nicht Vorstadt, sondern die Stadt vor der Stadt, die versucht – ich zitiere Artikel 94 der *Charta von Athen:* »... der Dringlichkeit zu entsprechen, mit legalen Mitteln die Verteilung allen nutzbaren Bodens zu regeln, um die lebenswichtigen Bedürfnisse des

Individuums in voller Harmonie mit den Kollektivbedürfnissen zu befriedigen.«

In La Sarraz waren die grundlegenden Funktionen, über deren Erfüllung der Städtebau zu wachen habe, »Wohnen, Arbeiten, Erholen« benannt und als Gegenstand des Städtebaus, als Instrumente der

a) Aufteilung des Bodens
b) Organisation des Verkehrs
c) der Gesetzgebung.

Hierzu sei gesagt: Farsta wie die Schwesterstadt Vällingby wären nicht möglich ohne die mehrere Jahrzehnte alte, vorsorgende Bodenpolitik der Stadt Stockholm, der es gelungen ist, fast 90% des Gebietes von Groß Stockholm in das Eigentum der Stadt zu überführen. Ohne diese Bodenpolitik wäre auch die großzügige Neuordnung des Verkehrs kaum möglich. Und zum dritten wäre die Erstellung all der hochqualifizierten und, um einen Ausdruck der Wohnungspolitik zu gebrauchen, familiengerechten Wohnungen nicht denkbar ohne die Gesetzeshandhabe der Wohnbeihilfe, die den einkommensschwachen Familien Mietzuschüsse gewährt, sofern sie eine familiengerechte Wohnung beziehen. D.h. eine Familie mit 2 Kindern muß eine 4-Zimmerwohnung beziehen und sich nicht mit 2 Zimmern begnügen, um Mietbeihilfe zu erhalten.

Schweden hat es vermocht, sich aus den Katastrophen herauszuhalten, die Europa ein halbes Jahrhundert lang erschüttert und erschöpft haben, und hat inzwischen im Geiste der *Charta von Athen* Städtebau betrieben im Sinne jenes letzten unter Artikel 95 eben dieser *Charta* gestellten Postulats: »Das Privatinteresse wird in Zukunft dem Interesse der Gemeinschaft unterstellt sein.«

Darum ist Stockholm so etwas wie das Mekka des Städtebaus des 20. Jahrhunderts geworden, das Jahr für Jahr Legionen von Städtebauern, Architekten, Stadtverwaltungen und Studenten anzieht, die am gebauten Beispiel das Gedachte überprüfen wollen, den Plan, in dessen Mittelpunkt der Mensch steht.

Ende I. Teil

II. Teil

Dieses Tagebuch aus Farsta macht traurig. Farsta ist durchgefallen, Farsta ist nicht London, Paris oder New York. Farsta ist langweilig. Farsta ist der Wohlstand des kleinen Mannes. Vielleicht ist der Wohlstand des kleinen Mannes immer langweilig. Aber für wen? Auch für den kleinen Mann?

Mir fällt ein Vortrag von Julius Posener ein, in dem er darauf hinwies, wie schnell der Standpunkt der Betrachtung wechselt.[130] Es ging um Reisetagebücher prominenter Männer. Objekt der Betrachtung war der Markusplatz von Venedig. Goethe sah nur den Halbkreis des Meeres, das diese Stadt umgibt, die ohne Mauern war. Stand also mit dem Rücken zum Gebauten. Camillo Sitte, nur Jahrzehnte später, entdeckte ein Gefüge aus Ästhetik und sah nur Kunst und beste Proportion. Und Louis Mumford, wieder nach Jahrzehnten, entdeckte im Gebauten dieses Platzes die Spuren unterschiedlichster Epochen mit ihren jeweils neu gestellten Themen. Mag das nicht auch für den Versuch von Farsta gelten? Uns fehlt das Drama, die Stadt, das unbekannte Wesen, jene Mischung aus Broadway und Lichterfelde. Farsta ist ohne Glanz und ohne Clochards, ohne alte Menschen heißt es. Aber wie schnell sind die jungen alt in einer neuen Stadt – und ziehen sie dann aus? Farsta ist ohne Elend, das Teilnahme erweckt, aber voller Mond in den hellen Nächten und wahrscheinlich voller Strindberg. Ich will gewiß nicht nach Farsta. Aber die Leute von Farsta sind von den Tausenden, die Jahr für Jahr aus ganz Schweden nach Groß-Stockholm ziehen um der städtischen Lebensform willen, und viele kommen vom Dorf. Und die erste Etappe heißt Farsta, die Stadt ohne Städter, mit vielleicht hundert Menschen pro Hektar.

Aber was ist bewiesen? Die gesunde Wohnung am Rande der Natur. Die Möglichkeit der Leistung, wenn man will. Die Achtung vor dem Menschen als Teil der Schöpfung – alias Natur und Teil der Technik – alias Natur. Der Mensch im naturwissenschaftlichen Zeitalter. Retour à la nature – mit Hilfe der Wissenschaft.

Später Rousseau? Vielleicht. Es werden in jüngster Zeit Stimmen laut, die die Sehnsucht nach Asphalt singen, »die gemordete Stadt« von Wolf Jobst Siedler und Elisabeth Niggemeyer – »Tod und Leben großer amerikanischer Städte« von Jane Jacobs und andere.[131] Ich glaube: Farsta ist gut, solange es die Altstadt von Stockholm gibt – und die Altstadt von Stockholm ist gut, weil es Farsta gibt. Und wenn Stockholm eine italienische Stadt wäre, wäre in Farsta ohnehin alles ganz anders.

Das heißt:

Die Stadt ist kein Endzustand, der zu planen ist, sondern ein Prozeß. Allerdings wechseln die Triebfedern dieses Prozesses, und wenn heute in Farsta die Wohnung des Menschen im Mittelpunkt der Planung steht, ist das keine Schande. Ich zitiere den eingangs erwähnten Artikel 23 der *Charta von Athen,* der da beginnt: »Die Wohnviertel müssen künftig im Stadtgebiet die besten Baustellen einnehmen.«

Entwurf – Märkisches Viertel

25 Jahre – ¼ Jahrhundert – waren notwendig, um den Berlinern die kriegszerstörten Wohnungen zu ersetzen. Hieraus wird deutlich, daß der Bau von Stadtquartieren und Siedlungen, überhaupt die Schaffung jeglichen städtischen Wohnraums, nicht nur eine Frage lokalbezogener Planungsüberlegungen sein kann, sondern ein global zu sehender städtischer Lebensvorgang ist, der von den Existenzfragen des städtischen Wohnens ausgehen muß. So gesehen ist Städtebau als ein Bauprozeß zu verstehen, der aus weit mehr als nur technischen Fakten beeinflußt, ständigen Veränderungen und Weiterentwicklungen unterworfen ist. Eine Stadt wird kaum den Grad einer Vollständigkeit erreichen, sondern im Gegenteil erst durch ihre Ergänzungen und Veränderungen und Weiterentwicklung den Grad vielschichtiger städtischer Existenz erlangen.

Auch der Bau eines Stadtteiles wie das MV mit 17.000 Wohnungen – also einer Stadtgröße wie Tübingen – ist diesem Prozeß unterworfen. Ihre Einbindung in die Stadt, ihre Schwerpunktbildung im Stadtbezirk Reinickendorf, ihr innerer Aufbau ist von Maßnahmen und Entscheidungen abhängig, die u.a. in weitem Maße von stadtwirtschaftlichen und ähnlichen Überlegungen ausgehen, also sich aus einer überregionalen Notwendigkeit begründen. In diesem Sinne ist der Neubau des Stadtgebietes MV nicht als ein Experiment zu bewerten – wie es irrtümlicherweise immer wieder geschieht –, sondern als ein Objekt, das sich aus den Lebensvorgängen unserer Stadt mit all ihren politischen und wirtschaftlichen Schattierungen der letzten 20 Jahre abzeichnet.

SenBauDir

Wo immer heute eine neue Stadtregion entsteht, gilt es, dem städtischen Leben mit all seinen Vielschichtigkeiten zu entsprechen. Es kann nicht anders sein, als daß hierbei außerordentliche Kräfte in ganz besonderer Konstellation wirksam werden müssen, um alle Komponenten zu erfassen. Das Märkische Viertel nimmt in diesem Zusammenhang eine besondere Stellung ein.

Obwohl von seiner Vollendung noch weit entfernt, läßt sich an ihm schon heute ablesen, daß es eine Herausforderung beinhaltet, hinter welcher der Wunsch nach

»Zunächst wurde es bejubelt als Entwurf einer besseren städtebaulichen Zukunft, dann verdammt als Sammlung aller nur denkbaren Bau- und Planungssünden: das Märkische Viertel, der neue Stadtteil im Norden Berlin.« (Hermann Wegner)

Die im Auftrag verschiedener Gesellschaften für sozialen Wohnungsbau sowie des Senats nach einem Leitplan-Entwurf der Architekten Werner Düttmann, Hans Christian Müller und Georg Heinrichs realisierte Großwohnsiedlung mit rund 17 000 Neubauwohnungen und umfangreicher Infrastruktur wurde in den Jahren von 1962 bis 1974 von insgesamt 25 Architekten bearbeitet. »Die Planung war ein Versuch, die Monotonie des Zeilenbaus zu überwinden und zu plastischen, raumbildenden Baugefügen zu kommen, die trotz der notwendigen Massierung gleicher Elemente individuelle und erinnerbare räumliche Situationen schaffen«, betonte Düttmann. Schon kurz nach Baubeginn stand es jedoch im Zentrum unzähliger Diskussionen, an denen sich alle städtebaulich und gesellschaftspolitisch engagierten Gruppen und Persönlichkeiten beteiligten, befeuert von massiver studentischer Kritik um 1968 und nicht zuletzt von der Presse. Das Märkische Viertel wurde zum Sinnbild eines an den Stadtrand gedrängten unsozialen Massenwohnungsbaus. Die tatsächlichen Qualitäten dieser städtebaulichen Anlage und ihrer Bauten wurden erst seit den 1990er-Jahren entdeckt, in deren Folge ein deutlicher Imagewechsel festzustellen ist.

Die Transkription der beiden Texte – wohl Vorlagen für spätere Veröffentlichungen – folgt:
AdK, Werner-Düttmann-Archiv, 156
Bl. 1, Typoskript, undatiert
Bl. 2–6, Typoskript, undatiert

einer »historischen Dimension« dieses Stadtgebietes steht.

Selbstverständlich muß dabei mit sämtlichen zu Gebote stehenden Mitteln der Erfüllung der grundlegenden Erfordernisse eines neuen Stadtteiles entsprochen werden. Im Hinblick aber auf die Bedeutung heutigen Städtebaus ist im letzten von größter Wichtigkeit, ob die »geistige Konsequenz«: die der realitätsbezogenen Funktion übergeordnete Gestalt der Konzeption gefunden wird, die sich eben nicht damit begnügen kann, nur die technischen oder nur die evidenten technischen Bedürfnisse zu erfüllen, sondern darüber hinaus die Aufgabe hat, städtisches Leben zu wecken – ja herauszufordern.

Stellt sich nun die Frage nach der Besonderheit städtischen Lebens, liegt es nahe, sich das Fluidum westlicher, den Kriegszerstörungen entgangener Städte wie Paris, Rom, London, New York, Chicago zu vergegenwärtigen. Die Intensität ihrer Lebendigkeit stellt sich in einer Reihe von Bildern ein, die sich in wesentlichen Merkmalen decken: die Dichte des Verkehrs, der Bebauung, der Bevölkerung – Fülle des Angebots und lebhaftesten Austausch auf allen Gebieten – Tempo. Eine Anhäufung von Superlativen, die sich in einem Begriff zusammenfassen lassen: Vitalität.

Das Erregende dieser Zusammenhänge geht jedoch keinesfalls nur von diesen aufzählbaren Komponenten aus, noch beschränkt es sich auf diese, sondern es scheint sich in etwas schwer Faßbarem – deshalb nicht weniger Eindeutigem – zu manifestieren und unter dem Begriff städtischer Räumlichkeit verstanden zu werden. Image, das Gesicht einer Stadt, Vorstellungsbild der Umwelt, Identität wie es von Kevin Lynch benannt und als vollkommen neues Problem heutiger Planung aufgezeigt wurde.[132] Zweifellos stellt sich bei unserer heutigen Neubautätigkeit jene historisch entstandene Individualität nicht mehr ein. Es mangelt an historischen Merkmalen, Bereichen, Brennpunkten, Kontrasten, die nicht nur Basis einer Orientierung und Verständlichkeit sind, sondern auch die Möglichkeit der Identifikation beinhalten.

Das Phänomen unserer Zeit, ganze Städte in kürzester Frist – im Vergleich zu den historischen, jahrhundertelangen Wachstumsprozessen bisheriger Städte – bauen zu können, stellt jedoch nicht nur eine ungeheure Problematik der Großraumplanung für die Gesellschaft im allgemeinen und insbesondere für die Planer selbst dar, sondern verbirgt gleichzeitig wie im Falle des MV die einzigartige Chance, nämlich die einer großzügigen, abgerundeten Planung. Hier bietet sich die Basis, neuen Lebensvoraussetzungen zu entsprechen und alten Begriffen zu entsagen. Die Straße, ursprünglich Träger des Verkehrs und zugleich Kommunikations- und städtischer Erlebnisbereich, hat ihre visuelle Vorherrschaft längst verloren. Der Hinterhof als Folge der Straßen-Blockbebauung wurde, so intim und kommunikationsreich er auch heute empfunden wird, unter Zille und anderen Betrachtern zum Symbol sozialer Ungerechtigkeit. Industrialisierung, neue Konstruktionen, die Entwicklung unterirdischer Schnellverkehrswege entbinden von alten Stadtformen. All diese gesellschaftlichen und technischen Veränderungen veranlassen uns, heute die Wohn- und Stadtform neu zu formulieren. Sie begründen den Versuch, im MV ein neuartiges, sinnbefriedigendes Stadt- und Raumgefüge zu entwickeln.

Am Rande eines der interessantesten Erholungs- und Naturschutzgebiete Berlins entsteht so eine Struktur, die zu einer intensiven Verflechtung von Wohnen und Grün führt. Mit drei großen Bebauungsarmen – Spiel, Sport, Schulen und Flachbebauung umfassend – bildet und gliedert es verschiedenartigste Räumlichkeit, die gleichzeitig als topographische Ergänzung dieser Landschaft verstanden sein will. Statt ehemaliger Straßenrandbebauung Großraumbebauung, in der sich die Lebensvorgänge auf bestimmten Kraftlinien bündeln und sich nicht wie in der bisherigen Stadt über Flächen ausbreiten.

Dieses Konzept führt zu einer visuellen Hierarchie innerhalb eines beziehungsreichen Gesamtbildes. Es ist bezeichnend für die neue Stadt, daß ihre ungewöhnliche Vielgestaltigkeit die Durchdringung von großer Landschaft und städtischer Dichte und die grundlegende Gegebenheit einer Verknüpfung von außen nach innen von jedem beliebigen Standort aus ablesbar, erlebbar wird. Ob man sie von innen nach außen erforscht oder umgekehrt von unten nach oben, um auf das Bild der Hierarchie zurückzukommen, immer handelt es sich um eine Raumstruktur, deren geistiger Hintergrund über eine Summe von Entscheidungen zur Form und Gestalt geworden ist, die Erregung, Lebendigkeit, Potenz ausstrahlt, der sich niemand entziehen kann und deren Essenz ebenso deutlich jedem Detail zugrunde liegt als auch dem Stadtbild in seiner Gesamtheit ein ungewöhnliches Gepräge gibt.

Es wäre in diesem Zusammenhang ein fataler Irrtum, die Wahrnehmung auf das visuelle Moment zu beschränken. Denn so wenig Proportion sich nur auf die Verhältnisse in den Fassaden und Grundrissen beschränkt, sondern die geistige Substanz beinhaltet, aus der eine Gesamtkonzeption hervorgeht, ebenso wenig läßt sich städtische Architektur nicht allein aus ihrer Räumlichkeit erleben, sondern kann nur im Zusammenhang zu den vielschichtigen Funktionen verstanden werden.

Das MV muß von vornherein als ein Ganzes in dieser Stadtrandlandschaft verstanden werden, als ein Stadtteil mit durchgehend einprägsamer, unverwechselbarer Struktur und somit auch als ein Kristallisationspunkt künftiger städtischer Ordnung in diesem Randgebiet. Selbstverständlich kann diese Zielvorstellung in einer Stadt, die durch ihre politische Insellage mit besonderen Schwierigkeiten fertig werden muß, nicht immer in der gewünschten Absolutheit verfolgt werden. Die hier einsetzende Kritik übersieht – teilweise unbewußt, teilweise aber auch aus politischer Manipulation –, daß das Ausmaß des Risikos, das mit dem obengenannten Phänomen unserer Zeit verknüpft ist, nicht verringert werden kann.

Die Soziologie als Allheilmittel des städtischen Bauens sehen zu wollen ist so einseitig, wie die emotionelle Reaktion auf hohe Häuser sentimental erscheinen muß, wenn man sich die Frage nach der räumlichen Konsequenz stellt. Offensichtlich ist diese wichtige Komponente mit all ihren psychologischen Hinterschichtigkeiten aus dem freien Spiel der Auseinandersetzungen verdrängt worden.

Eine einprägsame Umwelt kann eine Basis für Beziehungen bilden, sie kann Aktivität, Anschauungen oder Erkenntnisse, ja individuelle Entwicklung fördern. Erst dann hat der Bürger die Möglichkeit, diese Umwelt mit seinen eigenen Vorstellungen und Assoziationen zu beleben und sie zu einem wirklich einmaligen und unverwechselbaren Stadtteil werden zu lassen.

Stadtplanung nach 45 – eine gescheiterte Vision

I.

Jede Epoche hat ihre Leitkunst.
1890–1910 Theater und Oper (Hauptmann, Shaw, Strauß)
1910–1930 Roman und Lyrik (Mann, Kafka, Musil, Rilke, George, Denn)
Heute Städtebau und Architektur
Ohne Sensation: Theater, Musik, Kunst, Literatur
Dafür: leidenschaftliche Auseinandersetzung über Architektur. Diskussion kommt stets aus dem Bewußtsein des Mangels.

II.

Empfindung des Fehlschlags
Bewußtsein gescheiterten Wiederaufbaus.

Von der Großstadt bis zum Marktflecken fast das einzig Verbindende. Niemand rechtfertigt mehr das Ergebnis von dreißig Jahren Bauen – weder Politiker noch Bauminister, weder Städteplaner noch Architekten.

Zitat: Charles Moore, James Stirling

Diskussion in Berlin, Frankfurt, Hannover am leidenschaftlichsten, weil Innenstädte ebenfalls demoliert, im Gegensatz zu München.

Neubauquartiere von den Satellitenstädten bis zu den zersiedelten Kleinstädten an der Bergstraße überall als unwirtlich empfunden. Dahinter kein Antimodernismus und nur partiell Nostalgie. Bewunderung des Bauens der 20er Jahre von Berlin bis Frankfurt und von Taut bis May weit verbreitet.

Keine vergleichbare Neubausiedlung nach diesem Krieg gelungen. Rolle der Gewerkschaften und der SPD-Regierungen.

III.

Hochhausmentalität aus Fortschrittswahn

Erfahrung beim Privatflug von Paris nach Hannover: intakte französische Dörfer und Städte, Hochhausagglomerate in Deutschland auch wo unnötig. In Kleinstädten und Dörfern von Württemberg bis Hessen. Keine politischen oder ökonomischen Zwänge.[133]

Pure Ideologie und ungeprüfte Weltanschauung: Hochhäuser sind modern und rational, fünfgeschossige Bauten reaktionär und kleinbürgerlich.

Dies alles vollkommener Verstoß gegen das nach dem Dritten Reich Wünschenswerte und Notwendige. Schaffung privater und individueller Räume nach Epoche des Kollektivismus. Rettung des kleingewordenen und übervölkerten Landes durch vorsichtigen Umgang mit Ressourcen.

Stichwort: »Die große Landzerstörung«, »Gras darf nicht mehr wachsen« und »Gemordete Stadt«. Alle Warnungen vor zwanzig Jahren formuliert.

IV.

Vergangenheitsfeindschaft gegen:

Drittes Reich

Wilhelminische Epoche

19. Jahrhundert

Aus dem vorliegenden Text geht hervor, dass er in den frühen 1980er-Jahren entstanden sein muss. Es handelt sich um eine äußerst kritische Analyse der Stadtplanung der zurückliegenden rund dreißig Jahre in der Bundesrepublik, die Werner Düttmann im ersten Teil als stichpunktartige, eher allgemein gehaltene Notizen niedergelegt hat, im zweiten Teil jedoch überwiegend ausformulierte und auf die Berliner Situation bezog. Hier spielen auch Überlegungen zur geplanten Internationalen Bauausstellung (IBA 1984/1987) sowie zahlreiche weitere Anspielungen auf das aktuelle Baugeschehen in Berlin mit hinein.

Offen bleiben muss jedoch, für welchen konkreten Kontext und Adressatenkreis Werner Düttmann diesen Text geschrieben hat.

Die Transkription des gedruckten Textes folgt: AdK, Werner-Düttmann-Archiv, 266
Bl. 2–6, Typoskript, undatiert, mit handschriftlichen Ergänzungen

Siehe auch:
Bl. 7–9, weiteres Typoskript, undatiert
Bl. 10–19, Manuskripte der Textvorlage

Bürgerlich-aristokratische Ära
Stadt als Lebensraum
Charta von Athen: Stadt soll Park werden, Wiesen mit Punkthäusern, Umland wird Ansiedlung von Hochhäusern.

Zerstörung innerstädtischer Bereiche, von Plätzen, Straßen und Stadträumen.

V.
Authentizitätswahn
Nach 45 kommt – und zwar nur in Deutschland – die Vorstellung auf, daß Wiederherstellung von Ausgebranntem Falsifikate erzeugt. Wo das Originale zerstört ist, soll man gleich Modernes bauen.

Diskussion in jeder Stadt: Frankfurt Römer, Berlin Charlottenburger Schloß, Reichstag, Schinkelpalais und Gropiusbau, Hannover Welfenschlösser.

Mentalität nur graduell von Ostdeutschland unterschieden. Verspätete Werkbundgesinnung, die Purismus will. Historisch ahnungslos, da Wiederaufbau von Zerstörtem von Gotik über Renaissance bis zum Barock selbstverständlich. (Baedeker von 1914)

Amüsanterweise sind Wortführer der scheinbaren Moderne die Akteure des Dritten Reiches. Die Architekten Speers bauen aus schlechtem Gewissen scheinbar modern wieder auf.

Dabei sind Versicherungspaläste und Bankgebäude bis in die siebziger Jahre hinein in Ausführung und Gesinnung Architektur des Dritten Reiches – nur ohne Säulen, Gesimse, Architrave und Mittel- oder Eck-Risalite. Aus denselben Materialien: Sandstein, Travertin, Marmor. Erst seit zehn Jahren wurden die Hochhäuser vom Frankfurter Bankenviertel bis zum Ruhrgebiet wieder modern.

Die Abneigung gegen alles Gewesene kam in zwei Programmen zum Ausdruck.

Abriß für den Wiederaufbau und Modernisierungsprogramm

Aber: Epigonen vollziehen nur das von den Genies Gewollte (Corbusier, Mies, Hilberseimer).

VI.
Zukunftsvision
Romantische und zugleich dumpfe Vorstellungen von neuer Gesellschaft und neuen Städten. Idealistische Kindsköpfe, die von Entfernung der Arbeit aus den Städten träumen und egalitären Sozialstrukturen.

Siedlungsbauten der zwanziger Jahre seien noch unvollkommen gewesen, da große Abrißprogramme in Stadtzentren unmöglich. Erst Bombenkrieg hat den Enkeln des Bauhauses die Chance gegeben, alles anders, neu und besser zu machen.

VII.
Versagen der politischen Bauherren

Kaum je Definition[134] der Bauaufgaben von der städtebaulichen Neuordnung bis zum einzelnen Siedlungskomplex.

Welche Funktionen im Stadtzusammenhang? Welche Einkommensschichten? Welche Lebensgewohnheiten? Welche Familiengrößen? Wer soll wo wohnen? Statt dessen Architekturwettbewerbe.

VIII.
Jetzige Diskussion (auch IBA)

Wiedererwachen des Geschichtsbewußtseins von der Literatur bis zur Ausstellungspolitik.

Verlangen nach Städten mit Platzräumen und Straßenräumen mit Nachbarschaftserlebnis.[135] Kein Wunder angesichts der heftigen Kritik. Eher überraschend das dreißigjahrelange Schweigen und Mitmachen. Was Berlin anlangt, so melden sich von den Verbänden bis zu Einzelnen alle die zu Wort, die an dem beteiligt waren, was heute als Fehlschlag empfunden wird.

Dies auch Hintergrund der Skepsis vor zu viel Sachverständigen und Gutachtern. Wiederaufbau der letzten dreißig Jahre war in jedem Einzelfall begleitet von Gutachten, nie im 18. oder 19. Jahrhundert so viele Gremien, Beiräte und Experten wie bei dem Mißlingen nach dem Kriege – von Darmstadts Kranichstein über Bremens Neue Vahr bis Frankfurts Satellitenstädte. – Bei der Neukonzeption wollen jetzt alle jene Experten beteiligt sein, die das kritisierte Altkonzept zu verantworten haben.

IX.
Historische Konstanten statt Nostalgie

Warnung vor einem Zurück nach gestern oder Vorgestern. Weder die Stadt der zwanziger Jahre noch des 19. Jahrhunderts Vorbild. Wenn Beschäftigung mit der Geschichte von Städten in fünftausend Jahren etwas lehrt, so daß es Unveränderliches gibt. Von der Stadt des Zweistromlandes über das Rom der Kaiserzeit bis zum Florenz der Renaissance und dem Paris Napoleons haben die Häuser immer vier bis sechs Stockwerke, sind die Straßen stets zwischen acht und fünfzehn Meter breit, sind die Plätze stets so überschaubar, daß auf der gegenüberliegenden Seite Gesichter erkennbar sind und Verständigung durch Zurufen möglich ist – ganz gleich, ob Kamelkarawanen im alten Bagdad, Pferdedroschken im London Shakespeares, Straßenbahnen im Berlin der Kaiserzeit oder Autos im Madrid der Gegenwart.[136]

Zum ersten Mal in der bekannten Stadtgeschichte hat man in den zwanziger Jahren alles total anders machen wollen: Plätze 200 Meter groß, Straßen 60 bis 80 Meter breit, Häuser zehn bis sechzehn Stockwerke hoch.

Die Enttäuschung unserer Generation gilt nicht der ästhetischen Belanglosigkeit und der formalen Banalität und Vulgarität, sondern dem Mensch-Ungemäßen.

Denn der Mensch bleibt 160 bis 180 cm groß, seine Stimme trägt etwa 50 Meter weit und sein Auge vermag den anderen nur über gewisse Distanzen hinweg zu erkennen. Der Städtebau der Zukunft muß nicht die Vergangenheit im Auge haben, sondern das Unveränderliche und Bleibende.

Jede Epoche hat ihre Leitkunst – will ich dahingehend variieren – jede Epoche hat ihr Leit- oder Leid-motiv.

Das Leitmotiv des technischen Zeitalters ist offensichtlich: die Panne.

Pannen können tödlich sein, ob nun ein Reifen platzt oder eine Bombe, ob ein Flugzeug ab- oder eine Brücke einstürzt oder ein Krieg ausbricht, wie der Computer oder die Technik.

Pannen verbreiten Furcht und erwecken Sehnsucht nach Postkutsche und guter alter Zeit.

Goethe oder Schinkel haben in der Postkutsche für ihr Schaffen mehr und tiefer nachgedacht als heute ein ganzer Jetset einschlägiger Kollegen, könnte man meinen. Der eine hat den Faust wenn nicht erfunden, so doch folgerichtig ausgemalt, und den Zauberlehrling, der andere sich dem Fortschritt hingegeben: weg mit den alten Göttern der Akropolis: der Felsen in Athen ist gut als Postament für einen König und sein Schloß.

Vermessene Gedankenlosigkeit, Mangel an Ehrfurcht vor Geschichte, Mangel an Denkmalsschutz oder was liegt hier vor?

Ich glaube, hier hat ein bedeutender Architekt im Geiste seiner Zeit dem Bauherrn seiner Zeit gedient, königlichem Bauherrn mit königlichem Anspruch auf Schlösser, Stühle, Tische, königliche Betten, Tischgeschirr, Kirchen, Kasernen und Theater, und immer königlich. Das Volk blieb staunend und bewundernd draußen vor. Aber auch das Volk war wichtig und sollte behaust werden. Und der Boden war knapp in der Stadt und die Gärten hinter den Häusern klein – und Boden ist immer teuer. Auch hier-zu fiel dem Baumeister des Königs etwas ein, das er sicher im Giftschrank unter Verschluß gehalten hätte, hätte er die Folgen vorausgesehen oder den Zauberlehrling gründlicher gelesen: das Berliner Zimmer.

Mit diesem trickreichen Raum, mit dem Fenster in der Ecke, konnte man das Haus von der Straße weiterführen in den Seitenflügel und von dem ins Quergebäude usw.

Der Garten wurde Hof, wie eng auch immer und Hinterhof und war das Grundstück, das mal Garten war mit Pferdestall und Laube, tief genug, auch zweiter und auch dritter Hinterhof.

Vater Zille fand sein Milljöh und den Spruch: man könne mit einer Wohnung ebenso morden wie mit einer Axt, und Werner Hegemann erhob Anklage gegen das steinerne Berlin und den verlogenen Stuck, der dem gebauten Elend den Anstrich von Palästen gab, die Armen ärmer, doch die Reichen immer reicher machte.

Im Übrigen blühten Handel und Wandel, und der königliche Bauherr lächelte aus seiner Kutsche huldvoll die Landeskinder an.

Heute lächelt der Stuck. Vater Zille ist tot – sein Zorn ist vergessen – verdrängt durch den neuen Zorn, falls er neu ist, gegen das Neue Bauen, das nun schon alt ist, sogar tot, wie man sagt, und leider so stucklos.

Heute fotografiert man die alten Fassaden von Kreuzberg liebevoll bei Sonnenschein mit Brautkutsche im Vordergrund und die Wohnblocks am Stadtrand im Regen und über die Mülltonne als Vordergrund. Selbst wohnt man im Grünen.[137] Eine Woche später hätte sich die Möglichkeit zu einem anderen Bild ergeben: in der Naunynstraße, vielleicht immer noch Sonne, aber statt Brautkutsche als Vordergrund ein Möbelwagen – und ab geht's für das junge Paar, auch ins Grüne, nicht nur der Kinder wegen (deren erstes sich andeutet).

Wir sind zuweilen blind, bis wir hingewiesen werden. Auf Geschichte zum Beispiel. In Berlin am Landwehrkanal steht ein Neo-barockes Schnulzenpalais nicht weit von einem Klassiker der Moderne: dem Shellhaus von Fahrenkamp: vorne Wilhelm Zwo oder wer immer, hinten eher Werkstatt, gelber Klinker, schmale Fenster, strenger Rhythmus. Retten wir die Geschichte, erhalten wir den Prunk des Vorderhauses, forget the in behind. Aber eben da geschah Geschichte, Sozial- oder Sozialistengesetze mit oder gegen Bismarck – andere wissen mehr: ich weiß, was Mies sagte angesichts der gelben langen Front: kein schlechter Hintergrund: Ein Stück Berlin.

Ich weiß aber nicht, was James Stirling meint mit dem okto- oder sexogonalen Turm, mit dem Kathedralgrundriß und den Klos in der Vierung und der Kolonnade ins Nichts.[138]

Brief aus Hannover am 10.3.1976

Hannover ist dabei, letzte Hand anzulegen, dann ist der Wiederaufbau vollendet: Das Alte wieder da, das Neue angepaßt und schön und unentrinnbar praktisch. Der Landesvater reitet noch immer vom Bahnhof weg in die Stadt hinein – in Bronze –, nur daß sich zu Füßen (oder richtiger zu Hufen) seines Pferdes jetzt eine breite Treppe in den Untergrund auftut, damit weder er noch die liebenden Landeskinder von der noch immer existierenden Straßenbahn überfahren werden. Er wird es meistern, wenn auch zunächst verwirrt von Perfektion und Design. Aber dennoch, es ist hier, wie auch in Stuttgart z.B. – alles besser, sicherer, fußgängergerechter geworden – und auch der Kunst vergaß man nicht.

Was aber – zum Teufel – haben wir vergessen, daß es dennoch so traurig macht? Ist es nur dies, daß ich in dieser Stadt nie wieder jung sein werde wie damals in den Trümmern?

Aber sieh', wir begegnen uns vornehm und wir schreiten gemächlich durch die tägliche Langeweile. Das Pflaster, auf dem wir gehen, ist mit Sorgfalt gesetzt, und über die Schaufenster, die uns überall umfangen, könnte selbst der Werkbund nicht meckern. Die Lampen tragen gutes Design, und die alten Fassaden sind mit Sorgfalt, Geld und Geschmack dem Leben wiedergegeben, welchem Leben? Die alte Kirche hat eine neue Turmspitze, die von Einfühlsamkeit zeugt. Das neue Kaufhaus beweist Takt dem alten Rathaus gegenüber – man kann wirklich nicht meckern – doch sage mir, warum ich, auch ehe der Mond über den altneuen Dächern erscheint, immer an Heinrich Heines Lied denken muß, das in unseren Schulbüchern stand unter »altes Volkslied« (Dichter unbekannt), jenes Lied, das anhebt mit: Ich weiß nicht was soll es bedeuten, daß ich so trau-au-ig bin. Als die Ruinen noch Trümmer waren, hatten wir Hoffnung auf eine andere Welt.

Dieser Text spiegelt die kritische Haltung Werner Düttmanns gegenüber einer Stadtplanung wider, der es nicht gelingt, den Prozess und damit auch einen Gestaltungsspielraum in die Planung von städtischen Räumen zu integrieren, und stattdessen auf etwas Abgeschlossenes zielt.

Die Transkription des Textes erfolgt nach dem Erstdruck, der postum erschienen ist: Werner Düttmann: »Brief aus Hannover am 10.3.1976«, in: *Berlin ist viele Städte.* Berlin 1984 (= Architextbook, 2), S. 21f.

Ein Manuskript hat sich im Nachlass nicht erhalten.

106 Anspielung auf »The heart of the City«, Titel des 8. CIAM-Kongresses von 1951, der eine deutliche Wende in den Städtebaudebatten der Nachkriegszeit einleitete.
107 Sigfried Giedion: *Architektur und Gemeinschaft. Tagebuch einer Entwicklung*. Hamburg 1956.
108 Siehe dazu Anm. 37.
109 George Orwell: *Nineteen Eighty-Four*. London 1949.
110 Elisabeth Pfeil (1901–1975), Stadtsoziologin und Flüchtlingsforscherin, Mitbegründerin der westdeutschen Stadtsoziologie.
111 Sir Colin Douglas Buchanan (1907–2001), schottischer Stadtplaner, der intensiv über den Zusammenhang zwischen privatem Autobesitz und wachsendem Stadtverkehr in Großbritannien forschte.
112 Möglicherweise eine Anspielung auf José Luis Serts Publikation *Can our Cities survive? An ABC of Urban Problems, Their Analysis, Their Solutions*. Harvard 1942. Oder aber er bezieht sich auf die Schrift *Stadterneuerung in der Bundesrepublik Deutschland / Urban Renewal in the Federal Republic of Germany*. Schriften des deutschen Verbandes für Wohnungswesen, Städtebau und Raumplanung e.V., H. 3. Köln 1966, in der u.a. die Stadterneuerung in Deutschland am Beispiel Berlins auf dem 28. Weltkongresses des Verbands in Tokio vorgestellt wurde, woran Düttmann jedoch nicht beteiligt war.
113 Eine möglicherweise weitere Anspielung auf die von ihm selbst mitinitiierte Aktion »Rettet den Stuck!« in Berlin von 1964, siehe dazu auch S. 58. Zur *Charta von Athen* siehe Anm. 84.
114 Ebenezer Howard: *Gartenstädte von morgen*. Berlin 1968.
115 Lewis Mumford: *The City in History, its Origins, its Transformations, and its Prospects*. New York 1961; dt. Ausgabe: *Die Stadt. Geschichte und Ausblick*. Köln 1963.
116 Jane Jacobs: *The Death and Life of Great American Cities*. New York 1961; dt. Ausgabe: *Tod und Leben großer amerikanischer Städte*. Berlin 1963.
117 Alexander Mitscherlich: *Die Unwirtlichkeit unserer Städte. Anstiftung zum Unfrieden*. Frankfurt a.M. 1965.
118 Wolf Jobst Siedler, Elisabeth Niggemeyer und Gina Angreß: *Die gemordete Stadt. Abgesang auf Putte und Straße, Platz und Baum*. Berlin 1964.
119 Jan Despo: *Die ideologische Struktur der Städte*. Berlin 1973 (=Schriftenreihe der Akademie der Künste, 4), Kap. 3: »Städte und Scheinstädte der Vergangenheit und der Gegenwart«, o.S. Ursprünglich als Vortrag anlässlich der Berliner Bauwochen, gehalten am 15.09.1966 in der Akademie der Künste, Berlin. Despo (eigentlich: Johannes Despotopoulos, 1909–1999) war Akademiemitglied von 1964–1992, Sektion Baukunst.
120 Carl J. Burckhardt: »Städtegeist«, in: *Zwei Reden. Theodor Heuss: Das Germanische National-Museum; Carl J. Burckhardt: Städtegeist*. Nürnberg 1953, S. 27–63, hier S. 31.
121 Max Bill (1908–1994) war 1953–1956 Rektor der Hochschule in Ulm.
122 Eigentlich: »Ton knetend formt man Gefäße. Doch erst ihr Hohlraum, das Nichts, ermöglicht die Füllung. Aus Mauern, durchbrochen von Türen und Fenstern, baut man ein Haus. Doch erst sein Leerraum, das Nichts, gibt ihm den Wert. Das Sichtbare, das Seiende, gibt dem Werk die Form. Das Unsichtbare, das Nichts, gibt ihm Wesen und Sinn.« (Laotse zugeschrieben)
123 »Stadtluft macht frei nach Jahr und Tag.« Rechtsgrundsatz des Mittelalters.
124 Eigentlich: »Freiheit nur für die Anhänger der Regierung, nur für Mitglieder einer Partei – mögen sie noch so zahlreich sein – ist keine Freiheit. Freiheit ist immer Freiheit des Andersdenkenden.« Rosa Luxemburg: »Zur russischen Revolution« (1918), in: *Gesammelte Werke*, Bd. 4. Berlin 1974, S. 358.
125 Anspielung auf die Exposition universelle et internationale Montréal, die vom 28.04.–27.10.1967 gezeigt wurde.
126 Heine 1828/1993 (wie Anm. 7).
127 Eckhard Schulze-Fielitz (*1929) ist ein deutscher Architekt, der vor allem durch seine Raumstadt-Konzepte aus den späten 1950er- bis frühen 1960er-Jahren bekannt ist. Tatsächlich spricht er nicht von Stadtstrukturen, sondern von Raumstrukturen, siehe etwa Eckhard Schulze-Fielitz:

»Raumstrukturen«, in: *Bauwelt* 52 (1961), H. 10, S. 263–271.

128 Vgl. Antoine de Saint-Exupéry: *Die Stadt in der Wüste.* Bad Salzig 1951.

129 42. interdisziplinär angelegter BDA-Bundestag in Hannover (1967) »Wie werden wir weiterleben?«, auf den sich Düttmann hier vermutlich bezieht.

130 Er bezieht sich hier auf Julius Posener: »Stadtbild und Geschichte«. Vortrag in der Akademie der Künste, in: *Bauwelt* 51/52 (1962), S. 1437–1441, vgl. AdK, Julius-Posener-Archiv, 3235 und 3334. Erneut abgedruckt in: *Stadt + Städtebau. Vorträge und Gespräche während der Berliner Bauwochen 1962*, hg. von Hermann Wegner, Referent beim Senator für Bau- und Wohnungswesen. Berlin 1963, S. 51–71.

131 Siehe Anm. 116–118.

132 Kevin Lynch: *The Image of the City.* Cambridge: MIT Press, 1962. Dt. Ausgabe: *Das Bild der Stadt.* Berlin 1965.

133 Vgl. dazu auch die Notizen in AdK, Werner-Düttmann-Archiv, 262.

134 Am Blattrand die handschriftliche Notiz: zuviel.

135 Ebenfalls handschriftlich hinzugefügt: Jane Jacob.

136 Am Rand die handschriftliche Notiz, links: immer, rechts: Trafalgar Sq., Hausmann, Place d'Etoile.

137 Anspielung auf Wolf Jobst Siedler (wie Anm. 118).

138 Anspielung auf das Wissenschaftszentrum in Berlin von James Stirling, 1979–1986. – Handschriftliche Ergänzung: »Ich frage mich, was Hans Christian Andersen meinte – im Märchen nach des Königs neuen Kleidern – Vago sagt französisch ungarisch und verkürzt: Der König ist nackt?? Disneyland. Noch einmal, wie schon immer: ästhetisch verstandener Historizismus gegen Historie, auf Deutsch Geschichte, Rückgriff ins alt Gute, alte Zeit, vergangene statt Vorgriff. Appell an die mündigen Bürger: Der Mund ist nicht zum Essen mir gegeben, zum Sagen auch. Aber sagen kann weh tun, den anderen wie den eigenen Irrtum bekennen, bedeutet Gefahr und manchmal auch Fortschritt, den Irrtum der anderen, wer immer die sind, aufzuzeigen, bringt immer Applaus.«

3 Der Architekt: Aus der Unschuld fallen

Über Entwerfen

Zu 1.)

Entwerfen ist ein sonderbares Wort, hat mit Wurf zu tun, einem guten Wurf, irgendwohin, jedenfalls von sich weg.

In ein Gelände, eine Stadt, einen Zwischenraum zwischen Stadt und Gelände. Da soll es nun liegen oder sich erheben. Was?

Das Neue, das anders ist als das Vorhandene.

Ein Friedhof, wo früher ein Krankenhaus war, oder eine andere Lustbarkeit anstelle einer Wiese, oder eine Wiese anstelle einer Müllhalde oder ein Haus anstelle etwas anderem.

Der Entwerfende lebt im Zustand der Unschuld und erfindet die Welt, oder doch den Ort in der Welt, dem er seine Aufmerksamkeit zuwendet.

Alle seine Gedanken und Fähigkeiten konzentrieren sich auf eine Vision von Ort und dem darin gewünschten Leben.

Der Entwerfende geht von dem Lebendigen aus und schafft ihm neue Orte für neue Erfahrungen und neues Glück, das es vorher nicht gab, und neue Bedeutung.

In seinem Zustand der Unschuld will er sein wie die Schöpfung.

Er erfindet das Meer und die Berge, das Haus und die Stadt und die in der Ferne leuchtenden Fenster am Rande des Ödlands. Und in demselben Wald singt oder pfeift er wie Kinder.

Diese Gedanken über die eigene Tätigkeit als Architekt sind undatiert und haben keinen konkreten Adressaten. Und dennoch sind sie eine wichtige und zugleich typische Quelle im Nachlass von Werner Düttmann: Wichtig deshalb, weil Düttmanns Überlegungen über das Entwerfen und Bauen den reflektierten Umgang mit seinem Beruf verdeutlichen. Typisch deshalb, weil hier die Art und Weise durchscheint, mit der er sich auch auf sprachlicher Ebene den Inhalten näherte und auch die Textform als Reflexionsmedium nutzte.

Die Transkription des gedruckten Textes folgt: AdK, Werner-Düttmann-Archiv, 273 Bl. 2–5, Manuskript, undatiert

Zu 2.)

Bauen müssen, ist aus der Unschuld fallen, ist wie Rotkäppchen und der Wolf oder König Lear und seine Töchter, ist Tatsache. Ist Sache der Tat und der Mittäter. Ist verratener Traum, versüsst durch gestaltete Hoffnung.

Bauen ist Abschied nehmen von »Du bist Orplid mein Land«.

Bauen ist wie die Mär von einem, der auszog das Fürchten zu lernen.

Aber Bauen ist mehr noch, wie Heidegger sagt:

Bauen heisst bleiben.[139]

Ich variiere – spät auf dem Rückflug: Bauen heisst bleiben – gut bauen heisst gut bleiben – schlecht bauen heisst – und gedenke der Unschuld und des Anfangs.

Zum Thema Altersheim

Die Notwendigkeit, Altersheime zu errichten, ist vielleicht eines der traurigsten Symptome für die Bindungslosigkeit in der Struktur der industriellen Gesellschaft. Der nicht mehr im Fabrikationsprozeß brauchbare Mensch scheidet nicht nur aus dem Kreis der Kollegen, sondern früher oder später auch aus dem Familienverband aus.

Alte Leute sind häufig unbequemer als schwer erziehbare Kinder und stören die junge heranwachsende Familie. Daß hierin etwas nicht stimmt, ist offensichtlich. In langsamer und sich stetiger entwickelnden Strukturen, wie etwa bei der Landbevölkerung, behält auch der alte Mensch als Träger einer großen Erfahrung eine Funktion, die zumindest unter Überspringen einer Generation jeweils den Enkelkindern nutzt und damit gleichzeitig den aktiven Teil der Familie, nämlich die jungen Eltern, entlastet.

In der industriellen Gesellschaft wird der alte Mensch, der aus dem Arbeitsprozeß ausscheidet, funktionslos und wenn, wegen der beengten Raumverhältnisse oder aus anderen Gründen, gleichzeitig ein Ausscheiden aus dem Familienverband erfolgt, verliert sein Leben in zweifacher Hinsicht Sinn und Inhalt. Mit dem Wachstum der Städte ergab sich die Notwendigkeit sozusagen Behälter für die alten Menschen, die niemand mehr brauchte, herzustellen – Speicher oder Mülleimer oder wie immer man diese Behältnisse nennen will.

Um dieser Entwicklung Einhalt zu tun, muß offensichtlich die Struktur unserer Städte verändert werden. Das ist eine Abgabe, die klar erkannt ist, deren Realisierung jedoch mehrere Generationen braucht. Das Resultat solcher Bemühung werden diejenigen, die heute alt sind, nicht mehr erleben; auch die nicht, die morgen alt sind.

Inzwischen müssen weiter Altersheime gebaut werden.

Das Altersheim in Berlin-Wedding von 1952/53 war Werner Düttmanns viel beachtetes Erstlingswerk. Unter Einbeziehung des vorhandenen Baumbestands ist ihm hier eine enge Verzahnung von umgebenden Grünbereichen und Freiräumen im Zusammenhang mit den sich zu diesen hin öffnenden Innenräumen gelungen.

Düttmann hat sich intensiv mit der Organisation des Raumprogramms beschäftigt und auf den Erfahrungen aus den frühen 1950er-Jahren aufbauend weitere Altersheime und andere Gemeinschaftsbauten realisiert. Worauf es beim Bau dieser Anlagen aus seiner Sicht ankommt, hat er in diesem Aufsatz dargelegt.

Die Transkription des gedruckten Textes folgt: AdK, Werner-Düttmann-Archiv, 249 Bl. 1–4, Typoskript, undatiert

Dabei muß vermieden werden, dass mit dem Einzug in das Altersheim noch vorhandene Bindungen abgebrochen werden. – Nicht Wartesaal des Todes, sondern Heime für Lebende.

Es ist bekannt, daß innerhalb der großen Städte so etwas wie Heimatgefühl am Leben geblieben ist. Es gibt viele Menschen, z.B. in den nördlichen Bezirken unserer Stadt, die nie in ihrem Leben westliche oder südliche Bezirke besucht haben. Diese starke Bindung an die engste Heimat (noch das häßlichste Viertel hat einen genius loci) muß man bei der Planung von Altersheimen berücksichtigen.

Das heißt, solche Anlagen sollten nicht zu groß, dafür aber möglichst zahlreich sein, so daß der alte Mensch seine gewohnte Umgebung mit ihren Läden, Gaststätten und ihren Menschen zu Fuß erreichen kann. Dieses Bedürfnis widerspricht häufig den Möglichkeiten des Etats, weil eine stärkere Konzentration geringere Betriebskosten verursacht.

Menschliches Verständnis und Takt müssen hier versuchen, die finanziellen Schwierigkeiten zu überwinden. Offensichtlich ist diese Aufgabe nicht allein zwischen dem Architekten und dem Kämmerer zu lösen. Eine solche Aufgabe erfordert die Mitwirkung all jener Kräfte, deren innerstes Anliegen der Mensch ist. Genannt seien Ärzte und Soziologen.

Es ist einmal gesagt worden, mit einem Haus kann man ebenso morden wie mit einer Axt.[140] Das gilt in verstärkter Form gegenüber den häufig labileren alten Menschen.

In Berlin ist die Bevölkerung stärker »überaltert« als in anderen Städten Deutschlands. Das hat seinen Grund darin, daß nach dem Kriege die Jüngeren vielfach in Westdeutschland Lohn und Brot suchten, während die älteren Jahrgänge zurückblieben.

Auf Grund dieser Situation bestand in dem stark zerstörten Berlin ein großer Mangel an Heimplätzen.

Man versuchte zunächst als Sofortlösung noch unversehrt gebliebene Kasernenanlagen an der Peripherie der Stadt in Altersheime umzuwandeln. Aber es stellte sich heraus, daß die alten Menschen nicht geneigt waren, ihre Nachbarschaft zu verlassen. Auch wenn die neue Umgebung landschaftlich und hygienisch den engen Verhältnissen in der Innenstadt gegenüber erhebliche Vorteile bot.

Ein Sprichwort sagt: Einen alten Baum verpflanzt man nicht.

Die Richtigkeit dieses Wortes erwies sich auch für den alten Menschen. So mußte daran gegangen werden, innerhalb der einzelnen Stadtbezirke entsprechend der Struktur und Dichte für die notwendigen Heimplätze zu sorgen.

Einer der ersten Bezirke, der an die Realisierung eines solchen Projektes gehen konnte, war der Wedding. Dieser ist ein sehr dicht bevölkertes

Wohngebiet, dessen Einwohner sich überwiegend aus Industriearbeitern und Kleingewerbetreibenden zusammensetzt.

Zur Verfügung stand das Grundstück eines ehemaligen Altersheimes, das im Krieg zerstört worden war.

Das von der Verwaltung aufgestellte Bauprogramm sah 350–400 Betten vor. Von 100 Bewohnern des Heimes sollten 5 in Einzelzimmern, 15 in Zweibettzimmern, die übrigen in Drei- und Vierbettzimmern wohnen. Das Überwiegen der Vierbettzimmer wurde mit den in den bisherigen Heimen vorliegenden Erfahrungen begründet. Danach war man der Meinung, daß der nicht intellektuelle alte Mansch dringend der Gesellschaft bedürfe.

Die Einbettzimmer sollten überwiegend den schwierigeren Charakteren und den Kranken, die durch ihre Krankheit (starke Hustenanfälle etc.) die anderen Zimmergefährten stören würden, vorbehalten sein. Zweibettzimmer hielt man nur für Ehepaare für empfehlenswert. Das Vierbettzimmer wurde seinerzeit als das ideale Zimmer angesehen. Bei Meinungsverschiedenheiten und Streitfällen, wo sich leicht zwei gegen einen stellen, wäre hier immer noch ein vierter, um durch seinen Einfluß den Frieden wiederherzustellen. Tatsächlich haben Untersuchungen ergeben, daß diese Annahme berechtigt scheint.

Innerhalb jedes Heimes findet ständig eine kleine Völkerwanderung statt, während der sich Zimmerbelegschaften auflösen und wie in einem Menuett zu wechselnd neuen Gruppierungen zusammensetzen. Am wenigsten von diesem Trieb, den Partner zu wechseln, sind nach Aussagen der Heimleiter, die Vierbettzimmer erfaßt.

Anscheinend aus den oben genannten Gründen.

Trotz dieser Tatsache wird von Seiten der alten Leute über die Vierbettzimmer geschimpft. Aus dem von mir gebauten Heim sind mir drei Heiraten zwischen 80- und 90-Jährigen bekannt geworden, von denen mindestens zwei als gemeinsames Eheziel den Wunsch hatten, endlich in ein Zweibettzimmer zu gelangen.

Vor dem Altersheim habe ich mich hauptsächlich mit Kindergärten und Jugendheimen befaßt. Die Erfahrungen aus dieser vorhergegangenen Tätigkeit kamen mir in den Gesprächen über die Planung des Altersheimes zugute.

Schienen doch in psychologischer Hinsicht die Aufgaben Kindergarten und Altersheim fast identisch.

Wichtig ist, daß der Grundriß sowohl Intimität wie Möglichkeiten der Gemeinschaftsbildung schafft. Innerhalb der Wohn-Schlafräume wurde bei dem hier gezeigten Projekt eine Raumunterteilung durch einen Schnurscreen angedeutet, die den Raum gliedert, ohne den Betten, die auch am

Tage zum Ruhen benutzt werden, das Tageslicht zu nehmen. Einfachheit der Disposition erleichtert die Sauberhaltung, die häufig ein Problem ist. Die Heimzimmer sind zu kleineren Einheiten in verschiedenen Gebäudetrakten zusammengefügt.

Diesen zugeordnet sind Tages- und Aufenthaltsräume, Teeküchen, Putz- und Waschräume.

Für alle gemeinsam waren Werkstätten verschiedener Art geplant, die aus Finanzgründen leider nur zum Teil realisiert sind: Nähstuben für die Frauen, Räume für Holz- und Metallarbeiten für die Männer. Darüber hinaus Spielzimmer (Billard etc.) – Bibliotheken – Televisionsräume, ein Zeitungslesesaal etc.

Der Architekt und die ihn beratenden Experten können nur die Möglichkeiten schaffen. Ob das Haus ein echtes Heim wird, hängt weitgehend von der Vorstellungskraft und Anteilnahme des Heimleiters ab. Dazu gehört vor allem Anleitung und Anreiz zur Selbstbetätigung der Insassen. Der Möglichkeiten sind viele in Garten, Küche, Nähstube und Werkstatt.

Nur wer das Gefühl hat, daß man ihn noch braucht, freut sich seines Alters.

Kongreßhalle Berlin

Architekt: Hugh A. Stubbins, Cambridge/Mass., USA
mit Architekten Regierungsbaurat Werner Düttmann und Franz Mocken – Berlin

Die Kongreßhalle ist ein amerikanischer Beitrag zur Interbau 1957. Der Entschluß zur Errichtung dieses Gebäudes wurde 1955 gefaßt, als Amerika dem Senat von Berlin eine Reihe von Vorschlägen unterbreitete, sich durch Errichtung eines Gebäudes an der Ausstellung zu beteiligen und gleichzeitig dem Land Berlin in Anerkennung der Berliner Situation durch ein solches Geschenk zu helfen.

Unter den vorgeschlagenen Möglichkeiten wurde eine Tagungsstätte für internationale Begegnungen als glücklichster Beitrag ausgewählt. Die Durchführung dieses Vorhabens sollte der Konzeption entsprechend nicht von der amerikanischen Regierung ausgehen, sondern von den beiden Völkern, die sich zu dieser Aufgabe bekannten, getragen werden.

Es wurde ein Kuratorium gebildet, das sich zu gleichen Teilen aus amerikanischen und deutschen Bürgern zusammensetzte. Das Leitwort zu diesem gemeinsamen Werk wurde ein Ausspruch Benjamin Franklins:

»Gebe Gott, daß nicht nur die Liebe zur Freiheit, sondern auch ein tiefes Bewußtsein von den Rechten der Menschen alle Völker der Erde durch-

Düttmanns Baubeschreibung der Berliner Kongresshalle diente zur Information anlässlich der Eröffnung. Mit deren Errichtung im Rahmen der Internationalen Bauausstellung 1957 – auch als Beitrag der Vereinigten Staaten von Amerika zum Wiederaufbau Berlins – wurde Hugh A. Stubbins beauftragt. Kontaktarchitekten waren Werner Düttmann und Franz Mocken. Nach der Einweihung 1957 wurde die Kongresshalle als Tagungsstätte für internationale Begegnungen und als Symbol deutsch-amerikanischer Freundschaft dem Land Berlin übergeben.

Im Mai 1980 stürzte ein Teil der Kongresshalle ein, was eine Flut von Reaktionen auslöste, die sich zunächst einmal um die konstruktiven Ursachen des Einsturzes drehten. Doch setzte dann auch eine teils heftig geführte Debatte darüber ein, ob und in welcher Form die Kongresshalle wieder errichtet werden solle. In diese Phase fällt der zweite hier abgedruckte Text, der Düttmanns Position in dieser Debatte wiedergibt. (Siehe auch S. 164–167.) Der Wiederaufbau wurde beschlossen und konnte 1987 abgeschlossen werden.

Die Transkription des gedruckten Textes folgt dem von Werner Düttmann autorisierten Erstdruck:
Werner Düttmann: »Kongreßhalle Berlin«, in: *Bauwelt* 49 (1958), H. 1, S. 7–10.

Siehe auch:
AdK, Werner-Düttmann-Archiv, 143
Bl. 138–140, Kopie eines Typoskripts auf Transparentpapier, undatiert
Bl. 145–147, Typoskript, undatiert, mit zahlreichen handschriftlichen Korrekturen

Siehe auch:
Bl. 134–138, zugrundeliegendes Manuskript, undatiert

dringe, so daß ein Philosoph, wohin immer er seinen Fuß auch setzen möge, sagen kann: Dies ist mein Vaterland.«

So konstituierte sich dieses Gremium als »Benjamin-Franklin-Stiftung, Berlin«. Diese Stiftung hatte den Auftrag, als Bauherr die Baudurchführung zu betreiben und für die Benutzung der Halle, nachdem diese als Geschenk an das Land Berlin übergeben ist, gewisse Richtlinien zu erarbeiten.

Als Architekt wurde Hugh A. Stubbins aus Cambridge/Mass., USA, mit der Planung der Anlage beauftragt.

Als Standort stellte Berlin ein Gelände am Nordostrande des Tiergartens in der Nähe der Reichstagsruine zur Verfügung. Dieses ist im Süden durch die Zeltenallee, im Norden durch die Spree begrenzt. Die Grünplanung sieht an dieser Stelle eine Erweiterung des Tiergartens über die Spree hinaus nach Norden vor. Angesichts dieser Lage im Park entschloß sich Stubbins zu der vorliegenden Konzeption. Diese faßt alle jene Bezirke des umfangreichen Raumprogramms, die nur mittelbar mit dem eigentlichen Kongreßsaal in Verbindung stehen müssen, in einem quadratischen Unterbau für dieses Auditorium zusammen. Es entstehen so zwei Großformen: eingesenkt in die Parkanlagen und überdeckt von einer großen begehbaren Terrasse, der quadratische Unterbau, der zweifach das Fundament für den Kongreßsaal bildet, räumlich wie auch funktionell.

Über diesem Fundament aus Nebenräumen auf der Plattform, die Tausende von Menschen faßt, ist der Kongreßsaal unter das weithin sichtbare Dach gestellt.

Dieses Dach spannt sich von dem östlichen zum westlichen Ende der Plattform. Zwischen zwei großen, auseinanderstrebenden Stahlbetonbögen, die in ihren Fußpunkten zusammentreffen, spannt sich ein Hängedach von rund 3600 qm Fläche.

Abweichend von der Konstruktion der Raleigh Arena in North Carolina, die man gewissermaßen als Vater der Hängedächer bezeichnen kann, verzichtet der Entwurf Stubbins auf die senkrechte Unterstützung der Betonbögen zugunsten einer stärkeren Dynamik. Dieser Verzicht wirft eine Reihe von technischen und statischen Problemen auf, speziell die Aufnahme der Verkehrslasten (Schnee und Wind) betreffend. Die hieraus schon in den ersten Phasen der Planung resultierenden Diskussionen zwischen den beteiligten Architekten und Ingenieuren mündeten immer wieder in die gleiche Fragestellung: Müssen bei einer modernen Konstruktion alle Elemente dieser Konstruktion und der Kraftverlauf ablesbar sein oder darf man zur Steigerung des gewollten Ausdrucks einen Teil der Konstruktion unsichtbar werden lassen? Im Fall der Kongreßhalle entschied sich Stubbins zugunsten des Ausdrucks, zumal sich die runde Betonwand des Auditoriums von Anfang an zur Aufnahme der Verkehrslasten anbot. So entstand für das Hängedach ein Tragwerk, das sich aus zwei Komponenten zusammensetzt:

1. die flach auseinandergeneigten Stahlbetonbögen, die den wesentlichen Teil der Dachlast aufnehmen und auf die Betonwiderlager im Osten und Westen ableiten, und
2. der innere Ring auf der Auditoriumswand, der, durch zwei Windscheiben ausgesteift, im wesentlichen die Verkehrslasten übernimmt.

Zwischen den beiden Bögen laufen parallel zueinander und senkrecht zur Längsachse des Gebäudes Spannstahlbündel in Blechkanälen als Tragseile. Diese Tragseile sind im Auditoriumsbereich jeweils in dem inneren Ring unterbrochen und verankert. Von hier aus wurden durch Vorspannung der äußeren Spannstähle die Bögen aus der Schalung gehoben und so mit der Dachlast beladen. Gleichzeitig wurde ein Zugband, das die Fundamente der beiden Widerlager verbindet, mit rund 1300 t vorgespannt und dadurch in die Lage versetzt, die Horizontal-Komponenten der anfallenden Auflagerkraft zu übernehmen. Bis zur Beendigung des ganzen Spannprozesses wurde in der Querachse des Daches ein Streifen von etwa 30 cm Breite offen gehalten, um zu vermeiden, daß in der Längsachse des Gebäudes eine Gewölbewirkung entsteht. Dieser Schlitz wurde nachträglich geschlossen. Der gesamte Kraftverlauf in der Dachfläche über dem Auditorium besteht aus Zugkräften, die den inneren Ring senkrecht zur Längsachse der Konstruktion beanspruchen. Dadurch erhält dieser Ring naturgemäß die Tendenz, in der Mitte zusammengezogen zu werden und sich demzufolge zu längen. Zur Aufnahme dieser Tendenz ist der innere Ring an seiner Ost- und seiner Westseite zwischen den Stahlbetonbögen gegen die äußeren Widerlage abgestützt. Die Konstruktion ermöglicht es, dem Gebäude die Gestalt zu geben, die dem Verfasser als Aussage vorschwebte.

Wie die dynamische Bewegtheit des Daches und des Auditoriums getragen und gehalten wird durch die Ruhe der großen Horizontalen des Unterbaues, so gestattete auch die Reichhaltigkeit des Raumprogrammes im Inneren eine glückliche Synthese aus dynamischem Raumerlebnis und, gleichsam als Kontrapunkt hierzu, wohltuender Ruhe.

In dem flachen Kubus durchdringen sich auf drei Ebenen die großzügigen Raumbezirke der Foyers, der Ausstellungshalle, der Aufenthaltsräume, der Flure und der Kongreßbüros, um in den sieben verschieden großen Konferenzräumen in die Stille eines echten Gespräches zu münden.

Auf der Spreeseite öffnet sich von dem zweigeschossigen Restaurant über die Spree und ein vorgelagertes Wasserbecken hinweg der Blick in die werdende Parklandschaft. Die Nordwestecke des Gebäudes nimmt einen Vortragssaal für 400 Plätze mit Studiobühne und Garderobenanlagen, die Nordostecke die gesamte Technik in zwei Geschossen auf. Mit Sorgfalt wurden die akustischen Einrichtungen, die Übertragungs- und Dolmetscheranlagen geplant.

Der Baubeginn lag im Jahre 1956. Von Juli bis Oktober wurden rund 1000 Ramm- bzw. Frankpfähle eingebracht. Am 3. Oktober 1956 erfolgte die Grundsteinlegung und am 19. September 1957 die Eröffnung des Gebäudes.

Werner Düttmann

Gegen den Abriß der Kongreßhalle – und gegen ein vorschnelles Urteil

Wolf Jobst Siedlers engagiertes Eintreten gegen den »Wiederaufbau« der Kongreßhalle am Tiergarten ist eindrucksvoll und geeignet, gemeinsames Nachdenken zu fördern. Das ist gut. Wie steht es jedoch um seine Argumente? Sie klingen schlüssig, zutreffend sind sie nicht. Am Gendarmenmarkt brannte zweimal innerhalb weniger Jahrzehnte ein Theater nieder – was bei der damals üblichen Holzbalkenkonstruktion Totalschaden bedeutete. Es wird jedesmal an gleicher Stelle, wenn auch anders, wieder aufgebaut, zum letztenmal von Schinkel. Anders, aber ähnlich, erging es dem Dom.

Aber: die Kongreßhalle ist nicht eingestürzt, sondern nur die ihr applizierte große Geste, der vordere grosse Betonbogen, der allerdings für ihr An- und Aussehen bedeutsam ist und unverzichtbar.

Der ursprüngliche Baugedanke war folgender: zwischen zwei gegeneinander gestemmten großen Bögen sollte ein Hängedach gespannt werden,

8 Daniel Gogel, In Memoriam Kongreßhalle Berlin, 1980

unter dem der Kongreßsaal, Treppen, Foyers und auch Freiflächen Raum finden können. Vorbild war die von dem polnisch-amerikanischen Architekten Nowicki entwickelte Raleigh Arena in North Carolina. Das Problem solcher Konstruktionen ist die Stabilisierung der riesigen Dachflächen gegen asymmetrisch angreifende Kräfte wie z.B. Wind oder Schnee. Während sich in North Carolina die Bögen durchdringen und damit sozusagen auf vier Beinen stehen, sollten sie sich in Berlin auf beiden Seiten in je einem Auflagepunkt nur berühren.

Damals haben die führenden Ingenieure der Neuen und der Alten Welt zusammengesessen, um dieses Problem zu lösen. Ihre Antwort war: safety first und das Ergebnis: ein Hängedach über dem Kongreßsaal, das eingespannt wurde in einem großen Beton-Ring über der Wand des Saales. Die grossen den Freiraum überspannenden Dachflächen wurden zwischen diesem inneren Betonring und die sie begrenzenden grossen Bögen gespannt. An der Gestalt der Kongreßhalle hatte sich damit, entgegen der Siedlerschen Mutmaßung, kein Jota verändert.

Nur die Konstruktion war eine andere und wie man glaubte sichere geworden.

Zugleich war aber auch der Widerspruch zwischen Schein und Wirklichkeit geboren, der viele Kritiker auf den Plan rief. Denn die zusammenhängend erscheinende Dachfläche besteht in Wirklichkeit aus zwei Dachflächenteilen: dem Dach über dem Saal und den Randflächen über dem Freiraum. Nur der vordere Teil der Dachfläche und der sie begrenzende Bogen sind eingestürzt. Die mittlere Dachfläche und die unter ihr liegenden Räume blieben, soweit man bisher erkennen kann, als selbständige Konstruktion unversehrt. Dagegen erscheint mir der nördliche Bogen, jetzt aus dem Gleichgewicht der Kräfte geraten, sehr gefährdet.

Die Kongreßhalle errang von Anfang an Symbolcharakter. Sie stand für die unverbrüchliche deutsch-amerikanische Freundschaft, sie stand für den technologischen Optimismus der Zeit, sie wurde Symbol der aufkeimenden Hoffnung auf eine bessere Welt, nicht nur in dieser geschundenen Stadt, aber hier vor allem.

Jeder, der die fünfziger Jahre erlebt hat, weiß um die dramatische Spannung zwischen Angst und Hoffnung in dieser Stadt. Die Interbau war ein Schritt in die sehnsüchtig erhoffte Zukunft, die Kongreßhalle ein anderer, ebenso entscheidender Schritt. Heute ist sie bereits ein Stück Geschichte. Sie verkörpert den Anfang der Zeit, die, wie wir glaubten, nach dem Krieg neu begonnen hatte.

Nur wenige Bauten haben die Gemüter so sehr bewegt wie die Kongreßhalle.

Stimmung von heute? Wir schicken uns an, unserem Tun zu mißtrauen, wir weichen aus ins Biedermeier und berufen uns auf Geschichte.

Wir geraten ins »Neo – noch einmal«, ohne Mut, ohne Hoffnung, ohne Geschichte, die in uns weitergeht, abgesichert durch das Votum der Konservatoren, die Häuser wiedererwecken, die schon lange versunken sind und deren Inhalt uns nicht mehr erreicht.

Historie? Ja, aber auch unsere jüngst erlittene und durchlebte, kommenden Generationen zum Nachdenken oder Verweigern.

Die Kongreßhalle steht in ihrer Substanz unversehrt auf rund tausend Pfählen auf unsicherem Baugrund. So steht Berlin, und darum tangiert der Einsturz unser Geschichtsbewußtsein. 1928 [1932] schreibt Wilhelm Hausenstein, Berlin müsse den Trick des Barons von Münchhausen, sich an den eigenen Haaren aus dem Sumpf zu ziehen, überbieten.[141] Es müsse sich und seine Rolle täglich neu erfinden, um in der Lage zu sein, sich an den eigenen Haaren aus dem Sumpf zu ziehen. Auch dazu gehört Mut und gehört Hoffnung.

Ich bin für die Instandsetzung des eingebrochenen Dachrandes der Kongreßhalle als Symbol der Hoffnung von damals. Vielleicht ermutigt sie Hoffnung morgen. Das Wort haben erneut die Ingenieure, wie es möglich ist und ohne Gefahr.

Bücherei im Hansa-Viertel, Berlin

Architekt: Regierungsbaurat Werner Düttmann, Berlin
Bauleitung: Amt für Hochbau im Bezirksamt Tiergarten

Die Hansa-Bücherei liegt am Südausgang des U-Bahnhofes Hansa-Platz und ist mit diesem durch ein gemeinsames Vordach verbunden. Durch die städtebauliche Situation in der unmittelbaren Nachbarschaft der Wohnhochhäuser erschien es dem Verfasser wichtig, dieses relativ kleine Gebäude betont horizontal zu halten und mit seinen wesentlichsten Funktionen nach innen um einen grünen Hof zu orientieren.

Der Haupteingang liegt nach Westen unter dem Vordach, das U-Bahn-Eingang und Bücherei verbindet. Von hier betritt man den Vorraum mit der Kontrolltheke. Zu dem Vorplatz nach Westen zu liegt der Zeitschriftenleseraum. Dieser und die ihn begrenzende Ausstellungswand können vom Publikum von der Straße her eingesehen werden. Er bildet sozusagen das Schaufenster der Bücherei. Im nördlichen Trakt liegt die Freihandbücherei für Erwachsene mit ca. 10 000 bis 12 000 Bänden. Die Buchregale stehen senkrecht zur Fensterwand. Das große Südfenster zum Umgang des Gartenhofes hin ist versenkbar. Im Osten wird der Lesegarten durch den Leseraum der Erwachsenen begrenzt, der den Blick über die

Die Hansa-Bücherei und der mit ihr verbundene Eingangs-Pavillon der U-Bahn sind Werner Düttmanns realisierte Beiträge zur Internationalen Bauausstellung 1957 im Hansaviertel. Die einzelnen, bestimmten Funktionen zugeordneten Trakte des Gebäudes gruppieren sich um einen quadratischen begrünten Innenhof: So entsteht ein »Lesehof« mit hoher Aufenthaltsqualität, der eher an ein privates Einfamilienhaus erinnert als an ein öffentliches Gebäude.

Die Transkription des gedruckten Textes folgt: AdK, Werner-Düttmann-Archiv, 144 Bl. 1, Kopie eines Typoskripts auf Durschlagpapier, undatiert

Siehe Erstdruck:
Werner Düttmann: »Bücherei im Hans-Viertel, Berlin«, in: *Nachrichten der deutsche* [sic] *Linoleum-Werke Aktiengesellschaft* 1958, Nr. 17, S. 17 [hier ergänzt um den Absatz: »Den eingeschossigen Bau trägt ein Stahlbetonskelett. Die wenigen Wandflächen sind mit

Ziegelsplittbeton-Hohlblocksteinen ausgefacht und mit rotbunten Klinkerriemchen verkleidet. Die dem Garten zugeordneten Bezirke, der Wandelgang, der Zeitschriftensaal, die Eingangshalle, sind wie der Garten selbst mit Theumaer Schieferplatten belegt. Die intimeren Bezirke, wie Lesesäle, Jugendfreihandausleihe und Büros, sind mit DLW-Linoleum ausgelegt (chinesischblau und hellgrau). Fußbodenmaterial, Beton, Glas, Klinker, Stahl, Holz bestimmen die Farbigkeit der Räume, lediglich in kleinen Wandflächen und in der Farbgebung der Möbel sind stärkere Akzente gesetzt.«]

Altonaer Straße hinüber zum Englischen Garten freigibt.

Der südliche Trakt enthält die Jugend-Freihandbücherei und den Jugend-Leseraum. Dieser kann durch einen gesonderten Zugang erreicht und somit auch unabhängig vom übrigen Bibliotheksbetrieb für die verschiedenartigsten Zwecke der Jugend- und Gruppenarbeit benutzt werden.

An der Südostecke ist das Quadrat des Baukörpers nicht geschlossen, sondern läßt hier aus dem Lesegarten den Blick in die Parklandschaft des Tiergartens frei. Ein vorgelagertes Wasserbecken verhindert unerwünschten Ab- und Zugang an dieser Stelle.

Die Verwaltung liegt an der Gartenseite des westlichen Traktes in unmittelbarer Verbindung zur Ausgabe- und Kontrolltheke und zu den darunter befindlichen Magazinräumen. Von hier können alle wesentlichen Raumbereiche überblickt werden.

Werner Düttmann

Akademie der Künste – Der Neubau

Das Raumprogramm für die Akademie der Künste umfaßt im wesentlichen vier Bereiche: Davon sind zwei dem Publikum zugewandt, der Vortrags- und Theater-Saal und die Ausstellungsräume, zwei dienen der mehr internen Arbeit: Das Archiv und das eigentliche Akademiegebäude, das neben den Club- und Sitzungsräumen die Arbeitszimmer der einzelnen Abteilungen, die Verwaltung sowie Gästewohnungen und Ateliers enthält.

Die Ausstellungsräume umfassen rd. 2.000,– qm und schließen sich in einem Rundgang um einen hochgelegenen Innenhof. Das Studio hat zwei Besucherparketts und kann als Guckkasten, Bühne oder als Stegbühne (allround) bespielt werden. Das große Parkett hat 511, das kleine Parkett 200 Plätze. Bei Benutzung des Orchestergrabens reduziert sich die Zahl im großen Parkett um 80 Plätze.

Dominierende Baumaterialien:
Schalungsrauer Stahlbeton für die konstruktiven Elemente, mit groben Carrara-Kieseln als Zuschlag hergestellter Waschbeton (vor Ort geschüttet) für die Umfassungswände der Ausstellung, handgestrichene holländische Ziegel für die Umfassungswände des Studios, blauer Edelputz für das interne Akademiegebäude im Hintergrund.

Für den Bau der Berliner Akademie der Künste am Hanseatenweg wurde Werner Düttmann vorübergehend von seinen Amtsgeschäften im Berliner Senat beurlaubt.

Zusammen mit seiner ehemaligen Kommilitonin, der späteren Frau des Sponsors Henry H.Reichhold, Sabine Schumann, konnte Düttmann unter idealen Bedingungen ein komplexes Gebäudeensemble entwerfen, für das es keine typologischen Vorbilder gab.

Bis heute zählt das Akademie-Gebäude aufgrund seiner hervorragenden architektonischen Qualitäten zu den international viel beachteten Bauten, die im Deutschland der Nachkriegszeit entstanden sind.

Die Transkription der Texte folgt:
AdK, Werner-Düttmann-Archiv, 145
Bl. 1, Typoskript, undatiert, Baubeschreibung und dem von Werner Düttmann autorisierten Erstdruck:
Werner Düttmann: »Der Neubau«, in: *Akademie der Künste. Die Mitglieder und ihr Werk.* Berlin 1960, S. 18–21.

Erneut abgedruckt:
»Der Neubau von Architekt Werner Düttmann«, in: *Colloquium. Eine deutsche Studentenzeitschrift* 14 (1960), H. 8, S. 13f. und Werner Düttmann: »Der Neubau der Akademie der Künste in Berlin«, in: *baukunst und werkform* 13 (1960), H. 8, S. 450–452.

Siehe auch:
»Die Berliner Akademie der Künste«, in: *Die Innenarchitektur* (Dezember 1960), S. 922–925.

Die drei sehr unterschiedlichen Funktionsbereiche sollten durch drei Gebäude, die sich in Gestalt und Material unterscheiden, ihre Kennzeichnung erhalten. In den publikumsoffenen Erdgeschoßbereichen vom Studio-Foyer bis zu den Clubräumen kehren die gleichen Materialien im Innern und Äußeren wieder.

Der Neubau

Am Anfang war ein Gespräch und dann noch eins und dann viele. Das erste war in der Wohnung von Freunden und hatte die damals gegründete Akademie der Künste zum Inhalt. Es wurde mit ihrem eben in Berlin eingetroffenen Generalsekretär geführt. Die Sprechenden fühlten, was dieser Stadt fehlt und suchten einen Weg, wie dieses Fehlende geschaffen oder auch nur gefördert werden könnte. Immer wieder leuchten die 20er Jahre auf, mit ihrem künstlerischen Glanz, der Intensität der Auseinandersetzung, ihrem Reichtum der Kräfte. Namen, Werke und Ereignisse wurden beschworen. Man war sich darüber einig, daß ein Ort geschaffen werden müsse, in dem sich das noch Vorhandene sammeln und von dem es ausstrahlen könne.

Ein oder zwei Jahre später war ein anderes Gespräch mit anderen Freunden in einer anderen Stadt: Zur Diskussion stand das gleiche Thema. Mittelpunkt des Kreises war Henry H. Reichhold, der schließlich sagte: Man muß etwas tun! Sein Ziel war das gleiche wie das der Berliner Freunde: zunächst einen Ort zu schaffen, an dem sich das Vorhandene sammelt und von dem es ausstrahlen kann.

Als gebürtiger Berliner hatte er in den 20er Jahren seine Heimtatstadt als den weltoffenen Ort begriffen, in dem sich die geistigen Spannungsfelder begegneten und überschnitten. Er begreift die Kunst als wichtigste, tiefste und menschlichste Aussage. Die Begegnung schöpferischer Kräfte aus aller Welt ist für ihn der erste notwendige Schritt auf dem Wege zum gegenseitigen Verständnis der Völker. Es war ein Leichtes, die Partner dieser beiden Gespräche zusammenzuführen und ebenso leicht wuchs hieraus der Entschluß Mr. Reichholds, für die Berliner Akademie ein Gebäude zu schaffen, das sie in die Lage versetzen soll, hinauszuwirken und die Welt hereinzuholen.

Seit jenem Entschluß im Herbst 1957 sind viele Gespräche geführt worden, deren Inhalt war Arbeit an einem geeigneten Bauprogramm. In ihrem Verlauf trat jedoch eine Vielzahl von Fragen, Standortbestimmungen, Diagnosen der künstlerischen und damit der menschlichen Situation in unserer Zeit schlechthin auf, vor allem die Frage: Was ist eine Akademie heute?

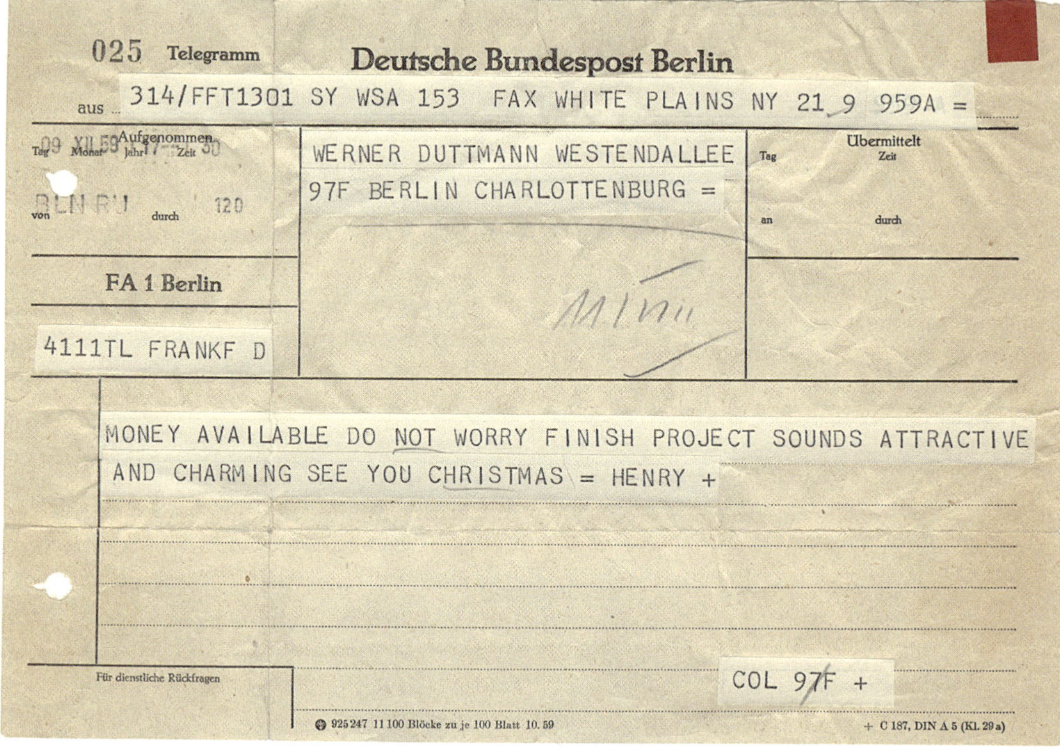

025 Telegramm

Deutsche Bundespost Berlin

aus 314/FFT1301 SY WSA 153 FAX WHITE PLAINS NY 21 9 959A =

Aufgenommen
Tag 09 Monat XII Jahr 59 17 Zeit 30

von BLN RU durch 120

FA 1 Berlin

4111TL FRANKF D

WERNER DUTTMANN WESTENDALLEE
97F BERLIN CHARLOTTENBURG =

Übermittelt
Tag Zeit
an durch

MONEY AVAILABLE DO NOT WORRY FINISH PROJECT SOUNDS ATTRACTIVE
AND CHARMING SEE YOU CHRISTMAS = HENRY +

Für dienstliche Rückfragen

COL 97F +

925247 11 100 Blöcke zu je 100 Blatt 10. 59

+ C 187, DIN A 5 (Kl. 29 a)

9 Telegramm Henry H. Reichhold an Werner Düttmann, 1959

Als Architekt des neuen Hauses durfte ich an diesen Besprechungen teilnehmen. Solche Begegnungen und Gespräche sind das schönste Architektenhonorar, das je gezahlt wurde. Genauso eindrucksvoll waren Beratungen mit dem Stifter, der mit Intensität das Begonnene vorantrieb und auch dann die Freude an dem Projekt nicht verlor, als ich seine Frage: was kostet eine Akademie? mit dem folgenschweren Wort ›mehr‹ beantworten mußte.

Denn das anfänglich umrissene Raumprogramm war unversehens erheblich angewachsen. Zu den internen Räumen als Rahmen für Gespräche waren Ateliers und Wohnungen für Gäste hinzugekommen, damit es wirklich ein offenes Haus sei für die Kräfte der Welt, deren Berlin bedarf.

Die Ausstellungsräume waren auf Grund der Erfahrungen der großen Ausstellungen in München, Hamburg und Berlin gewachsen und der Experimentier-, Kino-, Vortrags-, Konzert-Theatersaal sollte zumindest eine kleine Oper oder ein Ballett möglich machen. Zu der Frage, die mich hierbei hauptsächlich anging: Wie sieht eine Akademie aus, möchte ich mich hier nicht äußern. Ich habe versucht, sie im Bau zu beantworten.

Ein französischer Kollege, den ich über die Baustelle führte, zitierte abschließend den Satz von Malraux: ›C'est le temps qui transforme l'architecture‹.[142]

Danksagen möchte ich an dieser Stelle besonders Mr. Reichhold, nicht nur dafür, daß er diesen Bau ermöglicht hat, sondern vor allem für sein großzügiges Verständnis und seine Hilfsbereitschaft während der ganzen Bauzeit. Dank auch den Mitgliedern der Akademie und ihrem Generalsekretär für Ihren Anteil am Gelingen. Dank auch der Stadt Berlin, die durch Herausgabe eines ihrer schönsten Grundstücke die Verwirklichung eines großen Gedankens ermöglicht hat.

Architekten – und ihr erster Auftrag

Werner Düttmann, Berlin

Die Schwierigkeiten fangen schon beim Thema an. Meinen Sie nun meinen ersten kleinen oder ersten großen Auftrag? Mein wirklich erster und sogar bezahlter Auftrag nämlich war ein Möbel. Im Seminar machte ich gerade ein Erbbegräbnis im klassizistischen Stil. Aber zu Hause hatte ich dann die in die Zukunft weisende Idee mit der »Liege«. Die wurde organisch. In Nierenform, weil man ja doch erstens meistens krumm liegt und zweitens an den Füßen weniger Platz braucht als weiter oben. Inzwischen hat sich mein damaliger Bauherr sehr verändert, die Bauherrin auch. Nur die Liege ist die gleiche geblieben. Bei der Ausbombung wurde sie gerettet. Das habe ich nicht verhindern können. Ich war zu weit weg. Mein Freund und Bauherr hat im Zuge des Wirtschaftswunders ein passendes Haus zu der Liege bestellt.[143] Ich habe ihm angeboten, auf das Honorar zu verzichten, wenn er die Liege verbrennt. Mit dem ersten Vorschlag war er einverstanden, mit der daran geknüpf-

»Zu diesem Heft, das den Projekten junger Architekten gewidmet ist, haben wir einige uns befreundete Architekten gebeten, ihren ersten Schritt in die Selbständigkeit zu schildern. Bei aller Unterschiedlichkeit der Antworten läßt sich vielleicht doch etwas Grundsätzliches aus allen Stimmen herauslesen: Der Weg zur Selbständigkeit verlangt Fleiß, Mut, Standvermögen – und ein wenig Glück. Red.«

Düttmann befand sich in diesem Heft von *baukunst und werkform* in guter internationaler

Gesellschaft: Neben ihm wurden noch Richard Neutra, Egon Eiermann, Konstanty Gutschow, Gerhard Weber, Max Guther, Max Taut, Sep Ruf, Gio Ponti, Enrice Castiglioni, Heikki Sirén und Philip Johnson zu ihren ersten Aufträgen befragt.

Die Textwiedergabe folgt dem von Werner Düttmann autorisierten Erstdruck: Werner Düttmann, Berlin: [Interview], in: *baukunst und werkform* 12 (1959), H. 1, S. 6.

Ein Manuskript hat sich im Nachlass nicht erhalten.

ten Bedingung nicht. Nun liegt er dauernd krumm, und ich schäme mich jedesmal, wenn ich ihn besuche. Ich hätte gleich Bedenken kriegen müssen, die Liege wurde nämlich ein Erfolg und zeugte ein Geschlecht von Backensesseln, Beistelltischen und Eßecken mit peinlicher Familienähnlichkeit in Eiche massiv. Und davon ist kaum etwas verbrannt, weil Eiche so schlecht brennt.

Danach kamen diverse Semester Krieg, und am Ende desselben, mit den Amerikanern, die ersten anständigen Architektur-Zeitschriften.

Eine Weile später erhielt ich dann den ersten wirklichen Auftrag. Ich hatte in einem Wettbewerb einen ersten Preis erhalten und bekam durch einen glücklichen Zufall den Auftrag, obwohl das in der Ausschreibung so vorgesehen war. Es handelte sich um ein Altersheim. Vorher hatte ich als Landarbeiter eine Reise durch die Schweiz gemacht, viel gesehen und kaum etwas vergessen. Das war bedauerlich. Der Bau wurde trotzdem ein Erfolg. Eine Eröffnung ist ja immer schön, schon weil alles neu ist, was vorher gar nicht da war. Es war wie Weihnachten, und ich war der Weihnachtsmann, der die Bescherung angerichtet hatte. Und mein Dank war das Strahlen der gläubigen Kinderaugen. Damals war mein Glücksgefühl rein und ungetrübt, weil ich dem eigenen Vortrag uneingeschränkt glaubte. So muß das ja auch sein. Man gibt was man ist. Man lernt sich nur so schwer kennen. Wahrscheinlich, weil man immer mit sich zusammenlebt. Nach ein paar Jahren möchte man nicht mehr auf seinen ersten Auftrag hin angesprochen werden, weil man weiß, was man alles hätte weglassen müssen. Aller Anfang ist leicht. Darum möchte ich mich auch gar nicht zu Ihrer Anfrage nach meinem ersten Auftrag äußern. Lieber spreche ich von meinem nächsten Auftrag, dafür habe ich nämlich wirklich eine Menge guter Ideen. Gott gebe mir die Kraft. Mindestens die Hälfte davon wegzulassen.

Junge Berliner Architekten

1 Wie sehen Sie die Aufgaben des Architekten heute und in Zukunft?

2 Wie ist demnach die Ausbildung und die organisatorische Einbindung des Architekten in den Planungsprozeß anzulegen?

3a Welche Möglichkeiten einer Zusammenarbeit zwischen Architekten und Künstlern sehen Sie?

3b Was halten Sie von der Regelung, daß bei öffentlichen Bauten »ein angemessener Prozentsatz der Bausumme für die Erteilung von Aufträgen an bildende Künstler und Kunsthandwerker aufgewendet wird«?

4 Welche in Berlin seit dem Kriege ausgeführten Projekte sind Ihrer Meinung nach »bedeutend« und warum?

4 a übergeordnete Stadtplanung

4 b Stadtplanung, Siedlungs- und Wohnungsbau

4c Einzelbauwerke

5 Welche in Berlin seit dem Krieg ausgeführten Projekte sind abzulehnen und warum?

5a übergeordnete Stadtplanung

5b Stadtplanung, Siedlungs- und Wohnungsbau

5c Einzelbauwerke

6 Welches sind die wichtigsten künftigen Bauaufgaben in Berlin?

Josef Paul Kleihues übernahm 1968 die Redaktion des Einzelheftes der *Deutschen Bauzeitung*, in der »Junge Berliner Architekten« vorgestellt wurden. Julius Posener lieferte dafür ein Geleitwort (»Reflexionen«).

Myra Ruccius-Warhaftig war die einzige Frau unter den 27 »Architekten« – unter ihnen Georg Heinrichs und Hans Christian Müller, Oswald Mathias Ungers, Ludwig Leo, Jürgen Sawade, NGP (Gerd Neumann, Dietmar Grötzebach, Günter Plessow) und Josef Paul Kleihues –, die sich selbst mit ihren eigenen Arbeiten und Meinungen präsentierten. Werner Düttmann wählte die beiden erst wenige Monate zuvor fertiggestellten Bauten der TU-Mensa und der Kirche mit Gemeindezentrum St. Agnes.

Die Textwiedergabe folgt dem von Werner Düttmann autorisierten Erstdruck:
Werner Düttmann: [Interview], in: *Deutsche Bauzeitung* 102 (01.08.1968) (Einzelheft), Fragen und Antworten, hier S. 610.
Ein Manuskript hat sich im Nachlass nicht erhalten.

Werner Düttmann

1: Vielschichtig wie eh und je, aber in ständig wachsendem Umfang den Fragen der gesellschaftlichen und industriellen Entwicklung verbunden.

2: So breit wie möglich, um der Vielfalt der Anforderungen zu entsprechen.
Der Architekt sollte Problemstellungen erfassen und durchdringen können, ehe er Lösungen anbietet. Das gilt im soziologischen Bereich genauso wie auf den Gebieten der Technik oder der Ästhetik. Vorzeitige Spezialisierung engt eher ein als daß sie förderlich ist und verhindert ein komplexes Erfassen der Aufgaben. Vor »Fachidioten« mit fertigen Rezepten sei gewarnt. Die organisatorische Einbindung der Architekten wird so vielfältig sein wie die Aufgabenstellungen und die individuelle Befähigung jedes einzelnen.

3: Die genannte Regelung soll doch wohl nicht nur der Kunst, sondern auch den Künstlern helfen. Neben ihrem Subventionscharakter, der oft genug nur klägliche Resultate zutage fördert, kann die Regelung sinnvoll sein, wenn der Architekt schon bei der Planung die Einbeziehung von Werken oder Äußerungen der bildenden Kunst intendiert und außerdem zur aktuellen Kunst eine Beziehung hat, was ein Glücksfall wäre. Aber es gibt auch Glücksfälle, und darum halte ich die in dieser Regelung vorgesehene Möglichkeit für positiv. Sicher rechtfertigt nicht jeder öffentliche Bau die Applikation von Kunst – so daß man in einzelnen Fällen erwägen könnte, die bereitgestellten Mittel aus mehreren Bauvorhaben zusammenzulegen, um damit Objekte zu finanzieren, die ich als Kunst in der Stadt – nicht Kunst am Bau – bezeichnen möchte. (Beispiel die seinerzeit fehlgeschlagene Finanzierung der Grande Musicienne von Laurens).

4a: Die Entdeckung des Stadtraums als Stadtlandschaft, im Zusammenhang damit Planung und Bau der Stadtautobahn, aber auch die Erweiterung des U-Bahnnetzes, Ausweisung des »City-Bandes« und der kulturellen Standorte im Bereich nördlich dieses City-Bandes am Tiergartenrand.

4b: Die Scharounschen Konzeptionen Kemperplatz und Mehringplatz, Teile des Degewo-Abschnittes von BBR [Britz-Buckow-Rudow], die Siedlung Zabel-Krüger-Damm, die Eggelingsche Planung für das Sanierungsgebiet Wedding und das Märkische Viertel, obwohl ich hier wegen Befangenheit schweigen sollte.

4c: Die Philharmonie, die neue Nationalgalerie, das Aaltohaus im Hansaviertel, den Konzertsaal der Musikhochschule, das »Opernviertel« an der Bismarckstraße, das Corbusierhaus trotz seiner Kastrationen durch die ausführende (Bau-)Gesellschaft, die Stadtautobahn, der Trümmerberg am Teufelssee, die Müllverbrennungsanlage Ruhleben. Letztere speziell wegen Ihres großartigen Innenraumes (Müllbunker).

[5a nicht beantwortet]

5b: Diverse Bauabschnitte im Falkenhagener Feld, in Charlottenburg Nord, im Bayerischen Viertel – entlang der Südtangente etc.

5c: Siehe 5b und vielerlei Bauten für Menschen – aber leider auch die Bauten für Tiere im Zoologischen Garten am Bahnhof Zoo – apropos – natürlich auch der neckische Anbau am Bahnhof selbst usw.

6: Abschaffung der Hysterie – Planung und Realisierung eines entideologisierten. d. h. sachlichen und damit menschlichen Miteinander von Ost und West bzw. Nord und Süd bzw. jung und alt.

Kirche St. Martin – ein Gespräch mit dem Architekten

– Als Stadtplaner sind Sie, sehr geehrter Herr Professor Düttmann, dem Märk. Viertel unmittelbar verbunden. Mit welchen Gedanken sind Sie an den Entwurf einer Kirche im Märk. Viertel herangegangen?

In einem Brief an den Pfarrer von St. Martin bekennt Werner Düttmann: »Lieber, sehr geehrter Herr Pfarrer, im ›Getriebe‹ der letzten Ferientage habe ich versucht, auf Ihre Fragen zu antworten. Leider fehlt mir hier zur Zeit innerlich und äusserlich der ›Raum der Ruhe‹. Aber ich hoffe, Sie können etwas damit anfangen, z.B. vieles streichen. Ab Donnerstag bin ich wieder in Berlin und hoffe, dass bis dahin die Fliesenleger etwas tätiger geworden sind.
Mit herzlichen Grüssen, Ihr Werner Düttmann, 20.8.73.«

Der in Berlin geborene, in New York lebende und mit Werner Düttmann befreundete Peter Blake – Architekt, Architekturkritiker, Schriftsteller und Verleger bedeutender Architekturzeitschriften – hat in seinem Aufsatz »Light and Space. A church designed to capture the spirit« mit Bezug auf St. Martin auf die überaus große Bedeutung der Lichtgestaltung hingewiesen – eine besondere Begabung Düttmanns, von der zahlreiche, wenn nicht am Ende gar alle seiner Bauten profitieren. Geplant war eine Veröffentlichung des Beitrags in der Januar/Februar-Ausgabe 1975 der von Blake herausgegebenen Zeitschrift *Architecture Plus,* die aber kurz davor eingestellt wurde. Es kam zu zahlreichen Begegnungen zwischen Düttmann und Blake, der das Berliner Baugeschehen aufmerksam verfolgte.

Die zentralen Aussagen des Interviews der Kirchengemeinde mit Werner Düttmann wurden später in verdichteter Form abgedruckt: Werner Düttmann: »Der andere Raum«, in: *Werner Düttmann. Verliebt ins Bauen. Architekt für Berlin 1921–1983,* bearbeitet von Haila Ochs. Basel, Berlin, Boston 1990, S. 158.

Die Textwiedergabe folgt dem von Werner Düttmann autorisierten Erstdruck:
»Kirche St. Martin – ein Gespräch mit dem Architekten«, in: *St. Martin Gemeindebrief* Sept./Okt. 1973, Kathol. Kirchengemeinde im Märkischen Viertel, Wilhelmsruher Damm 144.

»Im Zentrum des MV sollte ein Bereich entstehen, der durch die Vielfalt seiner Funktionen und ein reichhaltiges Angebot an Möglichkeiten viele Menschen anzieht. Um den Marktplatz gruppieren sich Kaufhäuser, Läden, Kneipen, Kegelbahnen, das Kino und das Hallenbad, die Schule und das Gemeinschaftshaus. In einem solchen Ensemble, dessen Vielfalt auf Betrieb und Getriebe, auch Begegnungen und Aktionen jeglicher Art, angelegt ist, sollte die Kirche nicht fehlen. Ich sehe sie als notwendige Ergänzung in dieser aktionsgeladenen Alltagswelt. Sie ist der ›andere Raum‹, der Raum der Stille, der Besinnung, der ›leere Raum‹, in den man aus dem Trubel heraus eintreten kann, um dem anderen zu begegnen, das sich draußen leicht verliert, vielleicht um für einige Augenblicke sich selbst zu begegnen.«

– Eine »Betonkirche« schreckt viele zurück. Nun ist der äußere Eindruck der von Ihnen entworfenen Kirche geeignet, dieses Vorurteil zu verstärken.

»Um diesen ›anderen Raum‹ herum, als den ich den Kirchenraum ansehe, bedarf es der geschlossenen Wand, die gleichsam diesen anderen Raum gegenüber der übrigen Welt abgrenzt und schützt. Es bedarf der Überdeckung großer Spannweiten. Dafür ist Beton ein sehr geeignetes Material. Andere Zeiten haben den Stein benutzt und Gewölbe geformt. Das aber bedingt, daß die Wände Fenster haben, weil man Gewölbe kaum durchbrechen kann. Ich aber wollte, daß das Licht von oben in diesen Raum fällt und daß der Raum sich nach außen völlig abschließt und somit zum totalen Innenraum wird. Ich glaube, es macht die Stille deutlicher, die dieser Raum haben sollte. Ich finde es notwendig oder folgerichtig, daß sich dieses in der äußeren Erscheinung durch die

Erneut abgedruckt in: *St. Martin 1969–1979, Berlin-Wittenau, Märkisches Viertel, 10 Jahre*, hg. von Kath. Kirchengemeinde St. Martin, Berlin o.J. [1979]

Siehe auch:
AdK, Werner-Düttmann-Archiv 160
Bl. 2, Typoskript der sechs gestellten Fragen, mit handschriftlichen Anmerkungen
Bl. 4, Brief von Werner Düttmann an den Pfarrer
Bl. 5–14, Manuskript
Bl. 15–17, Typoskript seiner Antworten

Geschlossenheit der Betonwände darstellt. Ob unser Kirchenraum ein Kunstwerk ist oder nicht, hängt nicht von meinem Anspruch ab, den ich nicht erhebe, sondern von der Wirkung, die er auf andere ausübt.«

– Die Erwartungen, die an eine »Kirche« gestellt werden, sind nun einmal recht häufig andere. Sehen Sie die Möglichkeit, einen Zugang für das Verständnis Ihres Kirchenbaues zu geben?

»Die Erwartungen, von denen Sie sprechen, sind von Erfahrungen geprägt, die der Betrachter in anderen Kirchen gesammelt hat. Viele dieser Kirchenräume sehe ich vor mir. Sie sind allzu oft eine Anhäufung anspruchsvoll vorgeführter ›Kunststücke‹, die das ›Besondere‹ preisen wollen, dazu vollgestopft mit dem oft Allzuvielen. Ich frage mich manchmal, wie ein Mensch in all diesem Gott, oder auch nur Ruhe, Ernst oder Heiterkeit oder auch nur sich selbst finden soll.

Aber offensichtlich ist dies möglich, weil solche Kirchen häufig das Gewohnte sind und somit das Vertraute, das man nicht in Frage stellt. Darum sehe ich die einzige Möglichkeit, Verständnis für den neuen Kirchenraum zu erwecken, darin, daß man die Gemeindemitglieder bittet, die Kirche ohne ein schnelles ›Vor‹-urteil in Gebrauch zu nehmen und unvoreingenommen auf sich wirken zu lassen.«

– Als Architekt hätten Sie sicher den Auftrag nicht angenommen, wenn Sie nicht grundsätzlich eine positive Einstellung zum Kirchbau auch auf dem Hintergrund des Märk. Viertels besäßen. Von der Kritik am aufwendigen Bau von Kirchen müßten Sie sich doch auch getroffen fühlen.

»Ich habe bei der Beantwortung Ihrer ersten Frage versucht darzulegen, warum ich eine Kirche im Zentrum des MV für notwendig halte. Die Kritik am aufwendigen Bau von Kirchen scheint mir in manchen Fällen berechtigt, könnte doch wohl generell aber nur akzeptiert werden, wenn man grundsätzlich die Funktion des Sakralraumes in Frage stellt, den ich gerade im Getriebe des Marktes als den ›anderen Raum‹ – Flucht- oder Zufluchtsraum – für wichtig halte. Das verlangt allerdings, daß er jederzeit und jedem offensteht und nicht nur zu den Gottesdiensten – wie ein Theater zu den Vorstellungen – geöffnet wird.«

– Moderne Architektur hat sich vom Fassadenbau gelöst und wendet sich bewußt den Funktionen des Gebäudes zu. Welchen Aufgaben des Kirchenbaues haben Sie in besonderer Weise Ihre Aufmerksamkeit geschenkt?

»Zunächst würde ich nicht meinen, daß bei diesem Bau die ›Fassade‹, wie Sie es nennen, außeracht gelassen wäre. ›Fassade‹ in dem von Ihnen gemeinten Sinn findet zwar nicht statt, dennoch üben die geschlossenen Flächen durch die Proportionen der Baukörper und deren Verhalten zueinander eine ganz bestimmte Wirkung aus.

Zur Funktionalität im Innenraum ist wenig mehr zu sagen, als man ohnehin beim Betreten der Kirche erkennt. Das vis à vis von Altarraum und Gemeindelanghaus ist im Sinn der jüngsten liturgischen Bestrebungen verlassen worden. Die Gemeinde gruppiert sich in drei Sitzblocks um den weit in den Raum vorgezogenen Altar.

Die Marienkapelle ist abgedeckt durch die darüberliegende Empore und bildet so für die vielfältigsten Anlässe einen intimen, niedrigen Bereich, der durch Schiebewände zum in die Höhe strebenden Kirchraum abgetrennt werden kann.«

– Bleibt bei einer betonten Zweckmäßigkeit überhaupt noch Raum für den künstlerischen Entwurf? Würden Sie den Anspruch auf ein Kunstwerk im Fall der St. Martins Kirche erheben?

»Funktionalität oder Zweckmäßigkeit sind keineswegs notwendiger Weise Feinde der Kunst, oder in diesem Falle der Baukunst. Im Gegenteil: nur klare Funktionsvorstellungen ermöglichen es dem Architekten, den angemessenen Raum finden zu können. Was aber ist angemessenen, wenn die Funktionsvorstellungen sich nicht allein in Bewegungsabläufen und deren Lenkung darstellen, sondern religiöser, also geistiger Art sind?

Was galt als angemessen in der Gotik, des Barock, des Klassizismus, was ist es heute? Die Antwort auf diese Frage und die Auffindung der gestalterischen Mittel sind das eigentliche Künstlerische im Tun des Architekten. Die Qualität eines Raumes kann durch sehr einfache Elemente bestimmt werden wie: Proportionen der Bauteile zueinander, Gestaltung der Decke, Führung des Lichtes, Neigung des Bodens, Wahl des Materials u.ä.«

Entwurf einer Antwort an einen Bauherrn, das Urteil von Sachverständigen und die Verletzlichkeit eines Entwurfs betreffend

Lieber Bauherr,
Eine hilfreiche Antwort auf Ihr Schreiben vom 16. Okt. 75 den Absatz V.3. des Beweisbeschlusses betreffend zu finden, fällt mir schwer. Was der Herr Sachverständige als das »kleinste Übel« bezeichnet, nämlich einen Farbanstrich über die misslungene Betonoberfläche zu ziehen, sieht offensicht-

lich er selbst auch immer noch als ein Übel an, wenn seiner Meinung nach auch als das kleinste.

Ich aber erachte diese Art, Mängel zu beseitigen, als ein großes Übel, weil es den lebendigen, dem Naturstein verwandten Werkstoff Beton verkleistert und somit zur Leblosigkeit der Oberfläche führt. Die vielen angestrichenen Betonbauten, die wie traurige Pappkartons aussehen, sind es, die den Beton als Werkstoff bei uns in Verruf gebracht haben. Ohne diesen wäre das Werk Le Corbusiers und anderer bedeutender Architekten nicht denkbar. Daß eine qualitativ einwandfreie Bauausführung in diesem Material möglich ist, beweisen viele Beispiele in der Schweiz, in Frankreich, Italien und anderswo. Aber auch in Deutschland kenne ich eine ganze Reihe einwandfreier Bauten in Beton, speziell in München, im Raum Stuttgart, in Köln – der Flughafen Köln-Wahn wäre solch ein Beispiel.

Als ich Ihnen für das Grundstück Bismarckstraße den plastisch ausgeformten, terrassierten Betonbau vorschlug, der sich meines Erachtens am glücklichsten in die vorgegebene landschaftliche Situation einordnet, ja mit seinen bewachsenen Terrassen Teil dieser Landschaft werden sollte, ging ich davon aus, daß die Oberfläche des Betons von eben der Qualität der mir bekannten Beispiele sein würde. Daß dies nicht die billigste Art zu bauen ist, war uns beiden klar, aber ich hielt sie, und darin folgten Sie mir, in dieser landschaftlichen Situation für außerordentlich angemessen. Sicher hätte man an einen Mauerwerksbau oder gar an eine Natursteinverkleidung denken können. Aber das hätte logischerweise eine aus dem anderen Material und seinen konstruktiven Voraussetzungen entwickelte andere Baufigur ergeben. Dennoch bin ich Ihrer Frage nachgegangen, ob durch eine Werksteinverkleidung, etwa in Granit, der angestrebte Qualitätsanspruch befriedigt werden könnte. Dies wäre, meine ich, theoretisch denkbar, würde aber einen ungeheuren Aufwand erfordern, weil man nicht Teile durch solche Verkleidung bessern kann, wie etwa die mißlungenen Giebelwände, ohne beispielsweise dann auch die Treppen in Granit zu fassen, die sonst neben den Granitwänden grob und unfertig aussähen. Und so geht es von Detail zu Detail. Gemeint war ein

Werner Düttmann bezieht sich in seinem Brief an den Bauherrn auf das 1973/74 erbaute Mehrfamilienhaus in der Bismarckstraße in Berlin-Wannsee (»Wohnpark Kleiner Wannsee«). Es ist nicht bekannt, ob er den Brief jemals abgesendet hat.

Sehr deutlich wird in diesem Schreiben, mit welch hohem ästhetischen Anspruch Düttmann an die Bauaufgaben heranging, welche Rolle das von ihm bewusst ausgewählte Material für die Gesamtwirkung der Architektur spielte und wo für ihn die Schmerzgrenze bei den notwendigen Kompromisslösungen lag. Bei zwei Bauvorhaben hat Werner Düttmann nach Überschreitung dieser Grenze seine Autorenschaft zurückgezogen.

Die Transkription des Briefes erfolgte nach dem postum erschienenen Erstdruck: Werner Düttmann: »Entwurf eines Briefes an einen Bauherrn, 1975«, in: *Berlin ist viele Städte*. Berlin 1984 (= Architextbook, 2), S. 23–25.

Ein Manuskript hat sich im Nachlass nicht erhalten.

Haus aus einem Guß – aber der Guß ist in vielen Teilen mißraten. Ein mißratener Guß einer Bronzeplastik wird eingeschmolzen und erneut versucht. Bei einem Haus ist das schwieriger – man muß sich unter Umständen damit abfinden und über den Minderwert verständigen, der groß sein kann.

Schnelle Abhilfen, Verkleidungen, Kaschierungen sind selten befriedigende Alternativen. Sie wissen, wie ungern ich dem Verputzen der Wandschotten im Innern der Wohnungen zugestimmt habe, obwohl mir angesichts der Betonoberfläche keine andere Wahl zu bleiben schien. Der Putz löste, obwohl er den angestrebten Charakter der Wohnungen verfälschte, scheinbar das dringendste Problem. Doch alle Details waren auf einen unverputzten Bau angelegt. So z.B. die Stahlblenden und die Stahlwangen der Treppen, die frei vor dem Beton verlaufend sich ohne Schaden bewegen konnten. Nun aber, eingeputzt – was nicht vorgesehen war – verursacht ihre Bewegung Risse im Putz, Mörtelkrümel auf den Treppen und somit Ärger bei den Mietern. Ich will damit sagen, daß nachträgliche »Schönheitskorrekturen«, die Charakter und Struktur verändern oder kaschieren sollen, häufig auch zu technischen Mißgeburten führen, an denen man dann später herumzudoktern hat. Die Berliner Porzellanmanufaktur handelt mit Geschirr erster und zweiter Wahl. (Ähnlich tun es die Ziegeleien.) In der Herstellung war immer erste Qualität angestrebt. Aber wenn es nicht gelang, wurde nichts verkleistert, sondern der Preis herabgesetzt.

Vielleicht wäre eine solche Betrachtung der Dinge ein Weg, wieder Häuser erster Wahl zu erreichen.

»Erläuterungsbericht«

Das Wort »Erläuterungsbericht« ist so zum Erschrecken, wenn man sprachempfindlich ist, dass man Wettbewerbe meiden sollte, um nicht in die Lage zu geraten, einen solchen schreiben zu müssen. Aber es gibt gewichtigere Gründe, Wettbewerbe zu meiden. Der gravierendste ist: Planen und Bauen heisst für den Architekten: eine Ehe auf Zeit einzugehen. Und Ehe heisst Gespräch und gemeinsam entscheiden, heisst auch Gespräch ohne Konsens, heisst Krach und allein entscheiden. Aber wissen, warum. Bei Wettbewerben hat der Rückfragenbeantworter schon auf Antwort geschaltet, wenn die eigentlichen Fragen erst auftauchen. Das heisst, der Architekt bleibt in seinen Entscheidungen allein, denkt sich Antworten aus auf noch nicht gestellte Fragen, verwirft Antworten, die gegeben wurden, ehe das einerseits-anderer-

Im Rahmen eines Wettbewerbs für ein öffentliches Gebäude, das allerdings nicht näher bestimmt werden kann, verschaffte sich Werner Düttmann Luft über die mit einem solchen Verfahren für die Architekten verbundenen Auflagen und notwendigen einzureichenden Unterlagen.

Düttmann, der selbst in zahlreichen Jurys bei Wettbewerbsverfahren vertreten war, behauptet etwa: »[...] ein Erläuterungsbericht ist nicht erforderlich, weil sich die Pläne selbst erläutern.«

Die Transkription des gedruckten Textes folgt: AdK, Werner-Düttmann-Archiv, 269 Bl. 13–16, Manuskript, undatiert

seits des Planes erörtert werden konnte, das heisst: Er stellt sich ungeschützt ins Freie der Hoffnung, dass jemand versteht, warum er – abwägend – so oder so entschieden hat.

Zum Möglichmachen von Verständnis darum also: »Erläuterungsbericht« – sozusagen zur eigensinnigen Interpretation des Planverfassers, dass er alle für die Benutzer des Planes relevanten Fragen in ihrem Sinne beantwortet habe. Das kann ich zu dem von mir vorgelegten Projekt nicht behaupten. Ich weiss, viele Fragen sind offen geblieben, die man nur gemeinsam beantworten kann.

Warum ich dennoch mitmache? Weil Wettbewerb einen Gedanken, vielleicht eine Illusion abverlangt, über deren reale Bedeutung man im Nachhinein streitet.

Dies vorausgesagt, also dennoch »Erläuterungsbericht«. Meiner, den ich hier abgebe, besteht aus zwei Teilen, deren erster die Erläuterung des Gedankens ist und deren zweiter der Bericht ist über die Schritte, diese in gebaute Umwelt umzusetzen. Der zweite Teil aber unterliegt wieder dem gemeinsamen Willen, solche Schritte überhaupt zu tun in Gemeinsamkeit.

3. Februar 1978

Lieber Herr Darge,

Sie haben mich um ein kurzes Statement gebeten und ich Sie um Terminverlängerung. Dennoch bin ich nicht fertig geworden damit. Ich bitte um Ihr Verständnis: manchmal braucht ein Entwurf Zeit, vor allem, wenn man beim Entwerfen anfängt zu denken. Das hält auf und führt in Widersprüche, die man klären möchte. Das hält wieder auf. Ich weiß, meine Zeit ist abgelaufen und mein Statement erst im Status nascendi, weil wie mir scheint, die Dinge so einfach nicht sind.

So bleibt mir nichts, als Ihnen ein Konvolut von Anläufen auf besagtes erbetenes Statement hin zu unterbreiten als Beweis dafür, daß ich bereit war, ein solches abzugeben.

Den ersten Anlauf nahm ich in meinem Büro am 23.1. während der normalen Bürozeit – siehe Anlage 1 – den zweiten Versuch startete ich am 25.1. nach Mitternacht in der

Werner Düttmanns Brief richtet sich an Joachim Darge, Architekt und zu dem Zeitpunkt geschäftsführender Vorsitzender des Deutschen Architekten- und Ingenieurverbands e.V. (DAI). Dieser hatte anlässlich des Schinkelfestes um ein kurzes Statement zu der Frage: »Welche Vorstellungen verbinden Sie mit der Formulierung ›Architekt/ Ingenieur und Künstler als Partner?‹« gebeten. Düttmann nahm dies zum Anlass, sich grundlegend über das Verhältnis der genannten Disziplinen zueinander auszulassen. Für ihn als Architekt und Künstler stellte sich die Frage einer derartigen Unterscheidung prinzipiell nicht. Er plädierte in Abgrenzung zum Begriff der »Partnerschaft« daher für den der »Gemeinschaft«.

Sein Statement wurde stark verkürzt – im Wesentlichen auf den Teil 3 beschränkt – erstmals abgedruckt in: *Architekt / Ingenieur + Künstler als Partner. Stellungnahmen – Meinungen – Vorschläge.* Als Sonderheft erschienen in der Reihe der DAI-Texte und der »Schriftenreihe des Architekten- und Ingenieur-Vereins zu Berlin«, hg. von AIV+DAI. Dokumentation anläßlich des Schinkelfestes des AIV zu Berlin am 13. März 1978. Berlin 1978, S. 24f.

Die Transkription des gedruckten Textes folgt: AdK, Werner-Düttmann-Archiv, 254
Bl. 2, maschinenschriftlicher Brief Werner Düttmann an Joachim Darge, 03.02.1978, nicht unterschrieben
Bl. 3–14, Kopie eines maschinenschriftlichen Briefs von Werner Düttmann an Joachim Darge, 06.02.1978, auf Bl. 3 handschriftlich mit »Dü« unterschrieben
Bl. 1, maschinenschriftlicher Brief von Joachim Darge, DAI, an Werner Düttmann, 13.01.1978

Siehe auch:
Bl. 15–25, Textfragmente des Typoskripts, zum Teil collagiert, mit zahlreichen Korrekturen
Bl. 26–37, Notizen auf einem Kneipenblock
Bl. 38–62, diverse Manuskripte, undatiert

Westendklause, von mir und meinen Freunden schlicht »bei Franke« genannt, obwohl die Frankes sich längst zurückgezogen haben – siehe Anlage 2 – den dritten Anlauf nahm ich in meiner Wohnung am Sonntag, den 29.1., beginnend am frühen Abend. Auch dieser blieb unbrauchbar, weil mir trotz großer Müdigkeit bewußt wurde, daß ich mich in Widersprüche verrenne, die kein Statement möglich machen.

Inzwischen drängte Ihre Sekretärin und so schrieb ich heute, am Donnerstag, den zweiten Februar am frühen Nachmittag in der Paris Bar das erbetene Statement als Statement und bemühte mich, beim Schreiben nur an dieses und daß es kurz sein solle, zu denken und sonst gar nichts – siehe Anlage 4.

Ich überlasse Ihnen dies alles, um nach Gutdünken darüber zu verfügen. Ich bewundere Städtebauer, die auf Kongressen sagen: »Eine Wiese muß endlich wieder eine Wiese sein!« und dafür gerechterweise minutenlagen Applaus erwarten. Mir stellen sich die Dinge zu komplex, will sagen, zu

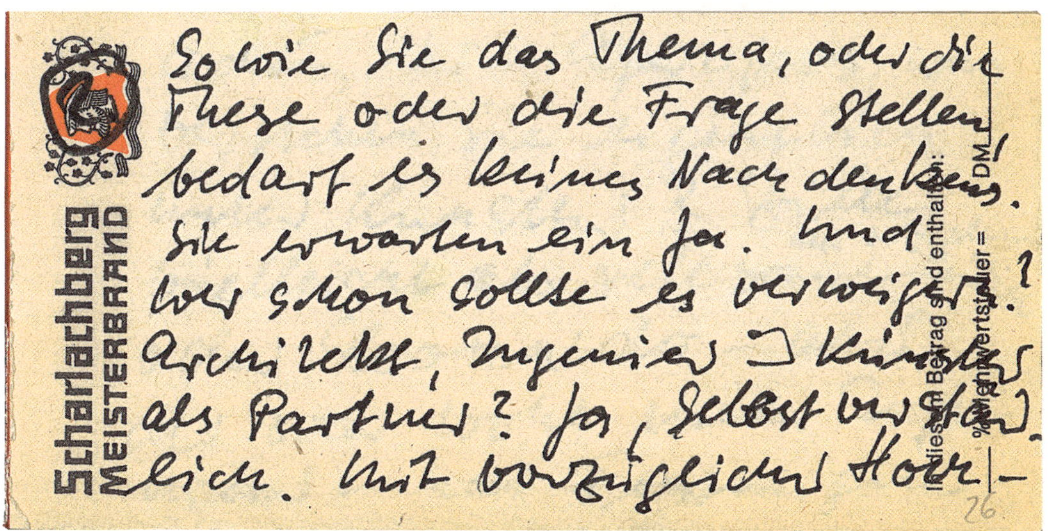
Scharlachberg
MEISTERBRAND
So wie Sie das Thema, oder die These oder die Frage stellen, bedarf es keines Nachdenkens. Sie erwarten ein Ja. Und wer schon sollte es verweigern? Architekt, Ingenieur + Künstler als Partner? Ja, selbstverständlich. Mit vorzüglicher Hoch–
In diesem Betrag sind enthalten:
% Mehrwertsteuer = DM
26

10 Notizen auf einem Kneipenblock, 1978

kompliziert dar. Aber ich will mich bemühen, mich zu den kurzen Statements zu entwickeln. Denn schon Mies sagte: less is more. Aber er wußte, wovon er sprach nach den vielen Jahren des Nachdenkens, die einem solchen Satz voraus gegangen waren, und seine Bauherren wußten es auch und konnten warten.

Drum, nochmals Dank für Ihre Geduld!

6. Februar 1978

Lieber Herr Darge,

anbei der aus mancherlei Ansätzen zusammengestückte Text.

Hoffentlich merkt man's nicht zu sehr und 4 Fotos:

1. von der Akademie
2. vom Brücke-Museum
3. von meiner Kirche im MV
4. von mir.[144]

Wählen Sie bitte das, welches Sie für richtig halten und wie es vielleicht im Format am besten paßt und verzeihen Sie die Verspätung.

Mit herzlichen Grüßen

Ihr Dü

1) Lieber Herr Darge,

vor mir liegt Ihr Brief, den Sie als geschäftsführender Vorsitzender des DAI an mich gerichtet haben. Ich habe diesen vor Wochen erhalten, nicht verstanden – und als ehemaliger Angehöriger Ihrer Verwaltung neben den Poststempel geschrieben W.V. 23.1. (das heißt Wiedervorlage am 23. Januar) – und das ist heute.

Meine Sekretärin, Frau Fischbach, ohne die bei mir nichts geht, hat ihn – Ihren Brief – wieder vorgelegt und mich dabei so angesehen, daß ich weiß, jetzt muß ich antworten zum Beispiel.

Dieser Vorgang allein schon scheint Ihre als Faktum formulierte Hoffnung – oder Hypothese – zu bestätigen: Architekt-Ingenieur und Künstler als Partner:

Ein Stück Kunst war es – ein Kunststück in meinen Augen – aus all den Briefen gerade diesen heute wieder aufzutischen, dies war nur möglich durch Engineering – Datenverarbeitung und know how – office Organization – und all dies.

Durch Kunst und gekonnte Technik geriet Ihr Brief wieder an mich, den Sie – so verstehe ich Ihr Anschreiben als dritten – oder gar ersten – jedenfalls als einen im Bunde Ihrer Trilogie angeschrieben haben. Angeschrieben haben mit der Bitte um Auskunft über eingangs erwähnte Partnerschaft, die nämlich zwischen Architekt, Ingenieur und Künstler. Am liebsten würde ich Ihren Brief erneut Frau Fischbach zurückgeben und darauf schreiben: Wiedervorlage am zweiten Januar des Jahres 2000. Denn meine, zum Teil engagierten Beobachtungen des Bau- und Kunstgeschehens des zwanzigsten Jahrhunderts haben mich noch nicht dahingehend erleuchtet, Ihnen eine deutliche Antwort auf Ihre hypothetisch-hyphotische [sic] Frage geben zu können. Ich könnte ausweichen und auf die Einheit von Inhalt, Form, Gestalt, Kunst und Künstler hinweisen im Mittelalter z.B. – auf Romanik oder Gotik – auf Geist und Religion oder den gemeinsamen Kanon, der alle Beteiligten verband. Aber ich müßte schon ein wenig lügen, wenn ich behaupten wollte, damals hätte ich gerne gelebt, als diese Einheit der Künste evident war – vielleicht hätte ich Pech gehabt und wäre ein lausiger Leibeigener gewesen. Auch im Barock und im Rokoko oder gar im Klassizismus sehe ich die von Ihnen apostrophierte Einheit der Genies – aber wäre es mir widerfahren damals Partner zu sein der jeweils Herrschenden? Vielleicht, es gibt eine Vielzahl von Märchen: Aschenputtel z.B. hatte Glück, nicht zuletzt wegen ihrer kleinen Füße. Aber manche brauchen größere Schuhe, ohne auf großem Fuß zu leben.

Auch haben sich die Dinge entfremdet: die ersten Brücken über den Rhein waren aus Stein und waren gewölbt: sie trugen die Straße über den Strom. Die Kathedralen waren aus Stein und waren gewölbt: sie trugen den gewölbten Himmel Gottes in göttliche Höhen hinauf. Ihre Ingenieure waren Priester, die wußten, solange Gott die Kathedralen dunkel wollte, waren die Gewölbe rund und die Gemäuer stark. Aber als Gott sich zur Gotik entschloß und zum leichten und hellen Raum und die Ingenieure das Glas in größeren Mengen einzusetzen wußten, wurden die Gewölbe steil und die Wände dünn und aus Glas und die Schubkräfte der Gewölbe eingeleitet in ein Traumspiel von Pfeilern und Fialen, Schwippbögen und Risaliten, gezielt von Steinmetzkunst und Farbe: Architekt, Ingenieur und Künstler: wer war das?

Heute:

Ich denke an Mies z.B. und den Pavillon in Barcelona. Mies hat ihn erklärt – abends im Berlin Hilton: Er wollte grünen Onyx und Chrom – oder Nickelstahl, der Grundriß war entstanden aus dem langen Umgang mit den Bildern von Mondrian, den Maßstab lieferten die Onyxsteine, die im Hamburger Hafen standen, um zu Gartenamphoren verarbeitet zu werden für eine Prinzessin von Preußen. Als es um die Kunst ging, wollte er die Kniende von Lehmbruck, [mit] dem er befreundet war – aber die war wohl zu klein und außerdem zerbrechlich und nicht zu haben. Das Ministerium entschied für die Tänzerin von Kolbe – und alles in allem war ihm diese auch recht nach alledem – obwohl er ...

Er hat gesagt: etwa: wenn man mit der Kunst und den Künstlern seiner Zeit die gleiche Sprache spricht – er hat Mondrian geliebt – irgendwann hat er gesagt: baue so einfach wie möglich, koste es, was es wolle.

Er hat Klee und Schwitters gesammelt, als Klee und Schwitters seine Brüder waren und ihre Bilder noch erschwinglich.

Aber ich wollte nicht über Mies schreiben, sondern versuchen, Ihren Brief, diese lästige Wiedervorlage, vom Tisch zu schaffen.

Ich beginne mit Architekt und Ingenieur als Partner. Hans Poelzig hatte einen Ober- oder wie auch immer Assistenten voll von technischem Wissen. Und wenn der Meister entwarf, fragte er dann und wann: Müller, jeht det? Und Müller sagte: ja, det jeht, oder: nee, det jeht nich!

Frei Otto und Luigi Nervi sind besser dran als Ingenieur-Architekten. Die wissen, was geht und was nicht und einer von ihnen weiß es so sehr, daß er es immer wieder sagt, aber gerade der wäre in all seiner Einsicht gekränkt und uneinsichtig, müßte man – und man muß es – ihm sagen: »det jeht aus janz anderen Gründen nich!«, was nicht die Größe der Vision mindert, sondern nur die Umstände unserer Welt deutlich macht.

Auf der Weltausstellung in Brüssel stand oder hing zwischen den deutschen Pavillonen eine an einem exzentrischen Pylonen aufgehängte Hängebrücke, richtiger ein Steg über eine kleine Talmulde. Eiermann und ein Ingenieur hatten die Hand im Spiel, der Nierentisch trat gerade ab und war dennoch gerettet: das Ding war schön: war von großer, ein Jahrzehnt zusammenfassender Schönheit.

In Köln überspannt eine einseitig pylonstarke Brücke den Rhein: der vielgerühmte Kölner Dom – auch schon spät – und wegen der Eile möglicher Absolution neben dem Hauptbahnhof errichtet – wird zum Nebbich, von Ferne gesehen, neben diesem weither über den Rhein gelegten Nierentisch (Ingenieur bekannt, Architekt unbekannt). Um bei bzw. in Köln zu bleiben: ich wüßte gern den Ingenieur der Eisenbogenbrücke der Eisenbahn und den Bildhauer, der den Mann auf dem Pferd gemacht hat (ich vermute als Motiv: Deutscher Kaiser). Beide erscheinen so angenehm angemessen neben dem unangemessen Frechen.

Fazit 1: irgendwann muß ein Brief sein Ende finden, auch wenn er, provoziert durch eine Anfrage verdammt ist, vom hundertsten ins tausendste zu kommen.

Fazit 2: Ja! Selbstverständlich, Architekt, Ingenieur und Künstler als Partner und darüber hinaus hoffentlich auch diejenigen, die das Ergebnis solcher Zusammenarbeit benutzen, ohne daran zu denken, wie es zustande kam.

Fazit 3: immer noch ja, aber: Partner muß man erwählen. Zugeteilte Partner, von wem auch immer, bilden kein Team, wie es neudeutsch heißt, sondern allenfalls eine Kommission mit geteilter, d.h. gar keiner Verantwortung. Es gibt ein amerikanisches Sprichwort, d.h.: What is a Camel? Antwort: A Camel is a horse, designed by a commitee.

2) So wie Sie das Thema, oder die These oder die Frage stellen, bedarf es keines Nachdenkens. Sie erwarten ein Ja. Und wer schon sollte es verweigern?

Architekt, Ingenieur und Künstler als Partner? Ja, Selbstverständlich. Mit vorzüglicher Hochachtung Ihr – Apropos, was verstehen Sie eigentlich unter Künstler? Zille vielleicht als relevant im sozialen Milieu oder Leonardo – aber der war wohl mehr Ingenieur – hat Festungen entworfen, Fluggerät und Kriegsgerät – ja natürlich – gemalt hat er auch – aber Kunst am Bau? Das Abendmahl war gut gemalt aber schlecht grundiert und ist deshalb verrottet. Ich weiß nicht, war nicht sein Thema – eher Baukunst – oder eben anderes.

Halten Sie Frei Otto für einen Architekten, einen Ingenieur, einen Künstler – oder nur für einen Schinkelfestredner? In der Verkleidung eines Erzengels? Welche anderen Aufträge wollen Sie ihm andienen?

Für wen halten Sie Nero, in Ihrer Rollenzuweisung? Von Hitler ganz zu schweigen, immerhin, er hat gemalt – und später bauen lassen und vielen hat es arg gefallen auch heute noch, denn er hat Architekt-Ingenieur und Künstler so sehr vereint, fast vermengt. Und immer war überall auch Kunst dabei – und sogar die so recht und allen verständliche, die fürs Volk – und die hat ja dann auch das ganze Volk so richtig motiviert. Bis auf die, die davon kotzen mußten. Aber die waren elitär oder links oder Juden oder alles drei zusammen und zur Ausrottung freigegeben.

Die Kunst sollte verständlich bleiben für alle, wer das nicht einsah, der hat Pech gehabt. Damals.

3) Die Tatsache, daß Sie Ihre Formulierung »Architekt/Ingenieur und Künstler als Partner?« als Frage vorlegen, zeigt, daß hier etwas fragwürdig geworden ist, was anderen Epochen selbstverständlich war: Die Einheit der Künste und damit die Verwirklichung gemeinsamer gesellschaftlicher Inhalte durch die Künste auf der Basis einer von allen getragenen gemeinsamen Anschauung des Ganzen.

Die Basis war die gewachsene oder auch zuweilen die verordnete Gemeinschaft, die etwas anderes ist als Partnerschaft (Partnerschaft ist ein Zweckverband zur Bewältigung von Problemen, der keineswegs auf gemeinsamer Weltanschauung gegründet sein muß).

Die so im Zusammenwirken der Künste wie Architektur, Technik, Malerei und Skulptur, die nicht selten in einer Person vereint waren, entstandenen

Werke waren im wahrsten Sinne des Wortes »Vorbilder« zur Darstellung und Verherrlichung der jeweils die Gesellschaft bestimmenden geistigen, politischen, religiösen oder wie auch immer fundierten Macht. Das gilt für die Welt der Pharaonen am Nil wie für die Kirche des europäischen Mittelalters, für den Feudalismus wie für die Selbstdarstellung des imperialen Kapitalismus der Gründerzeit. Das gilt in der Neuzeit für die meisten der bekannten Diktaturen, wenn auch Hitlers mörderische Wahnvorstellung, eine ihm und allen Volksgenossen seines Geistes verständliche »deutsche Kunst« zu erzwingen das wohl erschreckendste Beispiel jüngster Geschichte bleiben wird.

Immer und überall aber gab es gegenüber den Herrschenden und der verordneten oder geglaubten Übereinkunft jene anderen, die hinter dem Glanz die Unterdrückung sahen, die nicht verherrlichen sondern verändern wollten, um des Menschen und der Wahrheit willen und die den Kampf aufnahmen gegen die verhärteten Strukturen der Macht. Nicht selten waren Künstler unter ihnen. Wer kennt die Zahl der eingekerkerten Dichter, der geblendeten und gefolterten Bildhauer, der Ermordeten, der Flüchtlinge und der Vertriebenen aus grauer Vorzeit bis in unsere Gegenwart? Andere flüchteten ins Private, Verborgene, seit der Nazizeit innere Emigration genannte Sphäre, in Kunst als Ausflucht, oder Flucht in eine andere, durch Kunst geschützte Gegenwelt der Seele, der Welt entzogen und erkennbar nur den gleichfalls abgewendeten verwandten Seelen. Aber auch diese arbeiten an der Befreiung des Menschen und der Erweiterung seiner inneren Landschaft, wie immer wir diese nennen, anders und nachhaltiger vielleicht als die allgefälligen Herrgottesschnitzer aller Bekenntnisse und Lippenbekenntnisse auf dem offenen Markt.

Warum schreibe ich nun eigentlich dies alles auf Ihre so simpel erscheinende Anfrage hin, was halten Sie von Architekt/Ingenieur und Künstler als Partner?

Vielleicht, weil diese Anfrage so simpel klingt, als wäre sie mit ja oder nein zu beantworten. Als könne mit ihrer Bejahung ein gutwilliger Stadtbaurat all das Ungelöste, das in der Thematik »Kunst am Bau« steckt, endlich vom Tisch schaffen: die Frage nach den Entscheidungsprozessen – die Frage der Rezeption durch die Öffentlichkeit (zurecht zuweilen die Betroffenen genannt, Kunst so sie Kunst ist, macht betroffen), die soziale Sicherung der Künstler usw. usw.

Vielleicht aber hole ich so weit aus, um einem Mißverständnis entgegenzutreten, einer falschen Beurteilung der Lage, die zu falschen Hoffnungen verleitet und darum zu Enttäuschungen führt. Auch mir ist dies alles nur halb deutlich, darum sage ich vielleicht.

Vielleicht haben wir noch nicht begriffen, daß das Straßburger Münster oder welche gotische Kathedrale auch immer, ein von allen damals relevanten Gesellschaftskräften getragenes Gemeinschaftswerk zur Verherrlichung Gottes oder seiner jeweiligen Stellvertreter war und somit etwas grundsätzlich anderes als ein Finanzamt in Zehlendorf oder auch das Kongreßzentrum Berlin.

Vielleicht haben wir übersehen, daß sich – und das nicht erst seit der französischen Revolution – die Mehrheit der Menschen – und die waren immer Unterschicht – und mit ihnen viele Künstler von der Verherrlichung abgewendet und Begriffen wie Freiheit, Gleichheit, Brüderlichkeit zugewendet haben.

Vielleicht haben wir im Kampf um die Befreiung des Menschen, d.h. um die Demokratie, die solche Freiheit garantiert, die falschen Schulbücher im Tornister behalten, die mit der Sehnsucht nach der großen geschlossenen Kultur der Vergangenheit als dem kulturellen Erbe umgehen, ohne die damals Enterbten zu erwähnen.

Vielleicht haben wir den Kernsatz von Rosa Luxemburg zur Demokratie noch immer nicht verstanden, der da heißt: »Demokratie ist die Freiheit des Andersdenkenden.«[145] In diesem Satz steht nicht nur die Verheißung sondern auch der Preis der Freiheit: Der Verzicht auf die vermeintlich heile Welt der Ordnungen von gestern, stattdessen der Pluralismus sich widersprechender oder gar ausschließender Positionen – auch in der Kunst.

Gemeint ist im politischen Raum das faire Austragen der Konflikte bis zur ausgewogenen Entscheidung. Kompromiß ist ein Wort, das im Zusammenleben der Menschen und der Völker keinen üblen Beigeschmack haben sollte, sondern eher von Reife zeugt.

Wie aber steht es in der Kunst um die Kunst des Kompromisses? Ist sie der Sache nach möglich, zweckdienlich oder gar erstrebenswert? Ich denke nein.

Zwar hat der geplagte Stadtvater mein volles Verständnis, der sich bemüht, in Fragen der Kunst im öffentlichen Raum ein allgemeines Einvernehmen herzustellen, doch er muß wissen, daß dieses Einvernehmen selten der Freiheit der Kunst gilt, aber oft der Einmischung und dem Versuch, Vorbilder von gestern zu beschwören.

Aber hier beginne ich zu zögern. Warum sollte der Bürgermeister eigentlich nicht? In wessen Augen ist er denn gescheitert? Die Nostalgie ist Allgemeingut. Und Adolf Arndt war ein zwar mutiger, aber vielleicht gerade deswegen einsamer Mann.[146]

Vielleicht gehört zur Kunst die Einsamkeit des Künstlers. Vielleicht sind sie, die Künstler, erst dann Kulturgut, wenn sie tot sind. Wo aber bleiben die Partner, solange sie leben?

P.S.
Hier sollten jetzt die Thesen folgen, aber für diese reicht die Zeit nicht.

4)

Es gab Architekten, die in dem von Ihnen gebrauchten Sinn des Wortes Künstler waren und sich auch so verstanden.

Es gab Ingenieure, die auch Architekten und Künstler waren und Künstler, die zugleich Architekt und Ingenieur waren. Ich meine nicht nur Schinkel oder Michelangelo. Und es gibt sie, wie ich meine, auch noch heute und immer wieder, wenn auch dank der durch neue Entwicklungen der Technik, der wissenschaftlichen Erkenntnisse aller Art und nicht zuletzt der daraus gefilterten Gesetze und Vorschriften nicht immer in der ungetrübten Schaffensfreude von einst.

Es gab und gibt auch immer wieder einseitig Begabtere. Aber immer gab es Modelle der Zusammenarbeit zwischen diesen von der Dombauhütte bis zum Bauhaus, um nur zwei Beispiele zu nennen.

Partner? Nun gut, man kann es auch so nennen, obwohl mir dieses Wort durch Überbenutzung etwas verschlissen vorkommt. Ich gehe gern in die Ausstellung »Partner des Fortschritts«, bei deren Titel mir dennoch unwohl ist – da ist so etwas Schulterklopfendes vom dicken alten Industrieonkel auf die Schultern des anderen mit bei, der schwächer ist. Ich weiß, es ist gut gemeint – aber es ist eben schwer, auf der Seite des Juniorpartners empfindsam zu sein. Aber wenn wir schon bei dem Begriff bleiben, halte ich die freie Partnerwahl für eine unabdingbare Voraussetzung für das glückliche Gelingen jeglicher Ehe. Im übrigen fehlt mir bei Ihrem Partnerschaftsangebot zwischen Architekt/Ingenieur und Künstler der dritte im Bunde: der Bauherr, sei er's privat oder sei er Behörde. Ist er's privat, fehlen zwei: Bauherr und Behörde. Ohne deren Partnerschaft täten die anderen drei oder zwei besser dran, Skat zu spielen oder Mensch ärgere Dich nicht, als sich den Kopf zu zerbrechen.

Im übrigen, falls es gelingt: Hallo Partner, danke schön![147]

Ihr

P.S.
Wir sollten dennoch ein anderes Wort suchen, das weniger den Begriff der Geschäftspartner als den der Werkgemeinschaft suggeriert, oder wir sollten um der Genauigkeit wegen miteinander Englisch sprechen.

Brücke-Museum 1964–1967
Erinnerungen an Planung und Bau

1964 regte der schon hochbetagte Karl Schmidt-Rottluff die Einrichtung eines Museums an für den Kreis der 1905 gegründeten »Brücke«, die bis 1913 Maler wie Heckel, Nolde, Kirchner, Pechstein, Otto Müller und eben Schmidt-Rottluff zu einer die Kunst revolutionierenden Gemeinschaft vereinigt hatte. Schmidt-Rottluff bat mich, das Haus zu bauen. Mit großzügigen Schenkungen haben er und Erich Heckel das Werk gefördert, das dann der den Künstlern und ihrem Werk befreundete Leopold Reidemeister mit heißem Herzen und unermüdlicher Tatkraft betrieb. Ihm ist es zu danken, daß dieses Museum, trotz der Kürze der Zeit zwischen dem ersten Gedanken und seiner baulichen Realisation, schon 1967 mit einer beachtlichen Sammlung eröffnet werden konnte.

Reidemeister und Schmidt-Rottluff haben die Planung des Gebäudes von Anfang an unter wacher Anteilnahme und mit gutem Rat begleitet – nachdem sie nach langen Wanderungen den Baugrund aufgespürt hatten, wie er ihrer Vorstellung entsprach. Umgeben von der märkischen Landschaft des Grunewaldes und unter hohen Kiefern stehend sollte das Haus Ausblicke gestatten auf die »Wiesen und Bäume und Birkenstämme«, wie Heckel und Schmidt-Rottluff sie 1905 im Gründungsjahr der Brücke gesehen und gemalt hatten.

Er wünschte sich einen Bau von großer Einfachheit, in dem nichts die Begegnung des Betrachters mit den Bildern stören und der dennoch die Landschaft einbeziehen sollte. So entstand schließlich der Gedanke, U-förmige Wandnischen unterschiedlicher Größe als Bildträger unverbunden so zueinander zu stellen, daß zwischen ihnen jeweils der Blick in die Landschaft frei bleibt.

Die nächste Überlegung galt dem Licht. Es sollte so geführt sein, daß die Bilder ihre volle Leuchtkraft entfalten können, die der Besucher aus dem gedämpfteren und

Dieser Rückblick auf das Brücke-Museum, zwölf Jahre nach dessen Eröffnung, ist vermutlich im Hinblick auf eine anstehende Publikation erfolgt und dann postum erstmals veröffentlicht worden. Die hier beschriebene Annäherung an die Bauaufgabe und ihre Umsetzung unter den spezifischen Gegebenheiten des Ortes zeichnen Werner Düttmanns Bauten im besonderen Maße aus.

Von Karl Schmidt-Rottluff hat sich ein Brief an den Architekten erhalten, in dem er diese Qualität auf den Punkt bringt: »Lieber sehr verehrter Herr Düttmann, nachdem nun die Unruhe der Eröffnung abgeklungen ist, möchte ich nicht versäumen, Ihnen nochmals herzlichst zu danken. Sie haben mit diesem Bau des Brücke-Museums etwas hingestellt, das man nicht anders als rühmen kann, und so viel ich beobachten konnte, ist das auch allgemein geschehen. Ihr Bau hat durchgehend gute Verhältnisse und rechtes Maß. Die Lichteinfälle sind überhaupt die Lösung und die Landschaft ist geradezu beglückend einbezogen. Es müßte jeder Besucher für eine Weile dort froh werden. Lassen Sie sich nochmals herzlichst die Hand drücken, meine Frau tut das gleiche. Immer Ihr K. Schmidt-Rottluff.«

Die Transkription erfolgte nach dem postum erschienenen Erstdruck:
Werner Düttmann: »Erinnerungen an Planung und Bau«, in: *Werner Düttmann. Verliebt ins Bauen. Architekt für Berlin 1921–1983*, bearbeitet

–] sah er dann stundenlang den Bauarbeiten zu, wie er zuvor der Entstehung des Bauplans zugesehen hatte.

Er wünschte sich einen Bau von grosser Einfachheit, in dem nichts die Begegnung des Betrachters mit den Bildern stören ~~sollte~~ und der dennoch ~~das Vorhandensein~~ die Landschaft einbezieh~~t~~ ~~zu~~ sollte. So entstand schliesslich der Gedanke U-förmige Wandnischen unterschiedlicher Grösse als Bildträger unverbunden so aneinander zu stellen, dass zwischen ~~an ihren~~ ihnen ~~Ecken~~ jeweils der Blick in die Landschaft frei bleibt:

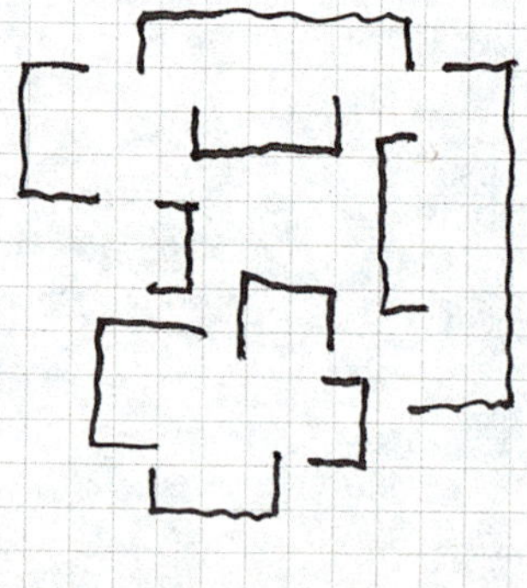

5

11/12 Werner Düttmann, Erinnerungen an Planung und Bau des Brücke-Museums anstelle der verloren

Die nächste Überlegung galt dem Licht. Es sollte so geführt sein, dass die Bilder ihre volle Leuchtkraft entfalten können, die der Betrachter aus dem gedämpfteren und intimeren mittleren Bereich betrachtet. ~~Die noch so schöne bunte Kleidung der Besucher~~. So entstand das Konzept über den Geh- und Verteilbereichen eine relativ niedrige Decke anzuordnen, an die die Bildnischen mit ihren nach innen geneigten Glasdächern herangeschoben sind:

Damit waren die Elemente gefunden, aus denen sich der Bereich der eigentlichen Schau- oder Ausstellungsräume um einen kleinen Patio zu einem Rundgang gruppiert.

Zwischen dem Patio und dem nach Süden anschliessenden Bauteil liegt der Eingangsbereich mit Garderobe und Sitzplatz. Der südliche Bauteil nimmt

46

gegangenen Entwurfsskizzen, 1979

von Haila Ochs. Basel, Berlin, Boston 1990, S. 104–106. Es hat sich dazu kein Manuskript im Nachlass erhalten.
Siehe auch:
AdK, Werner-Düttmann-Archiv, 154 Bl. 29, Brief von Karl Schmidt-Rottluff an Werner Düttmann, 25.09.1967

intimeren mittleren Bereich betrachtet. So entstand das Konzept, über den Geh- und Verweilbereichen eine relativ niedrige Decke anzuordnen, an die die Bildnischen mit ihren nach innen geneigten Glasdächern herangeschoben sind.

Damit waren die Elemente gefunden, aus denen sich der Bereich der eigentlichen Schau- oder Museumsräume zu einem Rundgang um einen kleinen Patio gruppiert. Dieser Gruppierung gesellen sich nach Süden zwei weitere Bauteile zu, in denen der Eingangsbereich, Sammlungs- und Büroräume und die Hausmeisterwohnung untergebracht sind.

Als der Bau begonnen hatte, wurde der große alte Maler den Bauleuten eine vertraute Erscheinung. Er kam häufig und sah dann stundenlang dem Baugeschehen zu, wie er zuvor der Entstehung des Bauplanes zugesehen hatte.

Das Ganze verbirgt sich für den Ankommenden hinter Gartenmauern, durch die das abgesonderte Stück Wald zum Garten um das Haus wird, den man als Gast betritt. Die Gebäudegruppe ist gegen den Parkplatz und die auf sie zuführende Straße von Betonmauern umstanden, die gleichzeitig den Garten absondern und zum Eintreten einladen.

Als alles fertig war und die Besucher eintraten, war ich glücklich und mit mir meine beiden Mitarbeiter aus dem Entwurfsamt des Senators für Bau- und Wohnungswesen, Herr Lorenz und Frau Simon – und auch Schmidt-Rottluff, der mir einen Brief schrieb und ein Bild schenkte.

(aufgeschrieben im Januar 1979)

Kunsthalle Bremen 1975–1982
Kurzer Text zu langen Aufenthalten

Am 17. Dezember 1975 stand der Roland inmitten all der Zauberbuden auf dem Markt, der an diesem Tag ein Weihnachtsmarkt war. Über den Dächern hing der Mond, Vollmond. Ich lungerte herum zwischen Lakritze und Zuckerschaum. Am Morgen hatte ich meinen Entwurf für die Erweiterung der Kunsthalle der Jury erläutert, die sich vielleicht längst entschieden hatte und gegangen war. Ich war mit der Sieben-Uhr-fünfzehn-Frühmaschine von Berlin gekommen und hatte bis zum Sieben-Uhr-fünfzehn-Abendrückflug noch eine gute Weile Zeit. Ich wußte noch nicht, daß mir dieses 12 Stunden-Zeitverbringen-Erlebnis zu einer Dauererfahrung werden würde. Sechs pralle Jahre lang. Denn in Berlin erwartete mich

Der Text spiegelt die schwierige Entstehungsgeschichte dieses nach Berlin und Samos dritten Museumsgebäudes von Werner Düttmann und die offenbar zahlreichen Missverständnisse mit der Auftraggeberschaft wider. Vor allem aber zeigt er, wie der Architekt auch und gerade das Bauen im historischen Bestand, das Nebeneinander von Alt und Neu, Architektur und gestalteter Natur sowie die Eigenständigkeit der Kunst reflektierte und ernst nahm. Angesichts der ausgezeichneten Qualität des den widrigen Umständen abgerungenen Ausstellungsgebäudes verwundert der Abriss nur 27 Jahre nach der Eröffnung umso mehr.

Die Transkription erfolgte nach dem postum erschienenen Erstdruck:
Werner Düttmann: »Kurzer Text zu langen Aufenthalten«, in: *Werner Düttmann. Verliebt ins Bauen. Architekt für Berlin 1921–1983*, bearbeitet von Haila Ochs. Basel, Berlin, Boston 1990, S. 224–226.

Ein Manuskript hat sich nicht im Nachlass erhalten.

die Nachricht, daß mein Projekt ausgewählt worden war. Der Entwurf sah auf dem ausgewiesenen Gelände im Süden ein flach gelagertes, in seiner Gliederung auf die Topographie eingehendes Gebäude vor, weit genug von der Kunsthalle abgerückt, um deren Architektur nicht zu beeinträchtigen, doch auf deren Eingangsebene durch eine transparente Brücke verbunden, die unmittelbar in die neue Ausstellungsebene führte. Die Ausstellungsräume waren um einen kleinen Skulpturengarten gruppiert, in den wiederum die hohen schönen Bäume der Wallanlagen hineinwirken sollten. Für den Besucher gab es Intervalle zwischen der Betrachtung der Kunstwerke in hellen, nach außen abgeschirmten, ineinander überleitenden Räumen und dem hier und da eingesetzten überraschenden Blick in die schöne Landschaft. Die gleiche Beziehung zum Park sollten die weiteren Räume haben, der museumspädagogische Dienst, die Büros, das Foyer und vor allem das am Wege gelegene Café mit seiner dem Wallgraben zugewandten Terrasse. Lediglich der Vortragssaal und die Magazinräume wurden unter die Erde verwiesen. Die Gestalt des Ganzen sollte schlicht sein, ein einfaches Gefäß für seinen Inhalt: Museum. Damit meine ich den Verzicht auf eine Konkurrenz zwischen der Architektur als Kunst oder Kunststück und dem, was sie birgt: die Bilder an der Wand. Denn das erleben wir auch bei großen Namen: wenn die dramatisch geschwungene Treppe, das Pathos des Raumes, ja selbst die chromblitzende Stütze herausgekehrter »Sachlichkeit« die Szene beherrscht, haben die Skulptur und das Bild keine Chance. Bilder brauchen Wände, die nichts anderes wollen als Bilder tragen. Skulpturen brauchen Raum. Und beide brauchen Licht, Tageslicht, wie der Himmel es liefert in wechselnder Farbe und wechselnder Helligkeit, Licht voller Sonne und die Schatten der ziehenden Wolken. Und die Räume müssen still sein, großzügig und intim zugleich.

Mir erschien es darüber hinaus angemessen, der vorhandenen Kunsthalle und ihrer eher anspruchsvollen Architektur mit Zurückhaltung zu begegnen, ihr den Vortritt zu lassen, ohne jedoch den Neubau zu verbergen.

Die ersten der vielen Zwölfstundenaufenthalte in Bremen galten dem Geld. Kann man ohne Gestaltverlust und ohne Beeinträchtigung von

Funktion und Atmosphäre das Bauvolumen verringern? Man konnte. Alles schien klar, und die Ausführungsplanung konnte beginnen. Doch zwischen den Gesprächen blieb Zeit genug, das Gelände immer wieder zu durchwandern und zu betrachten, vom Hügel im Süden her, vom Zutritt im Westen, aus der Stadt kommend mit dem weiten Blick hinüber zur Weser und vom Gartenweg östlich des Wallgrabens unterhalb der gemütlichen Häuser.

So war ich zwar betroffen, aber eigentlich nicht überrascht, als ich bei einem der nächsten Besuche erfuhr, daß die Bremer Bürger, die dort öfter als ich spazieren gehen, gegen den Bau protestierten. Sie hätten zwar nichts gegen die notwendige Erweiterung, aber nicht hier! Der Konflikt wurde von allen Beteiligten sehr ernst genommen und gab Anlaß, Lage und Art des Anbaues in Varianten des Entwurfes neu zu bedenken.

Die Erweiterung der Kunsthalle ist theoretisch an drei Seiten denkbar, nach Westen, im Süden und im Osten. Im Norden läuft die Straße. Das Projekt im Süden in der hier großräumigen Landschaft war lautstark in die Debatte geraten. Entwurfsstudien, die Erweiterung westlich der Kunsthalle anzusiedeln, konnten schnell beiseite gelegt werden. Sie würden keine geringeren Probleme für die Landschaft aufwerfen als der Versuch im Süden. So blieb als einzige Alternative zum bestehenden Entwurf das »Nichtbaugrundstück« im Osten, der nach Süden stark abfallende Hang zwischen Kunsthalle und dem Gerhard-Marcks-Haus. Auch dieser war äußerst empfindlich, schien er doch gerade breit genug, um die wünschenswerte Kontinuität der Wallanlagen von Nord nach Süd über die Straße hinweg zu signalisieren. Dennoch erwies sich die hier versuchte Lösung tragbar.

Nach langen Erörterungen auf vielen Ebenen fiel die Entscheidung zugunsten der Variante Ost, von einigen mitgetragen, von anderen nur geduldet als das geringere Übel. Roland der Riese stand nicht mehr im Weihnachtsgewühl, und der Mond blieb bedeckt. Auf die Aufenthalte zwischen siebenuhrfünfzehn früh und siebenuhrfünfzehn abends war ein Schatten gefallen. Mißverständnisse blieben nicht aus.

Das Entwurfskonzept für diese Stelle war nicht ganz einfach. Die Anweisung für den Entwurf könnte lauten: Packe alle im Programm geforderten Räume in eine Kiste und vergrabe dieselbe so tief du kannst, damit zum Ostertor allenfalls eine eingeschossige Wand erscheint, besser eine Gartenmauer, die von den Bäumen weit überragt wird. Im Süden dann darf die Kiste ein Haus sein. Und im übrigen müssen die Innenraumqualitäten des einst ausgewählten Entwurfs erhalten bleiben.

Ich hoffe, sie blieben nicht nur, sondern es ergaben sich reichere und innigere Verflechtungen mit dem Altbau, dessen östliche Außenwand keineswegs so distanzgebietend ist wie seine Südfront. Die ehemalige

Außenwand wurde mit ihren Fenstern und Türen zur Innenwand, ein Haus im Haus sozusagen, das man in drei Etagen betreten kann durch Öffnungen, die immer schon da waren. Hier erschließt sich ein vielfältiges Raumangebot im ehemaligen Untergeschoß des Altbaues, das von Nutzen ist für vielerlei Wünsche.

Allmählich gewann der Rohbau Kontur, und mit ihm leider auch die Kosten, aber auch das Angebot von Innenraum. Der Vortragsraum zeigte zum erstenmal sein Volumen und seine Möglichkeiten, der Skulpturenhof war zum Haupt- und Mittelsaal geworden und unten, ins Café, blickten zaghaft Park und Schloßgraben.

Ziel aller Überlegungen war, ein Optimum an Innenraum zu schaffen, ohne den Außenraum schmerzhaft zu schmälern, und weiter, zwischen dem Ensemble der Ostertorbauten und der Kunsthalle keine Architektur zu errichten, sondern eine Gartenwand, die nur dem, der hier stehenbleibt, Einblick gewährt in das, was sie verbirgt.

Das Motto hieß: Am Anfang war der Park. Er soll es am Ende auch wieder sein. Über vieles wird Gras wachsen oder Efeu, wie auf den Terrassen der Böttcherstraße, so über die gesamte Bühne des Saales, die schon bald niemand mehr darunter vermuten wird.

Man kann Häuser bauen, abreißen oder eingraben. Wir haben gemeinsam in all diesen Möglichkeiten Erfahrungen gesammelt. Zweitausendundeine Nacht, die etwa inzwischen vergangen sind, haben zwar keine Märchen vollbracht, aber die Sorgen aller Beteiligten durch Hoffnung erleichtert.

Auf dem, ich weiß nicht wievielten, Anflug nach Bremen ging mir ein Spruch von Laotse durch den Kopf, der lautet: »Aus Wänden, Fenstern und Türen macht man Häuser – aber das Leere zwischen den Wänden erwirkt das Wesen des Hauses.«[148] Wenn die Wände gefügt sind, die Fenster verglast und der Kummer vergessen, beginnt etwas Neues: Das Sicheinrichten und Inbesitznehmen, das Aus- und Anprobieren und Verändern, das Bewohnen.

Ein Haus für die Kunst hat viele Bewohner. Das Leere zwischen den Wänden wird sich ständig verwandeln durch den Geist derer, die es immer wieder neu einrichten, durch die Besucher, die es immer wieder neu wahrnehmen, vor allem aber durch die Kunst, die hindurchgeht.

Mein Flugzeug geht um siebenuhrfünfzehn am Abend. Ich schlendere über den Markt und habe noch eine gute Weile Zeit und denke an einige Mitstreiter, im Kunstverein, auf der Baustelle und in der Behörde, die durch die Jahre so etwas wie Freundschaft erkennen ließen, zurückhaltend zwar – eben bremisch – aber immer wieder ermutigend. Denen danke ich von Herzen und wünsche ihnen und dem Hause Glück.

139 Siehe Anm. 72.
140 Vgl. S. 151.
141 Siehe Anm. 56.
142 André Malraux (1901–1976), französischer Schriftsteller, Drehbuchautor, Filmregisseur und Kulturpolitiker.
143 Gemeint ist Haus Kehse in Berlin-Zehlendorf. Für die befreundete Familie entwarf Düttmann zwischen 1948 und 1950 eine komplette Wohnungseinrichtung, bestehend aus Wohnzimmer, Esszimmer, Arbeitszimmer und Schlafzimmer. Darüber hinaus hat er 1954/55 für die Familie Kehse in der Juttastraße 12, ebenfalls in Berlin-Zehlendorf, eine Doppelhaushälfte auf einem vorhandenen Kellergeschoss wiederaufgebaut. Freundliche Mitteilung von Christian Kehse.
144 Das häufiger verwendete Porträt mit der dickrandigen Brille wurde schließlich für die Publikation ausgewählt.
145 Siehe hierzu Anm. 124.
146 Zu Adolf Arndt siehe S. 229f.
147 Anspielung auf den Titel der ersten Verkehrssicherheitskampagne durch den Deutschen Verkehrssicherheitsrat, die 1971 gestartet wurde.
148 Siehe Anm. 122.

4 Der Beobachter: Betrachten – Sammeln – Erinnern

Ein altes Problem – moderne Kunst

»Die Kunst traegt ihre eigene Vollendung in sich und findet sie nicht ausserhalb ihrer selbst. Sie kann nicht nach aeusserlichen Aehnlichkeiten bewertet werden. Sie ist eher ein Schleier denn ein Spiegel.« Oskar Wilde

Zu einem Maler kamen vor langer Zeit etliche brave und vermoegende Buerger, die einem Schuetzenverein angehörten, und wollten sich gemeinsam portraetieren lassen. Die Arbeit ging langsam voran, weil der Meister sehr gewissenhaft arbeitete. Als das Bild so war, dass er es zufrieden als fertig bezeichnen konnte, sahen es die braven Buerger und – waren empoert. Niemand wollte sich wiedererkennen koennen. Niemand wollte, dass es an dem fuer ihn bestimmten Platz aufgehaengt werde. So landete es irgendwo auf einem Dachboden und verstaubte unter altem Geruempel. Die Leute vergassen das Bild. Der Maler hiess Rembrandt, und das Bild, dem dieses geschah, ist seine beruehmte »Nachtwache«.

Wo lag die Ursache zu diesem Misserfolg seines Bildes, das heute schon seit langem zu den beruehmtesten Werken der Kunst aller Zeiten gehoert? Rembrandts Zeitgenossen, eben jene wackeren Buerger aus der Schuetzengilde, waren gewoehnt, andere Bilder zu sehen. Da gab es viele brave Malermeister, die seit langem Gildenbilder fabrizierten, die zwar sehr solide gemalt, aber in ihrem Wesen genauso flach und inhaltslos waren wie die Auftraggeber. Konvention – Uebereinkunft, das ist das grosse Wort.

Revolutionaere im Politischen werden eher erkannt, weil sie am Ende einer Entwicklung auftreten, die zumindest ein Teil ihrer Mitmenschen als unertraeglich empfindet. Revolutionaere im Geistigen aber werden nie oder selten als solche erkannt, sondern nur als Stoerenfriede der angenehmen Gewoehnung betrachtet, weil sie am Anfang einer geistigen Entwick-

In Wilton Park, dem britischen Umerziehungslager für deutsche gefangene Soldaten, meldete sich Werner Düttmann erstmals öffentlich zu Wort und schrieb nachweislich zwei Beiträge in der selbst verlegten studentischen Zeitschrift *Die Brücke für Verständigung und Frieden* (siehe auch S. 106).

Die Transkription des Textes folgt dem von Werner Düttmann autorisierten Erstdruck: Werner Düttmann: »Ein altes Problem – moderne Kunst«, in: *Die Brücke für Verständigung und Frieden. Zeitschrift der Studenten von Wilton Park*, 4. Lehrgang (August 1946), o.S.

lung stehen. Pioniere sind einsam, weil sie allein Neuland betreten. Die traege Masse, zu der wir im Bereich des Geistigen mehr oder weniger alle gehoeren, lernt nur langsam um und vermag erst zuzustimmen, wenn das errungene Neue bereits zur Konvention geworden ist. Es sei hier noch auf das Beispiel der Impressionisten hingewiesen. Sie wird heute niemand mehr fuer verrückt erklaeren oder als Nichtkoenner bezeichnen. Dennoch mussten ihre ersten Ausstellungen in Paris durch die Polizei geschuetzt werden. Die ganz besondere Abneigung seines zeitgenoessischen Publikums sowohl als auch der konservativen Kritiker wandte sich gegen Cézanne, einen der feinsinnigsten Kuenstler seiner Zeit. Vor Manets »Fruehstueck im Freien« bekam die Kaiserin Eugenie Zustaende.

Heute findet jeder die Impressionisten »schoen«, weil es zur Konvention geworden ist, sie schoen zu finden, weil es in den Schulen gelehrt wird und in Buechern geschrieben steht. Wuerde es Buecher aus dem Jahre 2000 geben, so faende vielleicht jeder Picasso und Braque, Kokoschka und Klee auch schoen. Aber heute erklaert die Mehrheit diese Maler fuer verrueckt, und darum sind sie eben nicht schoen. – Es ist nicht die Absicht dieser Betrachtung, nun fuer alle festzustellen, was schoen sei und was nicht. Das muss jeder fuer sich selbst entdecken, denn darin liegt die glueckliche Bereicherung, die wir durch die Kunst gewinnen, dass wir eines Tages aus uns heraus entdecken, was schoen sei. Der Glaube an die Autoritaet eines anderen, der uns sagt, dieses ist gut und jenes nicht, kann darin nur hindern, weil wir eine Schoenheit, auf die wir in dieser Form hingewiesen werden muessen, selten selbst erringen, sondern als zum guten Ton gehoerig akzeptieren, wie man den Tatbestand akzeptiert hat, dass man Fisch nicht mit dem Messer isst. Das waere eher schaedlich denn von Nutzen. Aber es ist die Absicht, aufzuzeigen, welcher Art die Wand ist, die zwischen uns und der »modernen Kunst«, wie sie heute genannt wird, steht. Diese Wand heisst Konvention und heisst Bequemlichkeit. Wir haben uns daran gewoehnt, die perspektivische Darstellung des Raumes als »richtig« anzuerkennen, als waere die Perspektive mehr als eine Vereinbarung, die Dinge nun einmal so zu sehen, als gaebe es keine anderen Moeglichkeiten. Und seit Hunderten von Jahren haben wir uns mit dieser Loesung einverstanden erklaert. Wer da meint, das Bild, das die starre optische Linse einfaengt, entspraeche dem, das unsere Augen auffassen, die nicht starr, sondern beweglich gleichsam von zwei Seiten den Raum abtasten, mag mit dieser Loesung auch zufrieden sein. Aber schon Duerer, der Altmeister der Perspektive, war es nicht und durchbrach ihr Gesetz durch Aufloesung des Bildes in viele korrespondierende Fluchtpunkte, wie z.B. sein »Schlosshof« zeigt. Andere Zeiten sind andere Wege gegangen. Wir denken hier an die japanischen Holzschnitte, an die chinesische Kunst, die etruskischen Fresken, die griechischen Vasenbilder und an die frueh-christliche Malerei. All diese wahrten die Bildflaeche als Flaeche und gaben doch die Illusion des Raumes. Aehnliches zeigt sich heute wieder bei den Modernen.

Und nun ein Wort zur Bequemlichkeit. Das Durchschnittspublikum – und nicht nur das unserer Tage – liebt es, das Bild von seinem literarischen Inhalt aus auf sich wirken zu lassen. Viele Bilder im »Haus der deutschen Kunst« hatten bei der Mehrheit einen guten Erfolg: jene laendliche Venus, die Ernte im Gewitter, die trauliche Abendlandschaft usw. Und nicht nur bei uns. In England stellte ein Kunstverlag anlaesslich der Wiederauflage eines Kunstbuches, das 80% anerkannte gute Werke und 20% absoluten Kitsch wiedergab, durch Anfrage fest, dass die Mehrheit aller Leser die Bilder der »minderen Qualitaet« bevorzugte. Eben weil diese Bilder so muehelos zu begreifen sind an Hand ihres literarischen Inhaltes, der ihre Sentimentalität, die sie Gefuehl nennen, anspricht. Aber diese Zuckerbaeckereien sind nicht Kunst, so wenig wie der schiefe Turm von Pisa in Marzipan oder der Koelner Dom aus Speiseeis Kunst sind.

Die Wesenheit der Dinge liegt nicht im Stofflichen.[149] Aber das Stoffliche ist Gefaess der Wesenheit. Alle bildende Kunst ist an das Stoffliche als Ausdrucksmittel gebunden. Aber dieses ist nicht Selbstzweck. Wir sprechen von bildender und nicht von ab- oder nachbildender Kunst, d.h. der Kuenstler gestaltet, aber kopiert nicht. Das literarische Thema ist Vorwand und nicht Inhalt, und fuer den Wert des Kunstwerkes ist es gleichgueltig, ob eine Kohlruebe oder eine Venus dargestellt wird. Das Stoffliche, die Form, die Farbe werden mehr als die wiedergegebene Schale eines Gegenstandes, sie durchdringen diesen und werden Traeger seiner Wesenheit oder der Idee derselben, wie sie dem Kuenstler innewohnt. Sie ist »eher ein Schleier denn ein Spiegel«. Wie schwer dieser Schleier zu lueften ist, zeigt der Meinungsstreit um die »Moderne«. Wir haben juengst die Gelaechter der englischen Oeffentlichkeit erlebt, als die Picasso-Matisse-Ausstellung den Weg ueber die Insel machte. Wir haben erlebt, wie breiteste Kreise mit der Ausstellung »Entartete Kunst« in Deutschland und ihrer amtlichen Auslegung einverstanden waren. Wo liegt der Schluessel? Wohl wieder in der Bequemlichkeit. Die Modernen verlangen Bemuehung vom Publikum. Aber das Publikum ist meist nicht bereit, sich zu bemuehen. Nur wer sich immerwaehrender Bemuehung unterzieht, den belohnt die Kunst und dem auch erschliesst sie ihre reiche Welt.

Kunst ist aristokratisch. Sie wendet sich an den Adel des Geistes. Ihr Wert kann nicht in Mehrheitsbeschluessen ermittelt werden. Trotzdem ist sie Sache des gesamten Volkes, da geistiger Adel noch nie das Privileg einer besonderen Schicht war. Versuchen wir uns diesen zu erringen und denken wir daran, dass man sich erst ein Urteil bilden koennen muss, ehe man verurteilt.

Werner Duettmann

Sozialisierte Kunst?

»Der Edle ist kein Geraet« (Kungfutse)

Die moderne Demokratie ist nicht denkbar ohne starke Sozialisierungsmassnahmen, d.h. ohne wirkliche Mitbestimmung des Volkes auch in Fragen der Wirtschaft. Aber damit ist noch nicht alles getan. Unsere Demokratie, wenn sie wirklich sein soll und nicht nur ein neuer Anstrich am alten Gebaeude, muss auf einer Neuordnung der Gesellschaft basieren. Einer der entscheidenden gesellschaftsbildenden Faktoren ist die Kultur eines Volkes. Es erklaert sich von selbst, dass es also im Interesse des Volkes liegen wird, auf die kulturpolitischen Massnahmen in eben der Form Einfluss zu nehmen, wie auf sein Wirtschafts- oder politisches Leben.

Wir wollen uns hier die Frage vorlegen, wie weit die Gesellschaft auf die bildende Kunst Einfluss nehmen muss, wie weit sie es darf und wie weit sie es nicht mehr darf. Es soll keine Patentloesung vorgefuehrt werden, die es ohnehin nicht gibt. Sondern es gilt nur, die Wechselbeziehungen aufzuzeigen, die zwischen Kunst und Gesellschaft bestehen, wie sie zwischen Wissenschaft und Gesellschaft, Wirtschaft und Gesellschaft vorhanden sind.

Die Transkription des Textes folgt dem von Werner Düttmann autorisierten Erstdruck: Werner Düttmann: »Sozialisierte Kunst?«, in: *Die Brücke für Verständigung und Frieden. Zeitschrift der Studenten von Wilton Park*, 5. Lehrgang (Oktober 1946), o.S.

Es geschah nicht oft, dass die Werke bedeutender Kuenstler dem sogenannten Schoenheitsempfinden des zeitgenoessischen Publikums entsprochen haetten. Aber noch seltener durfte der Staat seinen besten Malern nicht nur das Ausstellen, sondern auch das Malen verbieten; und zwar im Namen des Volkes verbieten, wie die Machthaber des Dritten Reiches immer wieder betonen zu muessen glaubten. Und leider, auch das muessen wir sehen, war ein grosser Teil des Volkes offenbar sehr einverstanden damit. Denn die Mehrheit ging nicht in das »Haus der der deutschen Kunst«, um Kritik zu ueben, sondern um zu bewundern, und ging in die Ausstellung der sogenannten »Entarteten Kunst«, um auch dort kritiklos gut und schlecht zu verspotten. Man verstand nicht und wollte nicht verstehen, weder Kaethe Kollwitz, noch Barlach, nicht Nolde, Beckmann, Pechstein und wie sie alle heissen. Man verspottete sie mit eben jener Brutalitaet, gegen die ihr Volk sich erhob. Dafuer glaubte man blind der Parole »Die Kunst dem Volke«, unter der die

Kunst zu einem weiteren Mittel der Propaganda und Willensbeeinflussung degradiert wurde.

Hier trat die Spannung zwischen Kunst und Gesellschaft klar zu Tage, deren extreme Pole auf der einen Seite durch die nationalsozialistische Kulturpolitik und auf der anderen Seite durch die l'art pour l'art Forderung repraesentiert werden. Es gibt keine staatliche Kunst. In welchem Land der Welt auch immer die Gesellschaft versucht, die Kunst zu »sozialisieren«, d.h. das Was und Wie der Produktion bestimmen zu wollen, wird der Verlauf der Kunstentwicklung der gleiche sein, den wir im Dritten Reich beobachtet haben, naemlich Sieg des Epigonentums und der Vermassung, Isolierung oder Liquidierung der Groessten, weil sie nicht in den Rahmen dessen passen, was der Spiessbuerger zu begreifen vermag. Wir muessen die Gefahr einer derartigen Lenkung erkennen. Wir muessen endlich begreifen, was Rosa Luxemburg vor dreissig Jahren sagte: »Demokratie ist die Freiheit des Andersdenkenden.«[150] Es mag entgegnet werden, das andere Extrem, der Standpunkt l'art pour l'art sei asozial. Aber er ist jedenfalls fuer die Gesellschaft ungefaehrlich. Van Gogh war unfaehig im Sinne der buergerlichen Welt des 19. Jahrhunderts ein soziales Leben zu fuehren. Aber er hat niemand geschaedigt, sondern sehr viele Kunsthaendler reich gemacht. Die Gesellschaft hat ihm gegenüber versagt, nicht umgekehrt.

Der demokratische Staat hat sowohl das Recht als auch die Pflicht des Schutzes der Gesellschaft vor Schmutz und Schund. Es kann nur angedeutet werden, was hier mit diesem Sammelbegriff gemeint ist. Darunter fallen jedenfalls quasi kuenstlerische Machwerke, die an die Instinkte und die Luesternheit der Masse appellieren, so weit sie von irgend einer Gruppe mit bestimmten Absichten in die Oeffentlichkeit lanciert werden; Veranstaltungen, die der Persoenlichkeitsbildung entgegenarbeiten und der Vermassung des Volkes dienen, um dieses leichter lenken zu koennen. Wir brauchen keine Prachtgemaelde von laechelnden Sturmbootfahrern, aber einen Dix, der die brutale Realitaet des Krieges aufzeigt. Daneben bedarf es des Einschreitens gegen Kitschfabrikanten, die unter der Parole Kunst in rein kommerziellem Interesse den Publikumsgeschmack verderben (wie Hofmaler, Ritter pp. und anderer Orden, Artur Fischer, der in Berlin an hervorragender Stelle seine »schoensten Weihnachtsgeschenke« als Kunst zur Schau stellen durfte, u.a. das 53 qm grosse Bild vom Harem des Sultans X., dessen Besichtigung Jugendlichen verboten war!) Es ist unmoeglich, den ganzen Unsinn aufzuzaehlen, der unter dem Namen Kunstgewerbe oder gar Volkskunst lief, der Koelner Dom als Sparbuechse, das Klosettbecken als Aschbecher, die Tabakspfeife mit Eichenlaub und Schwertern, ganz abgesehen von den vielerlei »kuenstlerischen« Kegelpreisen usw.

Dagegen beduerfte es eines Schutzgesetzes. Dessen Handhabung sollte allerdings nicht einer Beamtenhierarchie anvertraut werden, sondern verantwortungsbewussten Kulturschaffenden, die sich zusammenfinden muessten, sei es gewerkschaftlich, in Form eines Kulturbundes oder in irgend einer anderen Weise. Ein solches Gremium muss sich dessen bewusst sein, dass es besser ist, zehn Ziegler ausstellen zu lassen, als einen Nolde daran zu hindern.

Neben dieser Pflicht zum Schutz der Oeffentlichkeit hat der Staat die Pflicht zum Schutz der sozialen Existenz der Kunstschaffenden und des Nachwuchses. Wobei er keinen Einfluss auf die Art des Schaffens der Betreffenden nehmen darf. Die zu Unterstuetzenden und zu Foerdernden muessten von einem gewaehlten Gremium dieses Kultubundes erkannt werden.

Wie schon gesagt, will dieser Aufsatz kein Programm sein, sondern nur ein Hinweis darauf, dass die Gesellschaft, die den Willen zur Demokratie hat, auch auf diesem Gebiet sich ihrer Verantwortung bewusst werden muss. Auch in den Galerien kann man erkennen, ob sich ein Volk fuer den Weg der Freiheit oder den der Gewalt entschieden hat.

Werner Duettmann

Umgehen mit Gestern
... oder warum wir trödeln.

Trödeln ist nicht Antiquitäten sammeln. Trödeln ist Sehnsucht und Hoffnung zugleich. Sehnsucht, sich zu erinnern: Trophaee, das Telefonbuch, in dem Großvaters erstes Telefon verzeichnet ist. Hoffnung, Namen wiederzufinden oder Gegenstände, die Großmutter zu ihrem 78.sten erwähnte, Namen wie Zerbst oder Nikolskoe oder Anklam – oder aber Gegenstände: der Sommerhut für den Sommer in Misdroy, der Sonnenschirm oder die Milchkanne mit Deckel, in der Mima jeden Morgen die Milch holte – Generationen vor der Wegwerfflasche. Archaische Vernunft weit vor recycling.

Landkarten ohne Autobahn, noch ohne Frohnau und mit Schöneberg als erreichbarem Dorf, aber Paretz schon weit weg am Rande und dennoch so süss und erfahrenswert. Manchmal ein Photoalbum mit von Seite zu Seite ausgeschnittenen Fenstern für Männer in Uniform oder junge Frauen an Blumenständern oder gar Babies auf dem Fell. Immer wieder das Poesiealbum mit immer denselben Sprüchen auf Seite eins bis zwanzig und den leeren Seiten dahinter, wo der konventionelle Elan der wenigen Tanten und Klassenkameradinnen aufhört. Aber nie, oder fast nie ein Tagebuch, in dem der oder die Besitzende selber sich äussert, wo Zeit wiederersteht,

Werner Düttmann war ein leidenschaftlicher Flohmarktgänger und hat auf diese Weise eine nicht unbeträchtliche Menge an Kunst- und anderen Objekten gesammelt. Dass er an diese Themen des Trödelns und Sammelns auch Fragen des Erinnerns und des verantwortlichen Umgangs mit der Vergangenheit knüpfte, gehört zu der nachdenklich bis melancholischen Seite des überwiegend als »Lebemann« beschriebenen Werner Düttmann.

Die Transkription des gedruckten Textes folgt: AdK, Werner-Düttmann-Archiv, 255 Bl. 1–6, Manuskript, undatiert

banale und sentimentale gewiss, aber deutlicher als aus Untertassen und Sonnenschirmen, Zeit eines jungen Mädchens zum Beispiel, deren Eltern reich genug und ehrgeizig genug waren, sie aus der Provinz ins Internat nach Potsdam zu schicken. Sie war, wie sie schreibt, zu gross und zu hässlich, um, wie es ihr Wunsch gewesen wäre, zur Bühne zu gehn. Wir wissen nicht, was aus ihr geworden ist und wie es weiterging. Aber sie rührt unser Herz an mit den eng beschriebenen vorderen Seiten dieses Tagebuches, dessen hintere Seiten – und das ist die Mehrzahl – leergeblieben sind. Als ich es auf dem Trödelmarkt fand, berührten mich der Goldschnitt, der vornehme Ledereinband und das erbrochene Schloss, das darauf hinwies, dass es für niemanden gemeint sei als für die Schreibende selbst. Dennoch habe ich zuweilen daraus vorgelesen, was wegen der alterthümlichen Schreibweise nicht gerade leicht war. Heute legt mir zu meiner Überraschung als Geburtstagsgeschenk meine ehemalige Frau Renate die in Schreibmaschine gefertigte Abschrift vor. Und ich lese nicht mehr nur mühsam Bruchstücke, sondern den zwar immer noch chiffrierten, aber zusammenhängenden Bericht eines Jahres in einem jungen Leben in einer noch gar nicht so fernen Zeit.

Meine Grossmutter zum Beispiel wäre Zeitgenosse der Marie Lezins.

Weil wir uns anschicken, uns unserer Geschichte zu stellen, halte ich dieses schmale Tagebuch für veröffentlichungswert. Und dies umsomehr, als es aufzeigt, dass der grosse Hauch der Geschichte, sofern es ihn gibt, das ganz normale Unglücklichsein und Glücklichseinwollen der betroffenen Zeitgenossen nicht berührt.

Schinkel war gut für die Schlösser und mehr, Lenné für die Gärten und Scharnhorst für die Armee von damals.

Wer gut ist für uns und für heute ist immer wieder die Frage. Auch die Frage der Marie Lezins von heute: Warum bin ich nur so hässlich und so gross?

Gross ist beautiful.

Or small or everything.

W.D.

Ich bin in Paris.

Der Kellner im »Café de la Comédie« hat soeben die Stühle übereinandergestellt.

Da bin ich hinaufgefahren in das Zimmer 563 des Hotels Louvre Concorde, von dessen kleinem Balkon ich durch die Avenue de l'Opéra die Oper sehe, jenen grossen grandios ausgespielten Triumph des neunzehnten Jahrhunderts, und wenn ich scharf nach rechts die Rue St. Honoré entlangschaue, erscheint links über den Dächern ein buntes Stück von Dach Installation des Centre Pompidou, jenes Husarenstreichs unserer Tage, über den unsere Kinder noch orakeln werden.

Als ich abflog in Berlin – mit Exweib und Kind[151], war mein Herz auf Friedfertigkeit programmiert: das Kind, das ist die rebellische Tochter Katharina, hatte gerade die Versetzung verfehlt. Darum wollte ich ihr Paris und die in seinem Reichtum geborgenen Spuren so vieler Kulturen zeigen in der Hoffnung, dies würde ihr Aufmüpfigsein in Neugierde und am Ende gar in Zuwendung verwandeln.

Um 1978 reiste Werner Düttmann nach Paris. Es mag sein, dass die dort realisierten Bauten, etwa das Centre Pompidou, seine Frustrationsschwelle in Bezug auf die in der Berliner Presse debattierten Neubauvorhaben samt der damit verbundenen »Kunst am Bau«-Aktivitäten deutlich senkte. In diesem leicht melancholisch gefärbten Text verschmelzen zwischenmenschliche mit kulturellen und architektonischen sowie ethnologischen Beobachtungen. Düttmann pendelt gedanklich zwischen den Welten, zwischen Verantwortung, Ärger und Gelassenheit.

Die Transkription des gedruckten Textes folgt: AdK, Werner-Düttmann-Archiv, 261 Bl. 2–20, Manuskript, undatiert

Ihre Mutter als Erziehungsberechtigte, glaubte ich, hätte ein Anrecht, bei dieser bevorstehenden Wandlung dabei zu sein. Wie gesagt, mein Herz war auf Sanftsein und Verständnis programmiert und auf väterliche Zurechtrückung der Welt, die nur eine Chance hatte, wenn es mir gelingen würde, den Eiffelturm, La Gioconda, die Venus von Milo, den Marché aux Puces, Karl Marx, die Atomkraftgegner und die hungrigen Touristen in La Coupole unter einen Hut zu bringen, der keineswegs dem Dreispitz des Napoleon ähneln dürfte.

Ich war auf den Balanceakt gut vorbereitet und seiner Wirkung sicher.

Aber vor dem Abflug in Tegel steckte mir Frau Fischbach, meine Sekretärin und seit zwanzig Jahren Chefin des Büros, die Post zu, die, wie sie meinte, Zeit hätte. Darunter war auch der Artikel der *Morgenpost* – von einem Freund mir zugesandt, der weiss, dass ich kein Leser dieser bin, in Sachen Kunst am Bau im ICC.

Und den habe ich dann, im Anflug auf Paris, gelesen und versucht, mich in der dort dargebotenen Darstellung wiederzuerkennen. Es war da zu lesen, ich hätte als Ipoustéguy-Enthusiast den Entwurf meiner Freunde Matschinsky-Denninghoff der Kunstgewerblichkeit bezichtigt – mich aber sofort dafür entschuldigen müssen – hätte, von Herrn Leitenden Senatsrat Darge, Vorsitzenden des Architekten- und Ingenieurvereins, mit einem Zitat eigener Stellungnahme zum Thema »Kunst am Bau«, in dem ich auf der freien »Partnerwahl« des Architekten bestehe, mich in Widersprüche verwickelt.[152]

Dies alles so lesend, musste ich feststellen, dass es schwer sein würde, diesem Artikel glaubwürdig entgegenzutreten, denn der Rezensent hat so ziemlich alles geschrieben, was er in diesem von ihm dargestellten Gespräch gehört hat. Ist es sein Fehler, dass er nicht begriffen hat, worum es ging? Oder ging alles zu schnell, zu verkürzt?

Ich jedenfalls hatte in jener Pressekonferenz, die den Spruch der Jury darlegen wollte, mich kurz gefasst, um nicht zu verletzen, vor allem nicht die beteiligten Freunde, deren künstlerisches Schaffen nicht nur für mich eine Potenz in Berlin bedeutet. Dennoch mag, ohne dies zu erwähnen, Verärgerung durchgeklungen sein über die Berichterstattung eben jener Gazette, die schlecht oder gar nicht recherchiert nach dem Spruch der Jury Zitate brachte aus Briefen an den Bauherrn oder den Baudurchführenden, die zwar dem Thema der Integration der Kunst dieses gewichtige Bauvorhaben galten, aber lange Zeit zuvor geschrieben worden waren, als gelten sie der Jury dieses Wettbewerbs, von dem den Verfassern der Briefe seinerzeit noch nichts bekannt war. Ich meine die Schreiben von Linde, Rossow, Hillebrecht und anderen.

Zwischenlandung in Düsseldorf. Endlich Frühstück – unter anderem mit Charlotte Eiermann[153], Gespräch über Werkbund heute, nächste Bauausstellung in Berlin IBA 84, aber auch iba Ipoustéguy. •

In mir reift der Entschluss, in Paris Mutter und Kind in den Louvre zu schicken und ins Centre Beaubourg, inzwischen Matschinskys in ihrem Atelier aufzusuchen, Ipoustéguy einzuladen und die besonderen Beziehungen darzulegen zwischen Ost und West unter besonderer Berücksichtigung des Nord-Süd-Gefälles, und das alles, um Berlin nicht zu blamieren, sozusagen aus Unaussprechbarem wie Anhänglichkeit (um nicht Liebe zu sagen), Treue und Trotz.

Vor der Landung zweites Frühstück und erneutes Nachdenken und Beschluss, das Programm für Katharina (Tochter) voll durchzuhalten und weder Matschinsky noch Ipoustéguy aufzusuchen.

Aber dennoch den Abstand zu nutzen, um zu versuchen, die Position der Jury und die eigene darzulegen.

Und dieser Entschluss frisst die Spätabende auf: Ich stehe am Ende des Boulevards de l'Opéra und stelle mir die Beleuchtung des Umfeldes dar: Aus dem »Café de la Paix« fällt noch Licht. Die Strassen links und rechts der Oper sind beleuchtet von den völlig entkleideten, zu Bronze erstarrten Schönen des Balletts, die jeweils eine Laterne in der linken oder alternierend in der rechten Hand hochhalten. Sie sind sehr schön, gleichsam sinnlich und unnahbar – und ihr Licht reicht aus, ihnen ohne Furcht auch in der Mitte der Nacht zuzuschauen.

Sie machen mich tanzen – hinein ins Café de la Paix, wo ich mit Hebebrand den letzten Calvados auf die »Urbanitätsdebatte« getrunken habe, in der er alle Zweifel, die uns heute plagen, ausgesprochen hat, nach und auch wegen City Hamburg Nord.[154]

Ich schau hinüber auf das Centre Pompidou, vor dem der Platz erlischt, wenn seine Lichter ausgehn – und sehe endlich auch Berlin und suche einen Platz vor einem Haus.

Herr Darge hat gesagt, ich hätte gesagt: Kunst am Bau könne nur gelingen bei »freier Partnerwahl« durch den Architekten. Stimmt, habe ich gesagt. Dachte dabei an Paul Baumgarten, Uhlmann und Theodor Werner. Dachte an den wünschenswerten Glücksfall. Wollte Freiheit für diesen, damit er sich wieder ereigne. Hatte vergessen, dass wir den Uhlmann vor der Oper in Berlin[155] erst im Wettbewerb gewonnen haben, nicht zuletzt auf mein Betreiben gegen die schon im Konzept gemeinte Kunst als Schnörkel auf der vorgegebenen Fläche. Dennoch: Im Prinzip: ja! Aber die Ausnahme auch! Wer aber entscheidet wann oder wie? – und dennoch demokratisch? Auf welcher traurigen Strecke bleibt das Gesamtkunstwerk, wenn die Vielzuvielen mitreden dürfen? Häufig und wahrscheinlich auf der Strecke der Banalität.

In unserem Fall war alles, wie ich es wünsche, in einem grossen Konsens: Architekt und Künstler vereint am gemeinsamen Werk im gemeinsamen Glauben.

Was aber um Gottes willen – ging schief. Ruckhaberle – inzwischen Professor und Beamter – schoss freischaffend wild durch die Gegend und forderte Demokratie für Dinge, die, wie er weiss, sich dem Mehrheitsentscheid entziehen, und bewirkte den Wettbewerb im Nachhinein.[156] Ich habe viel Einwände gegen Ruckhaberle, die nicht zuletzt in der Sehnsucht nach ehrlicher Qualität begründet sind. Schlau und pfiffig sein ist nicht genug für eine ihr Selbstverständnis wieder suchende Metropole, die ehemals Geist hatte.

Heute waren wir auf dem Marché aux Puces, nachdem ich in zwei und einer halben Stunde versucht hatte, Katharina, die unter Schnupfen litt, die Schätze des Louvre zu erläutern.

Beeindruckt war sie vom Rückenakt des Meister Ingres (spontan), von den Darstellungen der Heiligenlegenden ( ) [leer gelassen] der frühen Italiener, vom Schmuck der Aegypter und nach längerer Erläuterung von der von mir heissgeliebten vor fast viertausend Jahren in Holz geschnitzten und bemalten »Servante appartant au mort un vase et und panier surmonté d'une patte de bœuf« (H. 108,5 cm – bois stuqué et peint vers 2000–1900 avant J.C. (XIe ou XIIe dynastie)) und auch von der Gabrielle d'Estrées et une de ses soeurs, die jener an die Brustwarze greift (unbekannter Maler der Ecole de Fontainebleau).

Wie gesagt, nach dem Louvre hatten wir die Metro genommen und waren zur Porte de Clignancourt hinausgefahren, um den Flohmarkt zu besuchen.

Nach vielerlei Debatten um den Vor- oder Nachteil dargebotener gewaschener oder ungewaschener Wäsche und auch funkelnagelneuer Kleider – made in India – stiessen wir in der rue Voltaire auf afrikanisches. Auf einer Decke auf dem Gehweg lag viel Perliges, Bronzenes und Geschnitztes aus Holz. Aber auf einem Fenstersims darüber stand unübersehbar ein Werk der Kunst: Mann und Frau auf einem kreisrunden Hocker, dieser hinten von vier Figuren gestützt, vorne von den vier Beinen des Mannes und der Frau. Die Mitte des Hockers war gestützt durch einen gewichtigen Stempel.

Das Ganze, der zentrale Stempel, die vier Figuren und die vier Beine bildeten einen Rundtempel, den einen Augenblick zu bewohnen sich lohnte. Weil kein Verkäufer in der Nähe war, gingen wir weiter und kamen erst nach Stunden zurück.

Inzwischen kauften wir: eine Schnalle (Strass), zwei Knöpfe aus Glas, eine in sich verschiebbare Nadel unbekannter Funktion und Herkunft, Uncle Tom als Staffordshire Figur, wahrscheinlich neu, aber sehr alt erscheinend, zwei Art-Déco-Leuchter, die meinen Freunden die Habgier in die Augen treiben werden und an der Ecke der Rue ... eine Pastete, die wir uns zu dritt geteilt haben.

Danach kauften wir, weil der Händler inzwischen anwesend war, die Doppelfigur auf dem bereits beschriebenen Hocker, nach längerem Feilschen: Dogon, Mali, die Köpfe wie Helme, Doppelgestalt – doppelköpfig, wie vom anderen Stern, aber ganz hier – archaisch – modern, sie hat eine Figur auf dem Rücken, er einen Knebel, seine Arme sind kantige Balken, aber der rechte ist um sie gelegt, sie trägt Brüste, er eine Art vorgestreckten mit seltsamer Inschrift – beide sind eins – beide sind fremd – beide sind schrecklich und wunderbar und seltsam vertraut. –

Wir fanden einen Preis und eine Plastiktüte – und als sie mir schwer wurden eine Taxe.

Jetzt stehen sie auf dem Tisch im Hotel und blicken hinaus auf die Oper und senden Signale – und ich denke an Ipoustéguy und seine Skulptur ... .

Die ich morgen sehen werde im Centre Beaubourg, das wie eine geheimnisvolle Weltraumstation aussieht, aber in dem kurzen Jahr seines

Hierseins dem guten alten Eiffelturm als Publikumsmagnet bereits den Rang abgelaufen hat.

Vor meinem Fenster, nach Westen hinaus

– auf den Friedhof blickend, wo Tuppen, meine erste Frau, ihr Grab fand, an dem ich oftmals, und in den vergangenen fünfundzwanzig Jahren häufig bitterlich weinte, vor meinem Fenster nach Westen hinaus, wehen die Goldruten im Wind.[157]

Ich habe es inzwischen immer richtig machen wollen. Aber wie macht man eine zwischen potentielle und gefährliche Liebe richtig? Antwort: Man liebt einfach menschlich über falsch gesetzte Grenzen hinweg.

Das geschah – unter Eintritt von Tod –, das geschah – unter Eintritt von Einsturz – das geschah in der Mitte des immer hingehaltenen Lebens – und das heisst, es geschieht: Du tust, soviel du kannst, der von Dir erkannten Liebe wegen, aber dann kommt der Wind, und der Wind kann nicht lesen. Du lebst, wenn Du liebst, inmitten des gerade Zeit gängigen Kitsches. Aber der gerade Zeit gängige Kitsch ist Dein Schicksal – ist Antwort auf alle Fragen, vor Vietnam, Fragen von hier. Darf ich, weil Ihr stark seid, morgen noch meinen eigenen Bruder besuchen? Darf ich ihn fragen, warum Marta, die den Onkel betreute, so plötzlich verschwand. Bruder, es war vor Vietnam, als wir hingehen wollten von Schulzes zu Meiers. Es war vor dem Sündenfall, als die Konstruktion einbrach, die für all dies zu stehen schien – wir können sie als Mahnung wieder errichten, als Stahlskelett zum Beispiel und für den Rest ihrer Tage kontrollierbar wie die zeitlich vor sich hin rostenden Teile des Eiffelturms. Viel Pflege hält ein Image aufrecht, aber der Hauch der Zeit:

Brüderlein fein: wo aber wohnen die Palästinenser?

Wann wird in Südkorea Frieden sein? Ein gerechter zum Beispiel?

Es gibt ein Pharisäertum, gemischt aus fingererhebender Philistermentalität. Und es gibt den persönlich erlebten Impetus zur persönlich verantworteten Freiheit: beide Filme unterscheiden sich nur durch Nuancen. Wir erleben sie alle in allen Programmen und erwarten am Ende eine europäische Antwort.

Dieser Text von Werner Düttmann dokumentiert einmal mehr die Art und Weise, wie er selbst seine Rolle als Architekt reflektierte. Offenbar gehörte das rasche Notieren seiner Gedanken, die sich an keine Person richteten – außer an sich selbst –, als fester Bestandteil zu seiner persönlichen Methode des Entwerfens: Das Aufschreiben wurde ihm zum essenziellen Anteil des Aufarbeitens, das Schreiben zum Instrument des Arbeitens.

Düttmann räsoniert hier über die Vorgänge rund um den Einsturz der Berliner Kongresshalle, bei der er zusammen mit seinem vorübergehenden Büropartner Franz Mocken als Kontaktarchitekt fungierte und sich deswegen auch den mit dem Unglück auftretenden Fragen stellen musste.

Die Transkription des gedruckten Textes folgt: AdK, Werner-Düttmann-Archiv, 221 Bl. 1–10, Manuskript, undatiert

Aufbau oder nicht: ich würde sagen ja – aber bitte, diesmal, risikofrei – Aufbau zwischen Imponiergehabe und Risikofreiheit – Aufbau zwischen ein wenig familiärer Liebe und Augenzwinkern, Wiederaufbau als Symbol einer näher aneinandergerückten Familie, in der der entfernte Vetter durchaus einmal sagen darf: liebe Freunde, ich bin nicht Eurer Meinung.

Ich bin für die technisch mögliche Rekonstruktion dieser schönen Gedanken der fünfziger Jahre, denen dereinst ein Kapitel Kunstgeschichte gewidmet sein wird, wie auch immer – aber sicher.

Ich bin für den Satz von Benjamin Franklin–, der im Eingang eingegraben steht:

[»Gebe Gott, daß nicht nur die Liebe zur Freiheit, sondern auch ein tiefes Bewußtsein von den Rechten der Menschen alle Völker der Erde durchdringe, so daß ein Philosoph, wohin immer er seinen Fuß auch setzen möge, sagen kann: Dies ist mein Vaterland.«]

Und ich bin für den Nierentisch, wo immer er auch versagte. Er war eine hoffnungsvolle, wenn auch im Ende nicht erfolgreiche Auflehnung gegen den rechten Winkel. Jeder wusste damals, dass die Welt nicht rechteckig gemeint war. Siehe die Tische, siehe die Lampen. Nur Mies van der Rohe wusste gegen den Anwurf des damaligen, um die demokratische Legitimität von öffentlicher Architektur bewussten und streitbaren Kultursenators gesetzte Befürchtung, sein Museum sei ein überdimensioniertes Pissoir, die getroste Botschaft zu setzen, dass er, Mies, es ablehne, jeden Montagmorgen eine neue Architektur zu erfinden.[158] Damals entschied ich mich für Mies. Obwohl ich mich gerne demokratisch entschieden hätte. Aber ich dachte an die vielen Nächte der Angst, die vergangen waren, bevor ich zum Beispiel blau gesagt hatte, wo weiss doch so einfach gewesen wäre.[159] Und weiss hätte niemanden provoziert und mir eine Menge erspart.

Freunde, wir reden von unserer Stadt: Abreissen: Abreissen der Kongresshalle meine ich, würde mir vieles ersparen, z.B. den Jubel zu einem neuen Ding – oder gar keinem Ding. Oder die Antwort zu der Frage: War die Kongresshalle vielleicht nicht? Sage ich: ja, sie war nicht, weil sie mehr wollte, war sie nicht, aber mehr Hoffnung war sie schon, als wir alle damals hier brauchten.

Ich bin dafür, dass man das damals »kühn« genannte sorgsam zu Ende prüft.

Ich bin für die sichere Rekonstruktion der Hoffnung von gestern. Ich bin für Träume. Träume leben von der Contradictio – Ich bin für Thomas von Aquin: Credo, quia absurdo: Ich glaube an die Widersprüchlichkeit des Glaubens.[160]

Ich bin für den Wiederaufbau, der das Zitat als sanftes oder sicheres d.h. als ironisches Zitat vorführt oder vorlegt.

Reisen bildet, so sagen Auguren: Bildung macht frei.

Aber die Ungebildeten haben immer die größeren Yachten und belegen die besseren Zimmer. Auguren lächeln zumeist, wie wir lernten zwischen Quinta und Oberprima.

Und irgendwann reist Du – Samos zum Beispiel.[161]

Du hast es längst ironisiert: das Land der Griechen mit der Seele suchend[162], hast in Berlin Distanz gelegt vor die Erwartung. Das Land der Griechen mit dem Säbel suchend hast Du gesagt, und hast gehofft, bist auf die Reise gegangen südwärts, heimwärts, hoffnungswärts bis an den entlegensten Hafen, Pythagorion – gegenüber lagen nur noch die Schatten der Berge der türkischen Küste, über denen bald der Mond aufgehen würde.

Und Du stelltest Deine Sorge zurück angesichts der unerledigten Probleme von Jahrtausenden.

Polykrates zum Beispiel, interpretiert durch Schiller, der falsch abgeschrieben hatte.

Aber dennoch: Warum und wer war Pythagoras? Die Kathetenquadrate und letztlich die Hypotenuse. Und: Stand auf seines Daches Zinnen – und dann die Spottreime aus Unterprima: und schaute mit vergnügten Sinnen auf zwei belegte Brötchen hin. – Und dann wieder Ehrfurcht angesichts von Geschichte.

Der Mond, der zwischen den Kamelhöckern der gegenüberliegenden Berge sich zunächst mir als Heiligenschein angedeutet hatte, erwies sich, im jähen Galopp aufsteigend, als Vollmond.

Die Bucht füllte sich mit einem Schimmer von Perlmutt, zwischen Gold und Silber changierend – aber eher kalt – und der Wind war zurückgekommen. Und die Boote im Hafengrund begannen zu tanzen und die lang geschossenen Zweige der Maulbeerbäume.

Maulbeerbäume lassen sich nicht den Schneid abkaufen.

Jahr für Jahr zurückgeschnitten, schicken sie immer wieder ihre Zweige aus und tanzen im Wind: den Satz des Pythagoras und kulturübergreifend die traurigen Rhyth-

Während Düttmann auf einer seiner Reisen nach Griechenland um 1978 im Zusammenhang mit der Museumserweiterung auf Samos über die Errungenschaften der Antike sinniert, holt ihn die Gegenwart ein: Hans Filbinger (1913–2007), Ministerpräsident (CDU) in Baden-Württemberg, musste am 7. August 1978 von seinem Amt zurücktreten, als sich eine Kontroverse um sein Verhalten im Nationalsozialismus und seinen Umgang damit zugespitzt hatte. Die tagesaktuellen politischen Ereignisse scheinen vor dem Hintergrund des Erlebnisses und Erkennens der Jahrtausende alten kulturellen Wurzeln umso drastischer auf Düttmann gewirkt zu haben.

Die Transkription des gedruckten Textes folgt: AdK, Werner-Düttmann-Archiv, 425 Bl. 2–8, Manuskript, undatiert

men des Mittelmeerraumes, von den spanischen Granden bis hinab zu den Sottisen des Sancho Panso de la Mancha.

Inzwischen steigt der Mond, Reisender, und Du gibst Dich hin und wirst eins mit dem perlmutternen Schimmer des Meeres.

Aber dann sitzt zwischen Dir und dem perlmutterden schimmernden Spiegel des Meeres und trinkt denselben Wein, den Du trinkst, sitzt eine Tafelgesellschaft und ist von zuhause, von da, wo Du Dich gefürchtet hast vor dem ordentlichen Onkel, Dein Vater war anders. Da sitzt plötzlich der Onkel, der ein rechtschaffender ist – ein rechtschaffender Mörder zum Beispiel, ein Kriegsgerichtsrat z.B. sitzt da und mampft und doziert, wie recht er doch hatte.

Und Du schreist, noch einmal und voll Wut, und Du nennst ihn Mörder – und sein Name ist Filbinger – aber hinterher wünscht Du – ihm nicht mehr begegnet zu sein.

Er war die Wut nicht wert, er war wie alle. Du aber wünscht Dir das Mittelmeer sauber und den Göttern das Sagen.

Der Konflikt zwischen Künstler und Macht

(Staat, Gesellschaft, König oder Staatsdiener, was immer es sein mag, was Macht innehat) ist so alt wie die Kunst selbst. Jegliche Macht, auch die fortschrittlichste, will Macht behalten – ist damit tendenziell konservativ und Feind jeglicher Innovation. Jegliche Kunst aber, die den Namen verdient, ist unterwegs zu neuen Ufern, ist Aufbruch, Infragestellen, ist Kritik und Hoffnung in einem (manch mal auch Wirrnis oder Utopie, Trotz oder trotzdem).

Immer aber ist sie der Versuch, Türen aufzustoßen. Dabei entsteht Zugluft und Gegenwind und Papiere wehen vom Tisch, die denen teuer sind, die sie dahin gelegt haben und demzufolge daran interessiert sein müssen, daß die Türen geschlossen bleiben, damit keine Zugluft entsteht.

Das Schlimme ist, daß beide – die Mächtigen und die Künstler – von ihrer jeweiligen Position aus gesehen »Recht« haben. Aber Macht haben nur die einen und die verleitet sie dazu, festzuschreiben, was Rechtens ist. Die anderen aber, die Künstler, haben a priori keine Macht. Aber sie haben ihre Sprache.

Es muss offen bleiben, ob dieser grundsätzlich gehaltene Text über die politische Verantwortung von Künstlern möglicherweise einen Bezug zu dem Architekten Arieh Scharon hat. Anlässlich von dessen Buchpublikation *Kibbutz + Bauhaus* und der parallel dazu eröffneten gleichnamigen Ausstellung im Bauhaus-Archiv Berlin am 19. November 1976 hatte Julius Posener einen Vortrag gehalten. Eine Kopie des Typoskripts dieser Rede Poseners, überschrieben mit »Arieh Sharon«, hat sich im Nachlass von Werner Düttmann zusammen mit dem vorliegenden Text in derselben Akte erhalten (Bl. 5–9).

Die Transkription des Textes folgt:
AdK, Werner-Düttmann-Archiv, 287
Bl. 1, Typoskript, undatiert
Bl. 2f., Kopien des Typoskripts
Bl. 4, Manuskript, undatiert

Ich glaube, von Schiller stammt der Satz: Gab mir ein Gott, zu sagen, was ich leide.[163]

Ich nehme den Satz und frage nicht, ob die »Räuber« ein Stück guter Literatur sind oder waren oder eine Schnulze, aus dem Leiden geschrieben. Ich nehme Rembrandt oder Goya als Manifestationen der Kunst. Künstler betrachten ihre Zeit und wollen eine bessere. Das gilt für Sokrates, Goya, Grimmelshausen, Schiller, Daumier, Rimbaud, die Kollwitz, Barlach und Brecht bis John Heartfield und Grosz. Das gilt auch heute, hüben und drüben.

Wir mischen uns nicht ein – wir sind eingemischt. Wir können nicht wegsehen und frohen Herzens sein.

Florenz 1980

Rund um den Dom war es einerseits ziemlich verkehrsreich, andererseits aber schmutzig. Im Dom selbst war es dunkel und der liebe Gott selber liess sich die Woche, in der ich in Florenz war, nicht sehen.

Florenz: Da stehen sie nun im Regen – ganz nackt und ohne Badehose, aber mit Tauben auf dem Kopf oder Schultern. Und demonstrieren Mythologie und Geschichte – und rauben immer noch Sabinerinnen mit in weissem Marmor erstarrten Muskeln, während unterhalb ihres Sockels Mofas knattern oder ganz einfach Regenschirme aufgehen.

Die Ober des Restaurants vis à vis stellen die letzten Stühle zusammen, weil nunmehr wohl keiner mehr kommt. Die Heroen verharren im Regen zwischen den weggeworfenen Eintrittsbillets und wissen nicht, was sie tun.

Mit der Taube auf dem Kopf hört das Heldsein auf und beginnt die Lächerlichkeit, darum: Tötet die Tauben – oder besser: Vergesst die Helden.

Volterra liegt am Berg und hat ein römisches Theater mit Panoramablick. Aber das ist nicht wichtig. Aber Volterra bietet, bitte wählen Sie selbst, für Sie oder die ganze Familie den passenden Sarkophag zum anstehenden endgültigen Abschied. Von den Etruskern erprobt in erstaunlicher Vielfalt. Und inmitten der erstaunlichen Vielfalt erkennen Sie auch hier: Die einfachsten Modelle sind auch immer wieder die schönsten.

Florenz entpuppt sich, wenn man von Siena oder Volterra oder Lucca kommt, als ungeliebte Verwandte. Hier galt am Ende nur Geld. Und kaufen konnte man alles. Oder doch beinahe alles.

Der Dom von Florenz ist dunkel trotz weithin leuchtender Kuppel. Es gibt Bahnhöfe in England, die später, aber schöner sind. Und von ihnen fahren wirklich Züge irgendwohin.

Orsanmichele – als wir eintraten, verweigerte meine Frau die Gefolgschaft. Und auch ich konnte ihr nicht erklären, warum es so dunkel war, wie es ist. Die Hölle der Strasse, in die wir zurücktraten, war fast wie eine Erlösung.

Dantes Ehrengrab befindet sich in Santa Croce – wenn Du eintrittst rechts. Dante wurde, so sagt man, in Ravenna verscharrt. Leerer Ehrensarg wartet auf Dante. In Santa Croce. Wartet noch immer. Wann aber gehorchen die Toten? Und wohin kehren sie heim? In die Bahnhöfe etwa, die vor Erfindung der Eisenbahn bereitgestellten?

Mofasein ist alles: Allein fahren – aber hinaus.

Tenuta di Ricavo? Droge und Zuflucht, Heimleiter werden Dich Deiner Sorgen entheben. Keiner bitte zerstöre den Kies, den sorgsam ausgebreiteten oder lese die Bücher, die behutsam placierten – es sei denn Karl May. Und niemand bitte schalte ein Radio ein – denn draussen stirbt Tito – wir aber sind gerettet, sofern wir noch reich sind – reich genug für Kost und Logis.

Aber hinter den Hügeln – was hinter den Hügeln geschieht, erreicht nur die Armen. Arme sind ausgeworfen.

In »Florenz 1980« reflektiert Werner Düttmann seine Italien-Reise. 16 großzügig beschriebene Seiten füllen ein schmales Notizheftchen, das so klein ist, dass es gerade noch in jede Hosen- oder Jackentasche passte und schnell hervorgeholt werden konnte. Düttmanns präzise Beobachtungen, seine ironischen Kommentare und seine kritische Analyse lassen selbst eine derartig kurze Notiz zu einem aussagekräftigen Dokument werden.

Die Transkription des gedruckten Textes folgt: AdK, Werner-Düttmann-Archiv, 424 Bl. 1–16, Manuskript, undatiert

149 Vergleiche hierzu Thomas von Aquins »Quaestioneo«, in seiner *Summa theologica*, hier Q. 84: »Die Seele erkennt das Stoffliche weder durch ihre Wesenheit noch durch angeborene Erkenntnisbilder, weder durch species intelligibiles, die ihr von subsistierenden Formen zuströmten, noch durch Schau in ewigen Wesensgründen. Alle Erkenntnis beginnt mit der Sinneswahrnehmung, aber diese ist nicht vollständige Ursache der Verstandeserkenntnis.«
150 Siehe Anm. 124.
151 Gemeint sind Düttmanns zweite Ehefrau Renate, geb. Schulz, und die gemeinsame Tochter Katharina.
152 Jean Robert Ipoustéguy (1920–2006), französischer Künstler und Schriftsteller. Seine Monumentalskulptur *Ecbatane – der Mensch baut seine Stadt* wurde schließlich 1980 vor dem ICC Berlin an der Neuen Kantstraße aufgestellt. Martin Matschinsky (1921–2020) und Brigitte Matschinsky-Denninghoff waren ein Künstler-Ehepaar, die durch ihre monumentalen abstrakten Röhren-Skulpturen bekannt wurden. Zu Darge siehe den Brief von Werner Düttmann an Joachim Darge, S. 180–188.
153 Werner Düttmann kannte Charlotte Eiermann, die Frau von Egon Eiermann, vom Werkbund, bei dem sie viele Jahre die Wohnberatung vornahm.
154 Vor 60 Jahren galt das Vorhaben der Hamburger City Nord, den Hauptverwaltungen der Großkonzerne an einem attraktiven, stadtnahen Standort optimale Ansiedlungsbedingungen zu bieten, als eines der größten und anspruchsvollsten städtebaulichen Projekte Europas. Werner Hebebrand (1899–1966), Architekt und Stadtplaner, 1952–1964 Oberbaudirektor in Hamburg, war zuständig für die Planung der City Nord.
155 Hans Uhlmann (1900–1975), deutscher Künstler. Düttmann bezieht sich hier auf seine Skulptur vor der Deutschen Oper 1961.
156 Dieter Ruckhaberle (1938–2018) war Maler und von 1977–1993 Gründungsmitglied und Direktor der Staatlichen Kunsthalle Berlin, Mitbegründer des Neuen Berliner Kunstvereins sowie der Neuen Gesellschaft für bildende Kunst und der IG Medien. Mit seinen kulturpolitischen Aktivitäten prägte er maßgeblich die Kunstlandschaft in Berlin in jenen Jahren.
157 1950 heiratete Werner Düttmann Ingeborg Christiansen, die 1951 bei der Geburt des Sohnes Hans Werner verstarb.
158 Vgl. *Der Spiegel* 35 (1969), S. 127: »Bei der Grundsteinlegung [der Neuen Nationalgalerie] hatte Mies so wenige Worte gemacht wie stets. ›Ihr Entwurf‹, sagte ihm der Berliner Bau-Professor Werner Düttmann, ›erinnert sehr an Ihr Verwaltungsgebäude für Barcadi in Kuba.‹ Mies, der die Funktion eines Gebäudes stets mißachtet hat: ›Ich denke nicht daran, jeden Montagmorgen eine neue Architektur zu finden.‹«
159 Möglicherweise eine Anspielung auf den blau durchgefärbten Putz des Ateliergebäudes der Akademie der Künste am Hanseatenweg.
160 Lat., »Ich glaube, weil es der Vernunft zuwiderläuft« oder »Ich glaube, weil es widersinnig ist.« In der allgemeinen Bedeutung taucht der Ausdruck in dem fälschlicherweise Tertullian (und hier Thomas von Aquin) zugeschriebenen »credo quia absurdum« auf, das wohl von dessen Worten »Et mortuus est dei filius; prorsus credibile est, quia ineptum est. Et sepultus resurrexit; certum est, quia impossibile est« abgeleitet ist. Aus: Rainer Fabian: »Absurd«, in: *Historisches Wörterbuch der Philosophie online* (abgerufen: 05.01.2021).
161 Auf Samos konnte Werner Düttmann ab 1971 einen Museumsanbau realisieren, der sich bis 1987 hinzog.
162 Richtig: »Und am Ufer steh' ich lange Tage, das Land der Griechen mit der Seele suchend.« Johann Wolfgang von Goethe: *Iphigenie auf Tauris. Ein Schauspiel.* Leipzig 1787.
163 Richtig: »Sie ließ im Schmerz mir Melodie und Rede / Die tiefste Fülle meiner Not zu klagen: / Und wenn der Mensch in seiner Qual verstummt / Gab mir ein Gott zu sagen, wie ich leide.« Johann Wolfgang von Goethe: *Torquato Tasso*, 5. Akt, 4. Auftritt, in: ders.: *Poetische Werke*, Bd. 5. Essen 1999.

5

Der Akademie-Präsident

Was ist eine Akademie der Künste?

A K A D E M I E D E R K Ü N S T E

1 BERLIN 21 HANSEATENWEG 10 FERNRUF 39 81 31 <391 10 31>

DER PRÄSIDENT

An den
Bundeskanzler
der Bundesrepublik Deutschland
Herrn Dr.h.c. W i l l y B r a n d t

5300 B o n n
Adenauer Allee 141

Sehr verehrter Herr Bundeskanzler,

dieser Brief ist ein Appell an die Bundesregierung. Die sich abzeichnende Veränderung der politischen Landschaft in und um Berlin gibt Veranlassung, das Selbstverständnis dieser Stadt in vielerlei Hinsicht neu zu bedenken.

Hierbei mitzuwirken, ist auch Aufgabe der Akademie der Künste, die laut Gesetz und Satzung unter anderem auch »Freiheit und Anspruch der Kunst gegenüber Staat und Gesellschaft vertreten« sowie »den Staat in Fragen der Kunst beraten« soll. Getreu diesem Auftrag haben Beratungen der Mitglieder stattgefunden, die sich nicht nur mit den Problemen der Kunst, sondern der kulturellen Aufgabe dieser Stadt ganz allgemein unter den neuen Perspektiven beschäftigen. Diese Überlegungen werden weitergeführt.

Werner Düttmann, seit 1961 Mitglied der Akademie der Künste (West), hatte von 1967 bis 1971 als Direktor der Abteilung Baukunst Erfahrungen hinter den Kulissen dieser Institution sammeln können. 1971 nahm er das Amt des Präsidenten an und folgte damit seinen Kollegen Hans Scharoun, der 1955 zum ersten Präsidenten der nach dem Krieg (1954) neu konstituierten West-Berliner Akademie der Künste gewählt worden war, sowie Boris Blacher, der diesen 1968 abgelöst hatte. Düttmann hatte das

13 Hans Mayer, Werner Düttmann, Peter Szondi und Boris Blacher, Plenarsitzung AdK, 1971

Amt des Präsidenten bis zu seinem unerwarteten Tod 1983 inne und kam damit in den Genuss, in dem von ihm selbst entworfenen Akademiegebäude am Hanseatenweg in Berlin-Tiergarten wirken zu können.

Die umfangreichen Aktivitäten der Akademie, die auf Vermittlung abzielten und sich mit unterschiedlichen Veranstaltungs- und Ausstellungsformaten nach außen, an das Publikum richteten, entsprachen ganz der Vorstellung Werner Düttmanns, der auf eine stärkere Öffnung der Einrichtung für die interessierte Öffentlichkeit zielte. Daneben kam es während seiner präsidialen Amtszeit auch zu Reformen innerhalb der Akademie: Eine der wichtigsten Änderungen betraf 1979 die Aufhebung des als überholt angesehenen Status der »außerordentlichen«, das heißt der im Ausland tätigen Mitglieder.

Angesichts des Umfangs dessen, was zu leisten ist – von der Stadterneuerung über die Bildungsreform, den Ausbau der Universitäten und vielem mehr – schien es uns notwendig, einen wesentlichen Aspekt in den Vordergrund zu stellen, der von entscheidender Bedeutung für das kulturelle Bild dieser Stadt ist, die ja aus Geschichte und Tradition nicht nur für sich selbst steht.

Im Vertrauen auf das Wort der Bundesregierung, ihre Politik heiße nicht weniger, sondern mehr Engagement für Berlin – worüber wir uns freuen, obwohl wir nie daran gezweifelt haben – fühlen wir uns aufgerufen, den Bundeskanzler Willy Brandt an Planungen zu erinnern, die der Regierende Bürgermeister Willy Brandt für notwendig befunden und eingeleitet hat.

Die bis dahin bestehende Hierarchie zwischen diesen und den »ordentlichen« Mitgliedern wurde damit ad acta gelegt. Auch die 1981 in Gang gesetzte Diskussion über die Bildung einer 6. Abteilung »Film- und Medienkunst« fiel in Düttmanns Amtszeit. Er trat selbst für diese Veränderungen ein, die nicht zu unterschätzende Diskussionen auslösten und schließlich auch zu Satzungsänderungen führten. Darüber hinaus setzte er sich intensiv mit dem Selbstverständnis und der Identität der Akademie der Künste auseinander. Als Akademie-Präsident mischte er sich in die aktuellen kulturpolitischen Debatten ein und nahm diese Funktion als ein die Regierung beratendes Gremium wahr.

Legendär sind Werner Düttmanns sogenannte Treppenreden: Frei gehaltene, wortgewandte Ansprachen und Reden, die er von der Treppe im Bereich der Clubräume im Akademiegebäude am Hanseatenweg aus jeweils zum Ende einer der jährlich zweimal stattfindenden Mitgliederversammlungen hielt. Die im Nachlass erhaltenen, meist handschriftlichen Notizen, vorwiegend auf einem A5-Schreibblock und vermutlich – darauf weisen Schrift und Duktus hin – in großer Geschwindigkeit verfasst, lassen den Schluss zu, dass den Reden trotz ihres spontanen Charakters eine Phase der Vorbereitung vorausgegangen war, und sei es nur ein kurzes – zuweilen auch ein längeres – Nachdenken.

Die Mitgliederversammlungen boten häufig zugleich Anlass für weitere auf die Akademie bezogene Ereignisse, etwa Ausstellungseröffnungen, Preisverleihungen oder auch Geburtstage bedeutender Persönlichkeiten des Berliner Kunst- und Kulturgeschehens. Düttmanns Ansprachen zu diesen Ereignissen wie auch Nachrufe werden hier in Auswahl ebenfalls abgedruckt.

Die Transkription des Briefes folgt:
AdK, Werner-Düttmann-Archiv, 314
Bl. 1–3, Kopie (Abschrift) eines maschinenschriftl. Briefes, 10.02.1972

Unter Ihrer Ägide als Regierender Bürgermeister, sehr verehrter Herr Bundeskanzler, fiel die Entscheidung, die Staatsbibliothek nicht in den ehemaligen Kasernen am Gardeschützenweg, sondern am Kemperplatz unweit vom Brandenburger Tor zu errichten. Das gleiche gilt für den Neubau der Philharmonie, das gleiche gilt für die Abendländischen Sammlungen der ehemals Preußischen Museen, deren Schätze nicht nur in Deutschland, sondern in der ganzen Welt ohne Vergleich sind. Es gilt auch für die Neue Nationalgalerie von Ludwig Mies van der Rohe, die aus der kulturellen Landschaft Berlins nicht mehr wegzudenken ist.[164]

Aber wie sieht zur Zeit diese Landschaft aus?

Trotz unermüdlicher Bemühungen des Präsidenten der Stiftung Preußischer Kulturbesitz ist der Baubeginn für die Abendländischen Museen nicht abzusehen. Trotz seiner Bemühungen ist nicht bekannt, wann das der Philharmonie vorgelagerte Institut für vergleichende Musikwissenschaft und das in seinen Beständen ehemalige Musikinstrumentenmuseum realisiert werden können. Trotz der Bemühungen der Gesellschaft der Freunde der Philharmonie ist nicht abzusehen, wann der für den internationalen Rang Berlins als Musikstadt so notwendige Kammermusiksaal Wirklichkeit wird. Im Zentrum dieses Bereichs war an ein Ausstellungs-, Atelier- und Gästehaus mit internationalem Anspruch gedacht. Inzwischen haben zudem beim Senator für Bau- und Wohnungswesen und seinen beratenden Gremien Erörterungen stattgefunden, mit dem Ziel, die heutige »Steppe« des ehemaligen Diplomatenviertels zu einem vielschichtige Funktionen integrierenden Kernstück West-Berlins zu entwickeln.

Zwischen der Friedrichstraße und diesem Stadtraum am Landwehrkanal steht die Ruine des ehemaligen Kunstgewerbemuseums von Martin Gropius, die zum Vermögen der Stiftung Preußischer Kulturbesitz gehört und hervorragend geeignet wäre, Atelier und Experimentierraum für neue Kunst, junges Theater, Diskussionsforum und überdies selbst Experiment zu sein, d.h. Ort für geistige Auseinandersetzung schlechthin.

Dies sind nur Beispiele. Wir meinen aber, an diesen Beispielen und ihrer unmittelbaren Realisierung – jetzt und nicht irgendwann – könnte sich diese Stadt neu begreifen, als Ort der Auseinandersetzung in Freiheit.

Dies ist ein Versuch, sehr verehrter Herr Bundeskanzler, der Meinung und dem Engagement der Mitglieder dieser Akademie Ausdruck zu geben und zu präzisieren, was zunächst und unmittelbar geschehen müßte. Ich habe nicht über die finanzielle Ausstattung der Institutionen gesprochen, ich habe ein Programm umrissen für einen Teil der Bauten, die geeignet sind, auf einem begrenzten Sektor den Bürgern dieser Stadt und auch ihren Gästen aus der ganzen Welt den Anspruch, die Aufgabe und das Selbstverständnis dieser Stadt sichtbar zu machen.

Mit vorzüglicher Hochachtung
Ihr
Werner Düttmann

Hans Scharoun hatte die Fähigkeit ...

der Trapper und Indianer, sein Ohr auf die Gleise zu legen, um zu wissen, wann und woher der nächste Zug kommt. Und aus diesem Wissen schuf er sich die notwendige Mannschaft. So auch in der und für die Akademie der Künste.

Diese Mannschaft bestand aus den Mitgliedern, aber auch aus den Mitarbeitern. Wann immer uns ein Mitglied verließ, wurde seiner gedacht und Mensch und Werk im Nachruf eines Freundes gewürdigt. Bis auf wenige Ausnahmen, wenn noch Lebende uns den Rücken kehrten, aus Ärger, aus Trotz, im heißen Temperament, wie Schnabel, wie Dessau, wie Hentze, deren Verlust wir beklagen wie den der Verstorbenen. Deren wir aber nicht mehr gedenken, denen kein Nachruf geschieht.

Ihnen geht es, die lebend von uns gehen, wie den Mitarbeitern, und seien sie jahrelang so etwas wie die Seele des ganzen gewesen, oder doch Teil dieser Seele.

Dies fiel mir auf, seit Dr. Elisabeth Killy nach langer und schwerer Krankheit und nach noch längerer mit heißem Herzen und

Die Transkription des gedruckten Textes folgt:
AdK, Werner-Düttmann-Archiv, 213
Bl. 1f.,Typoskript, undatiert
Siehe auch:
Bl. 3–7 Manuskript, undatiert

großem Verstand für die Akademie vollbrachter Wirksamkeit in den, wie man sagt, wohlverdienten Ruhestand ging. Wir waren stumm. Zwar dankbar, aber stumm. Wie zuvor, als Herbert von Buttlar ging, der unter und neben Scharoun mit gleicher Leidenschaft und der großen Kraft seiner integrierenden und integren Persönlichkeit sich hingab, dieser Akademie Wesen und Wirkung zu geben. Wir waren stumm, als Peter Löffler ging, genau wie bei Eberhard Roters und Dieter Zimmermann. Ganz zu schweigen von Fräulein Mehlau, die in ihrem Rucksack die ersten Archivarien und Dokumente zusammentrug von nirgendwo.

Wie und wo hätten wir Peter Pfankuchs gedacht, wäre er »nur« Sekretär der Abteilung Baukunst und nicht zugleich auch ihr Mitglied gewesen.

Ich finde, es ist an der Zeit, mit dieser Tradition der sprachlosen Verabschiedung zu brechen, wenn Menschen von uns gehen, ohne die diese Akademie nicht wäre, was sie geworden ist – nicht zuletzt durch (sie?) eben diese Menschen.

Am ... [1978] zwang eine schwere Erkrankung Elisabeth Killy ihre langjährige Arbeit als promoviertes Mädchen für alles, als guter und strenger Geist, Sekretär der Abteilung bildende Kunst und Senatssekretär zu unterbrechen.

Mit ihr fiel ein Organ aus, das wie Herbert von Buttlar und Peter Pfankuch von ersten Anfängen an Leib und Seele der Akademie bedacht, bestimmt und getragen hat.

Nele Hertling gebührt unser großer Dank, daß sie sich in kollegialer Treue bereitfand, die vielschichtigen Aufgaben von Frau Killy bis zu deren Genesung zu übernehmen.

Wir alle waren gewiß, nach sozusagen absolvierter Krankheit im gewohnten Verband weiterarbeiten zu können. Aber dem war nicht so. Nach amtsärztlichem Gutachten usw. usw.: Ruhestand, was immer das sei.
Das heißt, die Akademie beklagt das Ausscheiden eines ihr und ihren Zielen leidenschaftlich zugewandten Herzens, Wissens und Gewissens.

Den Mitgliedern der frühen Jahre ist vertraut, wie groß ihr Anteil war am Gelingen und Zustandekommen vieler Ausstellungen, Veranstaltungen und Begegnungen, an der Qualität von Katalogen und Texten an Anspruch und Erfüllung von Anspruch an Zugewandtsein und Integrität – an Geist und an strenger Liebe.

Mitgliederverzeichnis

1979, im fünfundzwanzigsten Jahr ihres Wieder-Bestehens und ihrer Wirksamkeit, erwirkte die Akademie der Künste eine Modifizierung des Gesetzes des Landes Berlin, durch das sie 1954 neu gegründet wurde, durch Senat und Abgeordnetenhaus und veränderte ihre Satzung.

Die Veränderungen im Gesetz der Satzung betreffen den Status der Mitglieder. Sie reflektieren die Entwicklung der Mitarbeit und des Zusammenwirkens der Mitglieder weit über bestehende Landesgrenzen hinaus. Die Teilung in ordentliche Mitglieder, die, wie das Gesetz von 1954[165] sagt, ihren Wohnsitz in Deutschland haben, und in ausserordentliche Mitglieder, also Ausländer, ist aufgehoben. Jedes Mitglied hat fortan die gleichen Rechte und Pflichten, unabhängig davon, ob sein Wohnsitz Berlin, Paris, Athen oder Leipzig ist.

Die Wiedergabe des Textes folgt dem von Werner Düttmann autorisierten Erstdruck:
Werner Düttmann: »Vorwort«, in: *Akademie der Künste 1970–1979*, Band 1: *Die Mitglieder*. Berlin 1979, o.S. [S. 5].
Dieser folgt, leicht modifiziert: AdK, Werner-Düttmann-Archiv, 248 Bl. 1–4, Manuskript, undatiert, mit wenigen Korrekturen und Ergänzungen

Anlass zu dieser Änderung war die Erfahrung der ersten zwei Jahrzehnte seit Eröffnung unseres Hauses im Hansaviertel. Die Akademie der Künste hat sich zu einem Ort entwickelt, der für Künste und Künstler gleichermassen Werkstatt, Forum und Refugium und Kampfstatt ist, für manchen Heimstatt und für das vielschichtige Publikum der öffentliche Raum, den Künstlern und der Kunst zu begegnen und damit teilzunehmen an der immerwährenden Auseinandersetzung divergierender Tendenzen und Prozesse.

Akademie als Ort der Freiheit, Freiheit der sich widersprechenden Wahrheiten der Veränderer und der Bewahrer. Die Akademie kann keine Kunst erzeugen, aber sie kann Kunst bezeugen und deren Part in der Gesellschaft, in der wir leben, oder in der, in der wir leben wollen. Die Akademie, das sind die Mitglieder, und zwar alle, jene, die in Entfernung und in Stille wirken, wie die, die voller Ungeduld die Trommel schlagen.

Die Mitglieder sind die Akademie. Aber auch die Mitarbeiter.

Werner Düttmann

Zum Selbstverständnis der Akademie

Zusammenfassung von Diskussionsbeiträgen aus der Abteilungssitzung vom 24.10.80:

- Die Aufgaben der Akademie sind in der Satzung und in der Grundsatzerklärung aus dem Jahre 1966 definiert.

- Die Akademie ist kein Schmuckstück des Staates, sie sollte ein Instrument der Demokratie sein; es wäre aber zu wenig, nur in Gremien vertreten zu sein.
- Die Akademie müsse zeigen, daß sie da sein will; sie könne in eigener Verantwortung Stellung nehmen und beobachten, ob ihre Äußerungen benutzt werden, nicht nur zu Fachproblemen, sondern auch zu gesellschaftlichen Fragen. Allerdings bedeute mehr Effektivität auch mehr persönlichen Einsatz und mehr Mitarbeit der Mitglieder.
- Die Akademie müsse ihre Chance bewahren, innerhalb der überall beinahe zwangsweise bestehenden bürokratischen Demokratie öffentlich und unabhängig zu bleiben.
- Die mehr oder minder vorhandene Effektivität von Veranstaltungen sei eine Seite; jeder Einzelne könne andererseits Anregung und Bestätigung im Kreise der Mitglieder aus allen Abteilungen empfangen und in seinem eigenen Bereich zur Wirkung bringen. Man soll sich klar werden, auf welche Weise und ob heute überhaupt Kunst in der Öffentlichkeit wirksam sein kann.
- Die Akademie habe sich bisher der Öffentlichkeit entzogen. Dazu wurde hingewiesen auf die Pluralität der Meinungen. Bei etwa 180 Mitgliedern könne die Akademie nicht mit Mehrheitsentscheidungen öffentlich auftreten. Sie könne sich als Institution nur zu bestimmten Fragen als Ratgeber artikulieren.
- Untersucht werden sollten: die Absichten, die zur Gründung geführt haben; die Erfahrungen, die seither gemacht wurden; die Situation vergleichbarer Institute in und außerhalb der Bundesrepublik. Es sollte eine Geschichte der Akademie geschrieben werden.

Außerdem wurden erörtert:
- Arbeit der Abteilung ohne öffentliches Aufsehen
- Ungebetene Ratgeber durch erarbeitete Stellungnahmen
- Tätigkeiten wurden öffentlich nicht bekannt oder nicht deutlich
- Wirkung des Tuns der Einzelnen.

Eine Akademie der Künste, was ist das?

Es klingt wie Hofputz vergangener Königtümer. Und steht in Gefahr, auch heute Hofputz zu sein der jeweils Regierenden. Aber es ist nach Hans Mayer vergröbert verstanden, das Spazierengehen der Geister im Garten – im Hain des Akademischen?

Es ist die Versammlung von Wilden und Angepassten, Heftigen und Sanften, von

Die Transkription des Textes folgt:
AdK, Werner-Düttmann-Archiv, 208
Bl. 1 f., maschinenschriftl. auf Briefpapier der AdK, Abteilung Baukunst
Bl. 4–9, Fortsetzung, Manuskript

Neuerern und Bewahrern. Es ist Hofnarr bis hinaus zu dem Punkt, wo er die Duldung verlässt und zur Forderung wird.

Jemand – war es Thomas von Aquin? – hat geschrieben: Credo quia absurdum.[166]

Das mutet an wie die leichtfertigen Sprüche zeitgenössischer Atomstrategen, wurzelt aber tiefer, hat einen anderen Klang in Akademien, die solche sein wollen, in die jeder sein Credo und sein quia absurdum einbringt.

Hofnarren kann man köpfen, wenn deren Wahrheit ärgerlich wird, Akademien kann man schlicht vergessen. Sie sind so pluralistisch angelegt in ihren Charakteren wie die gesammelten Werke von Shakespeare, wer immer das war oder diese waren. Aber kann man wirklich? Akademien werden zu todessüchtigen Hofnarren, d.h. zu Einzelkämpfern, wenn die lebensnotwendige Wahrheit sowohl des Künstlers wie der Kunst in Gefahr gerät, verdorben oder erstickt zu werden. Freiheit verlangen heisst unbequem sein. Wahrheit verlangen aber ist die ärgerlichste Position gegenüber auch den gutwilligsten Regierenden.

Es gibt auch Scheisskunst und schmücke Dein Heim – aber davon rede ich nicht – aber wenn die Kunst den Spiegel aufrichtet, in den wir hineinblicken müssen und wollen es nicht, ist Kunst in Gefahr.

Und dann ist Kunst Kampf. Kampf für eine bessere oder andere Welt, die keiner will. Akademien?

Akademien sollten immer wieder versuchen, auf der Seite der Kunst zu stehen. Auch alte Männer sollten den Enkeln vertrauen: Sich einfach erinnern ans Jungsein oder Junggewesensein, an Hoffnung voller Angst. An Trotz zuletzt als letzte rotznäsige Möglichkeit, Lust und Liebe zu bewahren zum eigenen Leben hin, ohne die es keiner Gemeinsamkeit mehr bedürfte.

Was ist eine Akademie der Künste?

Freitag 20.00, Bericht über Ausstellung
Bericht über Arch. Sitzung Nachmittag
Bericht über das Unbequeme,
Leben in dieser Zeit,
in dieser Gesellschaft
in dieser Stadt.

Akademie ist ihre Mitglieder und ist ihre Mitarbeiter:

Beide gemeinsam haben eine Ausstellung ins Haus gebracht, die unbequem ist:

Haus Instand Besetzer

»Besser Instandbesetzer als Kaputtbesitzer« Wo ist was woher?

Diese Stichworte notierte sich Werner Düttmann offenbar im Kontext der Diskussion der Akademie um ihr Selbstverständnis.

Die Transkription des gedruckten Textes folgt: AdK, Werner-Düttmann-Archiv, 236 Bl. 1–7, Manuskript, undatiert

Akademie der Künste?
Was ist das?
Was ist ein Künstler? –
Was Elfenbeinturm, was Dada?
Was Baukunst, was Bildkünste?
Was ist Glück? Und für wen?
Wollen wir Wirkung?
Und für wen?
Weltverändern oder zum Zwecke der Weltveränderung Bewusstsein verändern?
Und wenn, wessen Bewusstsein, unseres oder das der anderen.
Wer sind die anderen?
Spiesser? D.h. Law and Order Profitierer?
Oder die Aufmüpfer?
Eigentum verpflichtet!
Ist Staatsoper Eigentum?
Oder Schaubühne?
Und wem wessen?
Oder aber Strassen Theater aus eigenen geringen Mitteln derer, die da agitieren.
War Goya Pazifist?
Und wo stand Rubens?
Oder wie steht es wirklich oder was bewirkt das schwarze Ofenrohr von Beuys in der Kunsthalle Düsseldorf.
Fragen über Fragen.
Wer war zum Beispiel wirklich Till Eulenspiegel oder öffnet mir das Absurde die Augen?
Und macht gar mit?
Wenn ich nicht irre, wird Thomas von Aquin der Satz zugeschrieben: Credo quia absurdum, den ich als schwacher Lateiner übersetzen würde – angesichts des schillernden quia: Ich glaube daran, obwohl es verrückt ist – oder: ich glaube daran, weil es verrückt klingt.

Vielleicht liegt da der Weg, den Kunst weisen kann. In Neues, Unerprobtes, aber im Werk der Künstler Erfahrenes, in letzter Hoffnung vielleicht.

Ich misstraue zutiefst neuen Ismen, die uns auf biologisch saubere Hirse verweisen, deutsche Hirse zum Beispiel, und atombombenfreie deutsche Hirse.

Die westliche Welt und die Russen haben das deutsche Morden beendet, an den Juden zum Beispiel. Aber es war schon zu spät. Wir hatten uns bereits national voll ausgelebt. Seither suchen wir Freunde und suchen wir Würde. Einstein zum Beispiel, der war doch Berliner. Jawohl, er war auch Berliner, wie alle die Zugereisten, wie Lessing und Goebbels, wie Brecht und Marcks.

Hier wird immer zur Kasse gebeten: Zukunft ist immer, aber selten Geschäft. Am Ende wirst Du gefragt, wo Du stehst. Die Geschichten sind traurig. Die Bilder grau. Aber auf der Strasse warten die Kinder.

Warten auf Zukunft.

Ansprache 60. Geburtstag Adolf Arndt

Lieber Herr Arndt,

zwei Ereignisse sind es, die uns heute hier zusammenführen: wir feiern mit Ihnen Ihren sechzigsten Geburtstag und wir nehmen Abschied von Ihnen als Senator für Wissenschaft und Kunst der Stadt Berlin.

Wir gedenken des einen Jahres Ihrer Tätigkeit in diesem Amte – eines Jahres voll des lebendigen Wirkens, und wir möchten erneut unserem großen Bedauern Ausdruck geben, daß diese Tätigkeit infolge Ihres angegriffenen Gesundheitszustandes jetzt beendet werden mußte.

Sie sind, als Nachfolger unseres Ehrenmitgliedes Professor Tiburtius, mit großem Elan an die neuen Aufgaben herangegangen. Wir erfuhren und erlebten, wie sehr »Kultur« für Sie Pflege eines Wesens und einer Sache ist, wie sehr Sie es als Ihre Aufgabe sahen, dem Volk und seinen Politikern klar zu machen, was es heißt, künstlerisch Schaffende zu begreifen.

Ihr Glaube an die schöpferische kultürliche [sic] Kraft befähigte Sie, diese gegen die Mächte und Gewalt der Welt zu verteidigen. Ihre Zielsetzung war immer aus einem Geistigen heraus wirksam, immer Anerkenntnis eines Wozu und dessen Sinn, dem das Technische und Administrative zu dienen habe. Dies aber – und das ist das Tragische – mußte weitgehend unerfüllt bleiben trotz aller Bemühungen, die Sie zermürbt haben.

Wir wollen hoffen, daß Ihr Rücktritt zu denken geben wird und in der Folge nicht ohne Auswirkung auf die Behandlung kultureller Aufgaben bleiben wird. Auf diesem Gebiet, mehr noch als auf denen des Politischen und Administrativen, sind neben einer Persönlichkeit initiativen Charakters vor allem sinnvolle Freiheit in den Aktionen und eine entsprechende materielle Basis erforderlich. Dies besonders in Berlin, das neben den Funktionen einer Stadt die Funktionen eines Landes übernommen hat und darüber hinaus einen bedeutenden kulturellen Führungsanspruch erhebt. Hier ist fraglos heute noch schwer Bewegliches bald schon in Energien umzusetzen.

Sie aber sollen wissen, daß ein großer Kreis Ihre Bemühungen beachtet und

Mit Adolf Arndt (1904–1974), SPD-Politiker, 1963–1964 erster Senator für Wissenschaft und Kunst in Berlin und 1964–1969 Vorsitzender des Deutschen Werkbunds, verbanden Werner Düttmann intensive Arbeitsjahre, in denen auch wegweisende Entscheidungen für den Kulturstandort West-Berlin getroffen wurden (siehe auch S. 53).

Die Transkription des gedruckten Textes folgt: AdK, Werner-Düttmann-Archiv, 224 Bl. 2–4, Kopie eines Typoskripts, 12.03.1964 bewundert hat. Sie hatten den sicheren Instinkt dafür, daß sich schöpferische Existenz vielen Ortes und auf vielfache Weise kund tut. Und Sie hatten es sich als Ziel gesetzt, dieses Schöpferische zu fördern. Denn solche Förderung ist es, die die Kunst von den Wenigen erwartet, die an der Macht sind. Nur so ist eine Kontinuität in der Entwicklung möglich – in ständigem Geben und Nehmen. Wir wissen aber auch, wie schwierig die Verwirklichung – wie fast utopisch der Versuch ist – in einer Welt der physischen und metaphysischen Heimatlosigkeit – dem Schöpferischen Ort und Stunde des Handelns zu geben.

Umsomehr waren wir von Ihrem Wollen und Ihren Bemühungen angetan. Das, was Sie erkannten und fühlen, kommt nicht von ungefähr: es bereitet sich in Generationen vor, um sich in einem Menschen und Sternstunden zu verdichten. Wir haben es durch Sie erlebt – durch Ihre Entscheidungen und Beschlüsse, durch Ihre eindeutige Haltung in dem verwirrenden »Kunstbetrieb« heute.

Sie haben sich vielfach geäußert. Alle Ihre Reden waren – vom Inhalt aber auch von der Form her – aus dem Bewußtsein freier Geistigkeit gestaltet und wirksam. Immer wurde darin jeweils das Wesen eines Gegenstandes oder einer Unternehmung begriffen und vorgestellt. So geschah es unter anderem in Ihren Ausführungen über »Demokratie als Bauherr«[167], über den Bau eines Parlaments und in Ihren Ausführungen über die Philharmonie[168].

Vom gleichen konstruktiven Gehalt ist Ihr Entwurf eines Gesetzes über die Akademie der Künste. Und von gleicher Konsequenz waren Ihre zahlreichen Äusserungen sachlichen oder repräsentativen Charakters, die alle zur Besinnung und zur freien Orientierung beitrugen.

Aus dem Wissen um Ihre Leistungen erwächst unser Wunsch, Sie für uns – für Berlin und für die Akademie der Künste – nicht zu verlieren. Es gibt viele Dinge, die nicht von den Gesetzen und Möglichkeiten einer Administration abhängig sind, sondern die im Menschlichen ruhen – gebunden an eine schöpferische Verpflichtung. Erhalten Sie uns diese freundschaftliche Verbundenheit und die Bereitschaft, mit der Ihnen eigenen Souveränität und der Offenheit Ihres kritischen Geistes weiterhin für die Kunst einzutreten. Sie sind in seltener Weise dafür angelegt und prädestiniert.

Das ist unser Wunsch in dieser Feierstunde Ihres 60sten Geburtstages. Ihnen aber möchten wir danken für Ihren Einsatz und für Ihre Unterstützung unserer gemeinsamen Bestrebungen und Ihnen von Herzen Gesundheit und Kraft wünschen für weiteres schöpferisches Wirken.

Herzlichen Glückwunsch!

Verleihung Berliner Kunstpreis 1971

M. D. H.
der Kunstpreis war eine heisse Kartoffel – jeder funktionierte ihn um, zur Blamage der Gesellschaft, die ihn verlieh. So gerieten wir, die AdK, an denselben und sollten ihn verteilen.

Lob sollte weiter sein – als Ausdruck der Gesellschaft, die auch noch diejenigen versteht, die sie nicht mehr versteht. Denn, Gedankenstrich – den, den man lobt, einverleibt man. Er oder sie wird weniger gefährlich, weil bereits gelobt, von wem eigentlich – von uns nämlich – und man merke: alles verstehen, heisst alles begreifen – und wenn ich dasselbe auch noch prämiere – ist es mir untertan, denn ich habe es nicht nur primär nicht gewollt, aber dennoch, als es sich als stark erwies, auch zugelassen – und am Ende, als es nicht abzuschaffen war, prämiert als relevant. Liebe Freunde, haben Sie Acht, achten Sie vor allem auf die Relevantiner, die sich wie die Kaninchen vermehren. Apropos Kaninchen, als der Kunstpreis heiss wurde, und seine Verleihung zumal, geriet er an uns, wie die heisse Kartoffel, die man weitergibt, ehe sie wehtut.

Aber wir haben die Möglichkeit, Geld zu verteilen für Leistung, Geld zum Mut machen sozusagen, gerne aufgegriffen und sind bereit, gescholten zu werden, weil es, das Geld, an den Falschen gelangte. Aber dies ist in diesem Jahr – Gott sei es gedankt – nicht der Fall: Die Jurys waren unfehlbar, weil emotional engagiert, und die Auserwählten verdienen die Aufmerksamkeit, die ihnen zuteil wird. Und dies eigentlich ist gemeint: aufmerken lassen. Wir glauben nicht an: alle Jahre Lebenswerk – und Deckel drauf und Gold drumherum.

Aber wir glauben daran, dass diejenigen, die wach sind, und denen trauen wir die Entscheidung an, dass diejenigen, die wach sind, Menschen finden, die im Bereich der Künste etwas tun, das uns alle angeht, weil es Zukunft hat, Zukunft derer, die das jeweilige Tun, und unserer aller Zukunft, weil nämlich deren Tun uns alle weiterführt in zunächst noch ungeliebtes, aber notweniges Neuland. Wir haben die Blumenarrangements abgeschafft und das Quartett der vier Musikbeamten – wir wissen nicht genau, ob das gut war – denn wer ist gegen Blumen

Der Berliner Kunstpreis wird seit 1948 vergeben, bis 1969 vom Berliner Senat, seit 1971 von der Akademie der Künste, jährlich wechselnd im Turnus für die Sektionen Bildende Kunst, Baukunst, Musik, Literatur, Darstellende Kunst, Film- und Medienkunst. Werner Düttmann selbst war 1964 mit dem Berliner Kunstpreis, Jubiläums Stiftung 1848/1948 für Baukunst ausgezeichnet worden, Juroren waren Bernhard Pfau, Julius Posener und Walter Rossow.

In seiner Ansprache zu dem erstmals durch die Akademie verliehenen Kunstpreis spielt Düttmann auf die Proteste während der Preisverleihung 1969 an, in deren Folge 1970 die Preisvergabe zunächst ausgesetzt und dann an die Akademie delegiert worden war, was zu zahlreichen internen Abstimmungsrunden führte, in deren Folge aber auch neue Regelungen eingeführt werden konnten: So sollten von nun an auch interdisziplinäre Arbeiten ausgezeichnet und Stipendien vergeben werden, zudem wurde die

Einteilung in Hauptpreis und Förderpreise aufgegeben.

In der Abteilung Baukunst ging der Berliner Kunstpreis 1971 an den ungarischen, in Schweden tätigen Architekten und Stadtplaner Fred Forbat (1897–1972), 1969–1972 außerordentliches Mitglied der Akademie der Künste (West); Juroren waren Hardt-Waltherr Hämer, Walter Rossow und Werner Wirsing. Die Preisverleihung fand am 7. November 1971 statt, und zwar als interne Begrüßung der Preisträger und Stipendiaten während der Herbstversammlung der Mitglieder.

Die Transkription des gedruckten Textes folgt:
AdK, Werner-Düttmann-Archiv, 230
Bl. 1–6, Manuskript, undatiert

Siehe auch:
AdK, Werner-Düttmann-Archiv, 432

und eine gute Musik? Aber wir wollen es zunächst möglichst sachlich: Dieser erhielt den Preis von jener Jury dafür, dass er gut ist.

Und so darf ich mich darauf beschränken, die Juroren zu nennen und die anderen, die sie erwählten. Und dann und wann gestatten Sie mir zu zitieren, weshalb die Juroren meinten warum: [hier nicht weiter ausgeführt]

Eröffnung Jahresausstellung Künstlerbund 1973

8. Dezember 1973

Sehr verehrter Herr Bundeskanzler, Herr Regierender Bürgermeister, meine sehr verehrten Damen und Herren!

Ich begrüße Sie sehr herzlich zur Eröffnung der Ausstellung des Deutschen Künstlerbundes in der Akademie der Künste.

Besonders aber freue ich mich, daß Sie, Herr Bundeskanzler, heute zu uns gekommen sind. Sie sind nicht zum ersten Mal in diesem Hause, an dessen Grundsteinlegung Sie teilgenommen haben. Sie haben es im Juni 1960 mit eröffnet, und Sie haben als Regierender Bürgermeister an dieser Stelle zu uns gesprochen.

Seit jenem Sommer hat sich die politische und die geistige Landschaft in und um Berlin vehement verändert. Wir lernten in teils schmerzlichen Schnellkursen einige Realitäten als solche zu begreifen und wurden dann von neuen Denkansätzen und Lernprozessen, wie man heute sagt, nur so geschüttelt.

Berlin, zumindest dieser Teil der Stadt, mußte sich, wie so oft in seiner Geschichte, etwas einfallen lassen, aus dem heraus sich seine Existenz und sein Selbstverständnis begründen könnten. Dieser Zwang, sich etwas

Rede zur Eröffnung der 21. Jahresausstellung des deutschen Künstlerbundes in der Akademie der Künste am Hanseatenweg am 08.12.1973.

Die Transkription des gedruckten Textes folgt: AdK, Werner-Düttmann-Archiv, 234
Bl. 1–4, Kopie des Typoskripts, 08.12.1973

Siehe auch:
Bl. 5–8, Typoskript, undatiert, mit handschriftlichen Korrekturen
Bl. 9–23, zugrundeliegendes Manuskript mit zahlreichen Korrekturen und Ergänzungen

einfallen lassen zu müssen, ist offensichtlich keine neue, noch nicht dagewesene Situation.

Walter Hausenstein schreibt in seinem Buch *Europäische Hauptstädte*, das in den Zwanziger Jahren erschien, über Berlin u.a., daß es immer wieder in der Lage gewesen sei, den Trick des Barons von Münchhausen – der sich bekanntlich an den eigenen Haaren aus dem Sumpf zog, sich und sein Roß – zu überbieten. Denn, so sagt Hausenstein, Berlin mußte sich täglich neu erfinden, um in der Lage zu sein, sich an den eigenen Haaren aus dem Sumpf ziehen zu können.[169]

Zur gleichen Zeit sagt William Wauer[170] über Berlin: Viel Betrieb – aber wenig Betriebssicherheit.

Sie erinnern sich, Herr Bundeskanzler, wie damals, Anfang der Sechziger Jahre, Vorstellungen entwickelt wurden von Berlin als einem Ort der geistigen und kulturellen Auseinandersetzung. Geistige Hauptstadt sozusagen statt politischer Hauptstadt, und Sie erinnern sich, wie, nicht zuletzt dank Ihrer politischen Phantasie und Kraft, Anfänge auf diesem Weg gesetzt wurden, die es weiterzuentwickeln gilt, Anfänge wie z.B. am Kemper Platz.[171]

Wer den Rohbau der Scharounschen Staatsbibliothek durchwandert – ja man muß sagen durchwandert, denn man geht durch eine ganze Landschaft des Geistes – der begreift, daß sich hier ein Ereignis von Weltrang vorbereitet. –

Ich gerate jetzt in Gefahr, die Chance, Sie hier begrüßen zu dürfen, auszunutzen zu einem Plädoyer für diese Stadt, zu drängen zum Beispiel, weil es wichtig ist, daß der Bau der Museen am Kemper Platz jetzt erfolgt und nicht später. Das ist wichtig für das Selbstverständnis dieser Stadt, die sich eben und nicht zuletzt dank Ihrer Initiative auch als geistigen Ort versteht.

Ich will aber dieser Gefahr nicht erliegen, denn daß Berlin auch Ihnen am Herzen liegt, wissen wir und danken es ihnen.

Ich will mich daran halten, daß wir hier heute die Ausstellung des Deutschen Künstlerbundes eröffnen und darum das Thema Berlin allenfalls als Hintergrund sehen bei der Frage noch der Situation des Künstlers und seiner Rolle in unserer Gesellschaft und speziell in der politischen Landschaft, in der wir leben.

Was ist Kunst? Was ist Kunst heute? Was die Kunst von gestern ist, weiß jeder. Die Kunst von gestern ist das sogenannte »kulturelle Erbe«, ist:

heiligste Güter der Nation, oder der Nationen, oder der Menschheit. »Ewiger« Zeuge von vergangener Größe ebenso vergangener Staaten oder vergangener Zivilisationen. Und die Schöpfer der Kunstwerke vergangener Epochen werden in den Büchern der Kunsthistoriker als »Meister« aufgeführt, »Meister vom Niederrhein« oder »Meister der roten Nelke«. Und sie sind durch solche Klassifikation gesellschaftsfähig (auch ohne Smoking), weil sie Besitz geworden sind. Besitz, auf den man stolz ist (zu Recht zumeist) und den man vorzeigt – weil man mit solchem Besitz doch zweifellos jemand ist. So hängen in der Tretjakow-Galerie in Moskau die Werke der alten Meister der Ikonen, in Leningrad die schönsten Rembrandts. Im Prado in Madrid, in Francos Staat die Werks Goyas, die den Krieg anklagen.

Und so sind alle Völker stolz auf Ihre Künstler, wenn diese tot sind.

Beliebte Dirigenten bilden hierin eine Ausnahme.

Die alten Meister schufen »Bildungsgut«, doch Künstler heute treiben Obstruktion, sagt mancher, stehen gegen die Gesellschaft, die wir lieben, weil alles gut ist und bequem und manche, meint man, können sich nicht einmal verständlich machen: Für Zeitgenossen sind Künstler häufig unverständlich, und was sie treiben auch. Und meist auch, was sie treibt.

Beuys muß verrückt sein, so denkt man, Grützke nimmt uns auf den Arm und Kienholz schmäht das Ansehen der Nation. Da lob ich mir die Kunst der großen Zeiten, die nun vergangen sind. Da lob ich Rembrandt – denkt mancher – apropos Rembrandt, wer hat eigentlich von den damals Kleinkarierten die »Nachtwache«, die heute einen eigenen Saal, man kann sagen »einen Wallfahrtsort« hat –, als Sudelei und Diffamierung abgelehnt und als Skandal empfunden. Wer hat Dix das Malen verboten? Und wer hat Meister Riemenschneider die Hand zerbrochen?

Wer hat Schmidt-Rottluff für entartet erklärt, wer ließ Malewitsch außer Landes gehen, oder Cosals, oder Schlüter, oder Beckmann, Kandinsky und Kirchner und wen auch immer?

Wir nicht, sagt jeder, wir haben sie wieder aufgenommen und bewahren ihre Werke. Als heiliges Gut. Denn sie haben, das wissen wir, in ihrer Zeit, die nicht in allem so gut war, wie die damals Bewahrenden glaubten, Türen aufgestoßen, die man zulassen wollte zum Wohle des endlich Erreichten. Sie haben Spiegel aufgestellt, Zerrspiegel, wie viele glaubten. Wer schaut schon gern in den Spiegel, ehe er geschminkt ist. Beim Rasieren z.B. – oder am anderen Morgen nach dem Fest?

Die Kunst ist der ungeliebte, der arme Verwandte. Der arme Verwandte, der schon immer wußte, es würde böse enden, wann alles so bliebe wie es ist.

Und der es anders wollte und es auch immer wieder sagte um Überdruß des reichen Vetters, der seiner selbst doch so sicher war.

Kunst als Kassandra – nicht Unheil wollend, nicht Unheil bewirkend, aber Unheil fürchtend. Verdammt zum Sagenmüssen – auch wo keiner zuhört.

Kunst als Stenogramm der Angst derer, die Heimat suchen und Menschlichkeit und nicht finden können in der für viele so bequemen Konvention.

Kunst als Infragestellung. In diesem Sinne war auch Eulenspiegel Künstler und meiner Meinung nach ein sehr moderner. Vielleicht kann man sagen, als eine weitere der vielen zweifelhaften Definitionen zur Kunst: Kunst ist der Eulenspiegel der Gesellschaft. Aber wer eigentlich erwartet etwas von ihr? und was? der Staat? die Bürger?

Es gibt Staaten, die von der Kunst Bestätigung erwarten. Das müssen nicht nur Diktaturen sein, das ist bekannt – und auch die Rolle des Künstlers in ihnen ist bekannt. Anders, und, wie ich meine: besser liegen die Dinge in unserem Staat, dem für den Menschen so gut gemeinten, der offen sein will für Entwicklung und Veränderung, der Spielraum schafft und Auseinandersetzung sucht.

Und der sich so schwer tut, ein erkennbares und akzeptiertes Ganzes zu werden.

Ihn wird keine Kunst loben – aber Kunst kann und wird in ihm stattfinden zum Wohle des »diese« Kunst häufig nicht wollenden Bürgers.

Und dass dies geschieht und geschehen kann, macht seine Freiheit aus.

Rosa Luxemburg hat in einem ihrer Briefe gesagt: »Demokratie ist die Freiheit des Andersdenkenden.«[172]

Wenn es uns gelingt, bei allem Mißverstehen, diese Freiheit zu behaupten, hat unsere Demokratie eine Chance und in ihr der Mensch und unter diesen Menschen die Kunst.

Ich danke Ihnen.

Treppenrede Mitgliederversammlung 1974

Meine sehr verehrten D+H,
liebe Gäste, seit drei Jahren lebe ich unter dem Zwang, immer – zweimal im Jahr, an dieser Stelle, von dieser Treppe hinab in die Gäste hinein, etwas annähernd Geistreiches sagen zu müssen. Etwas Liebenswürdiges, in Ironie verpackt, die nicht verletzen darf – also allenfalls Selbstironie sein darf – Eigentor gibt Applaus – Selbstironie oder sozialistisch im allgemeinen Verständnis, d.h. unwissenschaftlich gesprochen, Schuldbekenntnis verbunden mit der Dosis Reue, die zur Selbstbezichtigung reicht, ohne Selbstvernichtung zu sein. Ich stelle mich z.B. dumm, um Ihr Erfolgserlebnis zu steigern: Rede nach der Rede von Zemanek von Redundanz und tue so, als ob es nicht Redundanz gegeben hätte, sondern erst in meiner

Ansprache. Rede ein Jahr später – es war zur Zeit der Höllerschen Ausstellung vom »Haptischen«, in Klammern: alles begreifen heisst alles erfassen – und komme auf die Happtische nebenan von Minuth & Co.

Heute nun, in meinem vierten Jahr auf dieser Treppe, finde ich nichts, was man durch Ironie oder Verfremdung oder wie immer man sagt, zum Lacher verwandeln könnte.

Da steht die Rede von Jean Améry von heute früh. Und da drüben, hinter der Tür steht das kalte Buffet. Und dazwischen steht zum erstenmal nichts, was diese beiden Dinge verbinden könnte.

Selbst wenn ich versuchte, mich in Zitate zu flüchten, »Erst kommt das Fressen, dann kommt die Moral« zum Beispiel, würde angesichts des heutigen Vormittags ein solches Zitat von wem auch immer nicht nur fragwürdig – sondern widerlegt. Was mir klar macht: Bildung ist nach wie vor erstrebenswert. Das ist unbestritten – siehe Bildungsplan.

Anlässlich der 40. Mitgliederversammlung vom 24. bis 27. Mai 1974 hielt Jean Améry am Sonntag, den 26. Mai, einen Vortrag in der Akademie der Künste am Hanseatenweg zum Thema »Von geistiger Repräsentation heute«, zu dem Werner Düttmann begrüßte. Auf Amérys Vortrag bezieht sich Düttmann dann in seiner hier abgedruckten Treppenrede zum Abschluss der Veranstaltung am darauffolgenden Tag.

Die Transkription der Treppenrede folgt:
AdK, Werner-Düttmann-Archiv, 229
Bl. 36–38, Manuskript, undatiert

Siehe auch:
AdK, Werner-Düttmann-Archiv, 225
Bl. 2–7, Manuskript mit zahlreichen Korrekturen (Begrüßungsrede)
Bl. 8, Kopie eines maschinenschriftlichen Briefs von Werner Düttmann an die Witwe Amérys nach dessen Freitod, undatiert

Begrüßung Vortrag Elias Canetti 1974

Meine sehr verehrten Damen und Herren,

ich begrüße Sie herzlich und danke Ihnen, daß Sie gekommen sind. Ich hatte gehofft, der Direktor der Abteilung Literatur, der kompetent ist, würde diesen Morgen einleiten, aber dieser meinte, weil dieser Morgen eine Veranstaltung der AdK in ihrer Gesamtheit ist, sollte doch der Präsident. Der Präsident sah dieses zwar ein, wie alle Präsidenten immer alles einsehen – fühlte sich jedoch nach seiner Einlassung, wie manche Präsidenten in diesem besonderen Falle, nicht kompetent. Im falschen Ehrgeiz, Eigenes sagen zu wollen, eilte er unberaten nach Hause und griff zum Brockhaus, um unter E wie Elias zu finden, was dumpf in unbewußt gewordener Erinnerung haften geblieben war – von jenem fernen Propheten, der zu tun hatte mit dem Feuer – den feurigen Elias oder so. Aber der Band 5, der mit E nämlich, fehlte. Vorhanden war noch das Fischer-Lexikon, der Band über die nicht-christlichen Religionen, verfaßt und herausgegeben von

Einführungsrede anlässlich des Vortrags von Elias Canetti »Der Neue Karl Kraus«, 10.11.1974, anlässlich der 41. Mitgliederversammlung.

Der Akte ist noch ein Brief von Werner Düttmann an Elias Canetti beigefügt: »Berlin, 15.10.81, Lieber und sehr verehrter Herr Canetti,

14 Werner Düttmann und Elias Canetti, 1974

soeben erfahre ich aus dem Fernsehen, dass Sie den Nobelpreis für Literatur erhalten haben. Diese Nachricht hat mich verwirrt, wegen ihres Datums: heute! Heute erst? Ich glaubte, Sie trügen diesen Preis seit vielen Jahren und erwähnten ihn nicht mehr. So gratuliere ich den Juroren, die den Mangel entdeckten, und freue mich herzlich über deren späte Einsicht. Ich werde meinen Kindern erzählen und den Enkeln auch, wenn das noch geht: dieser Elias hat in meinem Garten gesessen und auch oben an dem ovalen Tisch und hat erzählt, wie er ehemals Ingenieur war, ehe er Dichter wurde. Und wie er Weihe des Hauses war und des Gartens auch. Und dass er feurig vom Himmel kommt. Und dass ich die Tür offenstehen oder nur leicht angelehnt lasse für ihn und das Glas und die Flasche auf dem Tisch und mich bereit halte, ihm wieder zuzuhören, wenn er kommt, worauf ich hoffe. Herzlichst Ihr Werner Düttmann.«

Die Transkription des gedruckten Textes folgt:
AdK, Werner-Düttmann-Archiv, 214
Bl. 3–4, Typoskript, undatiert
Siehe auch:
Bl. 5–8, Manuskript, undatiert
Bl. 9, handschriftlicher Brief von Werner Düttmann an Elias Canetti, 15.10.1981

dem Professor Dr. Hellmuth von Glasenapp, und dort steht – im Register auffindbar – auf Seite 226 unter Elias nur wenig – nämlich: Da manche Juden erwarten, daß der Prophet Elias am Pessachabend das Kommen des Messias verkünden werde, lassen sie für ihn die Haustür offen und stellen ihm ein Glas Wein auf den Tisch. (Nichts täte ich lieber als dies.) Da dieses dem bedrängten Präsidenten, von dem ich berichte, jedoch nicht ausreichend erschien, einen Morgen wie diesen einzuleiten, griff er, und wie ich hoffe, mit größerem Erfolg zu dem Paperback der Reihe Hauser, der Nummer 50 nämlich, der den Titel trägt: *Alle vergeudete Verehrung, Aufzeichnungen 1949–1960* und deren Autor Elias Canetti ist, und fand darin – nicht auf Seite 226, wie bei Fischer, sondern schon auf Seite 26, ein Wort dieses und nicht jenes anderen Elias, mit dem sich bei einer gewissen Großzügigkeit des Publikums dieser Morgen einleiten ließe. Dort steht:

Für jeden, den man liebt, braucht man einen Schimpfabnehmer, und man müßte nur, um Personen zu sparen, die Paare Schimpf und Liebe richtig kombinieren.

Ich hoffe, ich gehe nicht ganz fehl – lieber Herr Canetti – wenn ich annehme, daß es ungefähr dieses ist, was Sie vorhaben, wenn Sie jetzt über Karl Kraus sprechen.

Es spricht jetzt zu uns Elias Canetti. Wir danken Ihnen dafür. Bitte!

Begrüßung Vortrag Gershom Scholem 1976

Meine sehr verehrten Damen und Herren,

ich begrüße Sie herzlich, heute, an diesem Sonntagvormittag, und danke Ihnen, daß Sie so zahlreich gekommen sind. Sie sind gekommen, Scholem zu hören. Ich auch. Ich sollte jetzt sagen: Schalom Scholem und abtreten, und ihm das Wort geben, dem zuzuhören Sie gekommen sind. Aber ehe ich das tue, gestatten Sie mir noch bitte einige Worte.

Ich wußte nichts von Scholem, ehe Peter Szondi über ihn sprach.[173] Aber ich wußte von Walter Benjamin und durch Szondi von Paul Celan und Walter Benjamin und Scholem: »Dein blondes Haar, Margarethe – dein aschenes Haar, Sulamith – es geht weiter: der Tod ist ein Meister aus Deutschland« – aber das erwähnte Szondi nicht mehr, sondern half, wo er konnte und starb, als er nicht mehr helfen zu können vermeinte.

Dein blondes Haar, Margarethe, dein aschenes Haar Sulamith –

Celan ertrank in der Seine, Szondi im Halensee. Beide starben, weil sie Sulamith und Margarethe nicht mehr zusammenbringen konnten – oder wie auch immer.

Sie alle wissen, was über Symbiose zu sagen wäre – Preußen betreffend zum Beispiel – Liebermann war Präsident dieser oder der davor gehabten Akademie. Liebermann war Großbürger in dieser Stadt. Zu dem viele aufblickten, weil er auch Großkünstler war. Die zu ihm aufblickten, hießen Lowis Corinth und Heinrich Mann und hießen anders und noch mehr. Und sie alle wohnten und waren zusammen in Preußen.

Und dennoch geschah über Nacht, daß »das blonde Haar Margarethes und das aschene Haar Sulamiths ...« nicht mehr zusammengehörten: – trotz Sophie Charlotte von Preußen und Marie Varnhagen von Ense.

Ich war Tertianer – und wußte weder von Liebermann – noch von Heinrich Mann noch von Thomas Mann. Zu meinen Geburtstagen

Am 9. Mai 1976 sprach Gershom Scholem, der sich einige Tage in Berlin aufhielt, anlässlich der 44. Mitgliederversammlung (07.–10.05.1976) über sein neues Buch *Von Berlin nach Jerusalem. Jugenderinnerungen*. Werner Düttmann hielt die Begrüßungsrede. Am 10. Mai lud er zum Abschluss-Imbiss zu sich nach Hause (Westendallee) ein. Gershom Scholem (1897–1982) war ein deutsch-israelischer jüdischer Religionshistoriker, 1975–1979 außerordentliches Mitglied, 1979–1982 Mitglied der Akademie der Künste, Berlin (West), Sektion Literatur.

Die Transkription des gedruckten Textes folgt: AdK, Werner-Düttmann-Archiv, 212 Bl. 1–2, Typoskript, undatiert

Siehe auch: Bl. 3–7, ein davon abweichendes Manuskript

15 Hans Mayer, Werner Düttmann und Gershom Scholem, 1977

wurden die Freunde aus der Schulklasse eingeladen und meine Mutter hielt Kuchen für alle bereit. Und nach dem Kuchen setzte sie die Spiele an, und eines der Spiele hieß: die Reise nach Jerusalem, das war ein Spiel mit Musik – ich glaube, Sie kennen es. Es ging um die Besitzergreifung, d.h. um die schnelle Eroberung eines Stuhles, wenn die Musik aussetzte. Für 20 Kinder 19 Stühle, danach für 15, vierzehn und am Ende blieb es ein Zweikampf um einen Stuhl. Ich bin zweimal unterlegen gegen meinen Klassenkameraden Siegfried Lewin. Beim drittenmal war er nicht mehr da. Ich habe erst sehr viel später begriffen, warum. Aber inzwischen haben wir es alle begriffen.

Und darum sind wir heute hier, Sie zu fragen, wie war es denn, Scholem, als das Spiel aus war – und die Reise nach Jerusalem kein Spiel mehr, sondern ein ernster Entschluß? Und Sie sprachen und schrieben immer noch deutsch – wie war es denn – damals – und wie ist es denn heute, nach alledem?

Bitte, Herr Scholem.

Verleihung Berliner Kunstpreis 1976

MSVDUH

Ich begrüsse Sie herzlich zu diesem Abend, der wie immer den offiziellen Teil unserer Mitgliederversammlung beschliesst. Ich begrüsse besonders die Träger des Kunstpreises Berlin 1976, die hier anwesend sind. Es sind dies die Schauspieler Wilhelm Borchert[174] und Ernst Jacobi[175] – nochmals herzlichen Glückwunsch Herr B., herzlichen Glückwunsch Herr J.

Unsere heute zu Ende gehende Tagung stand, so scheint mir, unter einem guten Stern – nicht nur, dass der Himmel die ganze Zeit gelacht hat – es wurde trotz des schönen Wetters intensiv gearbeitet und eine Reihe interessanter Arbeitsvorhaben vorangebracht. Dafür danke ich allen daran Beteiligten. Zwei Mitglieder aber haben dieser Tagung den besonderen Glanz verliehen, an den wir uns erinnern werden. Gershom Scholem mit seinem faszinierenden Bericht über Kindheit und Jugend in Berlin und den Weg nach Jerusalem.[176] Günter Grass mit seiner hinreissenden Lesung aus dem Roman, an dem er arbeitet.[177]

16 Verleihung des Kunstpreises, AdK, 1976

Diese Treppenrede hielt Werner Düttmann zur Frühjahrsversammlung der Mitglieder 1976.

Die Transkription des gedruckten Textes folgt: AdK, Werner-Düttmann-Archiv, 229 Bl. 21–25, Manuskript, undatiert

Dafür vielen Dank, Herr Scholem. Vielen Dank, Günter Grass.

Beide Lesungen enthielten auch einen Beitrag zum materiellen Teil unserer Veranstaltung, dem wir uns sogleich zuwenden werden. Allerdings mit unterschiedlicher Effizienz. Während Scholem die Frage, die schon Edmund Husserl bedrängt, die Frage nämlich: Ist ein gebratener Fisch noch ein Fisch? zu beantworten ablehnte, ja, wie mir schien, sogar lächerlich fand – lieferte Grass eine Fülle köstlicher Rezepturen von grossem kulinarischen Niveau.

Leider war es in der Kürze der Zeit nicht mehr möglich, Holzkohle aus Sarg und die Dorsche und Schonischen Heringe herbeizuschaffen. Deshalb gibt es wie geplant à la Nöthling.[178]

Begrüßung Vortrag Heinz Trökes und Treppenrede Mitgliederversammlung 1978

Die Beschäftigung mit der Vergangenheit, wie sie die AdK seit Jahren betreibt, ist keine Rückwendung ins Gestrige im Sinne der heute so gepflegten Nostalgie.

Wir versuchen die heutige Position der Kunst – des Künstlers, der Gesellschaft und deren Verhältnis zur Kunst zu erkennen, um vielleicht für heute gültige Antworten zu finden auf die Frage nach dem Wesen der Kunst und ihrer Bedeutung für die Gesellschaft – in deren zeitlicher und physischer Anwesenheit sie sich vollzieht.

Die Ausstellung »Salon Imaginaire«, die aufzeigen sollte, wie eine Kunst, die sich am Rande des Kitsches bewegt, zum gemütvollen Schleier entartet, der über all[es] und jedes gelegt werden konnte – wurde 19[68] und hier zum voll Inbrunst empfangenen Publikumsrenner.[179] Sie ging gewissermaßen nach hinten los, und besorgte Progressive schalten uns zurecht, ihr fehle das didaktische Konzept. Wir hatten damals geglaubt: Anschauung genügt.

Wir gingen in uns und konzipierten mit Eberhard Roters die Ausstellung »Aspekte der Gründerzeit«, die Didaktisches nachholte und viel Gegenwärtiges aus der Historie verständlich, wenn auch nicht liebenswerter machte.[180]

Rede zur Begrüßung von Heinz Trökes, der am 29.10.1978 anlässlich der Mitgliederversammlung den Vortrag »Kunst in Deutschland unter Hitler und danach« gehalten hat. Dieser war Bestandteil des umfassenden Begleitprogramms zur Ausstellung *Zwischen Widerstand und Anpassung. Kunst in Deutschland 1933–1945*, 17.09.–29.10.1978 in der Akademie der Künste am Hanseatenweg. Veranstaltungen zur Ausstellung in Zusammenarbeit mit der Berliner Festspiele GmbH.

Die Transkription des gedruckten Textes folgt: AdK, Werner-Düttmann-Archiv, 247 Bl. 1–4, Manuskript, undatiert

Die Europaratsausstellung der AdK – zum gross angelegten und weithin gelungenen Versuch, die Position der Künste in den berühmt-berüchtigten Zwanziger Jahren zu untersuchen.[181] Aller Künste in ihrem woher sowohl wie auch in ihrem wohin. Und in eben der Frage nach ihrem wohin stellte sich die Frage, wie es eigentlich weiter ging. Ich glaube, es war Heinz Trökes, der heute zu uns sprechen wird, der als erster die Anregung gab zu der Ausstellung: »Als der Krieg zu Ende war«.[182] Sein Argument, das zur Eile drängte, war, noch sind viele da, die man befragen kann, morgen nicht mehr. Erst nach dieser zweifelllos nützlichen? (wichtigen) Ausstellung wurde uns klar, dass wir ein Jahrzehnt deutscher Geschichte und damit auch »Kunst in Deutschland« ausgespart und umgangen hatten. In aller Stille, wie das deutsche Schulbücher heute [tun.]

»IBA« 1979

IBA – ibaflüssig oder Grund zu Ibadruss?
Meine Antwort ist: nein.

Nein, wenn auch die Sorge bleibt, ob sie Berlin zum Guten gerät.

Die Empfehlung an den Senat von Berlin, etwa 25 Jahre nach der Interbau eine neue internationale Bauausstellung zu wagen, ging von der Akademie der Künste aus.[183] Diese Empfehlung bezog sich auf die im Abstand eines Vierteljahrhunderts gehabten Ausstellungen in Berlin, deren Thematik und deren Protagonisten international Bedeutung hatten und für Hoffnung standen, hier und anderswo.

Der Gedanke war, in einer von Geburt und Schicksal im internationalen Raum angesiedelten Stadt Bilanz zu ziehen und Perspektiven zu entwerfen für eine mögliche Welt von morgen. Aufgeschreckt durch globale Landflucht in Conurbationen, die nicht Stadt werden können. Aufgeschreckt durch weltweit anwachsende Unheimat – das heisst: in das Unheimliche Ausgeworfensein wollten wir weltweit die Frage stellen, was können wir tun – weltweit.

Der Ort, diese Frage zu stellen, schien uns legitimiert: Ausstellung 1931: nach Inflation und Krieg: Planen für das Existenzminimum[184], 1957 nach Krieg und Zer-

Vermutlich nahm Werner Düttmann die Herbstversammlung der Akademie 1979 zum Anlass, seinen Unmut über die laufenden Debatten zur IBA 1984/1987 kund zu tun.

Die Transkription des gedruckten Textes folgt: AdK, Werner-Düttmann-Archiv, 250 Bl. 2–13, Manuskript, undatiert

17 Werner Düttmann und Hans Christian Müller, 1975

bombung: Sozialer Wohnungsbau für das Existenzoptimum derer, die weiterwohnen und danach weiterleben wollen.[185]

Heute, nach 500 000 nach dem Krieg errichteten Wohnungen, erleben wir Krieg. Krieg um vielleicht tausend alte Wohnungen, die nach dem hiesigen Gebot – welches Propheten auch immer – genauso gut werden sollen wie die vielen neuen. Wir erleben Soweso und Irland, Nicaragua und Costa Rica, Südafrika, Kambodscha, Afghanistan und Chile, auch Polen wie einst Südvietnam und Rhodesien – oder sollte ich sagen Simbabwe – wir erleben synchron und global und nur einige schlafen gesund für den kreativ aufdämmernden kommenden Tag.

Internationale Bauausstellung Berlin im Sinne der Akademie der Künste Berlin wollte den Dia- oder Trialog, wollte unter anderem die Frage aufwerfen:

Ist es recht, dass die Firma Berger in Lagos die Beziehung der Stadt zum Meer zerstört durch eine eilig aufgeschwatzte Autobahn.[186]

Wollte die Frage aufwerfen nach den Ressourcen, oder ist es beantwortbar, dass wir sie aufbrauchen und dennoch Kinder zeugen.

Die Internationale Bauausstellung der Akademie der Künste Berlin wollte auch demonstrieren, dass weniger Raketenrüstung mehr geniessbaren Sauerampfer bewahrt.

Sie appellierte an die Architekten dieser Welt, diese Welt zu bewahren.

Dieser Ruf – oder gar Appell – geriet an die Behörde. Jegliche Behörde jedoch ist ein statisches Wesen, das Herausforderungen dieser oder anderer Art abweisen muss. Man kann es bis zur Unkenntlichkeit versachlichen, durch sogenannte Sachbearbeiter, oder man kann es personifizieren durch sogenannte Beauftragte. Welchen Weg auch immer man wählt, man ist das Problem los.

Aber wer ist man – und wessen Problem ist er los?

Ich unterstelle, es ist etwa so gelaufen. Für die IBA – internationale Bauausstellung Berlin fanden sich am Ende Matadoren: alle schwach:

Werner Düttmann, Präsident der AdK, der nach Meinung im von auch wem immer gegründeten Gremium zu viel sozialen Wohnungsbau hinter sich hat und noch immer verteidigt und baut –

Wolf Jobst Siedler, der seit Anbeginn der Zerstörung Berlins jede Aufbaumassnahme für falsch hielt, was er heute, nach 25 Jahren, immer wieder sagt.[187]

Hans Christian Müller, Senatsbaudirektor, der schon so lange schweigt, dass mir das Schweigen von Parsifal – manchmal wünsche ich, einer von uns nähme den anderen Schwan.

Josef Paul Kleihues – nachdem alle anderen ihrer Karriere zuliebe davongelaufen sind, und am Ende Hämer.

»Wanderer, kommst Du nach Sparta, verkündige dorten!«[188]

Will sagen:

Was hier stattfindet – auf den völkerumfassenden Hinweis hin, ist zwei Dinge.

Das eine Ding ist Liebe – ist unartikuliert, ist growing grass im Kochtopf, ist loving everywhere.

Das andre Ding ist Kunst.

In der Diskussion war von Faschismus die Rede und vom sich dem Glück widersetzen, und auch von der Tatsache, dass Du ein Nullum bist, wenn Du das Glück nicht begreifst, das doch Dein Glück ist.

Sowie noch Klotz, Professor, liess mich eindrücklich wissen, dass ich keinen Platz haben würde in seiner Baugeschichte, fände ich nicht gut, was er für gut findet.[189]

Ich finde nicht, es ist mir auch egal. Mehr als tot sein kann keiner. Dennoch waren von den Toten einige gut. Wer diese waren, entscheiden hernach die Lebenden.

Schlusswort:

1. Ich bin nicht gegen Intellektuelle.
2. Ich bin nicht gegen Ausländer.
3. Ich wünsche sie (beide) herbei, nicht zuletzt wegen des notwendigen Freiraums.
4. Ich wurde in allem, was ich dachte, in arroganten Eloquenzen erstickt und ich starb.

Begrüßung Ausstellung Heinz Trökes, Döblin-Preisträger, und Treppenrede 1979

MDH, Herr S[päth], liebe Freunde.

Ich begrüsse Sie sehr herzlich zum gemeinsamen Sturm auf das kalte Buffet zum Abschluss der diesjährigen Herbstversammlung, die neben intensiver Arbeit durch 2 Ereignisse ihren Glanz erhielt. Das eine verdanken wir Günter Grass und seinen Freunden, unseren Dichtern- (oder Literaturschaffenden und diese verteidigenden) und dem Umstand, dass die unter Hans Werner Richter[190], dem treuen Besorger, tätigen Juroren mit Verspätung fündig wurden. Denn dies begründet, wie ich hoffe, eine neue Tradition.

Die nämlich, dass auch die künftigen Herbstversammlungen durch eine Lesung des

Günter Grass stiftete 1979 erstmals den Alfred-Döblin-Preis, einen Literaturpreis für unveröffentlichte Prosa. Alle zwei Jahre richteten seitdem das Literarische Colloquium Berlin und die Akademie der Künste, Berlin (West) den Literaturwettbewerb aus. Gerold Späth (geb. 1939), ein Schweizer Schriftsteller, war der erste Preisträger. Die Preisverleihung fand im Rahmen der Mitgliederversammlung am 09.11.1979 statt, es begrüßte Jürgen Becker, die Laudatio hielt Hans Dieter Zimmermann.

Die Ausstellung *Trökes. Bilder, Zeichnungen, Collagen und Skizzenbücher 1938–1979* wurde vom 11. November 1979 bis 2. Januar 1980 in der Akademie der Künste gezeigt und wanderte anschließend ins Wilhelm-Lehmbruck-Museum nach Duisburg weiter.

Ebenfalls anlässlich der Mitgliederversammlung fand eine Diskussion über Programm und Inhalt der IBA zwischen der Abteilung Baukunst und den Verantwortlichen der IBA Internationale Bauausstellung GmbH statt.

Die Transkription des gedruckten Textes folgt: AdK, Werner-Düttmann-Archiv, 229 Bl. 13–17, Manuskript, undatiert

Siehe auch: AdK, Werner-Düttmann-Archiv, 254 Bl. 65–70, Notizen zu einer Treppenrede aus diesem Kontext

jeweiligen Döblin Preisträgers Glanz erhalten. Ich danke Günter Grass, ich danke Hans Werner Richter, dem wir herzlich zum professoralen Ritterschlag gratulieren, ich danke Hans Dieter Zimmermann für kluge Einführung und last not least Jürgen Becker für seine Hoffnung, dass sich aus der am Döblinpreis praktizierten gemeinsamen Arbeit zwischen dem literarischen Colloquium und der Abt. Literatur der Akademie der Künste ein Neuansatz bilden könnte, unter dem Schriftsteller miteinander umgehen. Ich danke vor allem dem 1. Döblinpreisträger Gerold Späth.

Das zweite Glanzlicht verdanken wir der Abt. bildende Kunst, die heute die Heinz Trökes-Ausstellung eröffnete und damit deutlich machte, dass neben thematischen Ausstellungen auch wieder die grosse Retrospektive, das Werk des Einzelnen zu ihrem Recht kommen soll. Wir danken allen, die mithalfen in unserem Hause, aber auch Siegfried Sulzmann, der als Direktor des Lehmbruckmuseums in Trökes Heimatstadt Duisburg die Ausstellung übernimmt und heute einleitete. Wir danken vor allem Heinz Trökes, dass er all diese Bilder schuf und Renée Trökes, dass sie ihm dabei geholfen oder ihn zumindest nicht gestört hat.

Ein drittes, vielleicht weniger bemerkenswertes Ereignis dieser Tagung war das Gespräch am Freitag, zu dem die Abt. Baukunst geladen hatte. Und an dem sich dankenswerter Weise die leitenden Herren der Bauausstellung Berlin GmbH Herr Jordan, Herr Juckel und ihre Planungsdirektoren Herr Kleihues wie unser Mitglied Hämer beteiligten. Es war, wie ich meine, konstruktiv, obgleich es zwischen IBA-Zeugung und IBAflüssig, IBAtreibung und IBAdruss bis hin zu IBAMut schwankte. Es wird weitergehen. Auch dafür Dank. IBAhaupt fiel mir hinterher auf, was Gerold Späth in einem seiner Lebensläufe versteckt hatte – als Hoffnung sozusagen. Er las: Man muss Jedem seinen Irrtum lassen, manchen sogar mehrere.

Für den Präsidenten und die Mitarbeiter des Hauses ist zu Beginn jede Vollversammlung wie das Ei des Damokles dräuend zu Häupten angeordnet und sie atmen auf, wenn sie feststellen können, dass sie wieder einmal Eulen eingerannt oder offene Türen nach Athen getragen haben.

In der Herrentoilette des Zwiebelfisch[191] steht da, wo man ihm nicht entgehen kann, der Spruch: Jeder ist zufrieden, keiner ist glücklich –

gerade das aber wollen wir heute sein, deshalb rufe ich unserem bewährten Fährmann zu: Minuth, hol IBA an die Gestade der reich beladenen Tische. Ich wünsche guten Appetit und gute Unterhaltung.[192]

Treppenrede Mitgliederversammlung 1980

Neu hinzugetreten: Der Maler Fred Thieler[193] als Vizepräsident – und die Regisseure und Theaterleiter Hans Lietzau[194] und Boy Gobert[195] als Direktoren der Abt. Darstellende Kunst. Alle drei herzlich willkommen, wie der Applaus im Plenum bewies. Herzlich willkommen heissen möchte ich hier auch unser Mitglied Gustav Korlén[196] aus Schweden, der heute zum ersten Mal bei uns ist. Er wollte an den Sitzungen teilnehmen, traf aber wegen der Streiksucht in seinem Lande erst heute hier ein. Die Abteilungen bildende Kunst und Baukunst haben bereits am Freitagvormittag ihre Arbeit begonnen. Dafür sei ihnen Dank.

Die Architekten folgten mit Gästen einer Einladung der IBA Direktoren Kleihues und Hämer, die uns durch das Gelände führten und den derzeitigen Stand der Konzeption und der konkreten Planungen erläuterten.[197] Dafür Dank an K + H. Zur IBA selbst sage ich hier ibahaupt nichts mehr, weil immer alles, was ich dazu sage, schrecklich ibatrieben wird und ich es leid bin, mit diesem Thema ständig IBA den Tisch gezogen zu werden.[198]

Diese Treppenrede hielt Werner Düttmann zum Abschluss der Mitgliederversammlung im Herbst 1980.

Die Transkription des gedruckten Textes folgt: AdK, Werner-Düttmann-Archiv, 220 Bl. 1–7, Manuskript, undatiert

17 Werner Düttmann und Uwe Johnson, 1974

– Bei dem meist panischen Versuch, etwas Schlaues zu finden, das man in meiner misslichen Lage hier auf dieser Treppe verkünden könnte, habe ich mich wie schon so oft im Geiste hilfesuchend der Abt. Literatur zugewandt, d.h. den Büchern ihrer Mitglieder, die bei mir etwas unsortiert und unvollständig – manchmal, wie mir scheint, zufällig nebeneinander stehen. Aber das hat mir heute wenig geholfen. Vielleicht weil ich noch – wie viele von uns – zu tief unter dem Eindruck der Lesung von heute früh stand, für die ich Uwe Johnson von ganzem Herzen danken möchte. Ich griff also zu Uwe Johnsons *Jahrestage*[199] (Band 1 fehlt, wahrscheinlich gestohlen, Unordnung scheidet aus, seit ich wieder verheiratet bin) – daneben stehen die *Hundejahre*[200] – und nicht weit *die wunderbaren Jahre*, ich erblickte *Aussenseiter* von Hans Mayer[201], gefolgt von *Grenzübergänge*[202] und *Ansichten eines Clowns*[203] – als ich Jürgen Beckers *In der verbleibenden Zeit*[204] entdeckte, sah ich auf die Uhr, verstand den Hinweis von Karin Kiwus: »Angekommen später« und ging in die Küche. Dort vertiefte ich mich in ein weiteres Buch. Es ist auch von Uwe Johnson – d.h. er hat es meiner Frau zu unserer Hochzeit geschenkt. Es ist in Berlin im Herbst 1904 erschienen und hört auf den Titel: *Allgemeines illustriertes Kochbuch für die deutsche Küche* – von deutschen Hausfrauen unter Mitwirkung hervorragender Autoritäten der Koch- und Backkunst. Meine Damen und Herren, da stehen Sachen drin, ich könnte stundenlang und habe auch beinahe: Diner zu zwölf Gängen – Thé dansant – und dann: das Inhaltsverzeichnis: Gottseidank stiess ich auch auf das Vorwort – ein Wort voraus überschrieben. Da steht als erster Satz: Eine kurze Vorrede ist besser als eine lange Nachrede. – Das gab mir zu denken. Darum höre ich hier auf und wünsche guten Appetit + gute Unterhaltung.

Begrüßung Vortrag Hans Heinz Stuckenschmidt und Treppenrede 1981

Sehr geehrte D und H, lieber Herr Stuckenschmidt

In Ihrem Buch: *Zum Hören geboren*[205], steht auf S. 358 der Rat:

Habt den Mut zu loben, auch wenn das Lob unpopulär ist. Und genau das haben wir heute vor: Loben und danken. Die Freunde, die gleich zu Ihnen sprechen werden, sind ohne Zweifel kompetenter als ich, dankbarer können Sie nicht sein.

Ich bin Jahrgang 1921, im dritten Reich durch die Schule gegangen – den Rest der Erziehung lieferten Krieg und Gefangenschaft. Dergestalt vor- oder zubereitet, begegnete ich Ihnen und durch Sie der Welt der Kunst der Gegenwart, die vorher nur bruchstückhaft erreichbar und erfahrbar war. Wenn ich Kunst sage und nicht alleine Musik, meine ich neben Ihnen zwei weitere Männer der ersten Stunde, die halfen, mir Einlass zu verschaffen in die Welt der Kunst.

Diese waren neben Ihnen Will Grohmann[206] und Friedrich Luft.[207] Die erste Begegnung fand beim Lesen der *Neuen Zeitung* statt – später leibhaftig, und immer waren Sie die Gebenden.

Dafür danke ich Ihnen, lieber Herr Stuckenschmidt, und Ihnen, Herr Luft, Ihnen

Die Lesung von Hans Heinz Stuckenschmidt (1893–1988), Musikschriftsteller und -kritiker, 1974–1988 Mitglied der Akademie der Künste, Berlin (West), Abteilung Musik, im Rahmen der Mitgliederversammlung 1981 und zugleich zur Ausstellung anlässlich seines 80. Geburtstags führte Werner Düttmann mit einem sehr persönlichen Grußwort ein.

Die Transkription des gedruckten Textes folgt:
AdK, Werner-Düttmann-Archiv, 357
Bl. 2–3, Manuskript, undatiert
Bl. 5–8, Manuskript, undatiert

auch dafür, dass Sie heute zu unserem Jubilar sprechen werden, wie auch Ihnen, Herr Dahlhaus.

Dem Senator für Wissenschaft und Kunst, Herrn Kewenig, danke ich dafür, dass er diese kleine Feier ermöglichte und ausgestattet hat, Gerty Herzog-Blacher, dass sie zur Einstimmung und Stucki zu Ehren zunächst den Marsch Alexanders des Grossen über die Brücken von Hamburg spielen wird, bitte Frau Blacher.

Dank etc.
Besonders möchte ich Hans Heinz Stuckenschmidt danken – nicht nur für die schöne Lesung heute früh, sondern auch für seine immer bereite Hilfe, die er stets für uns bereithält. So z.B. jetzt für mich, in meiner misslichen Situation auf der Treppe – nach Worten ringend. Ich vermute, er hat meine jetzige Lage vorausbedacht bei der Auswahl seiner Texte für heute früh. So sprach er z.B. in dem Kapitel »Was ist bürgerliche Musik?« von dem Geschmacksdiktat einer Masse, die Behagen und leichten Genuss sucht, weil sie die höheren Beglückungen, die das Triebopfer vermittelt, nicht kennt.

Aber da er weiss, was wir, Sie und ich, meine D + H, nicht zur Darbietung eines Triebopfers eingeladen haben – ganz im Gegenteil –, findet er im zuerst gelesenen Kapitel über Erik Satie aus dessen Wortschatzkammer die richtigen Überschriften, die mir nun weiterhelfen: ich meine nicht Titel wie: »Hör doch zu« oder »Die, die zu viel redet« oder »Jetzt fällt er hin«, sondern eher an die »Stücke in Birnenform« oder die Sache mit der Seegurke oder an: »der arme Mann stirbt vor Erschöpfung« oder, damit dies nicht geschehe, an das, was Satie zu Cocteau gesagt hat: »Ich will ein Ballett für Hunde schreiben – der Vorhang hebt sich über einem Knochen.« – Vorhang auf – guten Appetit und gute Unterhaltung!

Begrüßung Vortrag Jürgen Joedicke 1982

M D H

Wissen Sie, das Phaenomenale an Hugo Häring ist für mich der unerschütterliche Glaube an die Potenz des Bullen.

Ich stelle mir vor: fünfzig Kühe sehen ihn an und er ist allein, da vorn in der Apsis. Der Bulle wurde nie befragt, wie er sich fühlte. Dennoch entstand aus Gedanken eines anderen ein anderes: Ein Kuhstall zum Beispiel, der weltweit berühmt wurde.

Mies hat mir mal im Hilton, als es noch Hilton war, erzählt, dass er Hugo Häring in

Werner Düttmann begrüßte Jürgen Joedicke, der anlässlich des 100. Geburtstags des Architekten Hugo Häring am 13. Juni 1982 einen Vortrag unter dem Titel »Hugo Häring in seiner Zeit und heute« hielt. Jürgen Joedicke und Heinrich Lauterbach hatten auf der Grundlage des Nachlasses von

Hugo Häring, der sich im Baukunstarchiv der Akademie der Künste befindet, 1965 die erste Monografie über das Werk des bedeutenden Architekten herausgegeben.

Die Transkription des gedruckten Textes folgt: AdK, Werner-Düttmann-Archiv, 217 Bl. 1–3, Manuskript, undatiert

seinem Büro beschäftigt habe und Häring hätte eine Hierarchie entworfen, wie man durch die Wohnungstür über die Garderobe, das Speise- oder Wohnzimmer in ständig wachsender Erregung – Badezimmer blieben unerwähnt – ins Allerheiligste – das Schlafzimmer z.B. gelangte. Und dann hätte er, Mies, z.B. gefragt: Und wie kommt man wieder unbeschadet, denn das könnte doch sein, zurück?

Aber Hugo Häring hätte nie daran gezweifelt, dass der Weg zum Glück eine Einbahnstrasse sei, und keiner Rückzugspositionen bedürfe.

Begrüßung Vortrag Hans Mayer 1982

Wenn ich – anläßlich der Frühjahrsmitgliederversammlung der Akademie – heute Abend hier Hans Mayer zu einer Lesung aus seinen »Erinnerungen« begrüße, so tue ich das mit besonderer Freude und auch in Verehrung einem Mann gegenüber, dem dieses Haus so außerordentlich viel zu verdanken hat.

Es gibt mehrere Gründe, in diesem Abend ein besonderes Ereignis zu sehen:

Zum einen ist es eine Art verspäteter Geburtstagsfeier für Hans Mayer, der in diesem März 75 Jahre alt geworden ist. Ich wenigstens hätte schon bei der eigentlichen Geburtstagsfeier in Frankfurt dabei sein sollen, lag dann aber mit Grippe im Bett und schrieb einen Brief. »Herrn Proffessor Hans Mayer« stand auf dem Umschlag – Professor mit 2 »f«. Ich hoffe, er hat mir diese Übertreibung verziehen. Das war Freud: Für mich sind Sie der Freund – aber auch der Prof. mit Doppel F, deshalb habe ich mich der Hilfe von Karin Kiwus versichert – Ghostwriter à la Präsident – sozusagen Geistwriter.

Um aber auf die Besonderheit dieser Erinnerungen *Ein Deutscher auf Widerruf* zurückzukommen: einer, den wir als Literaturwissenschaftler, Essayist und Kritiker kennen und schätzen, legt hier zum ersten Mal nicht nur analytische, sondern auch erzählende Prosa vor; einer, der in diesem Haus unvergessene Vorträge gehalten hat – »Platon und die finsteren Zeiten. Über die Möglichkeit einer Akademie im heutigen Deutschland«, »Zwei Bäume der Erkenntnis. Über die Wechselwirkung von Kunst und Wissenschaft«, »Lessing, Heine und die Folgen« –, erleben wir heute also bei einer Lesung; einer, der in seinem Leben

Am 12. Juni 1982 las Hans Mayer (1907–2001), Schriftsteller und Literaturwissenschaftler, aus seinem neuen Buch *Ein Deutscher auf Widerruf. Erinnerungen.* Frankfurt a.M. 1982. Mayer war 1964–1993 Mitglied der Akademie der Künste, Berlin (West), Sektion Literatur, 1990

Korrespondierendes Mitglied der Akademie der Künste, Berlin (Ost), Sektion Literatur und Sprachpflege, 1990–1993 Mitglied der Akademie der Künste, Berlin (Ost), Sektion Literatur und Sprachpflege. Darüber hinaus pflegten Mayer und Düttmann, der zum Vortrag begrüßte, eine freundschaftliche Beziehung.

Die Transkription des gedruckten Textes folgt: AdK, Werner-Düttmann-Archiv, 215
Bl. 1–5, Typoskript mit handschriftlichen Korrekturen, mit Bleistift oben »Herrn Düttmann« überschrieben

Siehe auch:
Bl. 6–15, ein davon abweichendes Manuskript

über so viele andere große Männer geschrieben hat – über Büchner, Goethe, Richard Wagner, Thomas Mann, Brecht und Bloch (um nur einige zu nennen) –, schreibt hier zum ersten Mal über sich selbst, und einer schließlich, den wir erst in der zweiten Hälfte seines Lebens kennengelernt haben, gibt uns hier einen Bericht über die erste Hälfte, über die ersten vierzig Jahre.

Nun sind es fast immer die Schilderungen von Kindheit und früher Jugend, durch die Autobiographien auf ganz eigene Weise anrührend und fesselnd erscheinen. Auch bei Hans Mayer, würde ich denken, obwohl er selbst eben dies nicht wahrhaben will. »Meine Erinnerungen aus frühester Kindheit sind kaum bedeutsam«, sagt er vorbeugend gleich auf der ersten Seite und »meine Amnesie ist zäh«. Ein genaueres Erinnerungsvermögen beginnt dann erst mit Eintritt in die Schule, dann nämlich, wenn Ereignisse für ihn selbst – und sei es auch im nachhinein – interpretierbar werden, wenn sie eine vorausweisende Qualität für sein weiteres Leben enthalten. Das Fehlen der Schultüte zum Beispiel »war eine schlimme Sache«. »Eine Schultüte habe ich nicht bekommen, als ich an Vaters Hand zum ersten Schulweg antrat«, berichtet Hans Mayer. »Das fiel mir an jenem Tag nicht auf: zu groß waren die Erwartungen und Sorgen. Später sah ich andere Kinder mit solchen Tüten, eigentlich war es wohl so, daß der Neuling mit einer solchen Festgabe photographiert zu werden pflegte.« Nicht also Hans Mayer – was von ihm gedeutet wird als erstes Abweichen von einem ›idealtypischen‹ Verhalten (wie es damals gerade Max Weber definiert hatte). Das Grundthema nicht nur seiner Schulzeit wird damit benannt: »Mit dem Fehlen der Schultüte hatte eine Existenz der Versagungen und Ausnahmen begonnen.« Und die Bilanz dieser Existenz im ersten Jahr seiner »Volljährig- und Geschäftsfähigkeit« – nach einer Jugend im wohlhabenden jüdischen Elternhaus in Köln, nach einem ungeliebten Jurastudium in Köln und Berlin, nach der Annäherung an eine sozialistische Studentengruppe – diese Bilanz sieht dann so aus: »Da ist ein junger Mensch, gar nicht mehr so jung, immerhin volljährig, einziges Kind, aufgewachsen unter Menschen, die ihm, mit wenigen Ausnahmen, kaum etwas bedeuten; eine geistlose Schule; es gibt die Musik, das Klavier, Konzerte und Abende in der Oper, aber es reicht nicht aus, um Musiker zu werden: das spürt man. Die Literatur? Davon könne einer nicht leben, hat man vernommen. Also Jurist. Aber was ist das, die Rechtswissenschaft, gar mit der Aussicht auf eine Anwaltskanzlei, erfolgreich meinethalben, geachtet und mit einem Abonnement bei den Gürzenich-Konzerten. Der Familie ist nicht zu trauen, das hat sich gezeigt. Das gesellschaftliche Milieu? Du lieber Himmel! Politik? Welche denn? Ganz gewiß nicht das herrische und argwöhnische Sklaventum der Leute von der Marxistischen Studentengruppe. Außerdem sind die kommunistischen Zeitungen unlesbar. Die sozialdemokratischen übrigens auch.«

So skeptisch, wie er sich hier ausspricht, ist er geblieben – skeptisch und von einer ungeheuer beweglichen Neugier, polemisch und voll von liebevoll zupackendem Enthusiasmus, ein aufgeklärter, aufklärender und engagierter Denker und Schriftsteller. Ein mutiger Mann, der sich zu seiner Außenseiterrolle bekennt, sich gleich wohl aber immer wieder bereitfindet zu Bindung und Gemeinschaft. Denn auch dies hat er schon als 20jähriger für sich geklärt, – daß nämlich »der Künstlerlosung aus dem 19. Jahrhundert: ›Frei, aber einsam‹« nichts zuzutrauen sei. »Identität, das ahnte ich schon damals, ist nur durch Bindung möglich.«

Leitmotiv dieses Erinnerungsbuches von Hans Mayer ist den auch jene prekäre, immer wieder irritierbare Wechselbeziehung zwischen Außenseitertum und Gemeinschaft. Die Normen der bürgerlichen Familie, gesellschaftlicher Status, politische Gesinnungsgemeinschaft und deutsche Staatsbürgerschaft – das alles ist widerrufbar, zumal in politisch unruhigen Zeiten. Und wenn Hans Mayer die Stationen seines Exils beschreibt – Frankreich, die Schweiz, die Rückkehr nach Frankfurt 1945 und die erneute Emigration nach Leipzig 1948 – so wird darüber hinaus deutlich, daß diese seine Erinnerungen nicht nur ein Buch der persönlichen Bekenntnisse sind, sondern ebenso Darstellung und Analyse der entscheidenden Zeitereignisse in der ersten Hälfte dieses Jahrhunderts. Ein Stück erfahrener Geschichte wird hier geschildert.

»Wer im zwanzigsten Jahrhundert seine Memoiren zu schreiben unternimmt, denkt als Vorbild wohl kaum noch an Augustinus und Rousseau, von Cellini oder dem Herzog von Saint-Simon ganz zu schweigen, sondern an Goethes Berichte ›aus meinem Leben‹«, konstatiert Hans Mayer in seinem schönen und eigenwillig-nuancenreichen Goethe-Buch. Auf ihn selbst scheint eben dies zuzutreffen. Was er nämlich aus dem Vorwort zu »Dichtung und Wahrheit« zitiert, hat er in seinen Erinnerungen auf denkbar souveräne Weise eingelöst: »Denn dieses scheint die Hauptaufgabe der Biographie zu sein, den Menschen in seinen Zeitverhältnissen darzustellen, und zu zeigen, inwiefern ihm das Ganze widerstrebt, inwiefern es ihn begünstigt und wie er sich eine Welt- und Menschenansicht daraus gebildet [hat].«

Lassen Sie mich zum Abschluß, lieber Hans Mayer, noch zwei Definitionen gegeneinander ausspielen. Vor vielen Jahren haben Sie diese unsere Akademie beschrieben als einen »Ort der permanenten Unruhe und des stets neuen, unbefriedigten Fragens« – eine Definition, die nicht zuletzt das Mitglied Hans Mayer wahr und lebendig gemacht hat. Lassen Sie mich heute – mit einer Verbeugung von Ihrem Erinnerungsbuch – eine andere Definition finden: diese Akademie ist eine Gemeinschaft von Außenseitern, eine Gemeinschaft, die um vieles ärmer wäre ohne Sie.

Lieber Hans Mayer: wir freuen uns auf das, was Sie uns vorlesen werden!

Treppenreden Mitgliederversammlungen 1982

MSVDH, Liebe Gäste und Freunde der AdK.

Ich danke Ihnen, dass Sie zum Ausklang unserer Frühjahrsversammlung zu uns gekommen sind.

Ich danke den Mitgliedern für zwei Tage harter Arbeit, die uns weitergebracht haben, Danke Hans Mayer, für seine trotz Grippe so eindringlich gelungene Lesung vorgestern Abend und Jürgen Joedicke für seinen erhellenden Vortrag über Hugo Häring und heute am heutigen Vormittag. Wir haben nach Jahren der Vorbereitung im Plenum die Einrichtung einer sechsten Abteilung beschlossen, die die Kunst in den Medien – in Funk und Fernsehen und die Filmkunst vertreten soll.

Als alles entschieden war, machte ich mir Sorge um die Magie der Zahl. Wir sind dabei, die magische Fünf zu verlassen – Scharouns Fünf für die Philharmonie – was beginnt man mit Sechs – das Sechseck, so haben wir auf unserer Reise ins Burgenland erfahren, ist eine handliche Form – z.B. für Fussbodenfliesen, mit denen man in schiefen Räumen mühelos alle Richtungen aufnehmen kann.

Aber wollen wir das wirklich?

Ich suchte Rat bei Grimms Märchen zum Thema Sechs und fand: Die drei Spinnerinnen und die drei Schlangenblätter, dann die zwölf Brüder und schliesslich Sechse kommen durch die ganze Welt – und ich atmete auf, als ich darin die erste Zeile las:

Es war einmal ein Mann, der verstand allerlei Künste.

Und diese allerlei Künste, so scheint mir, umfassen auch Funk und Film.

Wenn aber einer lieber mehr auf die nächste Zahl, nämlich sieben vertraut,

Werner Düttmann hielt diese Treppenrede am 14. Juni 1982 zum Ausklang der Mitgliederversammlung in der Akademie der Künste am Hanseatenweg.

Die Transkription des gedruckten Textes folgt: AdK, Werner-Düttmann-Archiv, 229 Bl. 7–12, Manuskript, 13.06.1982 verweise ich diesen auf unsere heimliche Abteilung Kochkunst, die dann die siebente wäre. Ihr langjähriger Direktor, Herr Minuth wird Ihnen jetzt beweisen, welcher Art seine Kunst ist. Ich wünsche guten Appetit und gute Unterhaltung.

Hans Scholz[208] besorgte in launiger Rede Gelegenheit zum Lachen. Eine unserer Schwierigkeiten, allemal mit einer Zunge zu reden, sah er darin, dass sich jede der 5 Abteilungen vorwiegend mit ihrem Stoff befassen. Posener murmelte: aber immer mit Kunststoff.

In einem langen Gespräch am Freitag ging es um das Phänomen der sogenannten Post-Moderne. Das ist nicht, wie Sie vermuten, der neue Baustil, der mit der Post kommt – auf Glanzpapier – oder auch doch. Es ist das neu Moderne, das das alte Moderne ablösen will, das man damals Neues Bauen nannte. Ursachen werden gesucht – Nostalgie als Zuflucht aus Sehnsucht und Angst. Aber ich will hier aufhören.

Einige haben Sehnsucht nach dem kalten Buffet, andere haben Angst, dass es nicht reicht. Ich wünsche [...].

Werner Düttmann hielt diese Treppenrede zur Herbstversammlung der Mitglieder 1982.

Die Transkription des gedruckten Textes folgt: AdK, Werner-Düttmann-Archiv, 229 Bl. 26–28, Manuskript, undatiert

Vorworte und Würdigungen

Mies van der Rohe

Wenn man das Glück hatte, einen großen Mann – als jüngerer – sagen wir also ruhig einen großen alten Mann, kennengelernt zu haben – einige Stunden in seiner Nähe verbracht – ihm zugehört – ihn gesehen hat – läuft man Gefahr zu sagen, was man erfuhr. Läuft Gefahr zu glauben, man wisse um diesen Mann. Impressionen, Momente – Mies, wie ich ihn wirklich sah, seine Menschlichkeit, seine Gelassenheit seine Fähigkeit zur Nähe – seine Distanz – seine Zigarren aus Kuba und sein Whisky, seine Vitalität, seine Art zu erzählen, lange Nächte hindurch, und seine Art zu schweigen. Sein Ernst und seine Fähigkeit zu lachen, bis die Tränen kommen. Das Verblüffende seiner Auskünfte – Sprüche und Widersprüche. Je näher man zu kommen glaubt, umso tiefer wird das Geheimnis. Das Geheimnis der Persönlichkeit und mit ihr das Geheimnis des Werkes. Das Denkmal für Liebknecht und Rosa Luxemburg und das Haus Tugendhat – Revolutionspathos und die Millionärsvilla – wenn auch wiederum nicht Villa – auch sie Revolution in Form und Geist. Barcelona – verchromter Stahl und geschliffener Onyx, geschnitten aus dem Stein, der in Hamburg für die Gartenvasen einer Preußenprinzessin bereitgestellt war. Größte Einfachheit des Formgedankens bei höchstem Anspruch an den Adel des gewählten Materials. Der Steinmetzsohn, der seine Steine kennt und die edelsten wählt. Dazu die fest geglaubte These der industriellen Revolution im Bauen. Der große Horizont des technischen Zeitalters und seiner neuen Möglichkeiten.

Technologie und Systematik des konstruktiven Denkens und dennoch immer wieder das Problem der Form. Das Häringsche Wort vom Geheimnis der Gestalt gilt für Mann und Werk. Revolutionär und Renaissancefürst und vieles andere mehr die Person – das Werk in aller Eindeutigkeit, vielschichtig wie sie. Ihr Ziel: das Werk.

Zu einem jungen Architekten aus Berlin sagte der alte Mies vor kurzem: sein Motto sei das Wort Wilhelm von Oraniens gewesen: Ohne Hoffnung anfangen, ohne Erfolg weitermachen. – Ohne Hoffnung ist nicht hoffnungslos – ist Trotz – ist Wissen um den Weg, den noch kein anderer weiß – ist Kampf – ohne Erfolg weitermachen, ist der

Werner Düttmann lernte Mies van der Rohe persönlich kennen, als er in der Funktion des Senatsbaudirektors für die Bebauung des Kemperplatzes zuständig war und die Errichtung der dort angesiedelten »Galerie des 20. Jahrhunderts«, der heutigen Nationalgalerie, vorantrieb. Am 23. Februar 1963 schrieb Mies an Düttmann: »Das Museum ist im Grossen und Ganzen fertig.« Düttmann folgte seiner Einladung nach Chicago und vergewisserte sich, dass das Museum, nach Mies »eine klassische

Loesung der mir gestellten Aufgabe [ist], die, wie ich hoffe, auch Ihnen gefallen wird.«

Die Transkription des Vorworts folgt dem von Werner Düttmann autorisierten Erstdruck: Werner Düttmann: [Vorwort], in: *Ludwig Mies van der Rohe*. Ausstellung anläßlich der Berliner Bauwochen 1968, veranstaltet von der Akademie der Künste und dem Senator für Bau- und Wohnungswesen in der Akademie der Künste vom 25. August bis 22. September 1968.

Eine Vorlage für das Vorwort hat sich nicht im Nachlass erhalten.

unbedingte Glaube an den eigenen Weg – auch ohne Applaus.

Mies ist diesen Weg gegangen. Wieviel er damals mit wie wenig Gebautem bewirkte, beweist es. Die Ernte dieses un-beirrten Weges wurde in Amerika eingebracht.

Amerika hat es ihm gedankt mit der Verleihung der Goldmedaille des American Institute of Architects. Zu diesem Anlaß hielt Mies eine Rede, in der er präzise und kurz Grundlegendes formulierte. Mir fällt dabei eine noch kürzere ein, die er etwa so gehalten haben soll: Ladies and Gentlemen, I am not interested in being interesting. I am just interested in being good. Thank you. Mitarbeiter von ihm behaupten, an diesem Text hätte er ein Jahr lang gearbeitet. That's him.

Wir sind glücklich, daß ein letzter bedeutender Bau in Berlin entstand – hier, wo sich all das vorbereitete – in Gedanken, Plänen, Manifesten – und leider nur wenigen Bauten. Für die Gestalt der Neuen Nationalgalerie und die ihres Schöpfers sei die Erwähnung einer Begegnung in Chicago gestattet. Ich sagte Mies, in Berlin herrsche Verwunderung, daß der Entwurf jenem für Bacardi in Santiago de Cuba so sehr ähnlich sei – wo doch das eine eine Verwaltung und dies ein Museum sei. Darauf er: Ich lehne es ab, jeden Montagmorgen eine neue Architektur zu erfinden.

Die Griechen haben Jahrhunderte gebraucht, die dorische Säule zu vollenden und auf die Vollendung kommt es an. Und dann sah ich ihn in seinem Büro in der Ohio Street, stundenlang die Modelle der 8 Stützen betrachten – schwere Stahlträger – die sich nach oben verjüngen. Industrielles Bauen – oder der Wille zur absoluten Form, die zugleich Inhalt und Ausdruck ist, die in ihrer höchsten Vollendung vielleicht das Geheimnis der Gestalt enthüllt. Das Geheimnis von Mensch und Werk.

Werner Düttmann

Hans Scharoun

Vor-Vorwort

Dies ist das erste Buch über das Werk von Hans Scharoun. Zwar sind, besonders in den letzten Jahren, Publikationen in aller Welt erschienen, jedoch kam es nicht zu einer umfassenden Veröffentlichung. Scharoun selbst hatte es zeitlebens nicht im Sinn, sich damit zu befassen. Wohl aber stimmte er schließlich dem Vorschlag der Akademie der Künste zu, sein gesamtes Material zu übernehmen und ein Scharoun-Archiv zu gründen, um sein geistiges und künstlerisches Erbe zu bewahren und nutzbar zu machen. Seine Aquarelle und Handzeichnungen sollten ohnehin, auf seinen Wunsch, in den Besitz der Akademie übergehen.

Erst die Sichtung des Nachlasses ergab, in welcher Fülle und Vollständigkeit Material vorliegt – von den ersten Schülerzeichnungen bis zu den Entwürfen für die noch im Bau befindlichen Objekte; von den Tagebuchnotizen des Studenten bis zu den Manuskripten der Aufsätze, Vorträge, Vorlesungen und Ansprachen. Denn die schöpferische Gestaltungskraft von Scharoun, die in allen seinen Bauten offenbar wird, war stets getragen von Reflexionen, die sich mit den Begriffen Raum und Zeit, mit den Problemen des Lebens und der Kunst auseinandersetzten und die immer wieder ihren schriftlichen Niederschlag fanden.

Dieses Buch ist ein Versuch, dem Phänomen Scharoun in seiner Vielschichtigkeit nachzuspüren. Peter Pfankuch, Mitglied und Sekretär der Abteilung Baukunst der Akademie und langjähriger Mitarbeiter Scharouns, ist der kompetente Herausgeber. Nach seiner Konzeption sprechen Bauten, Entwürfe und Texte von Scharoun für sich und bedürfen keiner Kommentare. Daher beschränkt er sich auf Daten und einige sachliche Vermerke und läßt Scharoun und dessen Zeitgenossen an Hand von Originaltexten zu Wort kommen. Diese Erläuterungen und Äußerungen begleiten die Abbildungen – Fotos und Pläne der wesentlichsten Bauten und Entwürfe, die heute zum Teil schon Geschichte sind. Auch Scharouns Bedeutung für Berlin – als Architekt der Philharmonie, der Staatsbibliothek und vorbildlicher Siedlungen, als Stadtbaurat nach 1945, als Professor an der Technischen Universität und als Präsident der Akademie der Künste – kurz seine produktive Einflußnahme auf die kulturelle Struktur der Stadt, deren Ehrenbürger er war, wird auf diese Weise lebendig.

Die Akademie der Künste dankt Frau Margit Scharoun für die sachkundige Betreuung und Überlassung der Dokumente. Besonderer Dank gebührt der Stiftung Praemium Erasmianum, die 1970 Scharoun den Erasmus-Preis verlieh und die sich in großzügiger Weise an dieser Veröffentlichung beteiligt hat.

Werner Düttmann

Die Transkription des Textes folgt dem von Werner Düttmann autorisierten Erstdruck: Werner Düttmann: [Vorwort], in: *Hans Scharoun. Bauten, Entwürfe, Texte,* hg. von Peter Pfankuch. Berlin 1974 (2. Aufl., 1993), S. 5.

Siehe auch:
AdK, Werner-Düttmann-Archiv, 222
Bl. 2–3, Kopie eines Typoskripts, undatiert, mit zahlreichen handschriftlichen Korrekturen
Bl. 4–11, Manuskript, undatiert, mit Korrekturen
Bl. 12–13, Kopie des Typoskripts, das dem gedruckten Vorwort zugrunde liegt, 20.06.1974
Bl. 15–16, Typoksript, undatiert
Bl. 17–27, weitere Kopien des Typoskripts und handschriftliche Notizen

Von der futuristischen zur funktionellen Stadt

Im Sommer 1997 fand in Berlin die 15. Europäische Kunstausstellung statt. Ihr Thema war die Kunst der Zwanziger Jahre. Zu jener Zeit war Berlin der Ort in Europa, an dem sich Personen und Ideen trafen.

Der Beitrag der Akademie der Künste zur Gesamtschau »Tendenzen der Zwanziger Jahre« war dem Neuen Bauen in all seinen Ausdrucksformen gewidmet – von der futuristischen Stadtplanung bis zu Hochhausentwürfen, von flammenden Manifesten für eine ganz neue Welt bis zur Realität des sozialen Wohnungsbaus. Die Gedanken dieser Zeit haben seither das Neue Bauen bestimmt.

Die interdisziplinär angelegte 15. Europäische Kunstausstellung *Tendenzen der Zwanziger Jahre* fand 1977 in Berlin statt. Die Akademie der Künste beteiligte sich an der Ausstellung und an dem üppigen Katalog mit einem umfangreichen Beitrag zum »Neuen Bauen«. Peter Pfankuch, der für diesen Ausstellungsteil inhaltlich verantwortlich zeichnete, starb während der Vorbereitung unerwartet (siehe auch S. 272–274). Martina Schneider, Düttmans spätere Frau, und Achim Wendschuh führten das Projekt fort. Dieser Ausstellungsteil wanderte im Anschluss unter dem Titel *Von der futuristischen zur funktionellen Stadt – Planen und Bauen in Europa 1913–1933* an verschiedene Orte, zunächst nach Hamburg, denn von hier war die Ausstellungsinitiative durch die »Neue Heimat« ausgegangen. Diese finanzierte auch den gleichnamigen Katalog, aus dem das vorliegende Vorwort stammt.

Die Transkription des Textes folgt dem von Werner Düttmann autorisierten Erstdruck: Werner Düttmann: »Vorwort«, in: *Von der futuristischen zur funktionellen Stadt – Planen und Bauen in Europa 1913–1933*. Berlin 1978, S. 1/8.

Siehe auch:
AdK, Werner-Düttmann-Archiv, 245
Bl. 10–30, Typoskripte der Begrüßungsreden von Düttmann in Berlin (06.03.1978), Hamburg (10.04.1978) und Kassel (10.04.1979), zum Teil mit handschriftlichen Korrekturen
Bl. 31–51, zugrundeliegende Manuskripte

Die Fülle des in der Ausstellung versammelten Materials, seine Vielfalt und Qualität fordert vom Besucher Studium anstelle von Betrachtung; es fordert die Bemühung um Erkenntnis wechselseitiger Einflußnahme aller Erscheinungsformen und Spielregeln und – das ist für eine sachgerechte Beurteilung von großer Bedeutung – die Einordnung der geistigen Konzepte des Neuen Bauens in die komplizierten gesellschaftlichen und politischen Prozesse der damaligen Zeit.

Die Frage, wie dieser von der Akademie erstellte Ausstellungsteil eine größere Öffentlichkeit erreichen könnte, wurde durch das Angebot der NEUEN HEIMAT Hamburg gelöst. Sie hat die Ausstellung reisefähig gemacht, die organisatorische Leitung übernommen und auch den Katalog neu drucken lassen.

Wir danken für die spontane und tatkräftige Unterstützung, die diese umfangreiche Ausstellung weiten Kreisen der Fachwelt, auch den Studenten in anderen Städten, zugänglich macht.

Werner Düttmann

Präsident der Akademie der Künste Berlin
Berlin, im März 1978

Walter Rossow wurde 70

Wenn man sich nach seinem Beruf erkundigt, sagt er gern, er sei Gärtner, gelernter Gärtner. Ich habe mich immer gefragt, wie ein Mensch mit solchem Gardemaß – der Soldatenkönig hätte ihn zu seinen »langen Kerls« gesteckt – hat Gärtner werden wollen bei seinem ausgeprägten Widerwillen gegen jegliches Sich-Bücken. Nur beim Durchschreiten zu niedriger Türöffnungen nimmt er es grollend in Kauf.

Am 28. Januar feierte er seinen siebzigsten Geburtstag. Das heißt, er feierte nicht, schon erste Gedanken in dieser Richtung wehrte er ab – nicht aber die Freunde und Weggefährten, die am genannten Montagvormittag dennoch in das Haus in der Breisacher Straße gekommen waren. Das Zimmer im ersten Stock, in dem in den letzten dreißig Jahren so manches Gespräch geführt wurde, schien unverändert. Helga Rossow reichte das ebenso einfache wie auserlesene Frühstück – Rossow schenkt den Wein aus und an den Säufer den Obstler. Dann saß er an dem Tisch von seinem Freund Eduard Ludwig, auf dem Stuhl, auf dem so manchesmal Heinrich Tessenow gesessen hatte und nach ihm viele andere. Gedanken und Gespräche gingen noch einmal den Weg durch, machten halt an Stationen und Einschnitten, Hoffnungen, Enttäuschungen – Sorgen. Vom Hochgefühl der Aufbruchstimmung nach dem Krieg war die Rede, von der Lust, dabeizusein und teilzuhaben am Entstehen eines demokratischen Gemeinwesens, wie auch von der Sorge um dessen dauernde Gefährdung. Es paßt viel in einen Vormittag, wenn hinter dem Betrachter ein reiches Leben steht, dessen Tage ausgefüllt sind mit Taten und Gedanken, mit Zuwendung und Teilnahme und immer wieder mit der Bereitschaft, Verantwortung auf sich zu nehmen.

Rossows Gardemaß bedingt, daß sein Kopf immer überall herausragt, auch wenn er sitzt. Vielleicht sieht er deshalb etwas weiter als mancher andere. Und deshalb sucht man allenthalben seinen Rat. Und wenn den keiner sucht, teilt er ihn von sich aus. Wer Verantwortung fühlt, spricht auch aus eigener Verantwortung und gewinnt nicht immer Freunde dabei. Aber Landzerstörung bleibt Landzerstörung.[209] Und Rossow bleibt Gärtner. Für starke Bäume sind siebzig Jahre ein Alter, in dem sie mit großer Gelassenheit weiter wachsen.

Mit dem Landschaftsarchitekten Walter Rossow (1910–1992), der 1965–1979 zunächst außerordentliches Mitglied, danach bis 1992 Mitglied der Akademie der Künste, Berlin (West), Abteilung Baukunst und 1976–1986 Direktor der Abteilung Baukunst sowie 1949 Mitbegründer und Mitglied des Deutschen Werkbunds und 1951–1969 dessen Vorsitzender war, verband Werner Düttmann eine freundschaftliche und berufliche Beziehung. Rossow gestaltete u.a. die Außenanlagen der Akademie am Hanseatenweg. Sein Nachlass befindet sich in der AdK.

Die Transkription des Textes folgt dem von Werner Düttmann autorisierten Erstdruck:

Werner Düttmann: »Walter Rossow wurde 70«, in: *Werk und Zeit* 4 (1981), S. 48.

Es hat sich dazu kein Manuskript im Nachlass erhalten.

All you need is love: Archigram for ever

Ich stehe am landschaftlichen Fenster und erwarte sie noch immer: die Walking City, die auf großen Füßen vorbeikommt, die den Glimmer der Großstadt über meinem Ort ausschüttet, laut, wild, bunt und unverbindlich, die Stadtleben mit sich bringt als flüchtiges Geschenk, die keine Opfer fordert, die sich eines Tages wieder aufmacht, wenn es Abend wird, und alle Verkehrsprobleme mit sich nimmt (Archigram 1964). »Nothing you can do that can't be done«, wir können nichts erfinden, das nicht die Möglichkeit, wirklich zu werden, in sich trägt. Futurologie, was für ein ernstes Wort, wie für Historiker gemacht. »This is Tomorrow«, sagt Ron Herron von einer seiner frühen Collagen, »Future is now«, heißt eine Ausgabe des *Architectural Design* Ende der Sechziger Jahre.

Vorwort von Werner Düttmann zum Katalog *Scenarios*, der zur gleichnamigen Ausstellung erschien, die vom Februar bis April 1981 in Aedes. Galerie für Architektur und Raum gezeigt wurde: *Scenarios. Peter Cook, Christine Hawley und Ron Herron*. Aedes, Berlin 1981.

Die Transkription des Textes folgt dem von Werner Düttmanns autorisierten Erstdruck.

Als damals die ersten Hefte der Archigram Gruppe erschienen (Archigram 1: 1959, danach beinahe jährlich), da bebilderten sie all das, was wir gerade begonnen hatten zu träumen: das glitzernde Spiel des Maschinellen, die Dienstabrkeit der Technik, das Glück für alle und die Freiheit für jeden, die Cosy Corner in der Weltraumkapsel, Lucy in the Sky with Diamonds and das Lächeln am Fuße der Leiter.

Es war wirklich nichts erfunden, es lag alles in der Luft, in den Gedanken, in den Gemütern: nur – Archigram hat es gezeichnet und die Beatles haben es gesungen. Die Archigram-World ist die Magical Mystery Tour für Leute, die bauen und wohnen. Es ist alles so einfach: living in a Living Pod, that needs you and feeds you, oder noch einfacher: ein kamlerückenschweres Cushicle, dein ganzes Leben in einem Rucksack zusammengepackt und wieder aufblasbar, whenever you feel like it. Oder the Minimla Art of Living: Dein Suitaloon, wohne im Anzug, knöpf' dein Haus auf und zu, laß Freunde herein.

Es sind immer die gleichen Bestandteile: ein bißchen Bewegung, ein bißchen Energie, eine weiche Hülle und see what you get: Strawberry Fields Forever. The silent awareness, the unaccustomed dream: daraus ist alles gemacht und jeder Nowhere Man aus jedem Nowhere Land kann es sich herbeiwünschen. »The world is at your command«, singen ihm die Beatles und »Control and Choice« zeichnet ihm Archigram. »Control and Choice means Freedom«, steht in ihrem Plan, »Control and Choice gives you what you want, when you want«. Nur das Wünschen, das muß man eben können. Wer eine Statdt wünscht, ruft sie herbei: Moment Village, Instant City finden sich ein, beginnen zu leben, nutzen sich ab, lösen sich wieder auf. Airships schwimmen am Himmel und zaubern Monte Carlo für eine Nacht, Tangerine Trees blühen auf, »Newspapertaxis appear on the shore ...«. Oder man verläßt mit der Walking City die grüne Erde, schaukelt sich ein auf der blauen See and see: »We all live in a Yellow Submarine«. Vom Sea Farming erzählt ein Blatt von Peter Cook 1967, die Beatles gehen gerade auf Besuch in an Octopusses Garden.

Nowhere Man kann es nicht glauben: Fluid Walls, Air Walls, the Magic Carpet – er dagegen lebt auf festem Boden, in berechenbaren Zeitabschnitten, in einem Haus, das seine Kinder eines Tages weiterbewohnen sollen. Träume, was soll ihm das; Wünsche, nur solche, die erfüllbar sind. Aber die Archigram-Zeichnungen, das sind erfüllbare Wünsche, und wenn sie aus ganz anderem Garn gesponnen scheinen, dann nur deshalb, weil die Technologie, auf der sie gründen und die da und möglich und anwendbar ist, noch immer wie gigantische Zauberei erscheint. »Any sufficiently advanced technology is magic«, schreibt Ron Herron, und wenn wir uns nicht auf diesen Zauber einlassen, finden wir uns am Ende wieder im zu kurzen klassizistischen Bett.

Die hohe Kunst der Technologie hat Archigram aufgezeichnet und dabei neu interpretiert: als stummer Diener für die Bewohner dieser Erde. Emanzipation heißt ein Kapitel im Archigram-Buch, Emanzipation heißt frei werden, frei von realen, frei von irrealen Fesseln. Archigram emanzipiert das Wohnen. Sei ein Kannibale, schreiben sie, wenn dir dein Haus nicht gefällt, knabbere es an, höhle es aus und setze neue Teile und neue Technik und neue Schönheit ein. Technische und elektronische Systeme können dir und deinem guten Nachbarn dienstbar sein, wünsch dir was, und es wird sich erfüllen. Only remember: all you need is love.

Düttmanns

Nachrufe

Will Grohmann

Trauerfeier 14.5.1968

Liebe Frau Grohmann, liebe Freunde,

es war die besondere Begabung unseres Will Grohmann, daß er befähigt und in der Lage war, das Wirkliche sowohl in der Reflexion zu bedenken, als auch unmittelbar zu begreifen und zu erfassen. Die rein wissenschaftliche Behandlung der Tatsachen ergänzte und überhöhte er – auf der Suche nach der Wahrheit – durch das Künstlerische. So war er an die Gemeinschaft und deren Forderungen und Aufgaben im Sinne des Ganzheitlichen, des Rationalen und Irrationalen, gebunden. Die Akademie der Künste hat daher Will Grohmann an seinem 80. Geburtstag am 4. Dezember 1967 zum Ehrenmitglied gewählt, als ersten Kunsthistoriker – auf Grund der Bestimmung, daß Persönlichkeiten, die sich durch Förderung der Kunst besonders ausgezeichnet haben, zu Ehrenmitgliedern ernannt werden können. Will Grohmann war der Prototyp einer solchen schöpferischen Persönlichkeit. Souveränität und Integrität zeichneten ihn in höchstem Masse aus. Beides, Leistung und Verdienst, faßte er als Bekenntnis auf und vollzog es. Für seine stete aufgeschlossene Bereitschaft zum Helfen und Klären spreche ich in dieser Stunde des Gedenkens den Dank der Akademie der Künste an Will Grohmann aus.

Zugleich möchte ich meinen persönlichen Dank zum Ausdruck bringen für Alles, was ich durch meinen Freund Will Grohmann erleben und erfahren durfte. Es waren nicht Hinweise allgemein gültiger Art, es ging nicht um Maximen. Was viel wichtiger ist – wir erfuhren durch ihn, von welcher Bedeutung individuelle Begabungen für die Ausbildung der menschlichen Natur sind.

In Will Grohmann förderten dynamische Kräfte sowohl die Klärung des persönlichen Standorts als auch einer umfassenden Weitsicht – in immer neuer Relation des Gebens und Nehmens.

Und genau das sind die Kräfte, welche für eine lebendige Entwicklung der Gesittung und damit der Kultur überhaupt notwendig sind. Aus ihnen und für sie hat Will Grohmann gelebt. Wir wollen in seinem Sinne wirken durch unsere Werke.

Will Grohmann (1887–1968), Kunsthistoriker, 1967–1968 Ehrenmitglied der Akademie der Künste, Berlin (West). Mit Grohmann verband Werner Düttmann eine freundschaftliche Beziehung, die unter anderem aus einer großen Schnittmenge an geteilten Interessen und Aktivitäten resultierte (siehe auch S. 38).

Die Transkription der Trauerrede folgt: AdK, Werner-Düttmann-Archiv, 275 Bl. 2, Kopie eines Typoskripts, 14.05.1968, mit handschriftlicher Notiz: »(letzte Fassung – für den Druck) An Annemie ... 21.11.68«

Arne Jacobsen

Am [24. März 1971] starb in Kopenhagen der Architekt Arne Jacobsen in seinem [69.] Jahr.

Kurz Vita:

Er war Kind jüdischer Eltern, Schule, Studium, am Ende der dreissiger Jahre zählte er zu den bedeutendsten skandinavischen Architekten neben Asplund, Aalto, Kai Fisker u.a. [...] Wann Klampenborg? [1932–1935]

Die Jahre der Besetzung Dänemarks durch Deutschland verbrachte er im Untergrund – von Freunden verborgen usw. Nach dem Krieg begann für ihn eine Zeit intensiven Schaffens, das wie über Nacht all die Fülle, die er in sich hatte, die Tatkraft, die er war – die langen Reflektionen der Wartezeit in Werke umsetzte, die sofort als Massstab setzte und beispielhaft von aller Welt, das ist von all denen, die diese Probleme des Bauens, das immer Bauen für den Menschen ist, kennen, erkannt wurden.

Klampenborg wurde zum Wallfahrtsort der jungen Architektengeneration. Klampenborg – ein Handvoll Wohnhäuser im Norden von Kopenhagen, und durch eine Strasse von der See getrennt. Häuser jedoch, in denen das Leben nicht vorgezeichnet, aber in seiner Fülle vorausgesehen und möglich gemacht ist.

Der Blick aufs Meer, das im Nordosten liegt, der besondere kleine Garten im Süden und Westen, der Zugang ins Haus, das sich um den Tische setzen wie das Kochen und auch das sich zurückziehen können als die Gestaltelemente dieser Häuser genannt werden. Zugleich aber auch die zuverlässige Solidität der verwendeten Ziegelsteine, der Beton, das Glas und die sorgfältig detaillierten Holzrahmen und Pfosten.

Arne Jacobsen hat nach Klampenborg mehr und Grösseres gebaut: das SAS Hotel in Kopenhagen, das Rathaus in [Aarhus oder Mainz oder Castrop-Rauxel], ...

Seine Reichweite, sein Interesse, sein ich, das ihm das Thema stellte, umfasste alles, was zur Behausung gehörte, das Haus, die Stadt, den Stuhl, den Tisch, die Lampe und vieles andere mehr – und immer wieder den Menschen.

Ein Freund Jacobsens erzählte mir, er habe am Ende Klampenborg als Station seines Werkes nicht mehr so sehr geschätzt wie anderes, weil es ihm vielleicht zu romantisch erschien, weil er immer mehr die Präzision liebte, das eher kühle Detail, das Weglassen – und hier begegnete er Mies van der Rohes »Less is more«.

Arne Jacobsen (1902–1971), Architekt, 1964–1971 außerordentliches Mitglied der Akademie der Künste, Berlin (West), Abteilung Baukunst.

Mit Arne Jacobsen saß Werner Düttmann zusammen in der Jury beim Wettbewerb für die Erweiterung der Freien Universität 1963.

Die Transkription der Trauerrede folgt: AdK, Werner-Düttmann-Archiv, 277 Bl. 2–8, Manuskript, undatiert, mit zahlreichen Korrekturen

1963 war Arne Jacobsen nach Berlin gekommen, um als Preisrichter an der Auswahl des rechten Entwerfers für die Erweiterung der FU mitzuwirken. Freunde in Kopenhagen verübelten ihm, dass er kam, zu uns, zu den Deutschen, nach alledem. Aber er fand, es sei an der Zeit, zumal man ihn gebeten habe. Und er nahm an den Beratungen teil und nahm Anteil und seine Anteilnahme bewirkte die rechte Entscheidung. Aber ich will nicht über die Arbeit des Preisgerichts berichten, der unser Freund Linde vorstand, sondern über eine Pause dieser Sitzungen, in der Arne Jacobsen mich bat, ihm Scharouns Philharmonie zu zeigen:

Wir fuhren zum Kemperplatz und vor der Philharmonie war Schweigen. Dann sagte Jacobsen: »Warum haben Sie mich hierhergefahren.« Es war klar, er mochte nicht, was er sah. Wir gingen hinein. Nach einer Stunde – es war die Mittagspause – wurden wir zurück erwartet – nach zwei Stunden konnte ich ihn endlich wieder ins Auto ziehen. Er war in jede Ecke des Raumes gestiegen, hinauf und hinab. Und als er endlich zu gehen bereit war, sagte er: »Das ist ein langes Architektenleben wert, einen solchen Raum gebaut zu haben. Ich habe nichts dergleichen. Ich habe immer geglaubt, es käme aufs Detail an. Aber hier? Sehen Sie doch diese Details – aber der Raum?«

Aber mir scheint, Klampenborg enthüllte zuerst seine Menschlichkeit, die Begründung all seines Tuns in der Liebe zum Menschen. Für ihn mag es so schwer gewesen sein wie für seine Zeitgenossen, seinem eigenen Werk gerecht zu werden und Gewichte zu setzen: SAS Hotel und Klampenborg dort.

Und als Vertreter der »nächsten Generation«, ich habe ihn noch gekannt, durfte mit ihm sprechen, ihn hören, halte ich mich lieber an das Wort seines Namenvetters und Landsmannes Jens Peter Jacobsen, das im Niels Lhyne[210] steht und so lautet: »Denn Du sollst nicht gerecht sein gegen ihn, denn wohin kämen die Besten mit der Gerechtigkeit – aber du sollst an ihn denken, wie er die Stunde war, da du ihn am tiefsten liebtest.«

Für Arne Jacobsen muss es viele solcher Stunden gegeben haben, die ihm die Herzen seiner Schüler, Freunde, Partner und die der Fremden geöffnet haben. Ich habe manche von ihnen getroffen und von ihm sprechen hören. Und ich bin froh, ihm begegnet zu sein und von ihm sprechen zu dürfen.

Wassili Luckhardt

Sehr verehrte, liebe Frau Luckhardt,
verehrte Anwesende:

Zum zweiten Mal binnen weniger Tage haben wir uns hier versammelt, um Abschied zu nehmen von einem Mann, dessen Name, dessen Weg und dessen Werk Symbol sind und Signal:

Wassili Luckhardt ist tot. Er starb am 2. Dezember, eine Woche nach Hans Scharoun. Aber Wassili Luckhardt wird weiterleben wie sein Bruder Hans als Inbegriff des Neuen Bauens, das vor einem halben Jahrhundert Hoffnung und Aufbruch war und, obwohl schon Geschichte geworden, weiterwirkt in unserer Zeit.

Geboren im Berlin des Kaiserreiches, am 22. Juli 1889 als Sohn eines Vaters, der aus der Gegend von Kassel in die Reichshauptstadt gekommen war und hier eine Metallwarenfabrik gegründet hatte, und einer Mutter, deren Familie aus Schlesien stammte, fand er sich, zusammen mit dem um ein Jahr jüngeren Bruder, am Ende des ersten Weltkrieges in einem Freundeskreis revolutionärer Erneuerer. Sie nehmen an den Ausstellungen der Novembergruppe teil, in deren Richtlinien es heißt: »Wir fordern Einfluß und Mitarbeit bei allen Aufgaben der Baukunst als einer öffentlichen Angelegenheit.« Sie wirken mit im Arbeitsrat für Kunst, bilden mit dem anderen bedeutenden Bruderpaar – Bruno und Max Taut – und anderen den zehner »Ring«, einen losen Zusammenschluß von zehn Berliner Architekten, die ohne materielle Absichten dem als notwendig erkannten Neuen den Weg bereiten wollen. In dem als »Gläserne Kette« Dokument gewordenen Briefwechsel tragen sie ihre Meinungen vor und ihre Gegensätze aus im Dialog mit Männern wie Gropius, Scharoun, Hablik, Finsterlin, den Brüdern Taut und anderen. Dieser Briefwechsel hinterläßt uns, heute gelesen, in seinem deklamatorischen Überschwang, seiner sonderbaren Mischung von schwärmerischer Poesie und verbuchter Standortbestimmung der Künste in der Gesellschaft oder im Kosmos – die Sterne spielen eine Rolle, die Urkraft, das adlige Blut und die Herzen der andern – dies alles, wie gesagt, heute gelesen, hinterläßt uns ein leises Gefühl erstaunten Unbehagens oder besser: unbehaglichen Erstaunens.

Dennoch möchte ich 2 oder 5 Stellen zitieren, die, wie mir scheint, für das spätere

Wassili Luckhardt (1889–1972), Architekt, 1955–1972 Mitglied der Akademie der Künste, Berlin (West), Abteilung Baukunst, 1956–1959 Stellvertretender Direktor der Abteilung Baukunst der Akademie der Künste, Berlin (West). Der Nachlass der Brüder Hans und Wassili Luckhardt und Alfons Anker befindet sich in der AdK.

Die Transkription der Trauerrede folgt: AdK, Werner-Düttmann-Archiv, 283 Bl. 1–16, 2 Kopien eines Typoskripts auf Transparentpapier, undatiert, zum Teil mit handschriftlichen Korrekturen

Siehe auch: Bl. 17–24, Typoskript mit handschriftlichen Korrekturen

Werk der Brüder Luckhardt und den speziellen Ansatz von Wassili aufschlußreich sind.

Wassili alias Zacken, man gab sich Decknamen, auch das gehörte zur poetischen Komponente des Ganzen, Wassili schreibt am 15.7.1920 in einem sehr langen ausführlichen Beitrag u.a.:

Was ist die Form: nichts, was ist der Glaube: alles. Ja, alles ist der Glaube, das Letzte, das Höchste, das Notwendigste, aber was ist er ohne Form, die das Bindeglied ist zu den Herzen der anderen und so fort.

Bruno Taut, alias Glas – die Glasarchitektur als Instrument einer neuen Freiheit stand Pate – also Glas antwortet:

Zackens letzter Beitrag, lieb wie alles von ihm, ist wieder eine Frage, und eine Frage, die ihre Antwort in sich trägt. Formringen oder Formtanzen? Das bleibt ja immer Sache des persönlichen Naturells. Und ich halte die »Form« für eine sekundäre Frage. Was unser Tun berechtigt, ist: ein geistiges Gerippe schaffen. Sichtbare Architektur ist einfach, selbstverständliche Folge einer inneren geistigen Architektur. Unsere Form kann deshalb nie als Ableitung aus einer anderen Kunst, wie Plastik oder Malerei entstehen.

Soweit das Zitat. Ich komme darauf zurück.

Doch zur Abrundung eine Stelle aus einem Brief des Bruders Hans, der sich Angkor nannte und am 31. Mai 1920 schrieb:

Ich gelange immer mehr zur Überzeugung, daß nicht allein der religiöse Bau den Höhepunkt der Architektur darstellt, sondern daß jeder Bau diese Höhe erreicht, wenn er einen Zeitgeist verkörpert, der eine sehr starke Intensität und menschliche Tiefe besitzt. Ich glaube, daß ein solcher Zeitgeist vorliegt. Er beruht, wie schon angedeutet, in der Verschmelzung des Seelischen und Geistigen, auf dem Erkennen der Verstandes- und Gefühlswerte, im architektonischen auf dem Schaffen der reinen Form, die fähig ist, jede Aufgabe mit ihrem tiefsten Inhalt zu erfüllen. Die reine Form ist die Form, die, losgelöst von allem Dekorativen, aus den Urelementen Grade, Rund und Unbestimmt frei gestaltet, jedem Ausdruck dienen kann, sei es für einen Kultbau, sei es für eine Fabrik.

Und im gleichen Brief schreibt er noch eines:

Zuvor möchte ich noch auf eine Bemerkung über die Ausstellung von Glas im vorletzten Fundschreiben hinweisen, indem er meinen Bruder und mich als Großstädter bezeichnet. Ich verstehe diesen Standpunkt nicht. Ich bin mit voller Überzeugung Großstädter genau so wie Glas selbst. Nur aus der Großstadt kommt heute die Entwicklung. Ohne Großstädter zu sein hätte Glas ja nie eine Neugestaltung der Großstädte vorschlagen können.

Dies war 1920.

Sechs Jahre später verfassen die Brüder Luckhardt ein Schreiben, das erfolgreich bestandene Auseinandersetzung mit der Realität und großstädtisches Selbstbewußtsein atmet. Es stammt aus dem neuerbauten Atelier in der Schorlemer Allee 19a, trägt den Briefkopf:

Brüder Luckhardt und Alfons Anker, Architekten B.D.A. und lautet:

Betr.: Zusammenschluß der modernen Architekten.

Sehr geehrter Herr Kollege!

Die moderne Architekturbewegung besitzt zurzeit in Deutschland keinen praktisch geregelten Zusammenhang. Von vielen Seiten wird dies als ein Mangel empfunden. Die Tatsache besteht, daß durch eine feste Organisation Einfluß auf die zuständigen behördlichen, sowie privaten Stellen im Reiche gewonnen werden könnte.

Wassili Luckhardt geht in seinen Dankesworten anläßlich der Verleihung der Ehrendoktorwürde durch die Technische Universität Berlin am 20. Februar 1962 mit der ihm eigenen noblen Zurückhaltung auf die damalige Situation ein. Ich zitiere:

Nach der Stabilisierung der Mark zeigten sich die ersten Möglichkeiten, wieder zu bauen. Für uns aber nicht, denn in Berlin wirkte noch der Stadtbaurat Ludwig Hoffmann, bekannt durch die feinsinnigen städtischen Bauten im klassizistischem Stil, die unter seiner Leitung entstanden sind. Ludwig Hoffmann übte auf baulichem Gebiet eine absolute Diktatur aus und lehnte jedes Projekt ab, das nicht seiner klassizistischen Formenwelt entsprach. So wurde z.B. dem Architekten E. Mendelssohn die Genehmigung für sein Projekt des Geschäftshauses Herpich in der Leipziger Straße verweigert. Dieses war der äußere Anlaß, daß sich ein kleiner Kreis Berliner Architekten, der sich schnell erweiterte, zusammenfand und beschloß: »Wir müssen uns selber helfen«.

Der Kreis dieser Architekten bestand aus Persönlichkeiten, die sich gegenseitig schätzten und anerkannten und die der Wille zur Erneuerung unserer Baukunst zusammenführte. Diese Vereinigung nannte sich »Der Ring«. Aus der Zahl der Berliner Mitglieder möchte ich hier eine Reihe von Namen nennen. Die älteren waren: Hans Poelzig – Heinrich Tessenow – Peter Behrens.

Zu den Jüngeren gehörten: Walter Gropius – Mies van der Rohe – Hugo Häring – die Brüder Taut – Erich Mendelssohn – Ludwig Hilberseimer – die Brüder Luckhardt und – als Jüngster nach seiner Übersiedlung von Ostpreußen über Breslau nach Berlin – Hans Scharoun.

Verehrte Anwesende, liebe Frau Luckhardt,

verzeihen Sie den vielleicht etwas langen Excurs in jene Zeit. Wir sind gekommen, um des Verstorbenen zu gedenken und ihn zu ehren. Und uns zu erinnern, warum wir ihn ehren, und wie er war, und wie sein Weg war, was ihn bewegte und was er vollbrachte. Und Weg und Werk sind untrennbar dieser Zeit verpflichtet im Hier und Jetzt der mannhaften Entscheidung. Daß sie damals entstanden, gibt seinen Bauten die Bedeutung, und den Projekten, den Wettbewerben für das Hygiene Museum in Dresden wie für das Hochhaus am Bahnhof Friedrichstraße, wo das Projekt der Brüder Luckhardt den 2. Preis errang. An Ausgeführtem die Reihenhäuser in der Schorlemer Allee, im Mauerwerksbau errichtete Versuchsbauten mit gestaffeltem Grundriß, denen dann die anderen im Stahlskelettbau ausgeführten folgten. Dann 1928 die weltberühmt gewordenen Häuser am Rupenhorn, deren sich die Denkmalpflege dringend annehmen sollte. Und zwischen 1925 und 59 bedeutende Bauten für Berlin, wie das Telschow Haus am Potsdamer Platz mit den schön geschwungenen Fensterbändern, die Umbauten am Kurfürstendamm Ecke Knesebeckstraße, Uhlandstraße und am Tauentzien, mit durchlaufenden Brüstungen aus weißem Opakglas oder violettbraunen Klinkern, durch großzügige Lichtreklame auch in den Abendstunden wirkend. Hier wird ein neues Großstadtbild geprägt, und Licht als Gestaltungselement begriffen.

Das 1956 erschienene Buch *Lichtarchitektur*, das Wassili Luckhardt und Walter Köhler herausgibt, führt den Gedanken weiter. In diesem Sinne, dem der modernen Großstadt, entstehen auch die Entwürfe für den Umbau des Alexanderplatzes und für das Hochhaus am Potsdamer Platz oder das Projekt für ein zentrales Gerichtsgebäude. Die NS Zeit unterbrach das so hoffnungsvoll begonnene, Alfons Anker, der treue Helfer und Berater im wirtschaftlichen und praktischen Fragen, mußte 1937 nach Schweden emigrieren. Dann, nach 45, neue Wettbewerbe, so für die Universität Jena, für die Bodentalsperre, die Amerika Gedenkbibliothek in Berlin, für die F.U., das deutsche Studentenhaus in Paris, das Landtagsgebäude in Stuttgart. Oft Preise, aber keine Aufträge. Bis zum Tode des Bruders am 18. Oktober 1954 gemeinsam mit diesem. Dann weiter allein. Erst spät kamen die Bauaufträge. Bis auf einen, den die Brüder Luckhardt gemeinsam ausführten und der wichtig wurde als ein Signal. 1951 der Pavillon der Stadt Berlin auf der Constructa in Hannover. Der noch einmal das Thema vom Zusammenwirken der Künste zum Gesamtkunstwerk, das Wassili stets beschäftigte, aufnahm und wohl eines der seltenen gelungenen Beispiele ist für dies Zusammengehen. Die Plastik von Karl Hartung steht jetzt vor einem Bürogebäude in Hannover. Der Pavillon ist abgerissen und wird langsam Legende wie der von Mies in Barcelona.

Nach dem Tode von Hans führt Wassili 1956 die Wohnhausgruppe am Kottbusser Tor aus, 1957 den großen Bau des Landesversorgungsamtes für Bayern in München, das eigene Wohnhaus in Dahlem und den Wohnbaublock auf der Interbau mit Hubert Hoffmann. Als Höhepunkt seines Werkes sah er wohl das Haus der Bürgerschaft in Bremen. Die letzten Werke waren Bauten für die FU-Berlin: das Pflanzenphysiologische Institut und das medizinische Institut, letzteres gemeinsam mit dem Architekten Wandelt.

Dies ist ein kurzer Überblick, in dem noch vieles fehlt, so das schöne Haus in Velten – oder jenes in Lankwitz, ein Überblick aber, der zeigt, hier war ein Architekt am Werk, der getragen war vom Willen zur Zusammenarbeit, der aber dennoch ein Einzelner blieb und der als ein solcher erkannt war. Darum fehlte es ihm an Ehrungen so wenig wie an Kränkungen. Beide nahm er mit der ihm eigenen Vornehmheit hin. Aber eines, weiß ich, hat ihn gefreut: daß er 1956 als einer der ersten in die Abteilung Baukunst der neugegründeten Akademie der Künste berufen wurde. Denn hier, so hoffte er, würde der Kreis sich schließen und er dem Ziele näher kommen, dem Zusammenwirken aller Künste zum Wohle des Ganzen. 1959 unterbreitete er der Akademie ein Konzept für eine Ausstellung. Darin heißt es:

Die Zeit scheint gekommen, die sich anbahnende Gemeinsamkeit der geistigen Grundlagen im Schaffen der verschiedenen Künste zur Darstellung zu bringen und damit den Schaffenden selbst – und nicht nur der Allgemeinheit – die Erkenntnis dieser Gemeinsamkeit bewußt zu machen. Eine solche Schau wird voraussichtlich nicht mehr als erste Anfänge zeigen können – aber wenn es gelingt, solche allerersten Anfänge als Tatsache erkenntlich zu machen, so hat eine solche Schau ihren Zweck erfüllt. Diese Ausstellung kam nicht zustande, wohl weil es sowohl an Raum als auch an Geld fehlte. Aber Wassili Luckhardt blieb seiner Vorstellung vom Zusammenwirken der Künste treu. Und dieser Treue verdanken wir schöne Beispiele solchen Zusammengehens. Schon früh mit Belling und nach dem Neubeginn mit Hartung, Uhlmann, Heiliger, den Matschinsky-Denninghoffs, der Sax, um einige zu nennen.

Wir erinnern uns an die Anfangs zitierten Sätze, die er 1920 in der gläsernen Kette schrieb: was ist die Form, nichts, was ist der Glaube: alles, ja alles ist der Glaube, das Letzte, das Höchste, das Notwendigste, aber was ist er ohne Form, die ihn trägt, die ihn der Allgemeinheit übermittelt, ohne Form, die das Bindeglied ist zu den Herzen der anderen. Der Bemühung um diese Form, die das Bindeglied ist zu den Herzen der anderen, hat Wassili Luckhardt sein Leben gewidmet: im Werk und im Sein.

Wir neigen uns vor diesem Mann, der in vielem ein Meister, in manchem ein Kind – und auch darin ein Vorbild war.

Hans Scharoun

Liebe, sehr verehrte Frau Scharoun,
verehrte Anwesende,

dies ist die Stunde, in der wir uns erinnern. Erinnern an Hans Scharoun, an den großen Baumeister, den Menschen, sein Werk, seinen langen wundersamen, mühseligen und doch so gradlinigen Weg von Bremerhaven nach Berlin. Zu seinem Werk und zu sich selbst hin.

Erinnern an Begegnungen, Erfahrungen, Ängste und Beglückungen.

Wer, der dabei war, wird je den Augenblick vergessen, in dem Schmerz und Freude zugleich in unser Herz schlugen, wie bei einer Geburt. Jenen Augenblick am 15. Oktober 1963, als Adolf Arndt in dem zum ersten Male dichtbesetzten Saal der Philharmonie ausrief:

»Hans Scharoun dies ist Ihr Tag!«

Es war, wie es von den Liebenden des Alten Testamentes heißt: »und sie erkannten einander!«

Der Raum und seine Gemeinde erkannten einander. Und die hier beieinander waren, erkannten den Schöpfer dieses, ihres Raumes, der Menschen und Musik zusammenführt wie kein Raum zuvor.

Erkannten auch das Andere, das nicht mit dem Begriff Architektur Erfaßbare, das ein Leben lang das zentrale Thema dieses Baumeisters und Denkers war: das Wesenhafte, das es ihm in jeder Aufgabe aufzuspüren galt.

Immer wollte er Strukturen schaffen in Raum und Zeit, die dem Menschen als »Organe« dienen, die neue Wirksamkeiten und Erlebnisse eröffnen, ja schließlich eine neue und freiere Gesellschaft schaffen oder doch ermöglichen.

Aus solchem Selbst- und Weltverständnis wuchsen Werk und Wirksamkeit, untrennbar beides und noch längst nicht ausgelotet. Wir kennen wie beim Eisberg nur die Spitze, seine Bauten, wenige vielleicht gemessen an einem langen Architektenleben, die fast unübersehbare Zahl von Entwürfen – immer wieder nahm er an Wettbewerben teil, immer wieder fand er seine, dem Wesentlichen der gestellten Aufgabe entsprechende Antwort.

»Der Künstler, dem die ganze Welt der Materie zur Verfügung steht, ist aufgerufen, an der Gestalt der Akademie ebenso wie an der Gestalt der

Hans Scharoun (1893–1972) war Architekt und Stadtplaner, 1955–1972 Mitglied der Akademie der Künste, Berlin (West), Abteilung Baukunst, 1956–1968 Präsident sowie 1968–1972 Ehrenpräsident der Akademie der Künste, Berlin (West). Sein Nachlass befindet sich in der AdK.

Die Transkription der Trauerrede folgt: AdK, Werner-Düttmann-Archiv, 223 Bl. 16–20, Typoskript, undatiert

Siehe auch:
Bl. 2–12, Manuskript, undatiert
Erstdruck, mit marginalen Änderungen: »Werner Düttmann über Hans Scharoun«, in: *Stadt + Wohnung. Zeitschrift der städtischen gemeinnützigen Wohnungsbaugesellschaften in Berlin* 9 (Dez. 1972), H. 4, S. 2.

Umwelt und des politischen Menschen zu arbeiten – gegen Mißbrauch der Macht und gegen Mißbrauch der Materie, zum Wohle des Menschseins in einer technisierten Welt.«

Und er sagt weiter:

»Wenn es auch Sinn des Individuums ist, daß es die Freiheit habe, sich mit dem zu beschäftigen, was es anzieht, ist es doch notwendig, daß die Empfänglichkeit für übergeordnete Ideen aufs neue geweckt wird – die Akademie darf nicht nur Summe der Individuen sein. Sie muß mittels der Individuation zu einer die Kräfte potenzierenden und in die Breite und Tiefe wirkenden Einrichtung werden.« Schließlich forderte er immer wieder »öffentliche Wirksamkeit zu entfalten«, und, auch hierin ging er allen voraus in unermüdlicher Bereitschaft. Nun wurde seine Wirksamkeit verstanden und mit dem Verstehen des Ausgezeichneten kamen die öffentlichen Ehrungen: Nur einige seien erwähnt:

Ehrendoktor in Stuttgart 1954

Ehrensenator der Technischen Universität 1962

Ehrenmitglied des BDA 1964

im gleichen Jahr verlieh ihm der Bund deutscher Architekten, dessen Mitglied er seit Jahrzehnten war, als Erstem 1965 den neu gestifteten Großen Preis des BDA, den Auguste-Peret-Preis der Union Internationales des Architectes in Paris und die Ehrendoktorwürde der Universität in Rom und der Große Kunstpreis des Landes Nordrhein-Westfalen, Ehrenpräsident der von ihm geprägten Akademie der Künste 1968 1969 Ehrenbürger von Berlin und schließlich, ein Ereignis internationalen Ranges, die Verleihung des Erasmus-Preises 1970.

Nicht immer erkannten die Preisrichter, was sich ihnen darbot. Und wo diese es begriffen, versagten manchmal die anderen, die zu entscheiden hatten. Auch erste Preise blieben ungebaut. So hat Kassel seine Chance vertan aus Kleinmut. Man wußte, es würde nicht leicht sein, man ließ es bleiben. Berlin ging das Wagnis ein – beim zweiten Mal, das Altenheim in Tiergarten blieb ungebaut – ging das Wagnis ein und wurde reich belohnt. Die Philharmonie ist ein Symbol für den offenen Geist dieser Stadt, das hinauswirkt in die Welt. Daß sie gebaut wurde, gereicht Berlin zur Ehre und denen, die damals Verantwortung trugen und sich dafür einsetzten, denn auch hier gab es Kleinmütige. Mit der Philharmonie, die er mit 70 Jahren vollendete, in einem Alter, in dem sich andere längst zur Ruhe gesetzt haben, kam für Scharoun der große weltweite Ruhm. Nicht, daß er vorher ein Unbekannter gewesen wäre. Man war immer auf ihn aufmerksam geworden.

1925 berief Adolf Rading den 32jährigen auf eine Professur an die Kunstakademie zu Breslau. 1927 lud Mies van der Rohe ihn ein, für die

Internationale Wohnbauausstellung am Weißenhof in Stuttgart ein Einfamilienhaus zu bauen. 1928 beauftragte ihn Martin Wagner mit der Planung der Siedlung Siemensstadt und dem Bau der Häuserzeilen am Jungfernheideweg. 1929 baute er das Wohnheim für die Werkbundausstellung »Wohnung und Werkraum« in Breslau. Unmittelbar nach dem verhängnisvollen Krieg, im Mai 45, wurde er in Berlin zum Stadtbaurat berufen und begann mit Freunden erneut seine Arbeit für diese Stadt. Im April 46 übernimmt er Institut und Lehrstuhl für Städtebau an der TU Berlin, 1947 dazu die Leitung des Institutes für Bauwesen an der Akademie für Wissenschaften in Ost-Berlin.

1954 wurde Scharoun der erste Präsident der neugegründeten Akademie der Künste. Er bedachte und erfand in unzähligen Äußerungen und im täglichen Tun Sinn und Wesen dieser Institution, die ihm im Zusammenwirken der Künstler Praxis und Geheimnis zugleich bedeutet. Wie sehr er Weg und Richtung wies, mögen zwei Zitate belegen: Er sagt: Mit den großen Ehrungen kamen dann auch spät, zu spät vielleicht, die großen Bauaufgaben, auch diese aus Wettbewerben hervorgegangen: die Staatsbibliothek in Berlin
das Theater in Wolfsburg und
1969 das Schiffahrtsmuseum in Bremerhaven, seiner Heimatstadt, der wir in seinen Werken immer wieder begegnen.

Unter diesen ist die Staatsbibliothek die wohl größte Herausforderung an den genialen Baumeister, der er noch einmal, schon in seinem achten Jahrzehnt, seine ganze Kraft hingibt.

Viele, die ihm nahestanden, bewunderten ihn und waren dennoch voll Sorge.

Ich sagte zu Beginn, es ist die Stunde, in der wir uns erinnern. Aber es hieße, sich an den Falschen erinnern, wollten wir es bei der Erinnerung belassen. Scharouns Wirksamkeit ist kein Phänomen, das der Vergangenheit angehört, sondern weist in die Zukunft. Raum und Zeit waren seine Dimensionen und das Kontinuum menschlichen Wirkens.

Darum ist es auch die Stunde, vorauszuschauen. Die Stunde, die uns verpflichtet, seine Wirksamkeit in die Zukunft zu tragen. Das gilt für die unvollendet gebliebenen Bauten, allen voran für die Staatsbibliothek, und das gilt für die Ordnung des fast unübersehbaren Nachlasses an Zeichnungen, Entwürfen, Schriften, Vorlesungen, Notizen, Vorträgen, Briefen und selbst Akten, die sich zur Sichtung in der Akademie befinden.

Daß die Staatsbibliothek so vollendet wird, wie Scharoun sie erdacht hat, darin werden der Präsident der Stiftung Preußischer Kulturbesitz und der Präsident der Bundesbaudirektion eine ihrer vornehmsten Aufgaben sehen.

Zum Glück hat Scharoun genügend Mitarbeiter und Freunde, die bereit und befähigt sind, sein Werk zu Ende zu führen. Auch diesen sei hier gedankt für ihre Bereitschaft und Treue.

Wenn Ich von Mitarbeitern und von Treue spreche, muß ich aber in unser aller Namen vor allem Frau Scharoun danken.

Liebe Frau Scharoun, gebe Gott Ihnen weiterhin die Kraft, die Sie viele Jahre an der Seite dieses großen Mannes bewiesen haben. Wir alle werden Sie und Ihre Hilfe brauchen.

Zum Schluß lassen Sie mich noch ein Wort von Hans Scharoun zitieren, einen jener kurzen Aussprüche, wie er sie so gerne von sich gab.

Wenige Tage vor seinem Tode erzählte ihm Frau Scharoun im Krankenhaus, daß die Akademie die Gründung des Scharoun-Archivs beschlossen hätte. Darauf flüsterte er, mit dem leisen, verschmitzt hintergründigen Lächeln, das so typisch für ihn war: »Da werden die aber noch schön zu tun haben.«

Und so soll es auch sein.

Mary Wigman

Wir haben uns hier versammelt, um Abschied zu nehmen von Mary Wigman, der Tänzerin. Wir sind betroffen und voll Trauer, obwohl wir wissen, daß dieses Leben sich vollendet hat, wie kaum ein anderes.

Und daß das Werk, das diese Frau vollbrachte, nicht reicher hätte werden können und weiter wirkt. Betroffen und voll Trauer, weil ein Mensch von uns ging, dem zu begegnen Glück bedeutete und Kraft gab und auch Mut und Zuversicht.

Mary Wigman hatte bis zuletzt bei aller Gebrechlichkeit des Körpers Kraft und Mut für viele.

Darum will ich nicht das Werk preisen, das unverlierbarer Bestandteil der Kunst unseres Jahrhunderts ist, einer Kunst, die sich versteht als ein Weg zur Befreiung des Menschen und zur Veränderung der Welt.

Will nicht sprechen über die Ehrungen, die ihr in großer Zahl zuteil wurden, nicht über ihre Kämpfe, die Niederlagen und Triumphe – den weitgespannten Bogen dieses Lebens, das sich vollendet hat.

Sondern ich will der zarten Frau gedenken, die bis zuletzt an allem Anteil nahm mit der Lauterkeit und Klarheit ihres Geistes und der Lauterkeit und Klarheit ihres Herzens.

Mary Wigman (1886–1973), Tänzerin, Choreographin, Tanzpädagogin, 1955–1973 Mitglied der Akademie der Künste, Berlin (West), Abteilung Darstellende Kunst.

Die Transkription der Trauerrede folgt: AdK, Werner-Düttmann-Archiv, 282 Bl. 2–4, Typoskript, undatiert, mit handschriftlicher Ergänzung am Schluss des Textes

Siehe auch:
Bl. 5–10, 2 Kopien des Typoskripts

Ihr Gesicht war wie eine Landschaft, war viele Landschaften und viele Schicksale die sie in sich einließ und aus denen ihr Werk gewachsen war. Ihr Werk, das die Welt des Tanzes – und nicht nur diese – veränderte.

Wenn ich an sie denke, sind es zuerst ihre Augen, dann erst die wohltuende Stimme, die Geste der Hände oder die Art, den Kopf zu halten.

Ihre Augen, die so groß, so wissend und so gütig waren, hatten die Kraft, dem Bedrängten wortlos zu Hilfe zu kommen, konnten zurechtweisen oder belohnen und trotz des Vielgesehenhabens immer wieder staunen.

Sie waren am Ende eines langen Lebens voller Erfahrung und mädchenhafter Reinheit zugleich.

Als ich dieser Tage in Schriften von ihr und über sie las, fand ich diese von ihr geschriebenen Sätze:

»Viele Merkmale weist der seinem lebendigen Instrument verhaftete tänzerische Mensch auf, die ihn eindeutig als Tänzer kennzeichnen. Das untrügliche Zeichen seiner Tänzerschaft aber ist das Auge, dessen Blick sich mit der einsetzenden Konzentration auf den tänzerischen Vorgang verwandelt und den Tanzenden stigmatisiert.«

und weiter:

»Auch der Zuschauer wird sich in den großen Momenten auf das Auge des Tänzers konzentrieren, auf diesen Brennpunkt des tänzerischen Geschehens.«

In der gleichen, zu ihrem 70. Geburtstag von der Akademie der Künste, zu deren Gründungsmitgliedern sie gehörte, herausgegebenen Schrift schreibt Ludwig Berger 1956:

»Mary Wigman müßte heute längst ein Schloß haben, wenn es in der Kunst mit richtigen Dingen zuginge, aber es geht nicht mit richtigen Dingen zu ... das wissen wir von Mozart und Schubert, und von Rembrandt und Kleist. Was die Sterne an Phantasiekraft an den einzelnen Begnadeten verschenken, ziehen sie heimlich am Einkommen ab! Und so steht das Schloß der Mary Wigman nur auf der dankbaren, undankbaren Erde unserer Bewunderung. Wir können nichts tun als sie lieben ... und immer weiter mit und an ihr erleben, WER SIE IST!«

Daß wir dies alle die Jahre noch durften, danken wir ihr in dieser Stunde und an dieser Stelle.

Peter Pfankuch

Peter Pfankuch ist tot.

Er starb am Sonnabend, dem 12. Februar 1977, am Abend, zwei Stunden, bevor das Faschingsfest in der Akademie der Künste begann, das die Mitarbeiter der Akademie ausstatten, die Freunde derselben einlädt, einander

Peter Pfankuch (1925–1977) war Architekt und 1970–1977 Mitglied der Akademie der Künste, Berlin (West), Abteilung Baukunst. 1956–1958 arbeitete er als Assistent von Hans Scharoun am Lehrstuhl für Städtebau der TU Berlin und war darüber hinaus bis 1960 Partner in der Bürogemeinschaft Fehling, Gogel, Pfankuch, Berlin. 1961–1976 war er als wissenschaftlicher Sekretär der Abteilung Baukunst der Akademie der Künste, Berlin (West) tätig und gab 1974 die erste Monografie über das Werk Scharouns heraus (siehe S. 254f.).

Die Transkription der Trauerrede folgt:
AdK, Werner-Düttmann-Archiv, 228
Bl. 2–3, Typoskript mit wenigen handschriftlichen Korrekturen

Siehe auch:
Bl. 4–9, weitere Typoskripte und Kopien derselben, undatiert, mit zum Teil zahlreichen handschriftlichen Korrekturen
Bl. 10–17, Manuskript, undatiert, zum Teil abweichend vom Typoskript
Bl. 18–21, Kopie eines weiteren Typoskripts, undatiert
Bl. 22–23, Typoskript, undatiert, mit handschriftlichen Korrekturen
Bl. 24–28, Manuskript der Trauerrede anlässlich der Bestattung, undatiert
Bl. 29–30, Typoskript der Trauerrede anlässlich der Bestattung, 25.02.1977

und ihr, der Kunst, als einem Ort der Freiheit, zu begegnen. Diesmal, als Peter Pfankuch starb, zwei Stunden vor dem Fest, fiel es nicht aus. Denn er hatte immer für alle anderen vorgesorgt und blieb dabei, für das, was ihn selbst anging, für Diskretion bemüht. Auch im Sterben.

Wer war Peter Pfankuch und was machte ihn zu dem, der er war, als er starb?

Ich kannte einen Studenten, den ich traf – nach dem Krieg, der saß mit mir auf der langen Leiter, damals als wir an der Krummen Lanke ein Fest dekorierten für eine wie auch immer geratene Arch-Fak zur Zeit des schwarzen Marktes. Wir tranken Alkolat und er tanzte wie ein Gott. Er war aufgeblüht nach langer Gefangenschaft und befreit:

Seine Mutter war Jüdin.

Ich war abgeschlafft, wie man es heute nennen würde, nach langer Gefangenschaft. Wir waren in unterschiedlichen Lagern gefangen gehalten worden.

Auf der Leiter – beim Dekorieren für das Fest für die Anderen – haben wir uns zum erstenmal verstanden.

Er hat es damals erreicht, daß ich in Dahlem dabei sein durfte, als Gropius – zum erstenmal wieder in Berlin – sagte: denken Sie großzügig. Gropius schlug vor, die Friedrichstraße als die wirklich urbane Passage mit Glas zu überdecken – er bot Konzepte an für eine Friedrichstraße, die in Schutt und Asche lag. Einige von uns, und zu denen gehörte ich, dachten darüber nach, wo man Pappe herkriegen könnte für die Fenster, die ehemals verglast waren. Nicht so Pfankuch.

Er initiierte oder erfand »das Haus der bauenden Jugend«. Ein Stück Bauhaus – aber mehr – mehr heute. Er war bei – mit und um Scharoun, denn dieser hatte ihn studieren lassen – trotzdem oder gerade darum – als einen, der wie er und von ihm wußte, worum es ging.

Peter Pfankuch wurde auch Architekt. Mit Fehling baute er die erste Mensa der FU, die ein Anfang des Neuen Bauens in Berlin war, beim Studentenheim an der Potsdamer Chaussee war er dabei. Immer wieder meldete er den Anspruch an, unter dem es nicht sein durfte. Inzwischen hatte die Krankheit zugegriffen und ihn nicht mehr freigelassen. Aber er hatte sich widersetzt, wo alle anderen längst aufgegeben hätten. Er hat angesichts des Unentrinnbaren immer wieder die Kraft seines Geistes bewiesen und eingesetzt für die gewonnene Erkenntnis, daß es die Architektur sei, der es gelingen könnte, das Leben des Menschen lebenswert zu machen. Er fand die Ansätze dieses Glaubens in den Manifestationen des Bauens der Zwanziger Jahre. Er fand sie zuletzt und ohne jede Einschränkung bei Scharoun. Er diente Scharoun und dessen Akademie bis zuletzt.

Wir sind Peter Pfankuch zu Dank verpflichtet für das, was er bewirkte und für die Diskretion, mit der er sein Leiden umgab, um für alle, mit denen er umging, das Herz offen zu halten für Hoffnung.

Hans Dienst

Liebe Fam. Dienst, liebe Freunde von Hans D., liebe Trauergäste

Dies ist die Stunde, Abschied zu nehmen von einem ungewöhnlichen Mann, dessen Tod wir jetzt noch nicht erwartet haben. Er, den eine seltsame Unruhe umtrieb, hatte sich gerade eingerichtet auf etwas, was Dauer versprach: er war aufs Land gegangen, in die Reihe, in das Verlässliche. Er sagte, in dieser Landschaft lebt man zehn Jahre länger als anderswo. Wir hatten uns für ihn gefreut, weil er gut zu denken war, unter dem weiten Himmel, den es hier gibt. Weil sein Blick häufig auf irgendeinen fernen Horizont gerichtet war, wie über das Meer. Auch wenn er im Zimmer sass, oder beim Bier im Xantener Eck oder zu Mittag in der Paris Bar in der Kantstrasse.

Hans Dienst war ein ungewöhnlicher Mensch, weil immer etwas Fremde und immer die Ferne um ihn war, auch wenn er mit grosser Präzision und wacher Präsenz sich dem Problem seines Berufes stellte. Er war ein begnadeter Ingenieur mit scharfem Intellekt. Er hatte, wenn die Probleme sich stellten, immer schon vorausgedacht. Er war bereit, Entscheidungen zu fällen und er entschied sich schnell, weil seine Einsicht in das Wesen der Dinge ihn dazu befähigte.

So nimmt es nicht wunder, dass man ihn, der seit 1937 aktiv im Berliner Baugeschehen stand, zu Rate zog, wenn es um komplizierte, neue, noch nicht erprobte Konstruktionen ging. Beim Bau der Kongresshalle am Rande

Mit Hans Dienst (1908–1973), der bereits 1936 ein Büro für Bauingenieurwesen in Berlin gegründet hatte und dem sich Gerhard Richter 1939 als Partner anschloss, hat Werner Düttmann mehrere Bauvorhaben realisiert, unter anderem das eigene Wohnhaus: Haus Dr. Dienst, das zugleich als Büro diente, wurde 1964/65 in Berlin-Grunewald erbaut.

Die Transkription der Trauerrede folgt: AdK, Werner-Düttmann-Archiv, 289 Bl. 1–4, Manuskript, undatiert des Tiergartens holte man seinen Rat. Und später für die konstruktive Bearbeitung des Mies van der Rohe Baues für die Neue Nationalgalerie.

Bei diesen Projekten lernte ich ihn näher kennen. Zuerst 1956 in New York, im Büro Severud, wo er mit analytischem Verstand die Konstruktionspläne sezierte. Abends am Broadway bei Jazz und Bier und Disneyland. Und dann spät in der Nacht, wo er mir, dem hoffnungslosen Laien, die soeben erstandenen Seekarten zu erläutern versuchte, und wie man aus dem Gang der Gestirne Positionen bestimmt.

Jahre später, an dem Tage, an dem John F. Kennedy in Dallas erschossen wurde, sassen wir uns wieder in Amerika gegenüber, im Büro von Mies van der Rohe. Er war im Segelboot gekommen, und erzählte, dass irgendwo vor Florida, als noch kein Land in Sicht gewesen sei, ihm und seinem Begleiter ein Turnverein entgegengeschwommen wäre – der sich dann als ein Rudel Schildkröten herausgestellt hätte. – Und abends sassen wir im Tip Tap Top und sprachen über den ermordeten Präsidenten, und die Hoffnung, die mit ihm dahingegangen ist. Und er sprach lange über Amerika – aber er sprach nie über sich.

Wir waren befreundet, ich glaube, er würde mir diese Feststellung gestatten. Befreundet, aber per Sie und mit jener Distanz, die ihn umgab, die aber nicht aus der Kälte kam, sondern aus der scheuen Achtung des anderen.

Ich bin überzeugt, Gerhard Richter, sein langjähriger Partner und Freund, der seit 1939 mit ihm zusammenarbeitet, hat diese besondere Freundschaft erlebt – und Frl. Schick, die seit 41 die gute Seele des Büros ist und auch Herr Glatthaar, der seit 1960 dabei ist. Diese langen Jahre gemeinsamer Arbeit – seit 1965 im eigenen Büro, dem Haus mit dem Schiffsbug, dem die kleine Wohnung wie eine Kommandobrücke aufgesetzt ist – zeugen für den Kapitän, für seine Treue, seine Liebe – und für den Geist der Freundschaft, in dem das Büro, dessen bin ich sicher, weiterbestehen wird.

Hans Dienst ist tot. Sein Leichnam wird verbrannt werden und die Asche ins Meer gestreut.

Wir aber werden uns seiner erinnern, wenn wir ans Meer treten und die Schiffe dahinziehen sehen, oder bei Nacht unter dem gesternten Himmel, an dem er sich orientierte – oder beim Bier, zu dem er uns fehlen wird.

164 Vgl. hierzu S. 253f.
165 Im gedruckten Text: 1965.
166 Siehe Anm. 160.
167 Siehe S. 53.
168 Die Rede des Senators für Wissenschaft und Kunst, Adolf Arndt, zur feierlichen Eröffnung des Konzerthauses des Berliner Philharmonischen Orchesters am 15. Oktober 1963 wurde gedruckt als Heft 9 der Reihe »Anmerkungen zur Zeit«, hg. von der Akademie der Künste. Berlin 1964.
169 Siehe Anm. 141.
170 Wiliam Wauer (1866–1962), deutscher Bildhauer, Maler und Regisseur.
171 Siehe hierzu auch S. 51f.
172 Siehe Anm. 124.
173 Peter Szondi (1929–1971), Literaturwissenschaftler, Kritiker, Übersetzer und Essayist.
174 Wilhelm Borchert (1907–1990), Schauspieler, 1976–1990 Mitglied der Akademie der Künste, Berlin (West), Sektion Darstellende Kunst, 1977–1980 Stellvertretender Direktor der Sektion Darstellende Kunst der Akademie der Künste, Berlin (West).
175 Ernst Jacobi (geb. 1933), Theater- und Filmschauspieler sowie Hörbuch- und Synchronsprecher.
176 Siehe dazu Düttmanns Rede zur Einführung in den Abend mit dem Vortrag von Scholem, S. 238f.
177 Günter Grass: *Der Butt*. Darmstadt und Neuwied 1977. Richtig: Asche, nicht Holzkohle.
178 Gemeint ist die Stadtküche Nöthling aus Berlin-Steglitz.
179 *Le salon imaginaire. Bilder aus den großen Kunstausstellungen der zweiten Hälfte des XIX. Jahrhunderts*. Ausstellung der Deutschen Gesellschaft für Bildende Kunst (Kunstverein Berlin) und der Akademie der Künste vom 6. Oktober bis 24. November 1968. Berlin 1968.
180 *Aspekte der Gründerzeit*. Ausstellung in der Akademie der Künste vom 8. September bis zum 24. November 1974. Berlin 1974.
181 *Tendenzen der Zwanziger Jahre*. 15. Europäische Kunstausstellung Berlin 1977. Katalog der Ausstellung in der Neuen Nationalgalerie, der Akademie der Künste und der Großen Orangerie des Schlosses Charlottenburg zu Berlin vom 14. August bis zum 16. Oktober 1977. Berlin 1977.
182 *»Als der Krieg zu Ende war«. Kunst in Deutschland 1945–1950*. Ausstellung der Akademie der Künste, Berlin, in Zusammenarbeit mit dem Deutschen Literaturarchiv im Schiller-Nationalmuseum Marbach a.N. und den Berliner Festwochen, 7. September – 2. November 1975. Berlin 1975.
183 Harry Ristock war von 1975 bis 1981 Bausenator, unter ihm beschloss der Berliner Senat 1978 die Einrichtung einer IBA. Offenbar legt Düttmann hier die Lesart nahe, dass das entscheidende Gespräch darüber zusammen mit Ristock auf der Mitgliederversammlung oder vorher in der AdK geführt wurde.
184 *Deutsche Bauausstellung* Berlin 1931.
185 Internationale Bauausstellung (Interbau) 1957, siehe S. 67.
186 Siehe hierzu das fragmentierte Manuskript in: AdK, Werner-Düttmann-Archiv, 285.
187 Vgl. etwa Wolf Jobst Siedlers vernichtende Kritik in: »Das Ende der Bescheidenheit. Berlin in der Ägide Düttmann-Müller-Heinrichs«, in: *Modelle für eine Stadt*, hg. von Vittorio Magnago Lampugnani. Berlin 1984, S. 18–23.
188 »Wanderer, kommst du nach Sparta, verkündige dorten, du habest / Uns hier liegen gesehn, wie das Gesetz es befahl.« Friedrich Schiller: »Der Spaziergang« (1795), in: ders.: *Gedichte*. Erster Theil. Ausgabe letzter Hand. Leipzig 1804, S. 49–65, hier S. 49.
189 In der Tat sucht man den Namen Düttmann vergebens in den einschlägigen Publikationen von Klotz, vgl. beispielsweise Heinrich Klotz: »Tendenzen heutiger Architektur in der Bundesrepublik«, in: *das kunstwerk* 2–3, XXXII (1979), Sonderheft »Architektur in Deutschland«, S. 6–12, obgleich in demselben Heft (S. 53) ein Kurzporträt von Düttmann abgedruckt wurde.
190 Hans Werner Richter (1908–1993), deutscher Schriftsteller. 1983–1993 Mitglied der Akademie der Künste, Berlin (West), Sektion Literatur.
191 Beliebte Kneipe am Savignyplatz, Berlin-Charlottenburg, in der Düttmann häufig anzutreffen war.

192 Vgl. auch den Text zur IBA, der sich unmittelbar darauf bezieht, Seite 243–245.
193 Fred Thieler (1916–1999), Maler. 1978–1999 Mitglied der Akademie der Künste, 1980–1983 Vizepräsident der Akademie der Künste, Berlin (West).
194 Hans Lietzau (1913–1991), Regisseur, Schauspieler, Intendant. 1969–1991 Mitglied der Akademie der Künste, Berlin (West), 1971–1977 Stellvertretender Direktor der Sektion Darstellende Kunst der Akademie der Künste, Berlin (West), 1980–1991 Direktor der Sektion Darstellende Kunst der Akademie der Künste, Berlin (West).
195 Boy Gobert (1925–1986), Schauspieler, Regisseur, Intendant, 1975–1986 Mitglied der Akademie der Künste, Berlin (West), 1980–1984 Stellvertretender Direktor der Sektion Darstellende Kunst der Akademie der Künste, Berlin (West).
196 Gustav Korlén (1915–2014), schwedischer Germanist und Sprachforscher, 1973–1979 außerordentliches Mitglied, 1979–1993 Mitglied der Akademie der Künste, Berlin (West), Sektion Literatur.
197 Am 15. August 1980 erfolgte auf Einladung der IBA Internationale Bauausstellung GmbH eine Besichtigung des in Rede stehenden Geländes für die Mitglieder der Abteilung Baukunst.
198 Siehe hierzu auch S. 289f.
199 Uwe Johnson: *Jahrestage. Aus dem Leben der Gesine Cressphal* (4 Bde.). Frankfurt a.M. 1970–1983.
200 Günter Grass: *Hundejahre*. Neuwied, Berlin 1963.
201 Hans Mayer: *Außenseiter*. Frankfurt a.M. 1974.
202 Luise Rinser: *Grenzübergänge*. Frankfurt a.M. 1972.
203 Heinrich Böll: *Ansichten eines Clowns*. Köln 1963.
204 Jürgen Becker: *In der verbleibenden Zeit. Gedichte*. Frankfurt a.M. 1979.
205 Hans Heinz Stuckenschmidt: *Zum Hören geboren. Ein Leben mit der Musik unserer Zeit*. München und Zürich 1979.
206 Siehe S. 260.
207 Siehe hierzu AdK, Werner-Düttmann-Archiv, 315, Brief von Friedrich Lust an Werner Düttmann (29.08.1979) und Typoskript seines Beitrags zum Akademiegebäude (19.06.1960).
208 Hans Scholz (1911–1988), Schriftsteller, Maler, 1963–1988 Mitglied der Akademie der Künste, Berlin (West), Sektion Literatur, 1971–1988 Stellvertretender Direktor der Sektion Literatur.
209 Walter Rossow war Mitbegründer des Deutschen Werkbunds in Berlin nach dem Zweiten Weltkrieg. In einer Ausstellung des Werkbunds in Marl 1959 griff er erstmals das Thema »Die große Landzerstörung« auf, das später zu einem seiner Arbeitsschwerpunkte wurde.
210 Jens Peter Jacobsen: *Niels Lhyne*. Kopenhagen 1880.

59A

6 Der Ungehaltene: Notizen und Fragmente

Architektur – und wie entsteht sie eigentlich?

– oder der Versuch, sich zu wehren – oder der Anlauf zu einer Richtigstellung – Sie sehen schon: ich weiss nicht recht, worüber ich schreiben will.

Dennoch will ich es und weiss es auch, wenn auch mir unbewusst. Ich schreibe jetzt, weil ich nicht schlafen kann, obwohl es an der Zeit wäre. Ich konnte auch gestern Nacht nicht schlafen und vorgestern auch nicht.

Im Nachlass von Werner Düttmann haben sich zahlreiche Schriftstücke erhalten, die unvollständig, fragmentarisch sind und deren konkrete Sinnzusammenhänge nicht mehr ermittelt werden können. Sie gehören aber dennoch zum hinterlassenen schriftlichen Erbe des Architekten, das Aufschlüsse über sein Denken und über die Methodes des Schreibens als Arbeitsinstrument gibt. Es handelt sich oftmals um spontane, aber auch nachdenkliche Äußerungen, die hier wiedergegeben werden.

Sie fragen – und sehr zu recht – warum kann der nicht schlafen? Und ich sage Ihnen ehrlich: weil mir ein Haus durch den Kopf geht, das gebaut werden soll. Sich aber noch nicht zu erkennen gibt. Da sitzt Du denn im Fieber wie mit einer Krankheit neben dem Bett und Deine Träume sind wirr. Vorgestern Nacht, als ich nicht mehr weiter wusste, setzte sich meine Frau neben mich und konnte nicht helfen – half aber doch. Es war ihre Idee, dass wir uns dem Garten des Hauses zuwandten, das sich nicht zu erkennen geben wollte.

Auch der Garten war schwer zu finden in dem wirren Gelände am hügeligen Hang. Erst nach Stunden fanden wir ihn – mit Teehaus und Obelisk, mit Tennisplatz und Zeltwiese, mit den hängenden Terrassen und dem begehbaren Rundweg zwischen all den sich überstürzenden Höhenlinien.

Als wir ihn gefunden hatten, waren wir froh und hielten ihn in einer Zeichnung fest. Die, als man sie umdrehte, sah aus wie ein Hund. Aber wir konnten mit ihr leben und waren dem Haus nähergekommen, weil wir nun mehr den Garten wussten. Dies ist mir ungefähr korrekt, denn ich wusste das Haus schon ungefähr. Aber es war so ungenau, wie ein Volk ohne Land und deshalb schwer vorstellbar.

Werner Düttmanns Notizen entstanden 1982 im Kontext mit einem seiner letzten Aufträge: Die Deutsche Botschaft in Washington.

Die Transkription des Textes folgt: AdK, Werner-Düttmann-Archiv, 260 Bl. 2–4, Manuskript, undatiert

Der Feind der Architektur ist das Fragen, ihr Freund ist das Zeichnen.

Aber erst, wenn einer zeichnen kann, ohne zu fragen warum, ist er Postmodern – und Überwinder des Lebendigen, das immer dem Hehren entgegensteht.

Oder aber: erst wenn einer vor lauter Fragen nicht mehr zeichnen kann und statt dessen denkt – oder aber: nehmen Sie zum Beispiel den Iglu, die Überlebensarchitektur aus Schnee.

Berlin ist gemessen an

New York – London – Paris – Tokio, um nur einige zu nennen, eine von den kleineren der grossen Städte. Das gilt besonders für Westberlin. Das heisst aber nicht, dass die Liebe, die man ihm entgegenbringt, geringer sein muss. Auch grosse Männer haben kleine Frauen geliebt – und umgekehrt. Berlin könnte gleichsam als beweisbares Beispiel stehen für Zuneigung, oder richtiger für Liebe unter erschwerten Umständen. Jede grosse Liebe ist angesichts des geliebten Gegenstandes zuweilen ratlos. Das haben wir alle erlebt, die gelebt und geliebt haben. Und das erleben wir zur Zeit, wir, die wir Berlin lieben. Und wir erleben, dass lieben nicht nur Glück ist, obwohl es das auch ist, aber auch sich sorgen – sich Sorgen machen um das oder die Geliebte oder um den Geliebten. Denn jedes Geliebte entwickelt und das heisst auch, verändert sich. Meine Tochter ist nicht mehr mein Baby, sondern auf dem Wege, sie selbst zu werden. So meine Freunde, meine Stadt, mein Heim.

Die Transkription der folgenden Textfragmente folgt: AdK, Werner Düttmann-Archiv, 264 Bl. 24–56, Manuskripte, undatiert

Das Schwierigste im Leben, so scheint es mir jedenfalls, ist der Gebrauch von Possessionspronomina: zu sagen: »mein« Freund, »meine« Frau, »meine« Stadt etc., wenn sich die geliebten Gegenstände – oder besser – die »Liebesobjekte« verändern.

Gestern war ich in Paris und empfand auf den Champs Elysees einen Hauch von Armut und Angst. Vor Jahren war ich in Prag und empfand auf dem Wenzelsplatz graue Armut, aber einen Hauch von Hoffnung.

Städte, meine ich, teilen sich mit und »fühlen sich an«. Man kann den Puls fühlen, meine ich, man kann aber auch nichts fühlen, wenn man die Finger, die fühlen sollen, falsch anlegt, weil man nicht weiss, wo der Pulsschlag zu fühlen ist.

Die *Morgenpost*, eine ehemals populäre Zeitung, versucht sich zur Zeit im Pulsfühlen.[211] Das ist ein an sich begrüssenswertes und ehrenhaftes Unterfangen, wenn die, die da fühlen wollen, nicht vorher wüssten, was sie fühlen werden, oder fühlen sollen werden, oder werden sollen. Ich fühle lieber selber, und wenn ich glaube, dass es anderen ihr Selberfühlen deutlich macht, teile ich es mit – auf die Gefahr hin, missverstanden zu werden. Darum möchte ich mich auch nicht in der *Morgenpost* zu Wort melden, damit niemand glaube, auch mein Beitrag wäre verabredet. Er ist es nicht – ich möchte den *Tagesspiegel* bitten, eine Reihe von Briefen abzudrucken, die ich etwa unter folgenden Titel schreiben will:

1. Brief über das Sich Wundern
2. Brief über den Zorn
3. Brief über die Trauer
4. Brief über die Eitelkeit – oder den Ehrgeiz oder die verletzte Eigenliebe
5. Brief über die Lüge
6. Brief über die Hoffnung – hier speziell über die Hoffnung für diese – meine – unsere so missverstandene und so falsch zum Zeugen aufgerufene Stadt Berlin.
7. und diese Briefreihe abschliessend:
   Brief über das Arschlecken (und das auch noch an falscher Stelle)

Ich wähle den *Tagesspiegel* – weil ich ihn, obwohl er etwas langweilig ist, für die Tageszeitung in Berlin halte, die versucht, die Probleme dieser Stadt-Halbstadt, wenn Sie gestatten, mit einem hohen Mass an Fairness, d.h. ausgewogen darzustellen.

Wir sollten von den Fundamenten sprechen.

Man legt sie frostfrei, d.h. zumindest – und das hängt von der Region und der Häufigkeit der Kälteperioden ab – zumindest einen Meter tief – wie zum Beispiel die Toten.

Man hofft, dass sie in dieser Lage Ruhe finden und dort bleiben.
Und darauf baut man.

Nach langem Nachdenken weiss ich nichts mehr zu sagen

– es sei denn, wie man Wasser schöpft oder ein Dach macht, vorausgesetzt, die Quellen sind noch nicht vergiftet und noch Menschen vorhanden, die ein Dach zu schätzen wissen.

Diese aber werden sich zusammentun und um die Quelle eine Stadt errichten. Aber sie werden achtgeben müssen, dass die Stadt nicht die Quelle vernichtet. (Dies geschieht zumeist, wenn diese vorübergehend zur Geldquelle wurde).

Versuch einer Zusammenfassung:

Wenn Ihr mich fragt, was Ihr tun sollt, sage ich, tut es!
Zögert, legt euch in die Sonne auf den Rasen, den Ihr nicht gesät habt, und lasst die Jahre (Zeit?) vergehen. Andere, spätere, werden es wissen.

Erneuter Versuch einer Zusammenfassung:

Alles ist richtig und wird Zukunft haben und demzufolge geschichtlich werden, solange Du es noch glaubst, während wenn Du es tust.

Hast Du aber Zweifel, höre auf! auch das ist Geschichte.

Es gibt keine Autoritäten für immer. Man möchte Oskar Niemeyer fragen: was machst Du denn da, weil man es nicht glauben möchte, nach alledem, was er da macht. Aber er, der Grosse, würde zurückfragen: Was macht Ihr denn und mit welcher Berechtigung.

Aber des Fragens darf kein Ende sein. Wir sollten uns fragen. Denn wir sind solange wir es ernst meinen, auch fragwürdig.

Nicht zufällig hat der Begriff fragwürdig mit Würde zu tun.

Die Stadt als Schöpfung, d.h. die vollendete Stadt muss Ziel bleiben – aber nie Erfüllung werden. Die Stadt, die wir wollen, ist der Prozess, in dem wir leben und der uns am Leben erhält (uns heisst nicht nur die Architekten). Wenn die Stadt, was der Himmel verhüten möge, jemals fertig ist – ist sie fertig – und wir auch.

Aber solange noch Kraft in ihr ist, wird sie niemals fertig sein. Solange dürfen wir hoffen und sie verändern, und dabei sogar glauben, dass wir Endgültiges tun.

Aber der Wind kann nicht lesen und kommt von überall her.

Rettet den Stuck, sagt er, und reisst ihn ab, sagt er, tut, was Ihr wollt, sagt er, aber lacht doch mal wieder. Oder schreibt, was Ihr wisst, in den Sand, ehe der nächste Wind kommt und es verweht.

In der alten Jakobstrasse

wurde Onkel Erich von einem Brauereifahrzeug überfahren. Wir Kinder fanden es gruselig schön. Aber ich erbte sein zerbeultes Fahrrad, das mein Vater, der Bildhauer war, wieder fahrfähig machte. Seither kenne ich Kreuzberg über die Grossbeerenstrasse hinaus, wo wir wohnten. In der Hedemannstrasse, wo ich und meine Mitarbeiter versucht haben, der Enge zum Trotz, den unteren Wohnungen Gärten zu geben, ging mir vor vielen Jahren aus Onkel Erichs Fahrrad schon einmal die Luft aus.

Aber in Lichterfelde-Ost blühten die Kirschbäume

und reiften die Stachelbeeren. Und der Sommer ging über das Land.

Und wer auch immer gegen die Liebe pokert, verliert.

Gegenüber dem Bahnhof von Lichterfelde-Ost steht ein Haus mit Skulpturen, die das Architektonische über den Fenstern tragen – und wenn es möglich wäre, sollte man es erhalten – es ist sogar etwas sinnlich – aber in erster Linie ist es sinnvoll, weil man anhand dieser an sich läppischen Skulpturen die Eiszeit erklären kann.

Doch zurück zum Stuck, hinter welchem wollen Sie eigentlich? Beispielsweise wohnen?

Apropos: Ich bin für die Erhaltung desselben, solange er nicht als das Einzige verstanden wird, das es zu erhalten gäbe.

2. Apropos: Gegenüber dem Bahnhof von Lichterfelde-Ost steht ein Haus mit Skulpturen, die das Architektonische über den Fenstern tragen ... .

3. Apropos: Ich mag das Rot in Kreuzberg nicht. Ich meine das Himbeerige auf den neuen alten Fassaden der sogenannten »Couchen« am Mariannenplatz südöstlich von Bethanien. Aber ich sehe ein: Ohne Mut kommen wir nicht weiter. Ich mag den Mut, aber nicht das Ergebnis.

Aber ich weiss keine andere Alternative als grau, und grau, das gebe ich zu, ist weniger optimistisch.

Aber vielleicht bewahrt es das Geheimnis besser.

Ich mag Luther nicht

– ich meine den Dr. Martin Luther, der, obwohl er gebildet war, auf seiner Reise nach Rom die Renaissance nicht begriff, der, heimgekehrt, den Bauernaufstand zwar begriff, aber es dann mit der Angst bekam – ich mag vieles an ihm nicht, ich mag ihn nicht – aber ich liebe ihn für seine Leistung als Dichter, denn ihn Übersetzer zu nennen, wäre zu wenig. Ich kann nicht hebräisch – er konnte es. Und immer, wenn Liebe im Spiel war, übersetzte er:

Und sie erkannten einander.

Dafür liebe ich ihn und dafür danke ich ihm, denn, wie immer es im Hebräischen gestanden haben mag, mit dieser Übersetzung: »Sie erkannten einander«, hat er eine neue Dimension in die Liebe gebracht und damit auch in die Debatte um Stadtbau und dergleichen. [...]

Gewonnene Freiheit, die jeden Tag von links und rechts gefährdet ist.

Wir wollen weiterhin nicht, dass einer Macht habe, uns zu sagen, was schön sei oder angemessen.

Wir wollen aber, dass einer es aufzeige. Und wir werden ihn fragen: Warum?

Wir haben ein Recht auf Freiheit, aber nur, wenn wir wissen, dass es auch die Freiheit des anderen ist.

Stadtidee Berlin? Viele Ideen von vielen, darunter solche, die tragen und andere auch.

Provoziert durch eine von mir gemachte Äusserung,

den Zustand einer Judenschule in Brooklyn, jenseits der Brücke, betreffend, belehrte mich ein dort die Ringellocken und Kopfbedeckung tragenden Jüngling der Orthodoxen im Talmud Unterweisender, dass ich trotz Weitgereistseins nichts begriffen habe: »Eine Brücke ist diese Welt, gehe hinüber, aber baue nicht dein Haus darauf.«

Ich aber bin Architekt und lehne mich auf, weil ich von der Sehnsucht besessen bin, diese Welt bewohnbar zu machen, auch wenn wir nur für Stunden die Füsse unter den Tisch stellen, über den hinweg wir uns ansehen.

Auch wenn wir wissen, dass wir hier nicht bleiben.

Lübeck ist für mich eine Stadt im Glück:

Ich wittere bereits die Ostsee, zu der ich will, und treffe noch mal Stadt an, alte und ehrwürdige Stadt. Die Ostsee spüre ich schon, wenn ich in Charlottenburg gen Siemensstadt über die Nordwestbogenbrücke fahre, deren Spannbeton – Hoffnung von gestern – gerade erlahmt. Ich sehe – dort im Norden – hinter Frohnau, kommt der Deich und dann das Meer, aber dazwischen kommt Lübeck – und da werde ich einkehren: Edvard Munch sehen, der von Oslo herüberreicht – die Marienkirche – Malskat begegnen: Fälscher oder Genie? St. Katharinen und dem Holstentor, das Jonas Geist, ein mir rechter Berliner Linker, ein wenig anheben will. Und dann duftet der Markt auch noch, weil das Mittelalter, was immer da war, nicht nach Blutgericht – sondern nach

Die Transkription des Textes folgt:
AdK, Werner-Düttmann-Archiv, 259
Bl. 1–4, Manuskript, undatiert

Marzipan – und das ist das Zuckerzeug mit Rosenöl und mischt sich mit Orgelmusik um die Ecke und streng daherblickenden Buddenbrocks und ist nicht anders erklärbar als als Stadt. Und dann fällt dir noch ein: Stadtluft macht frei [...]

Meine Herren,

die vergangenen 14 Tage gehören nicht zu den glücklichsten in meinem Leben. Das hat zwei Gründe. Erstens hatte ich die Bitte von Hermann Renscher nicht zurückzuweisen gewagt, nach dem Vortrag von Wolf Jobst Siedler die Diskussion oder richtiger das Gespräch mit einem Beitrag zu eröffnen. Zweitens hatte ich ihn um eine Gästeliste gebeten.

Beides hat mir Furcht gemacht: Reden zu sollen nach Siedler und dann vor solchen Gästen. Ich habe vor jedem Namen, den ich auf der Liste las, einen tiefen Diener gemacht, das ist die männliche Version von Hofknicks, die man lernte, als ich zur Schule ging.

D.h. ich habe Ihnen allen schon lange vor der Reise nach Lübeck meine Ehrfurcht erwiesen. Dabei fiel mir auf, dass in dem Begriff Ehrfurcht die Furcht steckt. Und mir fielen die Jungen ein, Studenten und andere, die so genüsslich liederlich und oftmals grob und rüde mit uns umgehen, ohne Ehrfurcht und, wie es scheint, auch ohne Furcht.

Und ich beschloss, es ihnen gleich zu tun. Das heisst:

Ich greife zunächst meinen Vorredner an – nicht in der Sache, das könnte später folgen, sondern in der Person. Unter Freunden, und als solche sind wir geladen (wie geladen wir sind, wird sich erweisen) ist die gezielte Sottise erlaubt und belebend. Siedler leidet, das haben wir alle gehört, unter dem katastrophalen Ausmass des Hässlichen, das unsere Städte wie ein Krebsgeschwür überwuchert. Er ist Ästhet. Er hat Ahnen, die sein Leiden legitimieren. In seinem Stammbaum nisten seltene Vögel wie Zelter und Schadow. Er hat Ahnen – aber hat er auch Ahnung?

Ahnung von dem, worüber er spricht?

Ich werde immer unsicherer, je mehr ich mich in den Wald der Wörter begebe: in der Ehrfurcht wohnt die Furcht – in der Ahnung geistern die Ahnen. Wir haben es schwer mit den Wörtern, schwerer noch mit den Sprichwörtern. Ich komme darauf zurück.

Doch zunächst zu Wolf Jobst Siedler und seiner Ahnung von Stadt.

Da steht für ihn und weist ihn aus sein Buch: *die gemordete Stadt* – ein Klassiker schon – mit den Fotos der Elisabeth Niggemeyer und seinen Texten. Was ist in dem Buch? Bilder einer Sehnsucht, seiner Sehnsucht nach heiler Stadt; und Bilder einer Ablehnung unheiler Stadt.

Die Transkription des Textes folgt:
AdK, Werner Düttmann-Archiv, 288
Bl. 2–13, Manuskript, undatiert

Eine Brautkutsche im Sonnenschein vor den abbröckelnden Stuck Kreuzberger Mietskasernen, die Hegemann als das steinerne Berlin beschimpft hatte – und Kinder im Regen neben Mülltonnen im Schatten der Hochhäuser einer x-beliebigen Trabantenstadt. Ein Buch zum Weinen und ein Buch zum Lieben.

Aber wie wohnt Siedler? In Dahlem, versteht sich, wo die Reichen wohnen – dennoch bescheiden im Reihenhaus, von seinen Freunden liebevoll als Reihenschloss bezeichnet wegen des einem engl. oder schottischen Schloss entnommenen und hier liebevoll eingebauten Interieurs. An dieser Stelle will ich Sie und Siedler und mich als Freunde in die Pflicht nehmen, zu verstehen, dass hier keiner und schon gar nicht mein Vorredner im Ernst seines Engagements in Frage gestellt werden soll, sondern dass ich versuche, der uns allen gemeinsamen Schizophrenie oder – leiser gesagt – Ratlosigkeit auf den Grund zu kommen.

Und nun komme ich von der Schwierigkeit mit den Wörtern auf die Schwierigkeit mit Sprichwörtern: Da steht geschrieben: Aller Anfang ist schwer. Das ist in der Erfahrung eines Architekten einfach nicht wahr. Wahr ist hingegen: Aller Anfang ist leicht.

Weil Architekten und Städteplaner Glaubenstäter sind, Revolutionäre und Weltverbesserer im Dienste des Glücks und der Liebe des Menschen. Das vielgeschmähte Märkische Viertel in Berlin war von seinen Verfassern als ein menschliches Viertel gedacht. Zunehmend wird es von seinen Bewohnern als ein solches erlebt. Gehen Sie hin, wenn Markt ist – oder am Sontag, wenn Kirche ist: Zukunft wird zeigen. Ich bin voller Hoffnung und bleibe verantwortlich bis in den letzten nach Mitternacht getrunkenen Whisky hinein.

Aller Anfang ist leicht, solange wir glauben. Aber wie weiter, wenn der Zweifel beginnt? Und der Wunsch bei den vielfältigen Wünschen der anderen, die man heute die Betroffenen nennt, versichert zu sein.[212]

M. H.

Ich wusste, dass ich beim Zuhören wieder dem preussischen Charme von W J Siedler erliegen würde und der Überzeugungskraft seiner Ein- und Ausfälle, die auf einem ungeheuer breiten Bildungsfundament basieren.

Die Frage:

Gibt es ein Leben nach der IBA? wurde dahingehend beantwortet:

Das Gute an der alten Moderne, die damals neues Bauen hiess, wird ebenso ibaleben wie das Gute, dass die IBA bringt, wenn sie es bringt.

»In Sachen IBA«

Ich bin es leid, falsch oder gekürzt zitiert und damit von dem, der zitiert, in eine Gruppierung geschoben zu werden, in die ich nicht gehöre. Und auch nicht gehören will.

Um es kurz zu sagen: Ich bin für eine Internationale Bauausstellung in Berlin in den Achtziger Jahren. Man kann mit solchen terminierten Zielsetzungen mehr bewegen und auch erreichen als mit der routinegemäßen Erledigung von Haushaltsansätzen. Schließlich kam der Vorschlag zu einer solchen Ausstellung aus der Abteilung Baukunst der Akademie der Künste. Walter Rossow, deren ehrenamtlicher Direktor, Rudolf Hillebrecht, Hardt-Waltherr Hämer und andere haben hierzu ein erstes Konzept umrissen und dem Regierenden Bürgermeister von Berlin wie auch dem Bausenator zugestellt.[213] Sie haben sich dabei auf die große und erfolgreiche Tradition der Berliner Bauausstellungen dieses Jahrhunderts bezogen. Wen sollte es verwundern, daß dieser Kreis der Anreger auch weiterhin an der Thematik dieses Vorhabens interessiert bleibt?

Ich bin mit Siedler, dem ich in vielem widerspreche, der Meinung, daß zuweilen viele Köche des Hasen Tod sind. Aber dürfen nicht viele besorgt sein und fragen dürfen, was und warum es in dieser Stadt geschieht. »The Schinkels to the front!«, das ist nur ein Konzept von vielen.

Und nun zum Zitat: Ibaflüssig. Kleihues[214] schob es mir in der Paris Bar über den Tisch. Es stand in der FAZ.[215] Ich fand es komisch, aber er blickte ernst. Ich sagte: nichts ist so alt wie die Zeitung von gestern. Aber er blickte ernst. Jetzt zitiert es Siedler – offenbar liest er die FAZ – offenbar hatte ich Unrecht mit meiner Bemerkung: nichts ist so alt wie die Zeitung von gestern.[216]

Die Zeitungsmacher scheinen allerdings dieser Meinung zu sein. Sonst würden sie Siedler nicht alle paar Wochen erneut vorstellen mit Bild und vita – z.B. als Autor des Buches *Die gemordete Stadt* – eines amüsant-traurigen Fotobuches mit Bildern von Elisabeth Niggemeyer und wenig Text.

Doch zurück zu meinem leidvollen Protest. Die Akademie der Künste ruft zweimal im Jahr ihre Mitglieder zusammen, im Frühjahr und im Herbst. Da werden Begegnungen und Kontroversen erneuert, Differenzen ausgetragen, Arbeitsvorhaben beschlossen, Meinungen gebildet oder Unvereinbarkeiten festgeschrieben. Jede dieser Tagungen endet an einem Sonntagabend mit einem Beisammensein der Mitglieder mit Freunden, Feinden und Gästen. Scharoun als Präsident hat es zur Tradition gemacht, in seinen unvergeßlichen Tischreden die

Die Transkription des Textes folgt:
AdK, Werner-Düttmann-Archiv, 250
Bl. 23–26, Typoskript, undatiert
Siehe auch:
Bl. 19–22, Kopie des Typoskripts, undatiert, mit zahlreichen Korrekturen
Bl. 27–35, Manuskript, undatiert

Konflikte von gestern, wenn auch nicht aufzulösen, so doch mindestens für den letzten gemeinsamen Abend mit dem weiten Mantel des Weisen, mit Liebe und Widerspruch, Ironie und Güte zu umhüllen. Ich kenne kein besseres Konzept. Zwar sind die gedeckten Tische in 2 Reihen dem kalten Büffet gewichen. Aber die Notwendigkeit der die Konflikte überwölbenden Begrüßung ist geblieben.

Im letzten Herbst war, wie schon im Frühjahr, als Harry Ristock uns besuchte, eines der verhandelten Themen die IBA.[217] Die Abteilung Baukunst hatte geladen, Gäste aus den anderen Abteilungen waren willkommen.

Von der Geschäftsleitung der IBA hatten sich dankenswerterweise die Herren Jordan, Kleihues, Juckel und unser Mitglied Hämer beteiligt. Diskutiert wurde kontrovers, aber engagiert.

Und dann kam der Sonntagabend, an dem seit neun Jahren der derzeitige Präsident die Gäste begrüßt, die Tagung und ihre Ereignisse resümiert – in der Absicht, zu amüsieren.

Unter den zu berichtenden Ereignissen diesmal war auch die Einladung zum IBA-Gespräch.

Nachdem ich zweimal mit der lapidaren Aussage »ibaflüssig«, wie ich meine, unvollständig und damit sinnentstellend zitiert bin, habe ich den in Eile geschriebenen Zettel zur »Treppenrede« des letzten Herbstes herausgesucht.[218]

Ich zitiere daraus:

»Ein drittes, vielleicht weniger bemerktes Ereignis dieser Tagung war das Gespräch am Freitag, zu dem die Abt. Baukunst geladen hatte. ...
Es war, wie ich meine, konstruktiv, obgleich es zwischen IBA-Zeugung und IBA-treibung und IBA-Druß bis hin zum IBA-Mut schwankte. Es wird weitergehen. Auch dafür Dank. IBA-haupt fiel mir hinterher auf, was Gerold Späth in einem seiner Lebensläufe versteckt hatte – als Hoffnung sozusagen.

Er las: »Man muß jedem seinen Irrtum lassen, manchen sogar mehrere.«
Am Ende rufe ich auf zum Sturm auf das kalte Buffet, mich an Herrn Minuth wendend, der es gedeckt hat: Zitat: »... jeder ist zufrieden, keiner ist glücklich – gerade das aber wollen wir heute sein, deshalb rufe ich unserem bewährten Fährmann zu: Minuth hol IBA an die Gestade der reich beladenen Tische.«

Ende des Zitats, Ende der Treppenrede. Wer daraus eine Ablehnung der IBA folgert, muß über IBA-sinnliche Kräfte verfügen, zumal, wenn er nicht dabei gewesen ist.
Werner Düttmann

I hope

AdK, Werner-Düttmann-Archiv, 420
Bl. 29, undatiert [nach 1977]

that my architecture will be recognizable and understandable and livable in without any comment. I think if interpretation becomes necessary, architecture may have failed. Werner Duettmann

19 Werner Düttmann, 1979

211 Vermutlich spielt Düttmann hier auf die so genannte »Morgenpost-Aktion« an, die Kleihues und Siedler 1977 unter dem Titel »Modelle für eine Stadt« lanciert hatten und die parallel zu Gesprächen mit führenden Politikern des Senats durchgeführt wurde.
212 Mit Bleistift darunter gesetzt: »IBA«. Auch auf dem letzten Blatt finden sich noch Notizen, die vermutlich aus dem Diskussionszusammenhang stammen.
213 Siehe AdK, Bernhard-Pfau-Archiv, 933, unpag., woraus hervorgeht, dass der Vorschlag für eine Internationale Bauausstellung in Berlin 1981–1985 an den Regierenden Bürgermeister und an Senator Ristock am 28. Januar 1977 von der Abteilung Baukunst ausging.
214 Die IBA 1984/1987 wurde von einer Doppelspitze geführt: Josef Paul Kleihues war Leiter der West-Berliner sogenannten Neubau-IBA, die sich der kritischen Rekonstruktion verschrieb; daneben gab es die Altbau-IBA unter der Leitung von Hardt-Waltherr Hämer, der die behutsame Stadterneuerung verfolgte. Vgl. *25 Jahre Internationale Bauausstellung Berlin 1987. Ein Wendepunkt des europäischen Städtebaus*, hg. von Harald Bodenschatz, Vittorio Magnago Lampugnani und Wolfgang Sonne. Sulgen 2012.
215 Camilla Blechen: »Schöne Gedanken fürs schönere Berlin. Ist die IBA überflüssig? – Die Internationale Bauausstellung im Streit der Meinungen«, in: *Frankfurter Allgemeine Zeitung* (07.02.1980).
216 Wolf Jobst Siedler: »Harry Ristock steht im Kreuzfeuer. Ist die IBA ›ibaflüssig‹. Verbände blasen zum Sturm auf die Bauausstellung«, in: *Der Abend* 35 (25.02.1980), Nr. 47, S. 15.
217 Siehe Anm. 183.
218 Siehe die vollständige Treppenrede in diesem Band auf S. 243f.

Sofortbilder der Architektur
Die Berliner Bauten von Werner Düttmann

Matthias Noell

Werner Düttmann war keiner dieser Architekten, die der Verbreitung des eigenen Werks in den Printmedien besondere Aufmerksamkeit angedeihen ließen. Nicht, dass in der zeitgenössischen Fachpresse nichts über seine Bauten geschrieben worden wäre, dafür waren manche von ihnen zu prominent und letztlich auch zu gut; andererseits war auch ihr Entwerfer im Berliner »Architekturfilz« zu stark involviert, als dass man über ihn hätte hinweggehen können. Die Anfrage von Julius Posener aus dem Jahr 1967 (siehe Anm. 30), ob Düttmann eigentlich auch Einfamilienhäuser realisiert habe, spricht jedoch für sich. Die Archivierung seines eigenen Werks – die Modelle wurden beispielsweise nach Realisierung der Bauten kurzerhand weggeworfen – schien Werner Düttmann ebenso unwesentlich wie eine ausführliche und vollständige

Dokumentation und Publikation. Architektur muss sich im Gebrauch behaupten, so kann man seine Auffassung wohl auf den Punkt bringen, ernstzunehmende Rezeption entsteht durch Nutzung, nicht durch Kritik. Das Resultat: Die große Menge seiner Bauten in Berlin ist auch nach dem Jubiläumsjahr unbekannt geblieben, das Wissen um seine große Leistung, nahezu alle Baugattungen in eine eigenständige und sinnvolle Form bringen zu können, bleibt einigen wenigen Spezialisten vorbehalten – als unwillkürliche Rezeption aber vor allem seinen zahlreichen alltäglichen und im Regelfall mit den vorgegebenen Räumen und Orten zufriedenen Nutzerinnen von U-Bahnhöfen, Wohnbauten, öffentlichen Plätzen. Nicht das schlechteste Resultat eines Lebens für die Architektur.

An dieser Schnittstelle zwischen fachlicher Expertise und alltäglicher Wahrnehmung setzt das in diesen Band eingestreute fotografische Dokumentationsprojekt an. Im Anschluss an ein Seminar des Fachgebiets Architekturgeschichte + Architekturtheorie im Studiengang Architektur der UdK Berlin zum Werk von Werner Düttmann machte sich eine Gruppe von fünf Architekten und Architektinnen des Masterstudiengangs Architektur – Valentin Billhardt, Nils-Thore Grundke, Jonathan Gamers, Lilli Hanada und Sophie Marie Schmidt – auf, die Berliner Bauten Düttmanns im Medium der Fotografie zu erfassen. Ausgerüstet mit einer einzigen Sofortbild-Kamera und mit beschränkter Bildmenge, folgten sie in den kältesten Tagen des Winters 2021 einem zuvor festgelegten Kriterienkatalog bei der Motivwahl, kombiniert mit einer geringen Auswahl an Blickwinkeln. Für den vorliegenden Band *Nachdenken über Architektur* mit Schriften und Reden Werner Düttmanns wurde ein Teil dieser fotografischen Serie ausgewählt.

Die Polaroid-Kamera, erfunden, um Personen oder nahegelegene Dinge in spontanen Alltags- oder Urlaubsszenen festzuhalten und ihre Protagonisten und Protagonistinnen mit unmittelbaren Sofort-Artefakten zu versorgen, ist gleichzeitig das für die Darstellung von Architektur unprofessionellste und überhaupt ungeeignetste fotografische Werkzeug. Denn wenn sie genötigt wird, den Hintergrund zum alleinigen Bildinhalt zu machen, hinterlässt die Kamera unscharfe, ab und an schlecht belichtete, auf den ersten Blick sogar liederlich oder missraten erscheinende Momentaufnahmen anstelle gestochen scharfer, dauerhafter und repräsentativer Bilddokumente. Es können aber eben auch entrückte und rätselhafte Dokumente eines anderen Raums entstehen, Bilder von Architektur, die unserem alltäglichen, flüchtigen und unaufmerksamen Blick bisweilen näherkommen, als dies eine »echte« Architekturfotografie vermag. Zudem bewirkten die deutlichen Minus-Temperaturen nicht zu steuernde Störungen im chemischen Prozess, Fehlentwicklungen. Als Resultat dieser architekturtypologischen und fotografischen Untersuchung entstanden Sofortbilder, welche die eigene Poesie der Bauten Werner Düttmanns zum Vorschein bringen und zum Nachdenken über Architektur anregen – wie seine eigenen Texte – und die nicht zuletzt der Grundstimmung eines seltsamen Jahres abgerungen zu sein scheinen.

441

U Parchimer Allee

Bildlegende Polaroids

23 Buchhandlung Wasmuth, Hardenbergstraße 9A, Berlin-Charlottenburg, 1956
24 Wohnbebauung Mehringplatz, Berlin-Kreuzberg, 1966–1975

103 Wohnungsbau, Gottschedstraße 7, Berlin-Wedding, 1978–1980
104 Altersheim, Schulstraße 97, Berlin-Wedding, 1952/53

155 Brücke Museum, Bussardsteig 9, Berlin-Dahlem, 1964–1967
156 Wohnbebauung Hedemannstraße, Berlin-Kreuzberg, 1973–1976

197 St. Agnes, Alexandrinenstraße 118–121, Berlin-Kreuzberg, 1964–1967
198 Verkehrskanzel, Joachimsthaler Platz, Berlin-Charlottenburg, 1955–1956

216 Feuerwache, Johannisthaler Chaussee 222, Berlin-Buckow, 1960–1962
217 Akademie der Künste, Hanseatenweg 10, Berlin-Tiergarten, 1958–1960

269 Wohnbebauung Graefestraße (Block 202), 1979–1984
270 Senioren-Wohnanlage, Herthastraße 21–25, Berlin-Grunewald, 1974–1983

283 Ostpreußenbrücke, Neue Kantstraße/Masurenallee, Berlin-Charlottenburg/Westend, 1958–1960
284 Verkehrsinsel Ernst-Reuter-Platz, Berlin-Charlottenburg, 1960
285 Hammarskjöld-Denkmal, Hammarskjöldplatz, Berlin-Westend, 1964
Wohnanlage Heerstraße/Angerburger Allee, Berlin-Charlottenburg, 1967–1971
Wohnbauten Märkisches Viertel, Dannenwalder Weg/Tramper Weg, Berlin-Märkisches Viertel, 1967–1970
287 U-Bahnhof Parchimer Allee, Berlin-Britz, 1960–1963
Borsig-Siedlung, Ziegenorter Pfad/Thurbrucher Steig, Berlin-Heiligensee, 1974–1977
Borsig-Siedlung, Ziegenorter Pfad/Thurbrucher Steig, Berlin-Heiligensee, 1974–1977
Wohnungsbau, Prinzenstraße 19/Wassertorstraße, Berlin-Kreuzberg, 1971/72
Wohnbebauung, Bergfriedstraße/Wassertorstraße, Berlin-Kreuzberg, 1968–1970
Wohnbebauung Heerstraße Süd, Heerstraße 435–455, Berlin-Staaken, 1969–1971
Wohnungsbau, Schulstraße 110–111, Berlin-Wedding, 1982–1984
Polizeistation, Moritzstraße 10, Berlin-Spandau, 1960–1963
U-Bahnhof Parchimer Allee, Berlin-Britz, 1960–1963

288 Edinburgh House, Theodor-Heuss-Platz 5, Berlin-Westend, 1960–1962
Wohnbebauung Hedemannstraße, Berlin-Kreuzberg, 1973–1976
Wohn- und Bürobau, Helmstedter Straße 2–3a, Berlin-Wilmersdorf, 1979–1982
Wohnungsbau, Prinzenstraße 23–27, Berlin-Kreuzberg, 1982–1985
Wohn- und Bürobau, Helmstedter Straße 2–3a, Berlin-Wilmersdorf, 1979–1982

Wohnanlage Heerstraße/Angerburger Allee, Berlin-Charlottenburg, 1967–1971
Wohnungsbau, Prinzenstraße 19/ Wassertorstraße, Berlin-Kreuzberg, 1971/72
Fabrikbauten, Hermsdorfer Straße 70, Berlin-Wittenau, 1965–1980
Wohnungsbau, Friedrichstraße 211–216, Berlin-Kreuzberg, 1968–1971

289 Wohnbebauung Mehringplatz, Berlin-Kreuzberg, 1966–1975
Bühnenhaus Deutsche Oper, Krumme Straße/Zillestraße, 1960–1963
Wohnungsbau, Klausenerplatz 15, Berlin-Charlottenburg, 1976–1983
Polizeistation, Moritzstraße 10, Berlin-Spandau, 1960–1963
Mensa der TU Berlin, Hardenbergstraße 34, Berlin-Charlottenburg, 1965–1967
Wohnungsbau, Bellermannstraße/ Stettiner Straße 46–47, 1957/58
Wohnbebauung Heerstraße Süd, Heerstraße 435–455, Berlin-Staaken, 1969–1971
Wohnungsbau, Schulstraße 105–108, Berlin-Wedding, 1979–1982
Bürohaus, An der Urania 4–10, Berlin-Schöneberg, 1964–1967

290 Kirche St. Martin, Wilhelmsruher Damm 144, Berlin-Märkisches Viertel, 1969–1975
Senioren-Wohnanlage, Herthastraße 21–25, Berlin-Grunewald, 1974–1983
Wohnbebauung Heerstraße Süd, Heerstraße 435–455, Berlin-Staaken, 1969–1971
Brücke Museum, Bussardsteig 9, Berlin-Dahlem, 1964–1967
Senioren-Wohnanlage, Herthastraße 21–25, Berlin-Grunewald, 1974–1983
Wohnhaus Meyer-Belitz, Falstaffweg 56, Berlin-Wilhelmstadt, 1967–1969
Wohnungsbau, Prinzenstraße 23–27, Berlin-Kreuzberg, 1982–1985
Wohnhaus Salzenbrodt, Wachstraße 4, Berlin-Tegel, 1962/63
Wohnungsbau, Markgrafenstraße 9/10, Berlin-Kreuzberg, 1976/1979–1981

Alle Fotografien von: Valentin Billhardt, Nils-Thore Grundke, Jonathan Gamers, Lilli Hanada und Sophie Marie Schmidt

Abbildungsnachweise

1 Akademie der Künste, Berlin [AdK] Werner-Düttmann-Archiv, 5, F. 12–17, Polyfoto Berlin, Fotograf unbekannt
2 AdK, Werner-Düttmann-Archiv, 264, Bl. 69
3 AdK, Werner-Düttmann-Archiv, 397, Bl. 12–14
4 Foto-AdK-W 3585-15, Foto: © Marie-Agnes Gräfin zu Dohna
5 AdK, Werner-Düttmann-Archiv, 392, Bl. 19
6 AdK, Werner-Düttmann-Archiv, F. 113–2, Fotograf unbekannt
7 AdK, Werner-Düttmann-Archiv, 427, Bl. 1
8 Stadtmuseum Berlin, Inv.-Nr.: GHZ 84/141, Reproduktion aus: Katalog *Kongreßhalle Berlin. Realistische Phantasien und Realität.* Aedes Berlin Museum, 1987, o. S., © Daniel Gogel
9 AdK, Werner-Düttmann-Archiv, 145, Bl. 92
10 AdK, Werner-Düttmann-Archiv, 254, Bl. 26
11/12 Werner-Düttmann-Archiv, 154, Bl. 5 und 6
13 AdK, Foto-Akademie der Künste (West) [AdK-W] 4076-02, Foto: © Reinhard Friedrich
14 Foto-AdK-W 4746, 15 Foto-AdK-W 4851, 16 Foto-AdK-W 4165, 17 Foto-AdK-W 4807, 18 Foto-AdK-W 4747, 19 Foto-AdK-W 270, Fotos: © Karin Gaa

Anmerkungen zur Schrift in diesem Buch

Als Werner Düttmanns Texte in den 1960er-Jahren veröffentlicht wurden, folgten viele Architekturzeitschriften der Formensprache der Schweizer Typografie und wurden vorwiegend aus Groteskschriften gesetzt. Zwei berühmte und weit verbreitete Vertreterinnen dieser Gattung sind Helvetica und Univers, die 1957 erschienen. Die Akzidenz-Grotesk (auch »AG« genannt), die bereits um die Jahrhundertwende in der Berliner Schriftgießerei H. Berthold entstand, gilt als Vorbild für diese beiden und viele andere Groteskschriften. Bis in die 60er-Jahre wuchs sie zu einer umfangreichen, aber uneinheitlichen Sammlung verschiedener Schnitte und Breiten. Der Schweizer Typograf Karl Gerstner (1930–2017, ab 1995 Mitglied der AdK), der die Grotesk als »Drucktype der Zukunft« erkannte, nahm sich die AG vor, um sie unter klar definierten »Gesetzmäßigkeiten« für ein Berthold-Fotosatzgerät zu überholen und auszubauen. Dabei folgte er einem für die Zeit typischen, programmatischen und systemischen Gestaltungsansatz, den er 1963 unter dem Titel *Programme entwerfen* veröffentlichte. Seine neue AG erschien 1967 als »Gerstner-Programm«, verschwand jedoch bald mit dem Ende der Fotosatztechnologie. Von 2007 bis 2017 hat der in Berlin lebende Schriftentwerfer Stephan Müller die Gerstner-Programm aus alten Vorlagen als »digitales Faksimile« mit seinem Leipziger Studio *Forgotten Shapes* restauriert. Sie visualisiert die Worte Düttmanns, während die Anmerkungen aus der Lyon, einer zeitgenössischen Garamond, gesetzt sind.

Ferdinand Ulrich

AKADEMIE DER KÜNSTE

Gefördert durch:

Die Beauftragte der Bundesregierung
für Kultur und Medien

Diese Publikation wurde ermöglicht von der
Gesellschaft der Freunde der Akademie der Künste

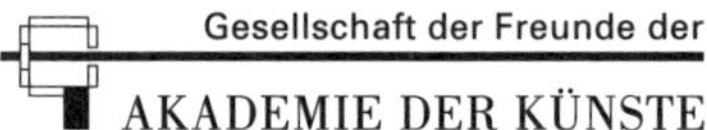

Wasmuth & Zohlen Verlag
Quedlinburger Straße 11, 10589 Berlin
www.wasmuth-verlag.de

Lektorat: Sigrid Hauser
Gestaltung und Satz: Studio Ferdinand Ulrich, Berlin
Gesetzt aus *Lyon* und **Gerstner Programm**
Papier: 115 g/m² Fly 05
Einband: 300 g/m² Hansaboard GD2
Druck und Bindung: Friedrich Pustet, Regensburg

ISBN 978 3 8030 2226 4